JN323159

ヨーロッパは中世に誕生したのか？

J・ル＝ゴフ

菅沼潤 訳

藤原書店

Jacques LE GOFF
L'EUROPE EST-ELLE NEE AU MOYEN AGE ?
© 2003 Editions du Seuil, Paris
"CET OUVRAGE FAIT PART DE LA COLLECTION INTERNATIONALE FAIRE L'EUROPE DIRIGÉE PAR JACQUES LE GOFF ET PUBLIÉE EN MEME TEMPS PAR LES CINQ EDITEURS ORIGINAUX C.H.BECK'SCHE VERLAGSBUCHHANDLUNG A MUNICH-ALLEMAGNE, BLACKWELL PUBLISHERS A OXFORD-ANGLETERRE, EDITORIAL CRITICA A BARCELONE-ESPAGNE, GIUS.LATERZA & FIGLI A ROME-ITALIE, EDITIONS DU SEUIL A PARIS-FRANCE. DROITS ETRANGERS ARRANGÉS PAR L'AGENCE EULAMA S.r.l. DE ROME-ITALIE"
This book is published in Japan by arrangement with Editions du Seuil / EULAMA S.r.l., through le Bureau des Copyrights Français, Tokyo.

ブールジュの中世の三身分を刻むタンパン（12 世紀）　適切に組織された社会は、祈る人、戦う人、働く人からなっていると考えられた。(本文38頁。以下、ページ数は本文の関連箇所を示す)

大教皇グレゴリウスを描くマッレス・ヴェノスタの教会の壁画（9 世紀）　聖ベネディクトゥスやシャルルマーニュにもまして、ヨーロッパの父と呼ぶにふさわしい人物である。(53〜55頁)

アーヘンの宮廷礼拝堂（9 世紀）　シャルルマーニュはここを拠点にローマ帝国の再建を目指した。(88〜91頁)

ラヴェンナのテオドリック霊廟（6 世紀）　東ゴート王国の首都となった。(62〜64頁)

フルーリー・シュル・ロワールの修道院（11 〜 12 世紀）　聖ベネディクトゥスの聖遺物がモンテ・カッシーノから運ばれたことで巡礼者を集めた。(73〜74頁)

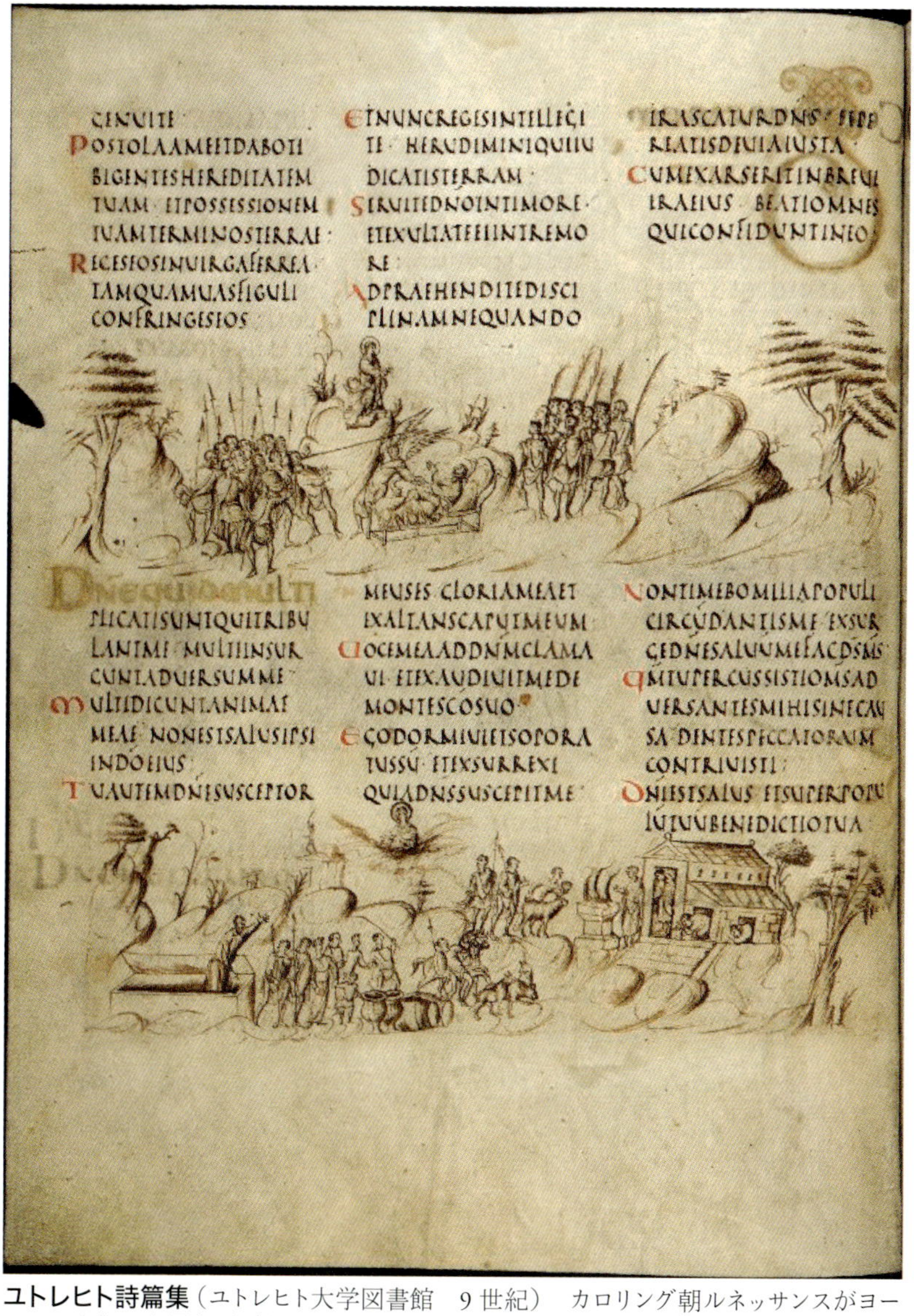

ユトレヒト詩篇集（ユトレヒト大学図書館　9 世紀）　カロリング朝ルネッサンスがヨーロッパ文化の古層を形づくった。いくつかの彩色写本の名品が残されている。(99〜100頁)

ボルグン（ノルウェー）の木造教会
（12 世紀）

トゥールニュのサン・フィリベール教会
（11 世紀初頭）

サンティアゴ・デ・コンポステーラ大聖堂（11 〜 19 世紀）　9 世紀の初めに聖ヤコブの墓が見つかって以来、この地は巡礼地として栄えた。（122、158頁）

墓に刻まれた重量有輪犂（サンリスの博物館　12 世紀）　農業技術の進歩が、紀元千年以降の飛躍的発展をあと押しした。（126〜128頁）

ブルゴーニュのブランシオンの村（11 〜 12 世紀）

戦う騎士たちを刻むアングレーム大聖堂の浮彫（十二世紀）

コンクのタンパンに刻まれた地獄（十二世紀）　ロマネスク彫刻には商人が地獄に落ちる様子が描かれる。（二六二頁）

ローマに向かう巡礼者たちを刻むフィデンツァ大聖堂の浮彫（十二世紀）　ローマはエルサレムに次ぐ重要な巡礼地だった。（一五六〜一五八頁）

クリュニー修道院の廃墟（11 ～ 12 世紀）　キリスト教世界最大の修道会としてクリュニー会は大きな影響力をもっていた。

ロカマドゥールを遠望する（11 ～ 13 世紀）　11 世紀以降ブームとなったマリア信仰の代表的聖地。（159～162頁）

アリエノール・ダキテーヌの墓碑（フォントヴロー修道院　12 世紀）　ヨーロッパの王朝はこぞって王家の墓所を設けた。（130〜131頁）

オータンのエバの浮彫（ロラン美術館　12 世紀）　罪ぶかい女エバも、中世美術のなかでしだいに地上の女の肉体の魅惑を表現するようになる。（383〜384頁）

シャルトル大聖堂の「美しき絵ガラスの聖母」（12 世紀）　ゴシック様式のステンドグラスでは色彩が花開く。（314〜315頁）

12 世紀末のパリの模型（ノートルダム大聖堂のクリプト）　13 世紀に形づくられる都市のヨーロッパでも最大の都市であった。(230頁)

パリのノートルダム大聖堂（12〜13世紀）　13 世紀は、大聖堂の偉大な世紀である。
(314頁)

プロヴァンの旧市街を見下ろす（13 世紀） シャンパーニュの大市が開かれた町のひとつである。（254頁）

ゴトランド島のヴィスビューと聖マリア教会（13 世紀） 13 世紀半ばまで、北欧商業圏の中心として栄えた。（266頁）

聖フランチェスコの肖像（スービアコの修道院の壁画　13 世紀）　都市住民たちに清貧のうちにキリストに仕えようと呼びかけた。(306頁)

アッシジの聖フランチェスコの大教会（13 世紀）　托鉢修道会は大成功をおさめ、やがて壮麗な教会を建設するにいたる。（310頁）

シャルトルのノートルダム大聖堂を遠望する（12 〜 13 世紀）

ランのノートルダム大聖堂の西鐘塔（13 世紀）

ランのノートルダム大聖堂の内陣（13 世紀）

ロカマドゥールのノートルダム礼拝堂の「死の舞踏」の壁画（15 世紀）　あらゆる身分の者たちが死の恐怖を表現しながら踊る。(350〜351頁)

アヴィニョンの教皇宮殿（14 世紀）　一時的に教皇庁がおかれ、やがてこれが教会大分裂につながった。（364〜369頁）

リスボンの「ベレンの塔」（16 世紀初頭）　15 世紀、ポルトガルは西アフリカ沿岸探検を進め、97 年にはヴァスコ・ダ・ガマが喜望峰を回った。（410〜411頁）ベレンの塔はガマのインド航路発見を記念して 16 世紀に建造されたもの。

ヨーロッパは中世に誕生したのか？　目次

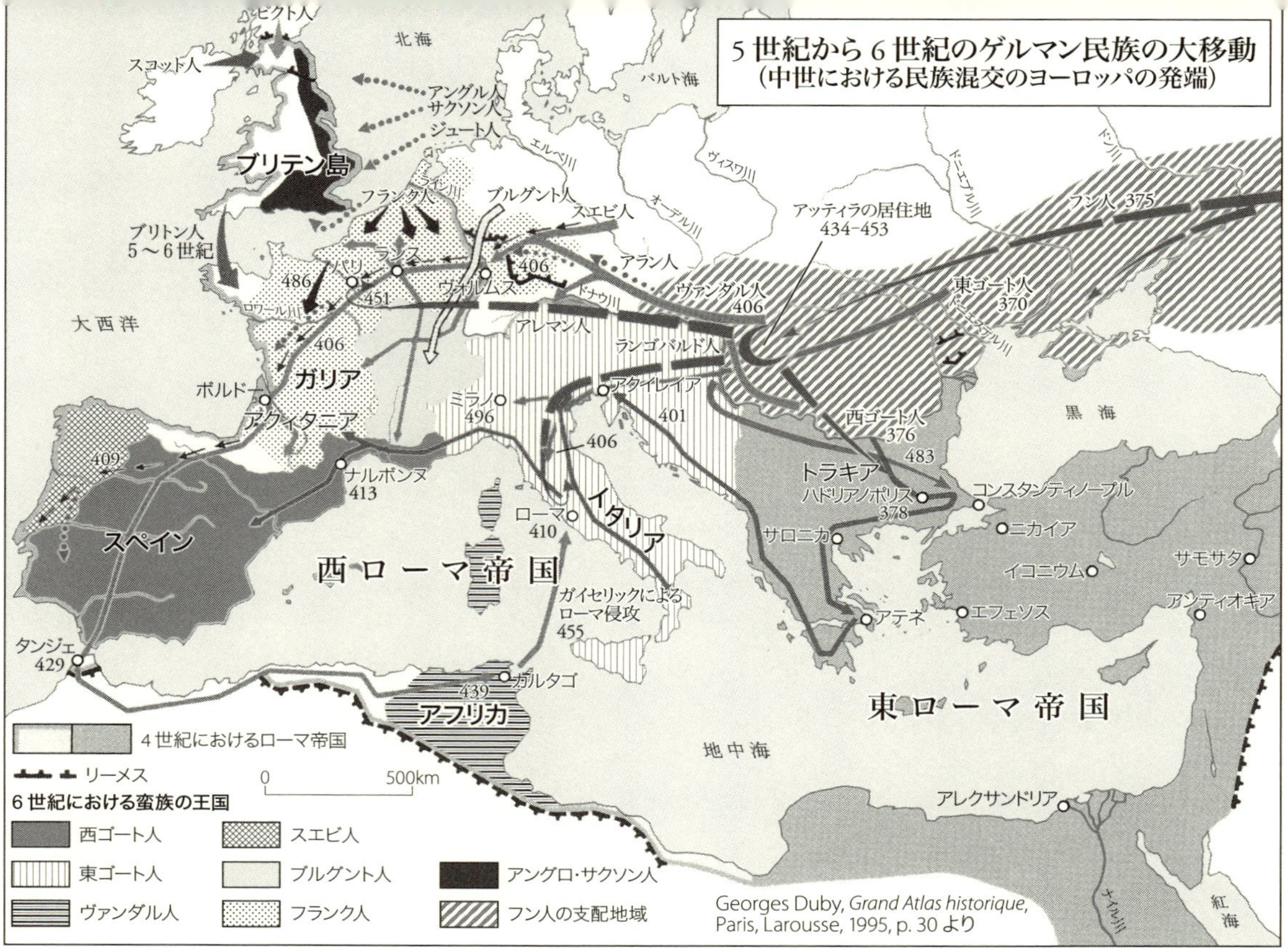

Georges Duby, *Grand Atlas historique*, Paris, Larousse, 1995, p. 30 より

インディオのさまざまな部族が暮らし、インカ帝国・アステカ帝国が栄えていたアメリカ大陸と、明朝中国の極東とのあいだにはさまれたちっぽけなヨーロッパは、アフリカ大陸とアメリカ大陸を発見する。いっぽう中国の鄭和の使節が近東やアフリカを訪れたが、それ以上の発展はなかった。オスマン帝国とモスクワ大公国が、ヨーロッパの東への進出をはばんでいる。

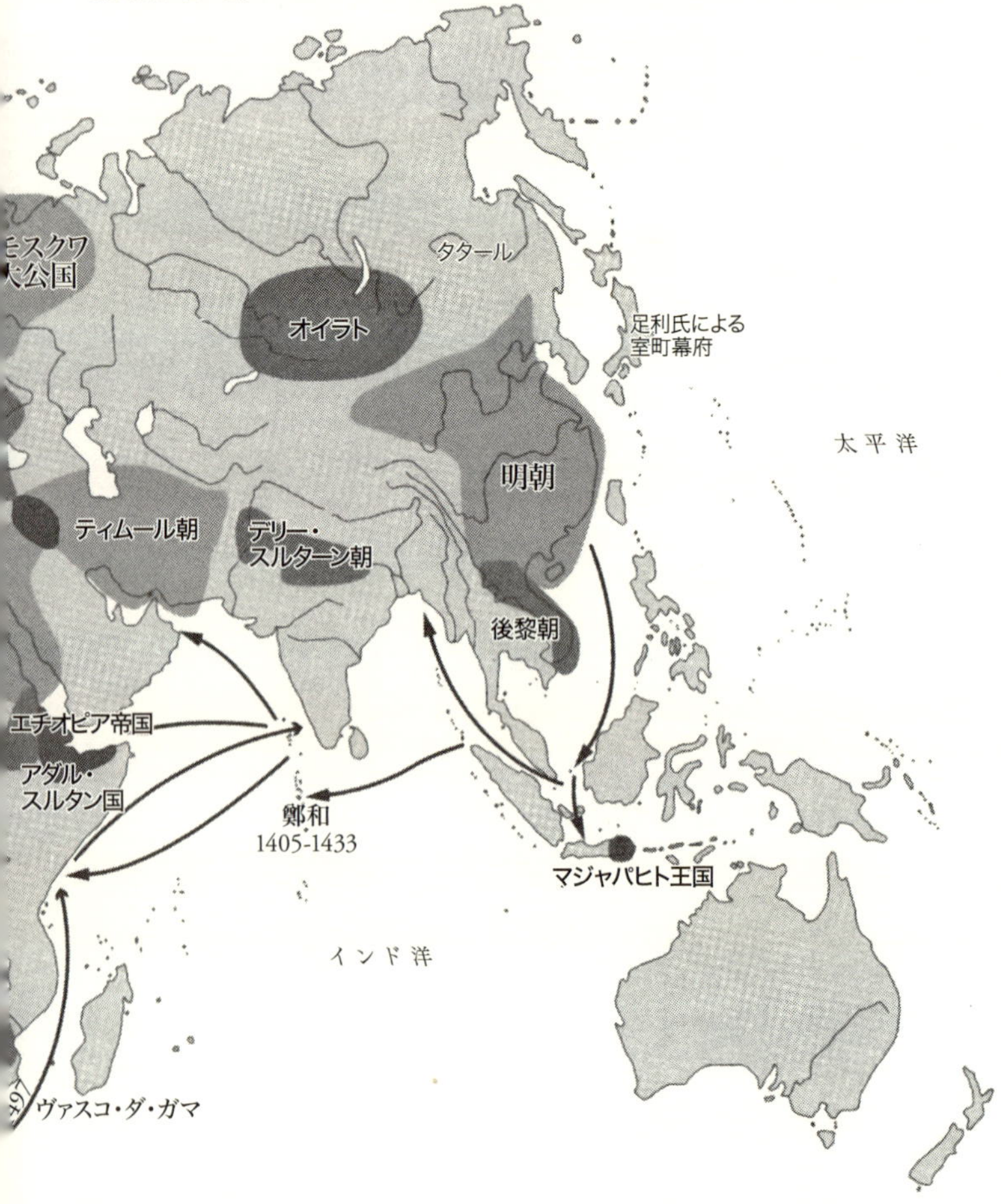

Jacques Bertin, *Atlas historique universel*, Genève (Suisse), Minerva, 1997, p. 116 より

15世紀の世界におけるヨーロッパ

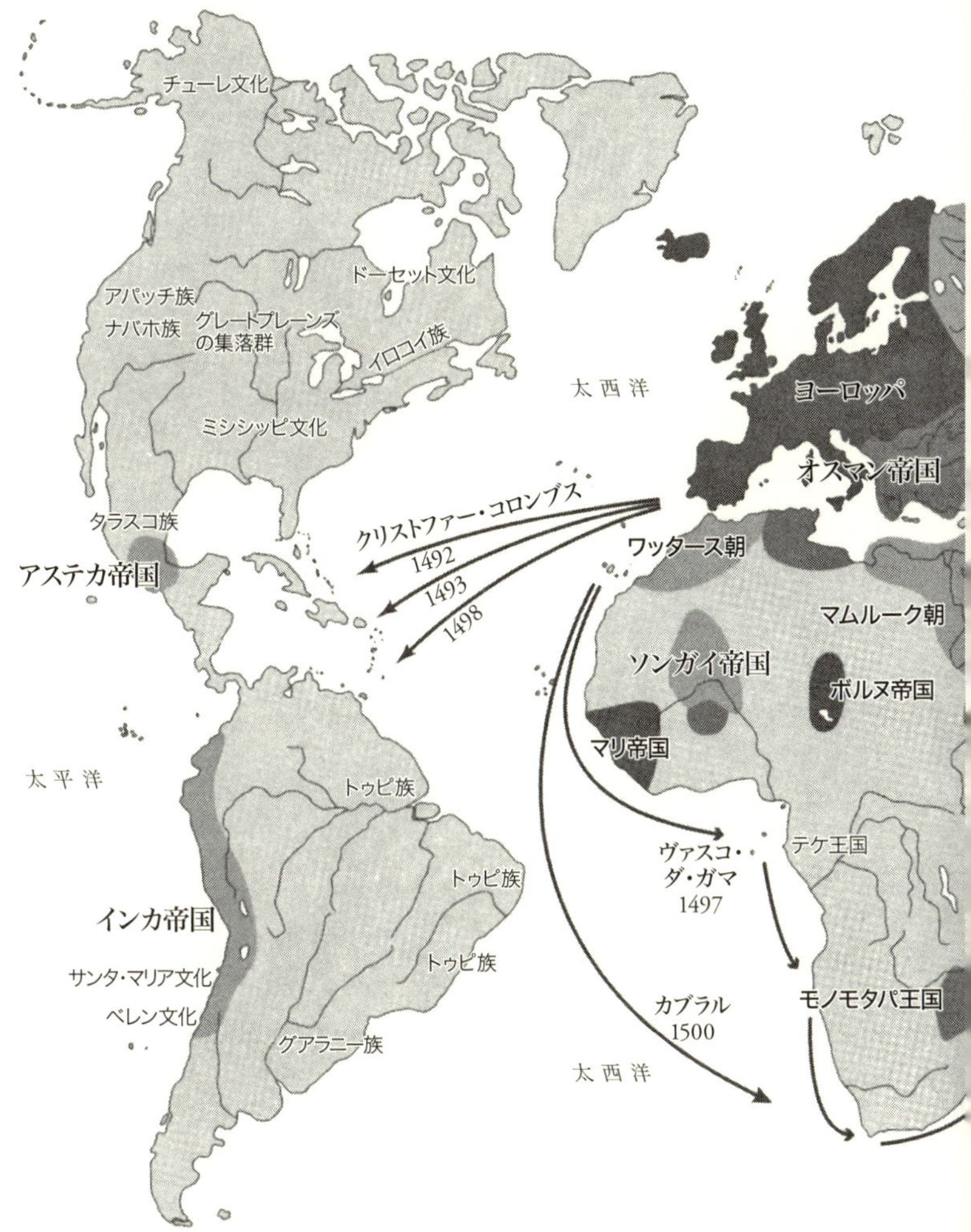

チューレ文化
ドーセット文化
アパッチ族
ナバホ族
グレートプレーンズの集落群
イロコイ族
ミシシッピ文化
太西洋
ヨーロッパ
オスマン帝国
クリストファー・コロンブス
1492
1493
1498
タラスコ族
アステカ帝国
ワッタース朝
マムルーク朝
ソンガイ帝国
ボルヌ帝国
マリ帝国
太平洋
トゥピ族
テケ王国
ヴァスコ・ダ・ガマ
1497
トゥピ族
インカ帝国
トゥピ族
サンタ・マリア文化
ベレン文化
カブラル
1500
モノモタパ王国
グアラニー族
太西洋

凡例

一　本書は、Jacques Le Goff, *L'Europe est-elle née au Moyen-Âge ?*, Éditions du Seuil, 2003. の全訳である。

一　原注は＊、＊＊……で表記し、当該段落末に記した。

一　訳者による補足は〔　〕で表記し、本文中に挿入した。また長い訳注は（1）（2）……で示した。

一　注意を要する訳語に対しては、原語を併記するか、または原語のルビを振ったものがある。

一　意味のまとまりを示すため〈　〉を使用したところがある。

一　本文・口絵写真は、池田健二氏の提供による。

ヨーロッパは中世に誕生したのか？

ブロニスワフ・ゲレメクに

コレクション「ヨーロッパをつくる」の創刊にあたって

ヨーロッパがつくられようとしている。大きな希望である。ヨーロッパの実現のためには歴史をふりかえる必要がある。歴史をぬきにしたら、ヨーロッパは不幸な孤児になってしまうだろう。今日は昨日の延長であり、明日は過去から生まれるのだから。この過去は、現在を縛りつけるのではなく、現在が新たな信念のもとでさらなる進歩を遂げるのに役立つものでなければならない。じっさい、われわれのヨーロッパは、以後継承されることになるその名をギリシア人によって与えられて以来、大西洋とアジアとアフリカのあいだに非常に古くから存在し、地理によって輪郭を、歴史によって起伏を与えられてきた。古代、いや先史時代以来、ヨーロッパは、全体としてもまたその多様性から見ても、まれにみる豊かさとめざましい創造性とに恵まれた世界であった。未来はこの遺産のうえに築かれるのでなければならない。

ミュンヘンのベック、オックスフォードのバジル・ブラックウェル、バルセロナのクリティカ、ローマのラテルツァ、パリのスイユという言語と国籍を異にする五つの出版社の発案で生まれた歴史叢書「ヨーロッパをつくる」は、ヨーロッパ建設を解説し、与えられた機会の重要性を強調しながら、いまだ解決されていない問題にも目を向けることをめざしている。統一への努力の過程のなかで、ヨーロッパ大陸はいくつもの不和、対立、分裂、内的矛盾をくぐりぬけてきた。この叢書はこれらを隠さず語ることをめざす。ヨーロッパ建設計画は、過去についての十全な知識と未来に向けた展望のもとに取り組まれなければならないのだ。叢書のタイトルがもつ能動的な意味合いはここからきている。いまはまだヨーロッパの総合的歴史が書かれるべき時ではないであろう。われわれはここに、現代最良の歴史家たちによって書かれたいくつかの試論を提供する。ヨーロッパ内外の、有名無名の歴史家たちである。これらの著作は、経済、政治、社会、宗教、文化の分野におけるヨーロッパ史の重要なテーマを扱うもので、ヘロドトス以来の歴史記述の長い伝統に立脚しながら、同時に、ヨーロッパでつくりあげられ、二十世紀のとりわけここ何十年かのあいだに歴史学の革新をもたらした新概念を踏まえてもいる。記述は明晰さを旨とし、万人に向けられたものである。

われわれのもつ野望とは、ヨーロッパをつくっている人々、これからそこに参加するであろう人々、そしてそれに関心を寄せる世界の人々のつぎのような重要な疑問に答えるための素材を提供することである。「われわれは何者なのか。どこから来て、どこへ向かっているのか」。

ジャック・ル＝ゴフ

はじめに

たとえ過去の非常に遠い時代を扱っていようとも、あらゆる歴史書は現在とのあいだになんらかの関係をもっている。本書は第一に、ヨーロッパの現在の情勢のなかに位置している。私はこれを二〇〇二年から二〇〇三年にかけて、つまり、ヨーロッパの一部の国家による共通通貨の採用[1]と中東欧の国々を加える欧州連合拡大[2]とのあいだの時期に執筆している。本書はまた、言語の異なる五つの出版社の協同によってひとつの共通文化領域を創りだす試みを掲げる歴史叢書

(1) ユーロ現金の流通は、二〇〇二年一月一日から、イギリス、デンマーク、スウェーデンをのぞく欧州連合加盟諸国を中心に開始された。

(2) 規模として過去最大のものとなった二〇〇四年五月一日の拡大。それまでの加盟国は十五カ国であったが、バルト三国（エストニア、ラトビア、リトアニア）、ポーランド、チェコ、スロバキア、ハンガリーの中欧諸国、さらにスロヴェニア、キプロス、マルタが新たに加わっている。ブルガリアとルーマニアの加盟はこのとき見送られたが、二〇〇七年一月一日に認められた。

「ヨーロッパをつくる」のなかの一冊として刊行される。そのタイトル「ヨーロッパをつくる」に明確に表されているように、編集者と著者たちがここで意図するのは、歴史的真実を尊重し歴史家の不偏の態度に重きをおきながらも、統一ヨーロッパ建設の条件の明確化に貢献するということである。

本書は専門書ではなく、中世の通史を書くことはその目的ではない。したがって、この時代のおもだった諸側面を網羅することも、ましてや詳述することもしていない。本書は以下のような考えかたを示そうとしている。中世とは、ヨーロッパが現実としても表象としても出現し形成された時代であり、ヨーロッパの誕生、幼少期、青年期という決定的な時期にあたっている。もっとも、当時の人々には統一ヨーロッパをつくろうという発想も意志もなかったのだが。ヨーロッパという明確な観念をもっていたのは、教皇ピウス二世（アエネアス・シルウィウス・ピッコローミニ、在位一四五八―六四）のみである。教皇は一四五八年に『エウロパ』を、つづく一四六一年には『アジア』を著している。ヨーロッパとアジアの相互関係の重要性を示す追加である。中世をヨーロッパ誕生の時代とする考えかたは、第二次世界大戦の前夜から直後にかけてひろく見られた。ヨーロッパについての考察がさかんに行われ、ヨーロッパを舞台とする経済的・文化的・政治的計画が練られていた時期である。(3) ヨーロッパという「観念」についてもっとも示唆に富む著作を発表したのは、ふたりの十六世紀専門家である。『ヨーロッパ――ある観念の出現』（一九五七）のイギリス人デニス・ヘイと、一九四三―四四年および一九四七年から一九四八年の大学での講義を採録した『ヨーロッパという観念の歴史』[4]（一九六一）のイタリア人フェデリコ・シャボーである。

しかし、中世におけるヨーロッパの誕生というこの考えかたが提出されたのは、とりわけ第二次大戦前夜、歴史記述に革新をもたらす『アナール』誌を創刊したふたりの偉大なフランス人歴史家によってであった。「ローマ帝国が崩壊したそのとき、ヨーロッパが現れた」と書いたマルク・ブロックと、これを受け、つけ加えて、「むしろ、ローマ帝国の崩壊以来、ヨーロッパはすでに可能性として存在したというべきであろう」と言ったリュシアン・フェーヴルである。フェーヴルは、コレージュ・ド・フランスにおける一九四四年から一九四五年の講義の第一回のなかに、こう書いている。「中世（近代にまで大幅に引き伸ばさなければならないような中世のことだが）全体を通じて、キリスト教は力強い活動を行った。これが、土を離れたキリスト教文明の大潮流を、万華鏡のような諸王国の不安定な国境を越えて行き渡らせ、そうすることにより、国境を越えた共通意

(3) 一九四六年にウィンストン・チャーチルが唱えた「ヨーロッパ合衆国」構想に基づき、一九四九年には欧州評議会が創設される。また一九五〇年のフランス外相ロベール・シューマンによるシューマン宣言を受け、翌年には欧州連合の前身である欧州石炭鉄鋼共同体の設立がパリで調印される。

(4)『ヨーロッパの意味――西欧世界像の歴史的探究』清水純一訳、サイマル出版会、一九六八年。

識を西洋人に与えることに貢献した。この意識が徐々に世俗化して、ヨーロッパ意識となったのである」(『ヨーロッパ――ある文明の成立』)*。

*Lucien Febvre, *L'Europe: genèse d'une civilisation; cours professé au Collège de France en 1944-1945*, 1999, p. 44〔リュシアン・フェーヴル『ヨーロッパとは何か――第二次大戦直後の連続講義から』長谷川輝夫訳、刀水書房、二〇〇八年、四二―四三頁〕.

とくにマルク・ブロックには、中世をヨーロッパという視点から見る見かたがあった。すでに一九二八年のオスロにおける国際歴史学会において、ブロックは「ヨーロッパ諸社会の比較史学のために」と題する発表を行い、これが同年十二月の『歴史総合雑誌』に掲載されている。また、一九三四年のコレージュ・ド・フランスへの出願書類のなかでも、ブロックはこの「ヨーロッパ諸社会の比較史学教育の計画」に触れている。ブロックはそのなかで、とりわけ以下のように言っている。「ヨーロッパ世界がヨーロッパとして創られたのは、中世においてである。そしてそれとほとんど同時に、すくなくとも他との比較のうえでは成立していた地中海文明の統一を破り、かつてローマ化された民族とローマの征服をいちども受けたことのなかった民族とを、いっしょにるつぼのなかに投げこんだのである。このとき、ヨーロッパが、その人間的な意味において生まれた……。そして、このようにして定められたヨーロッパ世界は、以後たえず共通の流れの影響を受けることをやめなかったのである*」。

*M. Bloch, *Histoire et Historiens*, textes réunis par Etienne Bloch, Paris, Armand Colin, 1995, p. 126.

これから素描するヨーロッパ、十八世紀以降になってようやくヨーロッパへと変貌する（「ヨーロッパの européen」という形容詞がフランス語に現れるのは一七二一年、「ヨーロッパ風 à l'européenne」という表現は一八一六年である）ような過渡的社会機構を見てみると、そこに直線的な発展が見られるとはいいがたく、地理的・歴史的に厳密に位置づけられるようなひとつの実体を思い描くことも難しい。ヨーロッパは今日なおつくるべきものであり、また想像すべきものでさえあるのだ。過去はうながしはするが、それがすべてではない。現在をつくるのは、歴史の連続であると同時に、偶然、人間の自由意志でもあるのだ。本書では、中世にヨーロッパのどのような下絵が描かれたのか、また何がある程度までそれに抗い、それを反故にしていったのかということを、進歩と後退の直線的な過程という図式に陥ることなく概観することができたらと思う。しかしまた、これらの世紀（四世紀から十五世紀）が欠かせないものであること、今日と未来のヨーロッパに息づく過去からの遺産のなかでも、その重要性において中世からのそれに勝るものはないことを示すのもまた、本書のねらいとするところである。

ヨーロッパの実際の特徴、あるいはそうであるとされているものが、中世のあいだに明るみに出るし、またしばしばこのとき形成される。潜在的な統一と根本的な多様性との混在、諸民族の混交、東西あるいは南北の分断と対立、東側の限界の不確かさ、文化がその統一のために果たしている主要な役割といったものである。本書は、歴史的事実と呼ばれるものだけでなく、心性《マンタリテ》〔集団固有の精神構造〕に属する問題である表象にも、同じく重きをおくことになるだろう。こうした心性の形成、中世においてはとくに活発な想像世界が形づくられることは、ヨーロッパが現実としても観念としても成立していくうえでの欠くことのできない特徴である。本書冒頭でまず意識しておかなければならないのは、中世において現実と表象とのあいだの境目はいずれにせよあいまいであるということである。

ローマ帝国の長城《リーメス》(5)がながながと描き出していたような、厳密な線的境界は消滅する。これは、此方と彼方とが通じあうようになったことの表れである。天使と人が上り下りしながら行きかうヤコブの階段(6)は、中世の人々の日常的なものの見かたである。歩哨所と国境石に基づく近代的・線的な境界は、国家の形成にともなって、中世の終わりに部分的に現れるにすぎない。経済の覚醒にともなって税関が確立し、多少なりとも国家的な経済が形成されるのは、ようやく十三世紀から十四世紀になってからのことである。十三世紀末におけるルシヨンのフランス・ラングドックへの併合問題、それから、カタルーニャ商人、アラゴン王、マヨルカ王による、いまやフランスの地中海沿岸を目前にする港となったクリウラ〔仏語名コリウール〕で扱われるカタルーニャ商品への徴税をめぐる争い(7)。こうした出来事は、中世の境界をめぐる現実が、さまざまな敵対を通じ、手探りでつくりあげられてきた様子を物語っている。中世史家たちはアメリカ的境界《フロンティア》概念を拒んでいるが、これは正しい。歴史家フレデリック・ターナー〔一八六一―一九三二〕がアメリカの西部のためにつくりあげたこの概念は、ヨーロッパの歴史には適用できないのである。国家が遅まきながら確立するまでのあいだ境界に代わったのは、出会いの領域、敵対の場であると同時に、交換と融合の場でもあるような領域であることを、中世史家たちは強調した。九世紀初頭、シャルルマーニュはここに辺境領を設けた。中世ヨーロッパにおけるその重要性ははかり知れな

（5）リーメス *limes* は境界を意味するラテン語。広義にはローマ帝国の国境全域をさすが、通常ドイツのライン川とドナウ川の間に残る帝国時代の長城跡がこう呼ばれる。

（6）創世記でヤコブの見る夢のなかに現れる。「先端が天まで達する階段が地に向かって伸びており、しかも、神の御使いたちが、それを上ったり下ったりしていた」〔二八章一二〕。

（7）ルシヨンは今日、フランスのラングドック＝ルシヨン地方西端の地中海沿岸部に相当する。十二世紀前半にアラゴン連合王国が成立すると、地中海貿易で潤うクリウラ港を擁するルシヨン地方は、イベリア半島とフランスのふたつの王国の境界に位置し、紛争の原因となる。さらに十三世紀後半、アラゴン国王の遺産相続によりマヨルカ王国が誕生すると、ルシヨン伯領はマヨルカ国王に帰属することになる。初代マヨルカ国王となったジャウメ二世は、アラゴンの王位を継いだ兄のペドロ三世と対立し、ローマ教皇、フランス王フィリップ三世との連合に踏み切る。こうして十三世紀から十四世紀の間、この地域をめぐる複雑な覇権争いがくりひろげられた。結局紛争はアラゴン王国の勝利に終わり、十四世紀前半にマヨルカとルシヨンはアラゴン王国に統合される。

い。辺境というのはじっさい、ジャン＝フランソワ・ルマリニエが指摘しているように、封建制における特権的な場所であり、ここで家臣は主君に「辺境のオマージュ」を捧げたのである。あいまいな擬似境界の相互浸透性が、民族混交のヨーロッパの形成をうながしたのだと考えることができる。しばしば境界の役割を果たしていた河川はといえば、水の城壁というよりも、これらはむしろ権力者たち（たとえば皇帝とフランス王）がそこで出会う「中立」の場である。西フランク王国、そしてのちにはフランス王国の東の限界は、こうしてスヘルデ、マース、ソーヌ、ローヌの四つの川によって定められる。あらゆる年代記作家のうちもっとも「ヨーロッパ的」であるフロワサール[8]についてダニエル・ノールマンが指摘したところによれば、われわれが国境・境界 frontière と呼ぶものに対してもっとも頻繁に用いられるのは辺境 marche という語であり、境界 frontière は軍事的境界、すなわち戦線 front の意味に限られている。

　ヨーロッパの姿を求めて中世を訪れるまえに、これに対立する概念が、中世においても現代の歴史家によっても用いられていることに留意しておくべきだろう。すでに見たし、これからも確認することであるが、これまでヨーロッパという概念に対置されてきたのは、アジアであり、より一般的には東洋 Orient である。したがって、西洋 Occident というのが基本的にヨーロッパのものである領土に対して用いられる言葉であるといえる。西洋という語のこのような用法は中世にはあまり見られないが、キリスト教世界がビザンティン帝国とローマ・カトリック世界、すなわち東の帝国と西の帝国へと分裂したという事実によって想像力のなかで育まれた。ここには、ローマ帝国の時代から引き継がれ中世に深刻化した、いわば西のヨーロッパと東のヨーロッパのあいだの亀裂がある。言語的・宗教的・政治的な亀裂である。現在のヨーロッパの源流としてのローマ・カトリックのヨーロッパがもつ「西洋」的性格は、十二・十三世紀キリスト教知識人たちが唱えるある理論のなかにさらにはっきりと表れていた。権力と文明は東から西へと移行するという考えかたである。力の移動、学の移動 *Translatio imperii, translatio studii*——この言葉が、ビザンティン帝国から神聖ローマ帝国への権力の移行、アテネ、ローマからパリへの知の移入を強調する。文明の西への歩みというこの考えかたは、まちがいなく後世の多くのヨーロッパ人のうちに西欧文化の優越という発想を生む原因となったであろう。

一般に考えられているのとは違って、〔西洋あるいはヨーロッパという〕この観念はキリスト教の初期には見られないものである。シャルルマーニュの時代にはたしかにキリスト教帝国ということが口にされた。しかし、ヨーロッパの母胎となるべき領土を指すものとしてキリスト教世界 **Chrétienté** という言葉をあえて用いるためには、十一世紀における征服欲に満ちたキリスト教世界、

（8）ジャン・フロワサール（一三三七頃―一四〇五頃）は中世フランスの年代記作家。その年代記は、百年戦争前半の出来事や当時の封建貴族社会を記述する重要な歴史資料である。

グレゴリウス改革と呼ばれるもの、クリュニーの大修道会、十字軍イデオロギーの誕生を待たなければならない。ただ、このキリスト教世界という言葉は混乱をもたらすおそれがある。ヨーロッパの形成とヨーロッパ人のアイデンティティー意識におけるキリスト教の根本的重要性を否定するわけではない。ヨーロッパで啓蒙精神と政教分離が重きをなすようになったあとでさえ、このキリスト教的土台は、それが口にされるにせよ暗黙のうちにせよ、いぜんとして本質的なものである。しかしキリスト教世界というのは、キリスト教以前に始まりキリスト教の揺り戻しのあとも継続するあるひとつの歴史の、長い非常に重要な一挿話にすぎないのだ。最後に、名称の移ろいやすさを示す事実として、十字軍の時代には、イスラム教徒はキリスト教徒全体をフランク人と呼び、キリスト教徒はイスラム教徒を指してサラセン人（アラブの一部族を指す言葉だが、ビザンティン人、そして西洋人はすべてのイスラム教徒に対してこれを用いた）、ムーア人、あるいはノワロー（スペイン語の「モリスコ」から来ている）と言っていたということも指摘しておこう。

本書のようにヨーロッパの歴史を語ろうとする場合、ヨーロッパという語の歴史を解明しなければならない。歴史家は中世の聖職者たちと同様、存在を名と結びつけて考えるからである。神はそのことを創世記のなかで教えている。しかしまた同時に、なによりも確かに思える名が、じつは歴史によって揺さぶられてきたものであるということもまた事実なのである。名前というこれらの化身は、その名で呼ばれる人々や現実のある種のもろさを表してもいるのだ。

序章 中世以前

アルルの円形闘技場（1 世紀）

ヨーロッパの歴史を考える場合、歴史家とその読者は長い持続のなかに身をおいてみる必要がある。伝統的な意味での中世にあたる四世紀から十五世紀までの十世紀のあいだを越え、この時期に描かれるヨーロッパの下絵を考えながらも、さらにそれ以前の文明の遺産を念頭においておくことが大切である。中世はこの遺産を、潜在的ヨーロッパ意識とでもいうべきもののなかに投資したのだ。中世はヨーロッパ構築に推進力を与えたが、それはこの時代が過去の遺産を受動的に受け継ぐだけでは満足しなかったからでもある。中世は、大切なものを——そこに選別は働いているにせよ——そこから意識的、意図的に汲みとって、これから築いてゆく未来の糧とするようなうながしとして、過去を捉えていたのである。とくに再生《ルネッサンス》という概念によって、しかしまたより広い意味でも、中世は古代と後世とを結ぶ渡し守である。

先史時代からの遺産

先史時代の研究は近年進歩が著しいが、中世が先史時代の遺産から何を受け継いだのかを言うためには、新たな研究が必要であろう。私はそのような研究にはふさわしくないし、本書でそれを行う余裕もない。それでもこれだけは言っておこう。先史時代のいくつかの重要な出来事が、ヨーロッパでは中世にあたる世紀のあいだにくりかえされたのだ。ここで念頭においているのは、農業の重要性である。とはいえ、その本質的な部分は先史時代のメソポタミア文明からの借りものである。あるいはまた、とくに地中海沿岸での牧畜の発展、さらには、蛮族が中世ヨーロッパにもたらした技術によって冶金術が生まれるもととなった金属の存在にも目を向けよう。蛮族は冶金術をもちいて、まず武器、とりわけ両刃の剣を製造した。侵入者たちにとっての征服手段である。やがてはこの技術のおかげで、中世文明において武器や道具の生産が発達する。

こうした遺産のうちの第一は地理から受ける遺産であるということを忘れてはならない。中世の人々の前に立ちはだかる地理的特徴を思い起こしておこう。それでも彼らはこれを利用し、ヨーロッパはその恩恵に浴することになる。ヨーロッパはユーラシア大陸の端に位置している。さまざまな土壌と起伏に富んだ地形が、ヨーロッパの特徴のひとつである多様性の地理的基盤となっている。しかし同時に、ヨーロッパをひとつにまとめるいくつかの地理的要素も見られる。広大な平野のおかげで穀物栽培が可能になるが、これは中世に発達する。穀物栽培は、異論はあるものの、今日でもヨーロッパ共通経済の強みのひとつである。森林の重要性もまたこうした要素である。人が入り開墾が進むことによって、中世の森は、木材、獲物、蜂蜜、猪の混じった豚といった資源に富み、それでいながらまた未開でもあるという二重の側面をもつ世界となる。現在のヨーロッパにも残っている二重性である。中世において明白なもうひとつのヨーロッパ共通の地理的要素として、海の存在、長い海岸線が挙げられる。海への恐れをものともせず、中世の人々はこの条件を、船尾舵、中国から来た羅針盤などの重要な技術革新の力を借りて克服してゆく。同様に、中世の人々はヨーロッパの穏健な性格を示す特徴のひとつとなる気候的利点に着目し、これを活用する。この温暖な気候のうちでも、中世の人々は移りかわりの季節を称えることを覚える。文学、ヨーロッパ的感性のなかで大きな位置を占める春や秋である。中世は環境への関心が高かったとはいえない。こうした関心が生まれたのはここ一世紀のことにすぎないといってよい。それでも、修道士たちが隠棲を求め、つづいて十一世紀から人口増大が始まると、損害が目につくようになり、十四世紀以降、とくに北イタリアにおいて、伐採が始まった森林を保護するなんらかの措置を法として定める都市が見られるようになる。

古代からの遺産

この遺産の継承のなかにこそ、過去の価値観、知識をヨーロッパに伝える渡し守という中世の性格がもっともはっきり表れる。こうした継承のうちでも最初に来るもの、それはヨーロッパという名前の継承である。ヨーロッパとはまず神話であり、地理的概念である。神話はヨーロッパ（王女エウロペ）を東洋の生まれとする。ヨーロッパという言葉と観念が現れるのは、やがてヨーロッパになる領土のうえに生まれた文明の最古層、すなわちギリシア神話のなかなのである。しかしその名も、もともとは東洋からの借りものだ。紀元前八世紀にセム語から取られた言葉で、フェニキア人の船乗りたちにとってこれは日没を指していた。[1] そんな神話上のヨーロッパ（エウロペ）

は、現在のレバノンにあたるフェニキアの王アゲノルの娘として登場する。しかしギリシアの神々の王ゼウスが王女に恋し、彼女を連れ去ったという。牡牛に姿を変えたゼウスは王女をクレタ島へ連れて行き、そこでふたりの愛から生まれるのが、文明をもたらし法を定める王、死後冥府の判官になったミノスである。ギリシア人はしたがって、アジア大陸の西の端に住む人々に、ヨーロッパ人の名を与えたというわけだ。

東洋 Orient と西洋 Occident（こちらがヨーロッパと同一視される）の対照は、ギリシア人にとって文明の根本的対立を具現化するイメージである。紀元前五世紀末から四世紀初頭に生きたギリシアの有名な医師ヒポクラテスは、ギリシア都市国家とペルシア帝国のあいだの紛争を手がかりに、ヨーロッパ人とアジア人の比較対照を行った。おそらく西洋と東洋の対立が表れる最初の機会となったペルシア戦争〔前五世紀前半〕である。このとき、ギリシアのダビデがアジアのゴリアテをマラトンで打ち破ったのだ。(2) ヒポクラテスによれば、ヨーロッパ人は勇敢だが、好戦的で、喧嘩っ

（1）神話ではフェニキアの王女の名であるギリシア語のエウローペー *Ευρώπη* の語源は、フェニキア語の *Ereb*（「陽の沈む場所」、「西」）、あるいはアッシリア語の *ireb* または *ereb*（「薄暗い」、「闇夜」）と考えられている。また、この言葉が大陸の名として使われるようになったのは、前六世紀のヘカタイオス以降だと言う。以下を参照のこと。太田秀通『ギリシアとオリエント』東京新聞出版局、一九八二年、九―一七頁。

（2）ル＝ゴフはここで、マラトンの戦いにおけるギリシアのペルシアに対する勝利と、旧約聖書『サムエ

ぱやいのに対して、アジア人は思慮ぶかく、教養はあっても平和を好み、無気力でさえある。ヨーロッパ人は自由を重んじ、自由のためには闘うことも、ときには死ぬこともいとわない。好まれる政治体制は民主制である。いっぽうアジア人は、平穏と繁栄と引き換えにたやすく従属を受け入れるのである。(3) こうした東洋人のイメージは何世紀ものあいだ生きつづけた。十八世紀には、ヨーロッパの啓蒙主義思想家たちが啓蒙専制君主制の理論をつくりあげ、これがアジアの風土にもっともよくなじんだ政体とされる。(4) こうした考えかたの延長線上で、十九世紀のマルクス主義は独裁政体の基礎となるアジア的生産様式を定義する。中世社会は農民の社会ではなく兵士の社会であり、ヒポクラテスの説は正しいということになる。武勲詩が、キリスト教的象徴性を付与されたその好戦的英雄のイメージをヨーロッパにまで伝えている。

古代ギリシアはしたがって、ヨーロッパに二重の遺産をもたらした。東方 Orient との、アジアとの対立という遺産、それに民主主義モデルという遺産である。民主主義モデルは中世には存在せず、これが改良されてヨーロッパに再びもたらされるのはフランス革命の時でしかない。これとは反対に、東方との対立は中世の西洋においてさらに強化される。あるいはむしろ、中世はすくなくともふたつの東方を思い描いていると言うべきか。第一の、近くの東方、それはギリシア・ビザンティン世界である。ローマ帝国が後世に残したギリシアとラテンの対立が、そこには受け継がれている。この対立は、しだいに大きくなるローマ・カトリックとギリシア正教との対立によってさらに深くなる。キリスト教徒の連帯感はほとんど感じられないのだ。敵対心が過激な形で表れるのは、一二〇四年の第四回十字軍の時のことで、ラテン世界の兵士たちはこのときコンスタンティノープルへ赴いて、ここを征服し、略奪をはたらくのである。

このギリシア世界という東方の背後に、中世の西洋人にとって、もうひとつの、より遠い東方が存在する。長いあいだ、この東方はあいまいなイメージに包まれる。ある面から見れば、それは災禍、凶事の発する所である。疫病や異端は東から来るのだ。アジアの東端には、破壊の民ゴ

ル記』にあるダビデとゴリアテの挿話とを重ねあわせ、ペルシア帝国をペリシテ人の巨人兵士ゴリアテに、アテナイをこれを倒した羊飼いダビデに喩えている。

(3)「空気、水、場所について」(ヒポクラテス『古い医術について』小川政恭訳、岩波文庫、一九七九年所収)。

(4)「啓蒙専制君主制 despotisme éclairé」と「東洋的専制主義 despotisme oriental」という概念は、ともに十八世紀のフランスに現れるが、「アジアの風土にもっともよくなじんだ政体」について語っている本書のこの文脈で言及されるのにふさわしいのは後者のほうであるように思われる。あるいは原書のケアレスミスか。ヒポクラテスの東西文明比較論に影響を受けていたと言われるモンテスキューは、『法の精神』(一七四八)で「東洋的専制主義」のモデルを提出する。モンテスキューはまた、専制政体を共和政体、君主政体から区別し、その特徴を基本法の不在と規定した。いっぽうこの時代には、プロイセンのフリードリヒ二世、オーストリアのヨーゼフ二世、ロシアのエカチェリーナ二世など、啓蒙思想を信奉し社会契約論的国家観に理解を示す専制君主(啓蒙専制君主)が生まれる。

グとマゴグがひしめきあって暮らしており、時の終わりには反キリストが彼らを解き放つであろう。十三世紀のモンゴルからの侵略軍は、西洋人の目にはこの東の民の襲来と映るのだ。[5] しかしまた、東方とは夢の地平、不可思議の宝庫であり、かの司祭ヨハネの住む国である。財宝をもち、十二世紀に政治的模範としてキリスト教世界を魅了する、司祭にして王たるヨハネである。[6] さらにいうと、古代ギリシアの地理学者が中世の人々に残した地理的知識は、今日にまでいたる問題を含んでいた。北と西と南では、海がヨーロッパの自然の境界を成している。航海に関する知識が乏しく貧弱な船舶しか持たなかった中世の西洋人にとって、それはやむをえなかった。しかし、東の境界はどうであろうか。中世において境界がもっていたあいまいな性格についてすでに述べたことは考慮に入れるにしても、中世ヨーロッパの東の境界は長いあいだ重大な問題でありつづける。中世の聖職者たちはおおむね、古代ギリシアの地理学者の見解を取り入れていた。彼らにとってヨーロッパとアジアの境界をなすのは、アゾフ海に注ぐタナイス川、現在のドン川であった。[7] つまりベラルーシや現在のウクライナはヨーロッパに含まれるが、ロシアには足を踏み入れた程度である。いずれにせよ、大西洋からウラルまでのヨーロッパ〔フランス大統領ド゠ゴールがしばしば用いた表現〕という概念は、中世にはない。しかしながら、中世のさなか、ビザンティン帝国の向こう側に、より現実的でそのもたらす脅威はさらに大きい、もうひとつの東方が現れる。イスラムという東方である。この東方は十五世紀にビザンティン人を埋没させる。代わりにトルコ人が浮かびあがり、何世紀ものあいだヨーロッパの悪夢となるのである。

古代から継承され、中世の人々によって新たな息吹を吹きこまれることも多かった遺産のなかでも、おもに四つのものを区別しなければならない。

(5) ヨハネの黙示録は、千年王国の終わりにサタンが復活し、「地上の四方にいる諸国の民、ゴグとマゴグを惑わ」して、彼らとともに神に戦いを挑むとしている(二〇章七―十)。またエゼキエル書の三八・三九章にも、「マゴグの地のゴグ」(「マゴグ」はここでは地名)についての記述がある。「それゆえ、人の子よ、ゴグに対して預言して言いなさい。主なる神はこう言われる。わが民イスラエルが安らかに暮らしているとき、お前はいきり立つのか。お前は北のはての自分の所から、多くの民をともなって来る。彼らは皆、馬に乗っている大集団、大軍団だ。お前はわが民イスラエルに向かって、地を覆う雲のように上って来る。そのことは、終わりの日に起こる。私はお前を、私の地に連れて来る。それは、ゴグよ、私が国々の前で、お前を通して自分の聖なることを示し、彼らが私を知るようになるためである」(三八章一四―一六)。

(6) 英語読みの「プレスター・ジョン」としてよく知られる司祭ヨハネは、東方キリスト教国家を司るとされた想像上の君主。その伝説は十二世紀に形作られる。東方の三博士の子孫とされ、十字軍が苦戦するなか、その援軍が待望された。司祭ヨハネの教国の探求は以後数世紀ものあいだ根づよくつづけられる。マルコ・ポーロもこの国がアジアのどこかに存在すると確信していたという。

(7) ドンは、モスクワの南に発し南流してアゾフ海(黒海北部)に入る、長さ一九五〇キロメートルの川。古代には河口にあったギリシアの植民都市とともにタナイスと呼ばれ、ヨーロッパとアジアの境界とみなされた。

第一に、ギリシアからの遺産である。これによって中世に英雄という人格が伝えられ、のちに見るように、キリスト教化されて殉教者や聖人になる。人文主義は、これもキリスト教による修正を受け、十二世紀におけるキリスト教的ソクラテス主義[8]という説が生まれもする。宗教建築は神殿から教会へと造りかえられるが、残されていたものは取り壊される場合もあれば、再利用される場合もあった。ワインは、ローマ人経由で貴族の飲み物として伝わり、キリスト教の典礼のなかの聖なる液体ともなる。これに中世都市の遠い祖先であるギリシア都市(ポリス)、中世以後になってはじめて具体化する民主主義という言葉、さらには——もちろんのこと——ヨーロッパという名前も加えなければならない。

ローマからの遺産はこれよりはるかに豊かである。中世ヨーロッパはローマ帝国から直接生まれたのだ。主要な遺産のうちの第一は、文明の媒体たる言語である。中世ヨーロッパは、ラテン語を書き、話している。十世紀以降、俗語の台頭の前にラテン語の影響力が弱まっても、ロマンス語と呼ばれる諸言語——フランス語、イタリア語、スペイン語、ポルトガル語——がこの言語的遺産を生きながらえさせることになる。これにはおよばないにしても、ラテン語文化の恩恵は残りのヨーロッパの隅々にまでおよぶ。とりわけ大学や教会において、あるいは神学のなか、科学的・哲学的な語彙のなかである。中世の人々に対して——このヨーロッパ的伝統で継承者になるのは軍人たちである——、ローマ人は軍事技術を伝える。古代後期に軍事技術について一冊の本（『古代ローマ人の軍事制度』）を書いたウェゲティウス（後四〇〇頃）は、中世における軍事の理論と実践に影響を与えていたのである。ローマ人はさらに建築を残した。中世の人々は紀元千年ころからこれを再発見し、発展させるようになる。ローマ人から中世は、石を、丸天井を、そして理論家ウィトルウィウスの影響力の非常に大きい概論（『建築について』、前一世紀）を受け継いだ。

しかしながら、ローマの残した偉大な作品を、中世人は部分的に受け継いだにすぎない。中世の道はローマの道とは異なっていることをマルク・ブロックは指摘した。ローマの道はとりわけ軍事的な目的のためにつくられており、より高度な技術的知が用いられていた。これらの道はしたがってまっすぐであり、舗装されている。中世の人々はといえば、舗装されていない曲がりくねった道のうえで、歩き、荷車を押し、馬やろばに乗る。時々の用事に従って、あちらの教会を訪れ、こちらの移動市におもむく。それでもローマの道の断片的な遺構は、象徴的目印としての意味をもちつづける。やはり古代ローマから形を変えて受け継がれたものとしては、都市と田舎の対立と相互補完性がある。洗練と粗野の対立という文化的次元も含め、この都市《ウルブス》と田舎《ルス》の対立は、形を変えながら生きつづける。中世ヨーロッパは、まず農村化し、そののちに都市化する。戦士にして田園の人である貴族は、イタリアを別にすれば一般に田舎の城に住んでおり、都市住

（8）本書一八七―一八八頁を見よ。

民とその放埓な生活とに対して羨望とより強い敵意の入り混じった複雑な感情を抱いている。都会人のほうもまた、キリスト教化は都市で始まり田舎はしばらく異教的でありつづけるということもあって、粗野な田舎者を軽蔑している。ラテン語の *paganus*〔「田舎の」、のちには「非キリスト教の」〕と、フランス語の **païen**〔「異教の」〕、**paysan**〔「田舎者」、「田舎風の」、「農民(の)」〕は、もともと同じ言葉である(9)。

のちに述べるように中世は法律がさかんにつくられた時代であり、このような法整備のなかで、ローマ法の継承と生まれ変わりとが果たした役割は当然のことながら大きい。十二世紀に生まれた最初の大学が教えたのはおもに法律であり、ヨーロッパにおける法学の中心としてその名声が定着する。これがすなわちボローニャである。

中世キリスト教が行った重要な文化的選択のうちでも最初に述べるべきなのは、学問分類、教授法に関するものである。キリスト教徒であった紀元五世紀のローマの修辞学者マルティアヌス・カペラにより受け継がれた七自由学芸の分類およびその実践が、中世の教育を支配している。聖アウグスティヌスが勧めた自由学芸は、三学《トリウィウム》、すなわち言葉に関わるもの〔文法学、修辞学、弁証法〔論理学〕〕と、四科《クアドリウィウム》、つまり数に関するもの〔算術、幾何学、音楽、天文学〕とに分かれ、十二世紀から十三世紀には、学芸学部と呼ばれた教養課程において大学教育の基本となる。

言葉や観念や想像世界を物質構造に劣らずヨーロッパの感情的基盤を形成しているものとみな

し、これを重視するという立場を本書は採用しているわけだが、このような立場からはひとつの事実に注目するにとどめよう。のちに皇帝あるいは最高権力を象徴する人物を指す普通名詞となるのは、もともとローマ人たちが彼らの皇帝に対して用いていた名詞「カエサル」である。[10] このローマの遺産が時の皇帝を指すものとして地域語〔ヨーロッパ諸語〕のなかに残した単語には、さらにゲルマン人の「カイザー」、のちにはスラヴ人（ロシア人、セルビア人、ブルガリア人）の「ツァーリ（ツァール）」がある。また、ギリシア人とローマ人はヨーロッパに、悪い王を意味する言葉「暴君」を残した。[11] 象徴的・政治的な伝統が、このように続いているのである。

（9）フランス語の païen、paganisme（異教）の語源であるラテン語の *paganus* は、*pagus*（田舎）から派生している。また、この *pagus* に由来するフランス語の名詞としては、paysan のほか、pays（国、地方、村）、paysage（風景）などがある。

（10）帝政の基礎を築いたカエサル *Caesar* の名は、のちにはローマ皇帝が保持するいくつかの称号のうちのひとつとして継承される。「皇帝」を意味する英語の emperor やフランス語の empereur の語源となった「インペラトル *imperator*」もまた、元来このような称号のひとつである。フランス語で「カエサル」にあたる語 César は、「ローマ皇帝」の意味のほか、一般に「皇帝」、「専制君主」の意味をもつことがある。

（11）ラテン語の *tyrannus*、ギリシア語の *turannos* から派生し「暴君」を意味するようになった単語は、英語（tyrant）、フランス語（tyran）、ドイツ語（tyrann）、イタリア語（tiranno）、スペイン語（tiranía）など、ヨーロッパ諸語にひろく見られる。本書一七五頁も見よ。

目立たず、意識されない形で中世に受け継がれ、広まったある遺産にも言及する必要がある。ジョルジュ・デュメジルが太古以来のその伝播を立証したインド＝ヨーロッパ語族の三機能イデオロギーである。九世紀から十一世紀にかけて、かなりの数のキリスト教徒著述家がこの概念を受け継ぎ、あらゆるタイプの社会を、そしてとりわけ彼ら自身の社会を、その適切な運営に必要な三つの職能を専門とする人間の集団として描いたのである。この概念に与えられた史上もっとも明瞭でもっとも有名になった表現は、ランの司教アダルベロンが一〇二七年に敬虔王ロベール〔二世〕に捧げる詩のなかで用いたものである。アダルベロンによれば、適切に組織された社会は司祭（祈る人《オラトレス》）、戦士（戦う人《ベッラトレス》）、労働者（働く人《ラボラトレス》）から成っている。中世の多くの聖職者たちが彼らの社会を描写し理解するために用いていたこの分類法は、とりわけ働く人をどう定義するのかという問題を提出する。この点については、いくつかの解釈が対立している。働く人は他のふたつの階層とは同列におかれておらず、従属的な身分であるとし、基本的にこれは農民階級のことであると考える解釈がある。しかし別の解釈によれば——私はこの立場をとるのだが——、この図式全体は同一水準にある三つのエリート集団を示しているのである。働く人とは農民や職人の階層のなかの、生産的、革新的な上層なのであり、私はここで生産者たちという言葉を使いたい。彼らは、紀元千年ころ、中世のイデオロギーと心性において労働の地位がある程度向上したという事実を示す証人でもあるのだ。

最後に挙げる遺産の重要性は計り知れない。聖書からの遺産である。この遺産が中世の人々に伝えられるのは、ユダヤ人ではなく初期キリスト教徒を通じてである。キリスト教徒は急速にユダヤ人との距離を広げていくのだ。反ユダヤ感情が強まっていくのとは裏腹に、旧約聖書は中世末期にいたるまで、宗教ばかりか中世文化全体をも形づくるもっとも重要かつ豊かな一要素でありつづける。中世と聖書について書かれた本はすでに何冊もある。ここでは、旧約聖書は一神教の宣言であるということを思い起こすにとどめておこう。キリスト教を通じて、神はヨーロッパの思想と歴史に入りこむのだといってよい。中世において聖書は神が人間に伝えたあらゆる知を含む百科事典と考えられ、そのようなものとして使用される。聖書はまた歴史の基本となる書でもあり、族長と預言者たちののち、サウルとダビデによる王政の開始から始めて、綿々と続く歴史の流れをくり広げる。ピピン一族とカロリング朝の王たちが聖別の塗油を復活させたことは、神が望んだような歴史が再び正常に流れはじめたことを意味する。(12) ヨーロッパ意識の欠くことの

(12) 塗油により聖別されたフランク王国最初の王ピピン三世は、ピピン一世以来代々メロヴィング朝の宮宰を輩出した「ピピン一族 les Pippinides」の出であり、またカロリング朝の開祖でもある。以後フランス王国へと受け継がれていくこの塗油の儀式は、旧約聖書に見られる王たちの聖別の儀式を踏まえているると言われる。サムエルがイスラエルの最初の王たる人物をサウルのうちに見出す場面にこうある。「サ

できない要素となった歴史的記憶にはふたつの源泉があるということを忘れてはならない。ひとつは歴史の父であるギリシア人ヘロドトス、そしてもうひとつは聖書なのだ。

中世におけるヨーロッパ生成のシナリオ

中世のあいだ、時代が移り変わるに連れて、ヨーロッパの土台が一層また一層と造られていく様子を描いてみることにする。

第一の層は、四世紀から八世紀のあいだ、蛮族が旧ローマ帝国の領土内に侵入と定住をくりかえす時代に形づくられる。ヨーロッパはこのとき胚胎する。

つづいて八世紀から十世紀になると、カロリング朝の層がこれに重なる。このヨーロッパは流産に終わるのだが、それでもひとつの財産を残す。

紀元千年の頃、空想の、潜在的なヨーロッパが姿を現す。

これに続くのは、十一世紀から十三世紀の封建制ヨーロッパである。

十三世紀には、都市から、スコラ学の大学から、ゴシックの大聖堂から花開くヨーロッパが形成される。

最後に、十四世紀と十五世紀に試練がおとずれ、こうした前ヨーロッパ的構造は壊れはしないものの揺さぶられる。

さまざまな年代、層が織りなす本書の構成は、歴史の動きに即したものであると思う。歴史の諸段階を足ばやに駆け抜けることは、読者を退屈させないであろうと私は願っている。そんなとき読者は、ヨーロッパ空間の新たな表情、新たな不安のただなかに導かれていくのだから。

ムエルは油の壷をとり、サウルの頭に油を注ぎ、彼に口づけして、言った。『主があなたに油を注ぎ、御自分の嗣業の民の指導者とされたのです。〔…〕』」（サムエル記上・一〇章一）これにつづくタビデ（サムエル記上・一六章一―一三）とソロモン（列王記上・一章三二―四〇）も、同様の儀式を経て即位する。本書八四頁も見よ。

第一章　胚胎するヨーロッパ——四世紀から八世紀

ポワティエのサン・ジャン洗礼堂（4～12世紀）

古代から中世への移行とは、歴史記述が慣例的に認める時代区分法であり、ヨーロッパというものの歴史的展開を理解しようとする場合、疑う余地のない現実であるように思われる。ただし、この推移を破滅的出来事ととらえるような、十八世紀から二十世紀半ばまで流布していたあまりに単純な歴史観は捨てる必要がある。ある有名な歴史家がこんなことを書いている。「ローマ帝国の死にかたはあまり美しくなかった。帝国は謀殺されたのだ」。ということは、中世はこの殺害の結果生まれたのだろうか。今日の歴史家たちは、古代から中世への移行はある長期的発展の結果起こったのだと考え、目につきやすい暴力的な挿話で縁どられてもいるこの歴史過程を、むしろ積極的に評価するようになっている。四世紀から八世紀にかけての時代をさす表現としていまは「古代末期 Antiquité tardive」(1)が好まれるのは、まさしくこうした歴史観の変化を打ち出すことを目的としたものなのだ。この表現は、一般に歴史が発展する様子を表すのにふさわしいものだと私には思われる。歴史のなかで革命というものはまれであるし、幻想でしかないこともある。中世の緩慢な誕生は、それでもユーラシア大陸の西の諸地域の歴史をその根底から揺さぶったのだ。アメリカの歴史家パトリック・ギアリは、メロヴィング時代〔四八一―七五一〕がまだ厳密な意味で中世とはいえず、まさしく古代末期に属していることを指摘した。この長い過渡期のあいだに、ヨーロッパがその姿を見せはじめる。出現はローマ帝国のキリスト教化のさなかに起こる。よく知られるように、コンスタンティヌス帝によるキリスト教の公認――三一三年のミラノ勅令と呼ばれるもの——に始まり、テオドシウス一世（三九五没）によるキリスト教の国教化に終わるプロセスのことである。この決定とヨーロッパの歴史が結びついていることをよく示す事実がある。テオドシウスは死に際してローマ帝国をふたつに分割し、それぞれをふたりの息子に与えてその皇帝とした。ホノリウスが西の、アルカディウスが東の皇帝になるのだ。われわれの関心の的であるヨーロッパ、それはいまやこの西ローマ帝国の行く末ということになる。

（1）「古代末期 Late Antiquity」は歴史家ピーター・ブラウンにより一般化した概念。これにより、とくにギボンの『ローマ帝国衰亡史』（一七七六—一七八八）以来支配的だったローマ帝国は三世紀以降衰退・没落期に入るとする伝統的歴史観が覆され、いわゆる「古典古代」と中世の間の過渡期であるこの時代に新たな光が当てられた。フランス語で Late Antiquity に相当する表現が Antiquité tardive である。フランスでは従来帝政ローマを前期（Haut-Empire）と後期（Bas-Empire）に分ける区分法が一般的であったが、現在では、しばしば否定的なニュアンスをもちうる Bas Empire（直訳すると前期の「高い」帝国に対する後期の「低い」帝国）の代わりに Antiquité tardive が用いられる傾向が見られ、ル＝ゴフはこれを歓迎している（『中世とは何か』池田健二・菅沼潤訳、藤原書店、二〇〇五年、七〇—七三頁）。なお、Late Antiquity の日本語訳としては「古代末期」が定着しているが、「古代後期」、「後期古代」も見られる。「古代末期」概念、および訳語の問題については、ブラウンの講演集『古代から中世へ』（山川出版社、二〇〇六年）の訳者後藤篤子氏による解題「『古代末期』研究とピーター・ブラウン」が詳しい。

I　異文化の混交

教父たち

聖ヒエロニムスと聖アウグスティヌス　これからわれわれがその過程をたどっていこうとしているヨーロッパの出現は、四世紀から五世紀の時代に重要なふたつの事柄を通して具体化する。第一に、旧約と新約の聖書を指針としてキリスト教の中心教義が整備される。これがやがて教父たちによって中世に伝えられることになる。ここでは、キリスト教の基礎を築いたこれらの人々の人物像や作品を紹介することはしない。そのうちのふたりをとくに取りあげることにしよう。彼らがヨーロッパ文化の形成のなかで大きな役割を果したからである。一人目の聖ヒエロニムス〔三四〇頃―四二〇〕の生涯は、西方と東方――ヒエロニムスは東方で長いあいだ隠遁生活を送った――とのいまだ交差点に位置している。したがって彼は将来のヨーロッパと完全に結びついているわけではないのだが、その重大な偉業のため、ここで言及しないわけにはいかない。七十人訳と呼ばれ欠陥があると考えられていたそれまでのギリシア語訳からさかのぼり、ヘブライ語原文に基づいて翻訳された、聖書のラテン語版である。このラテン語版聖書は、さまざまな校訂を経ながら中世を通じて重きをなすようになる。なかでも大事なのは、パリ大学による十三世紀の校訂、その元になったシャルルマーニュの相談役のアングロ＝サクソン人アルクインによる九世紀の校訂である。これがウルガタ訳聖書と呼ばれるものだ(2)。

もう一人の重要な教父は、聖アウグスティヌス（三五四—四三〇）である。聖パウロ亡きあと、アウグスティヌスはキリスト教の定着と発展にとってもっとも影響力をもつ人物となる。彼は中世の偉大な師なのだ。ヨーロッパ史にとって決定的重要性をもつその諸作品のうち、ここではふたつの名を挙げるにとどめたい。まずは、『告白』という題のもとに発表された、自身の回心の思い出を綴る著作である。これは中世においてもっともよく読まれた著作のうちのひとつとなったばかりか、長期持続のなかで見れば、はるか今日にまでおよぶ内省的自伝作品群の始まりでもある。『告白』が主観的なら、もうひとつの偉大な著作は客観的だ。アラリックに率いられた西ゴート人による四一〇年のローマ略奪ののちに書かれた『神の国』である。古くからのローマ市民も新たなキリスト教徒住民もともに震えあがらせ、世界の終わりが近いことを感じさせたこの出来事以後、アウグスティヌスは千年王国論に基づく不安な予測を退けようと努める。時の終わりと

(2) ウルガタ訳聖書とは、ヒエロニムスによって四〇五年頃に完成されたラテン語訳に基づく聖書諸版の総体に対して与えられた呼称である。ここに述べられているようなさまざまな改訂を経て、一五四六年、トリエント公会議において、カトリック教会の公式聖書とされた。

は神のみぞ知る、おそらくはまだ遠い未来の出来事であるとし、神の国と人間たちの国が取り結ぶ関係の行く末を書き留める。何世紀ものあいだヨーロッパ思想の偉大な書のひとつとなる本がこうして書かれたのである。

アウグスティヌスの思想は単純化され、「無条件の救済予定と、晩年に発展した特別な救済意志とに関する学説」と定義されている。しかし、アウグスティヌス思想とは予定説よりもずっと入念に練りあげられたものである。むしろ、いぜんとして単純化のそしりをまぬがれないとはいえ、自由意志と恩寵とのあいだで試みられる均衡の探求とするほうがより正確であろう。多かれ少なかれアウグスティヌス主義者でなかったような神学者は、中世にはいない。また、中世の統治者たちのうちには国家の自然法を超自然的な正義や教会法のなかへと吸収させようとする傾向があり、そこにアウグスティヌスの大きな影響が見られるとして、政治におけるアウグスティヌス主義なるものが最近もまた話題にのぼったところである。しかしこのような神政政治的な解釈は、すでにリュバック枢機卿〔一八九六―一九九一〕によって痛烈に批判された。中世において、そしてヨーロッパにおいて政治的アウグスティヌス主義というものがあったとすれば、それは神と君主の分離を尊重しつつもある政体に道徳的・宗教的価値観を浸透させる努力によって定義されるであろう。アウグスティヌス主義とはしたがって、中世末期のマキアベリズムという正反対の性質をもつ層も完全には覆い隠すことのできなかった、ヨーロッパの政治イデオロギーの古層であったのだ。アウグスティヌスはまた中世に修道規則を残した〔『アウグスティヌス修道規則』[3]〕。中世まで保持されたのは、ベネディクトゥス[4]の戒律とこれのみである。アウグスティヌス修道規則は、とりわけ街の修道士〔托鉢修道士〕のための戒律であり[5]、またなかでも律修参事会[6]により採用されることになる。多くの散逸を経てもなお、現在二五八の『告白』の写本が保存されている。『神の国』についてはその数は三七六、『アウグスティヌス修道規則』は三一七にのぼる。

(3) 聖アウグスティヌスの戒律は、聖ベネディクトゥスの『戒律』のようなひとつの著作ではなく、複数の書簡、文書の集まりであり、そこにはアウグスティヌスの手になるものと、後世に別の作者が書いたものとが混じっているという。これが修道規則として重きをおかれるようになるのは十一世紀のことで、その背景には後述の聖堂参事会運動の高まりがあった。

(4) 中部イタリアのヌルシアの聖ベネディクトゥス（四八〇頃—五四七）は、西方教会における修道制度の創設者。モンテ・カッシーノに修道院を設け、服従・清貧・貞潔を旨とする修道会則を定めて、共同で修道生活を行った。彼の戒律に従った修道会のひとつをベネディクト会と呼ぶ。

(5) 聖アウグスティヌスの戒律に従い生活を送っていた修道士たちが十三世紀半ば結成したアウグスティノ隠修士会は、托鉢修道会の一つである。また、代表的な托鉢修道会であるドミニコ会も、アウグスティヌス修道規則を採り入れていた。

(6) 十一世紀のグレゴリウス改革期に、聖堂（教会）に属する聖職者の集団である聖堂参事会 chanoines の中から改革運動が生まれ、戒律に従って修道士的な共同生活を営む律修（修道）参事会 chanoines réguliers が、在俗参事会 chanoines séculiers から区別されるようになる。

中世の文化的創設者たち　教父たちが中世に、そしてヨーロッパに伝えた、古代とキリスト教とが混じりあうこの文化の継承は、五世紀から八世紀にかけて続けられる。その背景となるのは、古代ローマ文化と、蛮族を中心とする住民の要求がもたらす新展開との融合である。このような状況のなかで登場してくる重要な人々がいる。カール・ラントは彼らのことを中世の創設者たちと呼んだ。彼らはまた、ヨーロッパの文化的父たちという名で呼ぶこともできる。

まずはじめはボエティウス（四八四―五二〇）である。古いローマ貴族の家に生まれたボエティウスは、蛮族東ゴートの王テオドリックに仕えたが、ビザンティン皇帝側の陰謀に巻きこまれ獄死した。中世が十二世紀半ば以前にアリストテレスについて得ることのできた知識は、すべてこのボエティウスを経由している。すなわち旧論理学《ロギカ・ウェトゥス》であり、「理解可能な程度に応じた、いずれスコラ学の素地となる概念的・言語的カテゴリー」である。たとえば、「理性的本性をもつ個別的本質 *naturae rationabilis individua substantia*」という人格《ペルソナ》の定義はその一例だ。「ボエティウスは私たちの、そして彼自身の堅固な信仰を築きあげた」と、アベラルドゥスはのちに述べるであろう。獄中で書かれた書物『哲学の慰め』は、中世においてひろく読まれた。ボエティウスは中世の人文主義を創りだした人物のひとりであり、また古代の理想に従い音楽を高等な教養手段として認識させることに貢献した。

カッシオドルス（四九〇頃―五八〇）もまた、中世とヨーロッパの文化にとってこれに劣らぬ重要人物である。南イタリアの名家の出であるカッシオドルスは、まずはじめ東ゴート支配下のイタリアにおいて政治の第一線で活躍し、ローマ＝ビザンティン世界と蛮族社会のあいだの調停者としての役割を果たした。東ローマ皇帝ユスティニアヌスによるつかの間のイタリア再征服（五三九）が、この輝かしいキャリアに終止符を打つ。カラブリア地方ウィウァリウムの修道院に隠棲したカッシオドルスは、この地でギリシア語著作の翻訳とラテン語書物の写本を指揮するが、これは新住民の知的教育の下地をつくることとなる。カッシオドルスは、書物と図書館のヨーロッパの源流にいるのである。彼は知的仕事の神聖な意義を称えた最初の人であり、こうして修養と教導の手段としての学問という新たな活動領域を修道士たちに向けて示したのだ。主著である『綱要（聖学ならびに世俗的諸学綱要）』第二巻は、修道士たちのための世俗的諸学の百科事典ともいうべきものになっている。

百科事典というジャンルは中世を通じて聖職者や世俗の教養人たちに好まれる。これにより、以前に獲得された教養の本質的部分を手にし、さらに前進することが可能になるのだ。これもまた――そしてあいかわらずその起源はギリシアにあるのだが(7)――、中世がヨーロッパに残した最

(7) 最初の百科事典は前四世紀にプラトンの弟子スペウシッポスによって編纂された。

重要遺産のひとつである。十八世紀以降今日まで、百科事典がヨーロッパで欠くことのできない教育・教養手段であったことは言うまでもないだろう。中世最高の百科事典作者が、三人目の創設者のスペイン人、セビリアのイシドルス（五七〇頃―六三六）である。イシドルスはカトリックのスペイン系ローマ人の名高い家の出であり、六〇〇年頃セビリア大司教となる。西ゴート人が異端とされたアリウス派信仰を捨てて正統派カトリックへと改宗するさなかのことであった。当時の人々は彼のことを、「現代でもっとも学識豊かな人物」であるとした。『語源』(8)は、言葉は事物の本性を知る手がかりであり、世俗的教養は聖書をよく理解するために必要であるという確信のもとに編纂されている。これは、人類の知識のすべてを集大成することをめざすイシドルスの事業の礎である。彼の作品は、中世の人々およびその子孫のヨーロッパ人たちにとって、いわば世俗的知の分野における第二の聖書となった。

四人目にして最後の創設者は、アングロ＝サクソン人のベーダ（六七三―七三六）である。イングランドに福音を伝え、イタリアから古代文化の遺産をもたらした修道士たちの、彼は後継者にあたる。彼の作品もまた百科事典的性格のものであったが、中世にはひろく読まれ、ベーダは「尊者」の称号を与えられて最後の教父とみなされた。『イングランド教会史』はイングランド史の最初の試みであり、アルフレッド大王は九世紀の終わりにこれを俗語に翻訳する。(9)また、教会において暦法《コンプトゥス》、すなわち典礼暦の算出方法が求められたことから着想されたその科学的業績は、当時としては注目に値するものである。『暦について』は、時間の尺度を科学的に定めることをめざしている。『年代計算論』は月の位相に関連した潮汐のメカニズムについての論考ばかりか、自然科学の基礎知識をも含んでいる。おそらく特筆すべきなのは、中世初期の多くのアングロ＝サクソンの教養人たちと同様に、ベーダは古代の教養を身につけていた反面、あえてそれに背を向けることもあったということだ。ベーダは中世を、ある独立した歩みに導きいれる。この道が、やがてヨーロッパへと向かうことになるのである。

大教皇グレゴリウス　これらの中世の基礎を築いた聖職者たちに加えて、大教皇グレゴリウスの名を挙げなければならない。現在では、たとえば聖ベネディクトゥスやシャルルマーニュといった中世の偉人たちが、ヨーロッパの父という呼び名で呼ばれることがある。この点について注意

(8) 全二十巻で、中世最初の百科事典とみなされる。
(9) 民族大移動の時代にイングランドに移住したアングロ・サクソン人は七王国を築くが、そのひとつノーサンブリア王国はキリスト教文化国家として発展し、ベーダやアルクイン（本書九七―九八頁）らの碩学を輩出した。また、やがてイングランドを統一したウェセックス王国のアルフレッド大王（在位八七一―八九九）は学問の復興にも力をいれ、ベーダの「イングランド教会史」をはじめ重要なラテン語の文献を英訳したほか、「アングロ・サクソン年代記」を編纂させた。

すべきことは、のちに述べるであろう。しかし、この称号が大教皇に与えられることはまれである。彼が誰よりそれにふさわしいにもかかわらずである。

五四〇年頃生まれ六〇四年に没した大教皇グレゴリウスは、古代ローマの貴族の血を引いている。五七三年にローマ市長官として町の食糧補給の任に当たり、その力量を示す。世襲領地内では、シチリアに六つの修道院を建てたが、やがてローマのカエリウスの丘のうえに建てた七つ目にみずから引きこもる。教皇ペラギウス二世から助祭に任じられ、教皇特使、すなわち駐在大使としてコンスタンティノープルへ派遣される。五九〇年、ティベリス川の大洪水とローマのペスト流行のさなか——「自然災害のヨーロッパというものもまた存在するのである」——、心ならずも教皇に選出され、惨禍を前にした物理的・精神的な闘いを指揮した。世界の終わりが近いことに恐れを感じた教皇は、大多数のキリスト教徒のために最後の審判にのぞむための準備を整えてやらねばならないと考えていた。そのために、キリスト教世界から離れた場へも足を踏み入れ、信仰に関する概論を書いたのである。教皇はローマを、イタリアにおける教会の所有地を、ランゴバルド人の手から守る。また、修道士カンタベリーのアウグスティヌスを宣教師の一団とともにイングランドへの再伝道に向かわせる。[10] 教皇がキリスト教徒に示した重要な模範がふたつある。ひとつは聖書からの、もうひとつはより新しい模範である。聖書からのもの、それはヨブという、苦難のなかでの神への服従と信仰の模範である。ヨブ記の教訓的注解である『道徳論』はこれを扱っている。他方は聖ベネディクトゥスで、『対話』第二巻のすべてが捧げられたことにより、ベネディクトゥスの歴史的名声は確かなものになった。さらに教皇は聖職者たちのために司牧の手引きである『司牧規則書』を著し、典礼聖歌を再編成した。そのためこの聖歌は、グレゴリオ聖歌と呼ばれている。(11)

民族大移動

こうした宗教的・文化的活動のかたわら、深いところで、教会や学校——たとえそこに出入りできるのが少数の人間に限られていたにせよ——、あるいは大所領の域内で、おもにケルト人と(12)

(10) イングランドへのキリスト教伝道は、三世紀ごろからケルト系宣教師によっても行われていた。五九七年、ケント王国の首都であったカンタベリーに修道士アウグスティヌスがローマから派遣され、サクソン人の王エセルバートをキリスト教に改宗させた。これによってローマ教会の影響が支配的になる。イングランド最初の司教座がおかれたカンタベリーには、十二世紀から十五世紀にカンタベリー大聖堂が造られ、現在でも英国国教会の総本山になっている。

(11) ただし大教皇が「グレゴリオ聖歌」の編纂者であるとする説には異論が多く、その成立はカロリング朝期とする考えが今日では有力になっている。

(12) ケルトという名称は、ヘロドトスなどギリシアの学者が名づけた「ケルトイ」に由来する。ローマ人は、前二大陸のケルト人をガリア人とよび、イギリス諸島のケルト人をブリトン人とよんだ。ローマ人は、前二

ゲルマン人[13]である蛮族とラテン系ヨーロッパ人とのあいだの融合、混交が起こる。このような混交を可能にしたものがキリスト教であった。古代からの遺産につづき、キリスト教化によって、ヨーロッパのための決定的に重要な第二の地層が形づくられる。

蛮族とローマ人のあいだのこのような相互文化受容は、長い以前からすでに始まっていた。リーメスは軍事的には三世紀まで有効であったが、それは文化の浸透をさえぎるような国境線ではなかった。物々交換や贈りもの、接触と交易が下地となり、やがて蛮族侵入 invasions と呼ばれた事態〔四世紀以降のゲルマン民族大移動[14]〕から、そこに敵対や暴力はあったにせよ、文化の大規模な混交が生じるのである。こうした民族的・文化的交わりが、古くからのローマ帝国の諸民族と侵略者である蛮族との出会いに限られるものではないということを理解する必要がある。蛮族の内部でもまた、再編成、分散していた部族や民族の新たな結集が起こる。住民が徹底的につくりかえられる。変化は広範囲に、深いところにまでおよび、かつてのリーメスの両側で起こるのである。新しい混血民族が生まれるだけではない。蛮族のうちにも民族再編成の動きが生じる。当時のラテン語が *natio*〔生まれ〕と読んでいたものよりもさらに大きな集団さえ生まれるのだ。[15] ヨーロッパの誕生に際してのこのような民族混交のうちに、始まりにおいてすでに、今日までつづくヨーロッパの根本的特徴のひとつ、すなわち統一と多様、キリスト教世界と諸国民《ナシオン》のあいだの弁証法が、明確な形を成している。

蛮族とローマ人の混交の発端がリーメスの両側で見られるローマ帝国のこの時代、すなわち二・三世紀ののち、蛮族といわれる新民族流入の波がつぎつぎに押し寄せ、これが十一世紀まで続く。最初の大きな波は三世紀の終わりに訪れる。(16) しかしとくにイタリア、ガリア、スペインという

世紀に北イタリアのガリア・キサルピナ（すなわち「アルプスのこちら側のガリア」）を、前一世紀にガリア・トランサルピナ（「アルプスのむこう側のガリア」）を征服し、後一世紀にはブリテン島の大部分がローマの支配下に入った。ローマ帝国の支配を受けたガリアのケルト人は、俗ラテン語を話すようになり、古代末期にはゲルマン系のフランク人に吸収されていく。ケルトの伝統と言語は、ブルターニュ、ウェールズ、スコットランド、アイルランドに受け継がれている。

(13) ドイツ北部からスカンディナヴィア南部に原住していたと考えられる小部族集団の総称。インド＝ヨーロッパ語族のゲルマン語派に属する。四世紀以降フン人の西進により圧迫されて大移動を開始し、ローマ領内の各地に建国して、西ローマ帝国崩壊の要因となるとともに、今日のヨーロッパの原型を形づくった。

(14)「民族移動時代」は、フランス語では「蛮族侵入 invasions barbares」、あるいは「大侵入 Grandes invasions」と表現される。

(15) ゲルマン系諸民族の移動期には、軍事指揮権を中核とした王権の強化・確立と、政治単位としての部族再編成が行われた。フランク人、ヴァンダル人、東・西ゴート人、ランゴバルド人などは、いずれもこのようにして新しく形成された部族である。

(16) ライン川右岸（北東）には、フランクとアレマンのふたつのゲルマン系部族連合が居住していたが、

広い範囲にわたるゲルマン人の流入が四〇六年から四〇七年にかけて始まり、[17] 四一〇年には〔西ゴート人の〕アラリックがローマを占領する。[18] ゲルマン人によるローマ帝国領内への大規模な定住の始まりである。ピーター・ブラウンがいうように、五世紀には、西方ヨーロッパの全域でローマ帝国の軍事的境界が消滅した。[19] この世紀のヨーロッパにおける大混乱については、ある貴重な資料を読むのが参考になる。こうした出来事をドナウ川中流域の境界区域、のちのオーストリアにあたるノリクムで経験した聖人の伝記である。聖セヴェリノ〔四八二没〕[20] は、ピーター・ブラウンの言葉を借りるなら、開かれた境界に生きた聖人であった。ここで観察できるのは、なおもピーター・ブラウンによれば、ローマ人と蛮族の衝突が生みだす内破であり、こうして新たな文化的・社会的実体が形成されるのである。

西ゴートと東ゴートという東ゲルマン人の流入、あるいは五世紀初頭にライン川を越えたヴァンダル人、[21] スエビ人、[22] アラン人[23] の襲来ののちにも、ゲルマン人の勢いは五世紀から六世紀にかけ

三世紀になると彼らが低地ゲルマニアからガリアへと侵入し、ローマ帝国の領土を荒らしまわるようになる。また、三〇〇年頃までにポーランドのヴィスワ川下流域から黒海沿岸（ウクライナ）へと移動したゴート人も、三世紀の間、ローマ帝国領のダキア（現在のルーマニア）、モエシア（現在のセルビア・ブルガリア）などへの侵攻をくりかえした。

（17）東からのフン人の侵入に脅かされた西ゴート人は保護を求めてローマ帝国領土に入るが、やがて反乱

を起こし（ハドリアノポリスの戦い、三七八）、以後バルカン半島とイタリア半島を席巻する。一般にこれがゲルマン民族大移動の始まりと考えられている。いっぽう、ヴァンダル人、ブルグント人、スエビ人にイラン系のアラン人を加えた一団も、フン人に押されて西進し、警備が手薄になったリーメスを越え、四〇六年の大晦日にはライン川の凍結に乗じてマインツ付近からガリアへ侵入した。

(18) 本書四七頁も見よ。ローマは四五五年にもヴァンダル人による略奪を受けている。

(19) 本章導入部で述べられているように、三九五年のテオドシウス一世の死後、東西を単独で支配する皇帝は現れなくなるが、ゲルマン民族の流入はとくに西ローマ帝国を急速に弱体化させる。四七六年、ゲルマン人将軍オドアケルが、形だけの皇帝ロムルス・アウグストゥルスを廃位し、帝位を東の皇帝ゼノンに返上する。一般にこれが西ローマ帝国滅亡の日付とされる。オドアケルはその後「イタリア王」の称号を与えられた。

(20) セヴェリノはローマで生まれた。五世紀の中ごろ、ゲルマン系諸部族やフン人の侵入を受けていたローマの属州ノリクムへ赴き、ここで宣教師として活動した。

(21) ヴァンダル人は、その後ピレネー山脈を越えてイベリア半島に定着し、さらにはジブラルタル海峡を越えて、四三九年にはカルタゴに王国を建設、以後ここを拠点として西地中海各地にも進出した。ヴァンダル王国は五三四年、東ローマ帝国の皇帝ユスティニアヌス一世の派遣した軍に敗れて滅亡する。

(22) スエビ人は、イベリア半島のガラエキア（現ガリシア）地方に定住し、四一一年に王国を築いた。王国は五八五年に西ゴートに滅ぼされるまで存続した。

(23) イラン系遊牧民族でカスピ海北岸を中心に活動していたが、四世紀にフン族によって征圧され、いくつかのグループに分かれた。その一部はカフカスに南下し、アラニアを建国した。アラニアは十三世紀はじめにモンゴル人に滅ぼされたが、現在の北カフカスの北オセチア・アラニヤ共和国におもに居住するオセット人は、アラン人の末裔とされている。また、フン族とともに西に移動した一派はハンガリーに定着し、ヤース人となった。さらに、ヴァンダル人らと行動をともにし、五世紀初頭にライン川を越て衰えることがない。ブルグント人、[24]フランク人、[25]アレマン人[26]による、ガリアの西や南へのゆっくりとした進出がこれである。さらにサクソン人、アングル人、ジュート人は北海を越え、[27]これにせきたてられるようにしてブリテン島〔グレート・ブリテン島〕のブリトン人[28]がガリアの西の端〔ブルターニュ〕に押し寄せる。そして、ゲルマン人による旧帝国領征服の最後を飾るのは、六世紀後半にイタリアに入ったランゴバルド人によるものである。[29]彼らが去ったあとのライン川東岸には、ザクセン人、[30]フリース人、[31]テューリンゲン人、[32]バイエルン人[33]が定住する。七世紀になると、スラ

え た一団の多くは、その後ガリア各地に住みついたと考えられる。

(24) ブルグント人は、ヴァンダル人らとともに五世紀初頭にライン川を越え、四一一年以降ローヌ川流域に王国を得た。ブルグント王国は五三四年にフランク王国に併合されるが、その名はブルゴーニュというフランスの地方名として残っている。

(25) フランク人は、四世紀半ば以降トクサンドリア（現在のオランダ・ベルギー）に領地を与えられ、以降ローマの傭兵として帝国の防衛にあたっていたが、西ローマ帝国崩壊後、四八一年に即位した王クロヴィス一世がフランク人を統一し、メロヴィング朝フランク王国の開祖となった。

(26) アレマン人は、三世紀から五世紀にかけて、アルプスからライン川中流域までおよぶアレマニアと呼ばれた地域に定着した。フランク王国のクロヴィスによって四九六年に征服され、アレマニア大公領となった。アレマン人はもともとスエビ人と関係がふかく、両者はしばしば同一視されたが、アレマニアの大公もやがてスエビに由来するシュワーベン大公を名のるようになる。シュワーベンの名はいまでも南西ドイツの地名として残っている。また、これにフランスのアルザス、スイスのドイツ語圏を加えた

一帯では、標準ドイツ語とはかなり異なるアレマン語が話されている。

(27) 五・六世紀、彼らはローマ人が去ったあとのブリタニア(ブリテン島に渡り、やがて定住してアングロ・サクソン人となった。先住のケルト系ブリトン人の文化を駆逐した彼らの言葉が英語の基礎となる。その後、各地にイングランドの基礎となるアングロ・サクソン人の小王国(七王国)が築かれる。

(28) ブリテン島のケルト系先住民の総称。アングロ・サクソン人の移住にともない、ウェールズ、アイルランド、スコットランドに追われたが、一部はフランスのブルターニュ地方に渡ってブルトン人と呼ばれた。本書二〇八頁も見よ。

(29) 五六八年建国のランゴバルド王国は、七七四年、シャルルマーニュによってフランク王国に併合されるまで、二〇〇年近くつづいた。北イタリアのロンバルディアという地名にその名残をとどめている。本書八六頁も見よ。

(30) ホルシュタイン地方に居住していた小部族が母体となったと言われるが、他の部族をしたがえながら大部族に成長し、北ドイツ一帯に広がってフランク王国の東側で勢力を誇った。その一部(「サクソン人」)は、アングル人、ジュート人とともにブリテン島に渡り、アングロ・サクソン人となる。ザクセン人は、他のいくつかのゲルマン諸族とちがって王国を形成せず、キリスト教も受容しなかったが、八世紀末シャルルマーニュに征服されてフランク王国に吸収された。本書八六頁も見よ。

(31) オランダ、ドイツの北海沿岸のフリースラントに定住し、商業民族として活躍した。アングロ・サクソン人、フランク人が七世紀以降キリスト教化に努めたが、これに激しく抗い、何人かの殉教者が生まれた(本書八六頁)。オランダのフリースラント州では現在も独特の文化が維持されており、英語に近いフリース語が公用語となっている。

(32) 中部ドイツのテューリンゲン地方に定着したが、五三一年フランク人によって征服された。

(33) バイエルン人の民族系統は不明である。フランク人やアレマン人のようなゲルマン系部族連合であると考えられることが多いが、ケルト起源説も根強くある。ゲルマン民族大移動の終わりにあたる五世紀ヴ人[34]の大移動が始まる。スラヴ人は九世紀までに、とくに東へ、しかしまた西のバルト海沿岸やエルベ川流域、ヨーロッパ中央部のボヘミア山地、さらには南西のバルカン半島北部へも移り住む。このような大規模な侵入の結果として、新しい諸民族のあいだに深刻な亀裂が生まれてしまう可能性もあった。しかし実際には、これらの民族の大半はアリウス派[35]に改宗していた。そしてカトリック教徒はこのアリウス派を異端とみなしていた。したがって、アリウス派の逆襲、それにアリウス派蛮族の正統派カトリックへの改宗が、来たるべきヨーロッパにさらなる亀裂が生まれるのを防いだと考えるべきである。

ヨーロッパが誕生するこの時期には、非常に印象ぶかいいくつかのエピソードがある。侵略者のなかでもひときわ恐れられたフン人[36]は、ガリアにまで入りこんだ。〔フン人の末裔とされる〕マジャール人をのぞくヨーロッパ人の想像世界のなかで恐怖の人物になっている王アッティラは、しかしトロワに近いカタラウヌムの野でローマのアエティウス将軍に敗れ、撤退を余儀なくされた〔四五一〕。とりわけ重要なのはフランク人の改宗であり、これは四九七年から五〇七年のあいだに、王クロヴィスを通して行われた[37]。クロヴィスとその子孫は、王子たちが王国を分割相続するというフランクの慣習があったにもかかわらず、西ゴート人をスペインへ追いやりブルグント王国を併合したのちには、ガリア全土を含む広大な領土を築きあげた。東ゴート人のテオドリック〔四八八—五二六〕は、首都ラヴェンナを中心とするイタリア北東部に、短命ながら輝かしい王国〔東ゴート末から六世紀に、南ドイツのバイエルンからオーストリアにあたる地域に住みつき、フランク王国の支配下でバイエルン大公領を保持した。現在でも、バイエルン州とオーストリアの大部分では、ともに上部ドイツ語の一方言であるバイエルン・オーストリア語が用いられており、言語学的にひとつのまとまりを構成している。本書八五頁も見よ。

(34) インド＝ヨーロッパ語族でスラヴ諸語を話す人々の総称。起源については諸説があるが、最近はカルパティア山脈北麓説が有力となってきている。六世紀ころのアヴァール人の東欧進出（本書八五頁）の際に移動を始め、南スラヴ人、西スラヴ人、東スラヴ人の三つに分かれた。

(35) アレクサンドリアの司祭アリウス（二五〇頃―三三六頃）の教説に基づく古代キリスト教の一派。唯一神教の立場をとりアタナシウス派の三位一体論と対立したが、三二五年のニカイア公会議において異端とされた。司教ウルフィラがゴート語聖書をつくるなど、アリウス派キリスト教はゲルマン諸部族にひろく伝えられた。

(36) ヴォルガ川東方から現れた遊牧騎馬民族。モンゴルに繁栄した匈奴の子孫であろうと言われる。四・五世紀に東・西ローマ帝国に対する侵攻をくりかえし、ゲルマン人の民族大移動をひきおこす要因となった。彼らの勢力はアッティラ王のもとで最高潮に達したが、四五一年のガリアにおける戦闘で西ローマ軍に敗北、四五三年にアッティラが死ぬと、カスピ海よりライン川にまたがるフンの大王国は急速に崩壊した。マジャール人（ハンガリー人）はフン人の末裔を自任しているが、確たる歴史学的証拠があるわけではない。

(37) クロヴィスはアレマン人との戦いで奇跡的に勝利をおさめたのを機に、妻であったブルグントの王女クロティルドのすすめを受け入れてローマ・カトリックに改宗することを決意したと言われる。ゲルマン部族の多くがアリウス派の信仰を受け入れていたのに対し、フランク人はカトリックに改宗することでガリアのカトリック住民と教会の支持を獲得することができたと考えられる。このことはとりわけ、将来フランク王国がヨーロッパに支配を広げる上で大きな意味をもった。

王国）を建設した。[38] ボエティウスはその顧問官だったのである。ガリアを追われた西ゴート人も、これに負けない魅力をもった王国（西ゴート王国）を築いた。その中心はトレドである。[39]「西ゴート支配下のスペインの継承者」としてのヨーロッパという言いかたがなされることがあるが、[40] この相続財産をつくりあげているのは、なによりセビリアのイシドルスの著作である。西ゴート人から受け継がれたより不幸な遺産の存在が指摘されることもある。西ゴートの王たちやトレド公会議がユダヤ人に対して採った対策は、ヨーロッパの反ユダヤ主義の源流となった。

ヨーロッパの出現

この新しい関係のネットワークのうちにヨーロッパの出現を見るのがけっして行きすぎではないことを示す例がある。六五八年、現在のブリュッセルに近いニヴェルの女子修道院長ゲルトルートが、聖パトリックの祝日に亡くなった。[41] パトリックはすでに北方における偉大な聖人のひとりになっており、やがてアイルランドの守護聖人となる。ゲルトルートの聖人伝には、はっきりとこう書かれている。修道院長は、「ヨーロッパのすべての住民によく知られていた」と。つまり、これらのキリスト教化された新しい社会では、すくなくとも聖職者層において、まさにヨーロッパという名で指し示されるひとつの世界への帰属感情が芽ばえていたのである。この文章にはまた、ヨーロッパ統合がはらむ今日の重要問題にも関わるある大きな現象が表れている。ローマ帝国西側部分の政治的・文化的な重心が、地中海からアルプスの北へと移動したのである。模範的な大教皇グレゴリウスの視線は、カンタベリーのほうを向いていた。キリスト教に改宗した新興の蛮族の王のなかでももっとも強い力をもつクロヴィスは、ガリア北部のパリ[42]に首都をかまえた。

(38) 東ゴート人は一時期フン帝国の支配下にあったが、アッティラの死後独立を回復していた。オドアケルの東ローマ帝国に対する内政干渉が始まると、皇帝ゼノンは東ゴート王テオドリックにオドアケル討伐を要請、その引きかえにイタリア統治を約束した。東ゴート王国は四九七年に実現し、五五五年に東ローマ帝国によって滅ぼされるまでつづいた。

(39) 四一〇年のローマ占領ののち、西ゴート人は南ガリアに落ち着き、トロサ(トゥールーズ)を首都とする西ゴート王国を建てて、ガリアとヒスパニアの防衛を担当した。西ローマ帝国滅亡後、フランク王国に敗れてイベリア半島に移動し、首都をトレドとした。五八九年、アリウス派からカトリックへ改宗、七世紀には半島の統一に成功し、独自の文化を築いたが、七一一年のイスラム征服により滅亡した。

(40) 以下の著作がある *L'Europe héritière de l'Espagne wisigothique*, actes du colloque international du C.N.R.S (Paris, 14-16 Mai 1990), Madrid : Casa de Velazquez, 1992.

(41) 聖パトリック(四六一没)は、ブリタニアに生まれ、ガリアで修行したのち、アイルランド司教となってキリスト教を広めた。その命日(三月十七日)は、カトリックの祭日で、アイルランド共和国の祝祭日になっている。

(42) パリという名は、前三世紀の中ごろシテ島を要塞にして住みついたケルト人の部族のひとつパリシイ族にちなむ。前五〇年代のカエサルによるガリア征服の際にローマ帝国支配下におかれ、紀元後三世紀にかけて、おもにセーヌ川左岸を中心にローマ人がルテチアと呼んだ都市が発展した。現在でも、円形

また、イングランドの、さらにはアイルランド(43)の修道院が、すぐれた宣教師養成所となる。たとえば聖コルンバヌス〔五四三―六一五〕は、大陸に渡って福音を説き、東ガリアのリュクスイユとイタリア北部のボッビオに大修道院を設立した。またその弟子の聖ガルスは、現在のスイスにあたる場所にその名にちなむ修道院〔ザンクト・ガレン修道院〕を建設した。

西洋の果てでこのように重心が北へ急激にずれたことは、なによりまずヨーロッパ史にとってはかり知れない重みをもつふたつの出来事に関連している。ひとつはローマ教皇の威光が失われ、ゴート人やランゴバルド人のような蛮族がローマを脅かすようになったことである。ビザンティン帝国はローマ教皇の優位をもはや認めていなかった。ローマは、地理的にも政治的にも、中心とはいえなくなっていたのである。(44)もうひとつの出来事とは、イスラム教徒による征服である。六三二年のムハンマド〔マホメット〕の死ののち、アラブ人、ならびにムスリムと呼ばれるイスラム教への改宗者たちは、破竹の勢いでアラビア半島、中近東、エジプトからモロッコにおよぶ北アフリカを征服した。そこで彼らは矛先を変え――その目的は略奪だったのか、あるいは征服だったのか――、地中海の対岸へと向かったのである。イスラム化した北アフリカのベルベル人(45)は、七一一年から七一九年にかけて、イベリア半島の大半を征服した。九世紀のはじめには、イスラム教徒はかつてローマ帝国に属した島々〔コルシカ、サルデーニャ、シチリア、クレタ〕を占領する。

このような地理の一新によって生じるのは、たんに北ヨーロッパと地中海に面した南ヨーロッパ

との対立にとどまらない。キリスト教化された新生ヨーロッパにおいては、周辺地帯が新たな重

闘技場や公衆浴場の遺跡が当時のおもかげをとどめている。本書一七一―一七二頁も見よ。

(43)紀元前からアイルランドに渡ったケルト人は、三世紀にはひとつの国としてのまとまりをもっていた。四世紀にキリスト教が伝わり、聖パトリックなどのすぐれた指導者によって、ケルト・キリスト教と呼ばれる独特のキリスト教文化が発展した。アイルランドの各地に設立された修道院は宗教と学問の中心となり、ヨーロッパ各地から学徒を集めただけでなく、聖コルンバヌスに代表されるような、やがてブリタニアや大陸において修道院設立運動を押しすすめることとなる多くの伝道者を輩出した。本書二〇七―二〇八頁も見よ。

(44)三世紀に蛮族の脅威が高まると、ローマに城壁が巡らされるいっぽう、ミラノが帝国の重要軍事拠点として重要性を増した。やがて帝国西部の行政の中心はミラノ、そして四〇二年以降はラヴェンナへと移る。三一三年、コンスタンティヌス帝がミラノ勅令によりキリスト教を公認し、都市として衰退を始めていたローマは以後宗教都市へと変貌する。そのいっぽう、三三〇年には「新しいローマ」たるべきコンスタンティノープルの建設が完了する。ローマは四一〇年に西ゴート人、四五五年にヴァンダル人によって略奪され、最盛期には一〇〇万人いた人口も中世初期には数万にまで減った。四七六年に西ローマ帝国が滅亡すると、威信を保ってきたローマ元老院も機能を失い、ローマの政治的重要性はもはや教皇の居住地としてのそれに限られることになった。本書二三三―二三四頁も見よ。

(45)ベルベル人は、北アフリカにひろく居住するコーカソイド系の先住民族。七世紀のイスラム征服により、アラブ人遊牧民が多く流入し、ベルベル人との混交、ベルベルのイスラム化が急速に進んだ。イスラム帝国の支配下でもベルベル人は優秀な戦士として重用され、イベリア半島に派遣されて西ゴート王国を滅ぼしたイスラム軍の多くはベルベル人からなっていた。

みをもつことがここで明らかになる。ケルトという周辺に、アングロ＝サクソンの、そしてやがてはノルマンの、スカンディナヴィアの、スラヴの周辺がつけ加わる。そして地中海はふたたび、キリスト教の再征服がくり広げられ、イスラム教徒との関係が築かれる、いわば枢要な前線となる。

キリスト教にとっては痛ましいことであったが、もしかするとヨーロッパにとっては好都合であったかもしれない出来事にも触れておこう。テルトゥリアヌス、とくに聖アウグスティヌスを輩出した北アフリカは、ローマ帝国領内におけるキリスト教の重要な中心地のひとつであった。しかしまずヴァンダル人に荒らされ――アウグスティヌスは四三〇年、ヴァンダル人に包囲されたヒッポで死ぬ――、とりわけ七世紀のイスラム教徒による征服は、北アフリカにおけるキリスト教文明を根こそぎに破壊した。それまで神学理論の洗練によって重きをなし、異端――おもにそれはドナトゥス派であった――との闘いにおいては先駆者の立場にあったアフリカを、ヨーロッパはもはや競争相手として恐れる必要がなくなったのである。

Ⅱ　キリスト教化と統一

聖職者、修道士、聖人

ローマ世界と新参の民族という古くからの区別に基づいて諸国民の下絵が描かれたのち、中世初期の西方世界はキリスト教化によって統一される。まずは司教[46]の統治が全領域におよぼされる。その権力はとくに都市行政において強められる。やがて七世紀以降になると、高位聖職者のなかでもさらに位の高い、大司教と呼ばれる者たちの一団がそこから区別されるようになる。司教たちをおくことによって、キリスト教の西方世界はおおむねローマ帝国の行政区分を踏襲する区域へと分割される。これが司教区と呼ばれるものである。いっぽう、司教や司祭だけでなく、宗教に関わる新たな人々が登場してくる。東方由来の修道士たちである。西方の修道士たちは、孤独な人という意味のその名[47]に反して、たいていの場合隠修士ではなく集団生活を営んでいる。彼らは修道院に住む苦行者たちであるが、その修道院はそれでも人里離れた、谷あいや森のなかの比較的孤立した場所に造られている。四世紀から八世紀までのあいだ、異教の農民たちをキリスト

(46) 司教は、キリストの十二使徒の使命を受け継ぎ、ローマ教皇の権威のもとに、司祭たちの長として司教区内の教会活動を監督する。司教の着座する司教座が置かれた教会は司教座聖堂《カテドラル》(大聖堂)と呼ばれ、その周りに発展した都市は司教都市(本書二二九頁を見よ)と呼ばれる。司教たちのうちには、大司教区を監督する大司教が含まれる。大司教は多くの場合、複数の司教区からなる教会管区の長(首都大司教)を兼ねている。

(47) フランス語で「修道士」を意味する **moine** の語源は後期ラテン語 *monachus* であるが、この語は「隠者、孤独な者」を意味していた。これはさらにギリシア語の *monakhos*(「一人で住む者」)にさかのぼることができるが、この語は「単独」を意味するギリシア語 *monos* からの派生語である。

教化していく中で、修道院は欠くことのできない役割を担っている。彼らはまた、しばしば旅に出て活動する。このなかにはアイルランド修道士たちがいて、すでに述べたように東ガリアや北イタリアへの伝道を担うことになる。その活動範囲はしかし、キリスト教化された西方世界の全土におよんでいる。敬虔な女たちもまた、このキリスト教のためにつくられた新しい場所に集うようになる。ただし、男たち同様に修道院で集団を形成するまえに、女たちはその処女性によって分類される。修道女たちはこうして純潔にまつわる新しい行動様式を体現することになるのだが、これはキリスト教一般の特徴でもある。しかしながら、修道士や修道女はおおむね貞操と無垢を守っていたものの、司教や司祭はまだ必ずしも独身を守ってはいない。

宗教をめぐるこうした状況の頂点に新たな英雄たちが姿を現し、異教の古代から受け継がれた英雄たちに取って代わる。聖人たちのことである。キリスト教化初期の数世紀には、聖人たちの英雄的性格とはキリスト教徒たちの神に自身の命を捧げることにほかならない。彼らは殉教者なのだ。しかし、キリスト教が認められていくにしたがって、殉教者の数は少なくなる。傑出したキリスト教徒とはいまや証聖者〔高徳の生涯を送ったが殉教にいたらなかった聖人〕たちであり、彼らもまたしだいに聖人という呼び名を与えられるようになる。聖人たちには教会によって特別な運命が約束されている。報いとしての天国が彼らを待ちうけており、地上においてすでに彼らは崇敬の対象、ときには救済信仰の対象でさえある。正当な教義によれば奇跡を行うことができるのはただ神のみだが、民衆の信仰は奇跡を聖人たちの仕業であると考えるのである。奇跡は特別な場所で、とりわけ聖人の墓地で起こった。聖人の体との接触によって、ピーター・ブラウンの言葉を借りるならこの「例外的な死者たち」のおかげで、信徒の病気が癒えたり、救済がもたらされたりしたのである。司教たちと同様、聖人たちもまたしばしばローマ化した蛮族の上層階級の出身である。新たなキリスト教社会の枠組みは、じっさい、貴族に起源をもっていることが多いのだ。教養のある貴族階級、これこそが、新興のキリスト教エリートによる指導体制を可能にする。

時間と空間の再編

修道生活はヨーロッパ風俗にことのほか強い影響を与えている。キリスト教社会は修道生活を範として、時間の使いかたを学ぶのである。修道士たちは、規則正しく昼と夜の決まった時間にいっせいに祈りを唱える。これは聖務日課の八つの時課と呼ばれるものである。また、キリスト教徒がまぎれもなくひとつの食養生法と呼ぶべきものに注意を払うようになったのも、修道士たちのおかげであると考えられる。修道士や敬虔な信徒が守った断食は、たんに贖罪のための宗教儀式にとどまるものではなく、瀉血などと同様に、ひとつの健康法でもあった。疫病の威力もあっただろうが、享楽的食事（暴食《グラ》〔七つの大罪のうちのひとつ〕）に抗うこともまた、食の不摂生を戒めることに一役買ったのである。さらに修道士たちは、これまでになかった生活のリズムを修道院の外にもたらした。労働と余暇、祈りと閑暇《オティウム》の組み合わせと交替である。

　時間の尺度の分野におけるキリスト教の影響はとくに重要である。中世はキリスト教化ののちもローマのユリウス暦(48)を使いつづけているが、同時に非常に重要な変化も現れている。第一に、週のリズムである。創世記に見られる神の天地創造のせいで、創造の七日間――六日と一日の休息――のリズムが尊重される。日曜日の休息を守ることは、やがてすべてのキリスト教徒の義務となる。そのため、農作業におあつらえ向きの天気、とくに絶好の収穫日和を逃してしまうことのないように、シャルルマーニュは農民のための例外を教会に認めさせなければならなくなるのだ。このように人間の活動が週のリズムで区切られることは、おそらくヨーロッパ世界においてつい最近まで、労働と休息のくりかえしのための最良のリズムを生んでいたのだろう。

　しかしキリスト教はほかの面で暦を根底から刷新した。ディオニュシウス・エクシグウスが五二五年に歴史の起源をキリスト生誕年と改め、キリスト教時代に新たな出発点が与えられるのである。ディオニュシウスの計算はまちがっており、キリスト教時代の始まりはおそらく紀元前四年である。いっぽう教会は長いあいだ、年のはじめの日付としてキリスト教世界全体に同一のものを定めることがない。年のはじめとして選ばれることの多かった日付は三つある。十二月二十五日（受肉暦）、三月二十五日（告知暦）、それに移動祝日である復活祭を年初とする暦があった。このためキリスト教世界全体で、月の観察に基づいてその年の復活祭の日付を割り出す複雑で精密な計算法、すなわちコンプトゥスが重要になるのである。キリスト教の暦は太陽暦であるが、例外として復活祭にまつわる太陰暦の要素が混じっている。キリスト教暦が定まることで、年最大の祝日となった新たなふたつの祝日が、来たるべきヨーロッパ全体（ただし正教会の東方ヨーロッパはのぞく）で重要度を増していくことが約束された。四世紀に十二月二十五日と定められたキリスト生誕の日——降誕祭あるいはクリスマス——、それに移動祝日であるキリスト復活の記念日、すなわち復活祭である。キリストとマリアにまつわる主要祝日のほか、一年の日々は聖人にちなんだ名をもつ。聖人の祝日はその命日に定められているのである。こうした時間の尺度の改編は、日常的な生活習慣のなかにも見られた。七世紀の西方世界に、鐘の使用、鐘楼の建設という、大きな影響をおよぼす出来事が起こったのである。修道士の意のままに告げられる時は不正確ではあったが、それでも時は都市や田舎のいたるところで耳にされた。時が計られ、音となって広められたことは、ひとつの根本的な革新であった。

キリスト教は、時間の尺度だけでなく、空間もまた再編成した。そしてどちらの場合でも、変化は西方ヨーロッパの全域におよんだ。この空間編成の特徴はあらたに導入された司教区分割で

(48) ユリウス・カエサルの命により制定されたユリウス暦は太陽暦の一種で、紀元前四五年一月一日から実施されたが、一五八二年グレゴリオ暦に改暦された。

あったが、それでもその区域が定まるのは徐々にでしかない。さらには、ある種の地点、ある種の地域をたがいに結ぶネットワークが確立した。聖遺物崇敬が、これらを納める土地の名声を高めたのである。トゥールの聖マルティヌス、そしてなによりローマにおける使徒ペトロやパウロの例がこれにあたる。聖遺物崇敬は巡礼を生み、西洋の果ての住民たちをたがいに結びつけた。とりわけそれは、宿駅をもつネットワークへと発展した。こうした結びつきは修道組織の内部にも生まれた。たとえば七世紀に、オルレアンのサン・テニャン修道院長はフルーリー・シュル・ロワール修道院を建設し、ランゴバルドの侵入ののち南イタリアのモンテ・カッシーノに放置されていた聖ベネディクトゥスの聖遺物がここに持ちこまれると、修道院は巡礼の一大中心地となる。こうしたネットワークの役割は、のちに中世になるとさらに大きくなる。

ふたつの対立極——ビザンティンとイスラム

七世紀から十四世紀にかけてのヨーロッパ生成のなかで重要な役割を果たしたふたつのマイナスの出来事について、もう一度触れる必要がある。宗教的・民族的アイデンティティーが形成される、あるいはすくなくとも固まるのは、衝突の、対立のなかでである。他者が、なかんずくライヴァルあるいは敵が、このアイデンティティーをつくるのである。

このような対立極は、西方キリスト教世界の場合にはふたつあった。まずはビザンティンである。ビザンティンが、ギリシアとラテンの両世界を含むキリスト教世界全体の支配者であるという自負をもっていたこと、ローマの司教の権威を認めるのを拒んだこと、異なる典礼言語（ラテン語ではなくギリシア語）を用いていたこと、神学上の見解の相違があったことなどから、ローマ・カトリックとビザンティンというキリスト教徒のふたつの集団のあいだの距離は開いていった。ローマ・カトリック教会が下したある重要な決断によって、この溝はさらに深まった。偶像排斥感情の最初の激しい表れが引き金となり、イメージをめぐる論争がビザンティン世界を混乱に陥れる。七三〇年から七九七年におよぶ聖像破壊運動である。第二ニカイア公会議（七八七）ののち、シャルルマーニュは「カロリング文書」のなかで西方ラテン・キリスト教の側のイメージに対する態度を定めている。それは中庸の立場であった。聖像破壊（イメージの破壊と拒絶）も聖像擁護（イメージの礼拝）も、ともにとがめられた。ユダヤ教やイスラム教がイメージを排斥し、ビザンティンが聖像破壊の発作に襲われているそのときに、西方キリスト教世界はイメージを採択し、神や聖母や聖人たちへの敬意の表れとして聖像を崇めた。ただし、擬人化であるこれらの聖像自体を崇拝の対象にすることはなしにである。神の位格がもつ顔は、聖霊の場合をのぞいて、人間の顔となった。これはヨーロッパの人間主義《ユマニスム》へ向かうひとつのステップである。ヨーロッパ美術はこうして、実りの多い道に足を踏み入れたのである。

七世紀に始まるイスラムとの衝突はさらにたちが悪かった。東方ヨーロッパがビザンティン世界の内部に閉じこもっていたように、イスラム世界とラテン・キリスト教世界にとっても、その領土は、しばしば軍事的意味での対立・衝突の前線であった境界線のそれぞれの側で果てていた。しかし、北アフリカを埋没させたのち、イスラム世界はアラブ化したベルベル人の姿をとってキリスト教ヨーロッパに襲いかかった。七一一年から七一九年にかけて、イベリア半島はまたたく間に征服された。キリスト教徒は北の周辺部、とくに北西のアストゥリアスに残っているだけであった。イスラム教徒はさらにスペインからピレネー山脈の北へ移動したが、すでに述べたように、それが略奪であったのか、あるいは征服の延長であったのかは判然としない。いずれにせよ、イスラム教の前進はポワティエの戦いと呼ばれる戦闘によって阻まれた(49)。イスラム侵攻はこれが最後となった。もっとも九世紀になると、地中海の島々、イタリア、プロヴァンス地方を対象としたイスラム征服が起こる。

ヨーロッパ史のなかで、ポワティエの戦いはさまざまな解釈を生んできた。ふたつの極端な解釈がある。この戦闘はたいした意味のない小競り合いにすぎないとみなした歴史家たちもいる。イスラム征服はこのときにはすでに息切れし、勢いを失っていたのだ。しかしある歴史家たちにとっては、ポワティエの戦いはまさしく大事件であった。それはキリスト教世界のイスラム世界に対する、現実的・神話的勝利だったのだ。ポワティエは、激しい攻撃性を表す反イスラムの少数派にとってのシンボルとなった。そして真実はといえば、おそらくこのふたつの極端のあいだにあるのである。とはいえ、キリスト教徒年代記作家たちはときに、ポワティエの戦いのなかにヨーロッパにとっての大事件を感じとった。ある作者不詳の年代記『続スペイン記』（セビリアのイシドルスの年代記の続編）は、ポワティエの戦いを、西洋でサラセン人と呼ばれていた民族の撃退を成しとげたヨーロッパ人の勝利としている。

経済的・政治的・法的統一

三つの変化、革新が、新しく生まれた大陸の端の西洋のさらなる統一をうながす。まずは経済的変化である。前述したように、ローマ人が都市化していた世界が農村化する。道路、工房、倉庫、灌漑設備、耕作地が廃墟となる。技術が退行し、とりわけ石が使われなくなって主要建築資材は木材にもどる。都市人口の田舎への流出も、人口減少によって生じた空虚を埋めることはできない。都市《ウルブス》の代わりに、大所領ウィッラ（自給自足型の要塞化した農場）が登場し、

（49）トゥール・ポワティエ間の戦いとも言われる。七三二年、イスラム教徒軍がピレネー山脈を越えて北上し、アキテーヌ公を破ってボルドーを略奪・破壊した後、トゥールへと向かった。これに対し、フランク王国の宮宰カール・マルテルは援軍を送り、トゥールとポワティエの中間でイスラム軍を破った。この勝利でカール・マルテルの声望が上がり、その息子のピピン三世は七五一年、メロヴィング家の王を廃して自ら王位に就いた（カロリング朝の開始、本書八三頁）。

これが経済と社会の基本要素となる。そこで耕作と居住の土地単位となったのは、マンスである。その広さはさまざまであるが、概して小さく、そこで暮らせるのはひと家族だけであった。貨幣経済は衰退し、物々交換が増加する。広域貿易は、塩のような必需品をのぞいてほぼ消滅する。最近は、都市の衰退が以前ほど強調されない傾向にある。しかし、古代都市がある程度まで保存されたとしても、それは、トゥール[50]、ランス[51]、リヨン[52]、トゥールーズ[53]、セビリア[54]、マインツ[55]、ミラノ[56]、ラヴェンナ[57]といった中心都市において、司教や何人かの重要な蛮族指導者たちの居住地が残されているということにすぎない。

さらにふたつの要因が蛮族たちの世界を統一するが、それは政治的・法的分野に関わるものである。あらたに形成された政治集団の頂点に、王が現れる。ローマ世界で忌み嫌われたこの王たちは、部族の長、小国の王にすぎない。アングロ＝サクソンの王たち、クロヴィス以降のフランク王たち、ブルグントの、(ラヴェンナのテオドリックの威光は例外であるが)東ゴートの、西ゴートの、ランゴバルドの王たちの権力は限られており、ローマ帝国の威を借りているにすぎない。それでも王権はその後、ヨーロッパで輝かしい時代を迎えることになる。また、こうした王たちが発布した法律には、蛮族の法としての性格が顕著に見られる。税率、罰金、違反や罪に対して科され、本人の民族的出自や社会的地位に応じて決められた金銭的・身体的賠償などが一覧になっているのである。

これらの法律について、幻想をいだくことは許されない。いたってもの足りないものである。

(50) 町の名はガリア人の部族トゥロネスに由来する。ローマに征服されたのち、三世紀の半ばにはローマから派遣された聖ガティアヌスによってキリスト教化された。四世紀には有名なトゥールのマルティヌスが司祭として活動している。

(51) ランス (Reims) という町の名は、ガリア人の部族レミ (Remi) に由来する。町の原型となったのは彼らの中心的城市であり、古代ローマ時代にはドゥロコルトルムと呼ばれていた。彼らはガリア戦争におけるベルガエ人との戦いでローマ人と同盟を結び、属州ガリア・ベルギカがおかれるとドゥロコルトルムはその州都となった。さまざまな遺跡などが、当時のこの町の繁栄を物語っている。西ローマ帝国の崩壊後、ガリア・ベルギカはフランク人の本拠となった。

(52) 紀元前四三年に、ローマの植民市ルグドゥヌムとして建設された。交通上の要衝にあり、商業都市として、またガリアを治める行政都市として栄えた。

(53) 古代ローマ時代にはトロサと呼ばれた。二五二年に殉教した初代司教聖セルナンの聖遺物が、四世紀後半に建てられた聖堂に端を発するサン・セルナン教会に安置されている。五世紀から六世紀初頭にかけて、西ゴート王国の首都がおかれていた。

(54) 古くはヒスパリスとよばれたセビリアは、ローマの支配下に入ると属州ヒスパニア・バエティカの重要都市として発展した。西ゴート王国期にはイシドルス（本書五二頁）が大司教をつとめた。

(55) 紀元前一三年にローマ帝国が築いた城塞モゴンティアクムがその起源である。帝国末期には、属州ゲルマニア・スペリオルの州都となった。

(56) 三世紀にゲルマン人の脅威に対処するローマ帝国の重要軍事拠点となり、同世紀末のディオクレティアヌス帝の改革以降は帝国西部の行政中心地となって、四〇二年のラヴェンナ遷都までのあいだ西帝の本拠がおかれていた。コンスタンティヌス帝によるミラノ勅令（三一三年）が発布されたのはこの時代のことである。

(57) 四〇二年、西ゴート人のイタリア侵入に際して、西ローマ皇帝ホノリウスはミラノを離れ、沼沢地を

西方におけるローマの伝統の最後の真の継承者である東ゴートのテオドリック大王の王令もまた、その例外ではない。クロヴィスのときラテン語で書かれたフランク人のサリカ法典には、とくにそれがあてはまる。ブルグント法典は、ブルグント人の王グンドバットによって六世紀初頭に発布された。西ゴートの慣習は、まずエウリック王（四六六—四八五）、ついでレオヴィギルド王（五六八—五八六）によって成文化され、レセスビント王（六四九—六七二）は西ゴート人とローマ人を対象にしてこれを改定した。これはしたがって、ブルグント人のブルグント・ローマ法典と同様に〔東ローマ帝国の〕テオドシウス法典をローマ人を対象に焼きなおしたアラリック抄典編纂（五〇六）にも代わるものであった。ロターリ王法典（六四三）は、後継者たちによる追加を受けた。八世紀初頭のアレマン部族法典、八世紀半ばのバイエルン部族法典は、フランク人の法律を参考にしている。五七九年にブラガの大司教となった聖マルティンの「田舎風俗の教化」と題する手引きは、公会議や教区会議の法令に基づいて書かれた、農民たちの粗暴な風俗を改めるためのプログラムである。ローマ法の廃墟のうえに築かれたこれら蛮族の法律は、いずれにしても、法に基づくヨーロッパを中世初期に生きながらえさせた。

天然の要塞とするラヴェンナに移動した。すでに重要な海軍基地をもっていたラヴェンナには、これ以後西ローマ皇帝の宮廷がおかれた。以後、イタリアを支配した東ゴート王国もラヴェンナを首都とし、これを滅ぼしたビザンティン帝国も、イタリア統治のための総督府をここにおいた。

第二章　流産したヨーロッパ——八世紀から十世紀

シャルルマーニュの騎馬像（ルーヴル美術館　9 世紀）

つづいての時代は、しばしばヨーロッパ建設の最初の大きな試みといわれてきた一挿話を提供する。この時代はシャルルマーニュの名と結びついている。その短命の帝国は、ヨーロッパの最初の真の下絵といえるであろう。

この見かたは正しいとしても、強調されなければならないのは、この時代が倒錯的ヨーロッパの最初の例になったともいえるということである。シャルルマーニュのヴィジョンは、「ナショナリスト」のそれなのだ。シャルルマーニュが建てた帝国は、なによりフランク人の帝国である。そして、その基礎にあるのはまぎれもない愛国精神である。たとえばシャルルマーニュは、暦の月の名前をフランクの言葉に改めようと企てさえしたのだ。歴史家がこのような側面を取りあげることはめったにない。しかしこれを強調しなければならないのは、シャルルマーニュの挫折が、一民族あるいは一帝国によって支配されるヨーロッパをつくろうとするあらゆる試みのうちの最初の失敗例だからである。カール五世の、ナポレオンの、ヒトラーのヨーロッパは、実際には反ヨーロッパであった。シャルルマーニュの試みのなかには、ヨーロッパの真の理念にそむくこのような企てに似たなにかがすでに見られるのである。

Ⅰ　シャルルマーニュの帝国

カロリング王家の興隆

フランク人は、二度にわたって興隆を見せた。まずは、五世紀末から六世紀の、クロヴィス一世とその息子たちの時代である。クロヴィスの王国は息子たちによって分割され、その後再統一はあったものの短命に終わった。そして、その次の時期は八世紀にあたる。メロヴィング王家の権力は七世紀のあいだに徐々に衰えていた。権力を奪われた王たちは、当時「無用の王」、近代には「怠惰王」と呼ばれ、近世の日本で天皇が将軍に権力を明け渡していたように、権力を行政の指導者である宮宰に委ねていた。八世紀、宮宰はリエージュ近辺から出たピピン一族から選ばれており、その職はすでに世襲化されていた。七一四年に父ピピン・ド・エルスタル〔ピピン二世〕の後を継いだカール・マルテルは真の王とみなされ、七三二年にポワティエ付近でイスラム教徒を破ったのをはじめとする数々の戦勝によって高い名声を得た。カール・マルテルの死後は、その息子短軀王ピピン〔三世〕がその権力を掌中におさめ、メロヴィング朝最後の王を王座から降ろして、七五一年、ソワソンにおいて、在俗の有力者と聖職者とからなる一団にみずからの王位を承認させた。

もっとも意義ぶかく、もたらされた結果も重大だったのは、ピピンが、ふたりの息子カールマンとカールとともに、七五四年にサン・ドニで教皇〔ステファヌス三世〕から二度目の聖別を受けたことである。(1) こうして聖書にある王政の儀式に立ちもどることで、王の人格はキリスト教徒の元首として神聖化される。(2) ヨーロッパのあちらこちらで今日もなお存続している君主制の権威は、このように補強されるわけである。聖別式は西ゴート支配下のヨーロッパでも行われていたが、伝統はとだえ、レコンキスタ後のスペインにおけるキリスト教王国もこれを復活させなかった。聖別された君主制を生みだしたのは、ただ、八世紀にやはり聖別式を創始していたアングロ＝サクソンの儀式を受け継ぐイングランドの王のみである。中世におけるフランス王とイングランド王のあいだの象徴的競合関係がここから生まれる。クロヴィスの洗礼儀式を王の聖別式に移行させたことで、フランス王は優位を主張することができた。その結果、フランス王は唯一聖霊によって王位につけられているのであり、のちには「もっともキリスト教的な王」という称号を得る。皇帝の権威が衰退したこの時代に、キリスト教世界の王たちの第一人者というフランス王の地位は明確になった。以後のヨーロッパ史は、この種のねたみ、競争心、権利要求に満ちている。その求めるところは、ヨーロッパの政治空間にひとつの階層秩序を打ち立てることだった。

短軀王ピピン〔七六八没〕は、フランク人の慣習にのっとり、王国と王権をふたりの息子に分かち与えた。しかしカールマンは七七一年に早死にし、兄のカールがフランク王国唯一の王となった。カールはのちのシャルルマーニュである。この王とともに、新たなカロリング朝が王座のうえにはっきりとその姿を現す。

シャルルマーニュの征服事業

シャルルマーニュ〔カール大帝〕はなによりもまず、フランク人、蛮族の伝統から出た偉大な戦士である。その戦いはキリスト教化推進の運動と対になっていた。しかし前面に出ていたのは、力業、暴力、残酷さである。シャルルマーニュの征服事業は、東に、南東に、そして南に伸びていた。東方のゲルマニア南部では、七八八年バイエルン大公領(3)を併合し、さらにはアヴァール人(4)も

(1) 七五一年のソワソンでの聖別式では、当時の教皇ザカリアスではなく、次のページで登場するマインツ大司教ボニファティウスが塗油を授けた可能性がある。
(2) 本書三九頁を見よ。
(3) 地方分権政策をとるフランク王国において、バイエルン大公領は一定の独立を認められていた。しかし、時の大公タシロ三世は、ランゴバルド人と同盟を結んで領土的野心を見せるなど、反フランク的な姿勢をとっていた。
(4) 五世紀から九世紀に中央・東ヨーロッパで活躍した遊牧民族。六世紀中葉には、イタリアに移動したランゴバルド人に代わりハンガリー平原に進出、ドナウ中・下流域を中心に大帝国を築いた。バイエルン併合を機にシャルルマーニュは遠征軍を送り、アヴァール人に壊滅的打撃を与えた。

打ち破った。ゲルマニア北部では、七七二年から八〇三年にかけて、異教徒ザクセン人との困難な戦いをくり広げなければならなかった。[5]

ゲルマン諸族との戦いのなかでピピンの力強い味方になったのが、もとはウィンフリートという名のアングロ＝サクソン人でマインツ大司教のボニファティウスであった。ボニファティウスは、ザルツブルク、レーゲンスブルク、パッサウなど数々の司教区を創設した。またその弟子シュトゥルムは師のすすめに従い、七四四年にヘッセンのフルダに大修道院を設立し、ボニファティウスはここに葬られた。ボニファティウスは、七五五年、伝道のさなかに異教徒のフリース人に惨殺された。

南東の方角で、シャルルマーニュはもっとも価値のある勝利を手にした。戦いの相手はキリスト教に改宗していたランゴバルド王であったが、このランゴバルド王がローマを含めたイタリアにおける教皇領への攻撃をくりかえしていたため、教皇みずからがシャルルマーニュに要請し、これに介入してランゴバルド人を討たせたのである。[6] 甲冑に身を固めた騎兵隊のおかげでめざましい勝利をあげたシャルルマーニュは、敗れたデシデリウス王の代わりにパヴィアで即位し、ランゴバルド人の伝統である鉄の王冠を受けた〔七七四〕。ランゴバルド人はそれでも、イタリア中部のスポレートとベネヴェントにふたつの独立した公国を維持した。

イスラム教徒と敵対したガリアの南の境界では、シャルルマーニュの成功はかんばしくなかった。シャルルマーニュはスペインの現状に通じておらず、サラゴサを攻略できないままピレネー山脈北部に退却する。ここで起こった戦いで、バスク人〔ヴァスコン人〕はシャルルマーニュの甥ロランの率いる後衛部隊を全滅させる。この小さいエピソードが伝説によって脚色され、サラセン人を相手にした悲劇の敗戦の物語ができあがる。『ロランの歌』(7)がこうして生まれるのだ。シャルルマーニュはかろうじて、のちのカタルーニャとラングドックのセプティマニアにスペイン辺境領をおくことができた。また、ピレネー山脈北側大西洋岸のガスコーニュ〔ヴァスコニア〕の再

---

(5) ドイツ北部の現在のニーダーザクセン州を中心とする一帯に居住していたザクセン人は、八世紀末から九世紀初頭にいたる戦い（ザクセン戦争）でシャルルマーニュに征服され、フランク王国の一部となった。シャルルマーニュは、降伏したザクセン人のリーダーであるウィドゥキントを改宗させ、ザクセン公とした（八四四）。彼らは強大なザクセン公国を築き、フランク王国内で確固たる地位を占めた。

(6) 教皇によって王位を承認されたピピン三世は、その見返りとしてランゴバルド遠征を行い、旧東ローマ帝国領を教皇に寄進していた（ピピンの寄進、七五六）。こうして基礎づけられたローマ教皇の世俗的所領が教皇領であり、ローマからアペニン山脈を越えラヴェンナまで半島を横断する帯状の地域を中心とした。シャルルマーニュによるランゴバルド王国滅亡によって、教皇領は拡大された。

(7) 十一世紀成立の武勲詩。シャルルマーニュの甥ロランはイスラム教徒打倒のためスペインに遠征した帰途、ピレネーのロンスヴォー渓谷でサラセン軍の急襲を受け、壮烈な死を遂げる。しかし彼の吹いた角笛を聞いた大帝が駆けつけ、キリスト教世界に勝利をもたらす。ヴァスコン人との戦いがイスラム教徒とのそれに変えられた背景には、十一世紀における十字軍熱の盛り上がりがあったと考えられる。

征服に成功し、この領土を息子のルイに王国として与える(8)。

フランク人と教皇庁の同盟

この時代状況のなか重要であった出来事は、フランク人と教皇庁の同盟である。教皇たちは世俗権力の担い手を求め、それをフランク人の王のうちに見出した。この世俗の腕は、彼らを敵から、なかでもランゴバルド人の攻撃から守ったのである。同盟はまずフランク人の王たちに実りをもたらした。ピピンとその息子たちの聖別がこれである。その次の段階になると、教皇庁は「ヨーロッパ的」性格をもつ計画を思い描いているように見える。キリスト教を信仰するこの西洋の果てを、フランク人を中心に帝国として再建しようという計画である。八〇〇年のクリスマスにシャルルマーニュがローマを訪問した際、教皇レオ三世はこのフランクの王に皇帝の冠を授ける。

ギリシア正教のビザンティン帝国から独立しはじめていた西方のラテン・キリスト教世界は、この出来事によってますますその独立の度合いを強めていく。しかしほかの側面にも目を向けてみた場合、ヨーロッパの父としてのシャルルマーニュというイメージは、ゆがんだ歴史観の産物であるように思われる。確かに生前からすでに、複数の文書が彼を「ヨーロッパの長」という呼び名で呼んでいる。しかしこれは、歴史的現実であるというよりは、尊敬の印、想像のうちにあるものの表現である。シャルルマーニュのヨーロッパは、領土的観点から見れば、限られたものにすぎない。ブリテン諸島はそこに含まれず、アングロ＝サクソン人、アイルランド人の手にあって独立していた。大部分イスラム教徒に征服されていたイベリア半島も、やはりサラセン人の手に落ちていた南イタリアとシチリアも、そこには欠けている。スカンディナヴィア半島もない。いまだ異教のこの地からは、ノルマン人のヴァイキングたちが飛び出し、各地で略奪したりみずからを利する取引を押しつけたりしている。そもそもカロリング帝国は、ライン川の東側にはほとんど興味を示さない。ゲルマニアの大部分はいまだ征服を逃れているのだ。とりわけスラヴ人は手の届かないところにいて、異教を信仰している。奴隷市場を支配していたフランク人商人サモ(9)がスラヴ人の王に選ばれ、ボヘミアの奥地へ歩を進めた七世紀以来、プラハはほとんど進化し

(8) バスク人の祖先とされるヴァスコン人は、現在のスペインのナバラ州にあたる地域に居住していたが、西ゴート王国の時代にピレネー山脈の北に移住する。この地域はヴァスコニアと呼ばれ、これがのちになまってガスコーニュという地方名が生まれた。フランク王国内でヴァスコニアは公国となり、しだいに独立の度合いを高めてアキテーヌをも支配下におく。七世紀末から八世紀のあいだ、ヴァスコニアはフランク王国と敵対関係にあった。七八一年、シャルルマーニュは王国を三分割して息子たちに分け与えるが、ヴァスコニアはアキテーヌ分王国の一部として末弟ルイ(のちのフランク王ルイ一世)の領土となった。

(9) 七世紀中葉、サモは王としてスラヴ諸族をまとめ、アヴァール人を撃退することに成功した。その支配域は、ボヘミア、モラヴィアを越えてさらに南に広がっていた可能性もある。彼の死後、三五年続いたサモの王国は急速に崩壊した。

ていないのである。

シャルルマーニュが戴冠し皇帝となることは、これを構想した教皇庁にとっても、どちらかといえばこれを受動的に受け入れたシャルルマーニュ本人にとっても、本質的に過去への回帰という意味あいをもっていた。それはローマ帝国を再生するための努力ではあっても、未来へ向けた計画――これこそヨーロッパの進むべき道である――ではなかったのである。フランク人古来の領地アーヘン〔フランス語ではエクス・ラ・シャペル〕に新しい首都を建設しながら、シャルルマーニュはおそらくここを「来たるべきローマ」にしようと考えていた。これはじつのところ、「新しいローマ」、つまりコンスタンティノープル[10]に対する挑戦だった。それでも、シャルルマーニュの視線はうしろを向いていた。その先にはローマが、ヨーロッパ的カロリング帝国の本拠地ではなく、たいした権力をもたない教皇の首都であるローマがあったのである。シャルルマーニュの死後、アーヘンは廃れる。建設後まもないアーヘンは、その神話は中世のあいだも残るものの、もはや西方の首都ではなくなった。ただ威厳あふれる建造物だけがいまも残され、シャルルマーニュの夢の証人になっている。今日アーヘンを舞台に開かれる欧州連合の行事は、ノスタルジックな儀式にほかならない。カロリング帝国はしたがって、長期持続の展望、とくにヨーロッパという展望のなかで見た場合、失敗だったのである。

イタリア系アメリカ人の著名な中世史家ロベルト・ロペスの次のような見解には、私も同感である。「正確にはスタートは見せかけのものにすぎなかったと定義しなくてはならないのであり、これをヨーロッパの序章と呼ぶわけにはいかない。今日人がヨーロッパという言葉を口にするとき、単一の宗教、普遍的国家のようなものを思い描いているのではない。それは、複数の政治体制、世俗的知識、芸術的・文学的伝統、経済的・社会的利害の集まりであり、異なる意見、独立した民族のモザイクからなる総体である。この点から見ると、カロリング帝国は注目すべき試みではあっただろうが、結局のところ、果たされなかった努力といわざるをえないのである」。

ヨーロッパへの遺産

カロリング神話は近代につくられたものだとしても、そこには未来のヨーロッパの基礎となるような要素もいくつか見られる。第一に、法的統一の輪郭が描かれたことが挙げられる。帝国領土全体に対して、行政の主要分野に関わり、地域、個人の違いを問わず適用される法令を発した。田舎の大所領、教育、立法、王国の分割、皇帝の使節《ミッシ・ドミニキ》に、それらは関わっていた。これらの法令はカロリング法令《カピテュレール》と呼ばれる。またシャルルマーニュは、ドゥニエ銀貨に基づく通貨体制を敷く

（10）三三〇年に皇帝コンスタンティヌス一世が建設。ローマ帝国の東西分裂後は東ローマ帝国の首都となった。

ことによって通貨統合をもくろんだ。しかしながら広域取引の再興については、とくにイスラム世界に関しては、十分になされたということはできない。もうひとつの重要な改革のほうも、多くの点で未完に終わる。権利と法律の土台に関する問題である。蛮族の法律は、すでに見たように個人の権利を基準にしており、民族的特性を強く残している。フランク、ブルグント、ランゴバルド、ゴートの各部族は、それぞれ異なる法律によって裁かれていた。シャルルマーニュはこのような法の多様性に代えて、出生地に基づく平等を打ちたて、それが帝国領土に住むすべての人間に適用されるように望んだのである。完成にいたらなかったとはいえ、これはシャルルマーニュの行ったもっとも革新的な試みのひとつであり、ヨーロッパの法的統一の可能性をもっともよく垣間見させてくれる。

より成功したといえるのは、シャルルマーニュとその後継者たちの圧力のもとに成しとげられた修道制度の統一である。数が増えていた修道士たちの権威、活動のおかげで、これが初期において中世ヨーロッパの形成につながった。中世の最初期においてすでに、さまざまな修道戒律が生まれていた。つねに秩序と統一を信奉していたシャルルマーニュは、あるカタルーニャの修道士〔アニアーヌのベネディクトゥス〕が行っていた制度統一のための努力を支持した。モンペリエ付近のアニアーヌに修道院を設立したこの修道士は、とりわけ六世紀にヌルシアのベネディクトゥスがつくった戒律を再興し、革新したことで知られる。革新された聖ベネディクトゥスの戒律を帝国内のフランク王国に属するすべての修道院で採用することが、八一三年に同時に召集された五つの公会議で議題となっている。シャルルマーニュのあとを継いだ息子の敬虔王ルイは、八一六年のアーヘン公会議において、ベネディクトゥスの戒律を義務づける法令を発した。修道士の生活時間を祈禱と瞑想、肉体労働、知的労働の時間に分けることによって、聖ベネディクトゥスは修道生活の任務を規定していたが、アニアーヌの聖ベネディクトゥスは、そこに異教徒たちに対する宣教とその改宗の使命をつけ加えた。修道院の世界は以後、九世紀から十二世紀にかけてのキリスト教世界全体で、重要な社会的・文化的役割――ルドー・ミリスが言うように、そこにはいくらか誇張があるにせよ――を果たすことになる。

Ⅱ　カロリング朝期の世界

兵士と農民

こうして、司教、在俗聖職者による指導と修道士たちの活動のもと、九世紀に兵士のヨーロッパと農民のヨーロッパがひとつになったのである。フランク人のモデルに従い、シャルルマーニュの帝国のあらゆる人間は直接王に従属し、兵士となる。すべての者は兵役の義務を負う。すべての自由身分の男は潜在的な兵士であり、直接にせよ、領主から割り当てられた兵を介してにせよ、馬が草を食むことのできる春から秋のあいだ、王の遂行する軍役に加わらなければならない。シャルルマーニュの四十六年の治世のあいだ、軍事遠征のなかった年は七九〇年と八〇七年の二回のみであった。軍隊の強みは鎧に身を固めた騎兵隊である。徴集された自由人は、個人的に、あるいは領主を通して、馬、楯、武器を供出しなければならなかった。この武器とは、軽槍、歩兵のための片刃の短剣、そしてなにより、騎兵のための両刃の長剣であった。シャルルマーニュ治下において遠征はしばしば勝利に終わったが、その場合、かなりの量にのぼる戦利品の収集が遠征をしめくくった。アレクサンドロス大王からムハンマドまでのすべての大帝国と同じように、カロリング帝国はある程度まで征服と戦利品によって生きていたのである。

王が所有していた兵は——それが一時にすべて召集されることはまれであったにせよ——、おそらく五万にのぼり、うち騎兵は二千から三千であった。中世は大きい数字を扱う社会・文化ではない。なによりまず中世がもっとも人目を引く分野、すなわち戦争の分野において、それはいえるのである。この軍隊を指揮していたのは、おもに大所領からの収入で富を得ている人々であった。土地は、未来のヨーロッパ人にとって、富と権力のもうひとつの基盤なのである。政府に支払われていた税が大地主——これがやがて領主となる——に支払われる賦課租に変わったとき中世は誕生したという説が主張されたことがある。こうした権力者たちの土地で、世俗の人口のおよそ九割が暮らし、働いていた。

土地を領有し戦争に参加する少数派が支配していたヨーロッパは兵士たちの世界であったが、農民が多数を占める世界としてのヨーロッパもまた、その姿を現しはじめていた。これら農民たちの社会的地位はさまざまであった。奴隷がいぜんとして存在しており、キリスト教が広まってもその境遇はほとんど改善されていなかった。いっぽう、領主と農民と領地のあいだに新しい結びつきが生まれ、直接領主の支配下に入る農民と土地がしだいに増えていった。奴隷の代わりに、農奴と、交換、売却することのできない農奴保有地とが誕生する。開墾の最初の波が六世紀と七世紀に訪れたとはいうものの、西洋は当時はまだ森林の土地であった。大所領は一般にふたつの部分に分けられていた。ひとつは、週に数日の賦役という形で支配下の農民が提供する奉仕の助けを借りながら、領主が直接経営する領主保留地。そしてもうひとつは農民たちがみずからのために耕す土地で、家族の食糧のほかに少しばかりの余剰作物を生産し、領地の外で売って必需品を手に入れることができた。こうした農民の一部は自由農民で、自由地と呼ばれる土地を保有していたが、従来しばしば言われているよりもその数は多かったと思われる。

すでにシャルルマーニュの時代に、やがて中世の重大な出来事へと発展し、ヨーロッパの本質的特徴となるであろう、ある変化が見られるようになる。農民が領主への隷属状態からの解放を勝ちとり、農村住民は自由な身分となって賦役も免れたのである。領主たちとしては、領地が縮小するのを受け入れるか、あるいは新たな隷属関係に基づく政治を押しつけるか、どちらかを選択しなければならなくなった。第二の解決法はおもに東ヨーロッパで採られ、これもまた、西ヨーロッパと東ヨーロッパのあいだに差異と距離が生まれる原因となった。今日まで続くヨーロッパの特徴となるような農村生活のこの重要性に、シャルルマーニュは注意ぶかい配慮を向けていた。「御料地令」（八〇〇頃）は、王領の外にまでおよぶ農民生活に関する完全なる法規であり、中世とヨーロッパの誕生の時期の、いまでもその面影の多くが見られる農村風景を再現してくれる。

カロリング朝ルネッサンス

カロリング朝期に生まれたヨーロッパのうちでももっとも評価すべきもの、それはおそらく文明のヨーロッパである。シャルルマーニュの教養を誇張すべきではないだろうが——シャルルマーニュは、アルファベットの文字を理解するのに苦労し、書くことはできず、ラテン語は少ししかできなかった——、それでもある非常に確固たる政治方針を貫いていた。シャルルマーニュにとって、知、教養とは、欠くことのできない権力を誇示し、行使することであった。知識を奨励し保護することは、君主の基本的義務のひとつである。この任務を果たすうえで君主が頼りにできるのは、誰よりもまず、この道で最良の知識を身につけている聖職者たちであるということ、そして、この知的活動の成果を受けとるのは、おもに、帝国行政において彼の手足となって働いていた世俗の有力者たちの子弟でなければならないということを、シャルルマーニュは理解していた。このプログラムはフランク人への呼びかけで満足されるような性質のものではなく、帝国の文化的潜在力の結集を必要としていた。それどころか、帝国の一部ではない国々を代表する者たちさえ、そこに加わることが許された。たとえば、アイルランド人、アングロ＝サクソン人、スペイン人がいたのである。シャルルマーニュは、学校におもむいて生徒たちを激励したジュール・フェリー(11)の先駆者のような扱いを受けることもあるが、これは行きすぎである。シャルルマーニュが設立し発達させた学校は、おもに貴族の子弟を対象に教育を行っていたのだ。

七八一年以降、大帝のまわりをさまざまな教養人、知識人が取り囲むようになる。ジャン・ファヴィエはこうした人物のことを「宮殿知識人」と呼んだ。たとえばそこには、ランゴバルド人パウルス・ディアコヌス（本名ヴェルネフリード）、イタリア人アクイレイアのパウリヌス、スペイン人で、七九七年にオルレアン司教、そしてフルーリー・シュル・ロワール修道院（のちのサン・ブノワ・シュル・ロワール修道院）長となった、テオドゥルフスがいる。とりわけそこにはアングロ＝サクソン人のアルクインがいた。七三九年生まれで八〇四年に死んだアルクインは、身分は単なる助祭のままであったが、シャルルマーニュの主たる相談役であった。トゥールのサン・マルタ

(11) フランスの政治家（一八三二―一八九三）。第三共和政の下で文相、首相、外相を歴任し、とくに初等教育の無償化、世俗化、義務化を実現したことで知られる。

ン修道院長になると、アルクインはここをカロリング朝ルネッサンスと呼ばれるもののもっとも活発な中心地のひとつとした。こうした知の世界は本質的に男の世界であったが、それでも女性の登場人物が何人かそこから現れてくる。たとえばアルクインは、シャルルマーニュの女兄弟でシェル女子修道院長を務めたジゼルの相談役でもあり、修道院での知的生活、大がかりな写本の実践を奨励するよう彼女に勧めた。アキテーヌの貴婦人ドゥオダは、宮廷から離れて暮らしていながら知識を身につけ、のちにはこれを伝えようと、息子のセプティマニア公ベルナルドゥスのために手引書を書いた。

シャルルマーニュを中心とするカロリング朝ルネッサンスは、人々がいだく輝かしくも魅惑的なイメージに比べ、実際には限界のあるものだった。皇帝の宮殿は真に文化的な雰囲気とともに、遊び心に包まれてもいたのである。大帝とそのおもな取り巻き連中は宮廷アカデミーを結成したが、これは一種の文学的遊戯であり、その会員にはそれぞれ古代をしのばせるあだ名がつけられていた。アルクインはアルビヌスあるいはフラックスであり、つまりはホラティウスである。アンジルベールはホメロス、テオドゥルフスはピンダロス、若き詩人モードワンはナソすなわちオウィディウス、イタリアを統治していた〔息子の〕ピピンはジュール〔ユリウス〕、つまりはカエサルという具合だ。アロン〔モーセの兄〕、サムエルなどもいる。アダラルドゥスはアウグスティヌスである。そしてシャルルマーニュその人は、ダビデ、つまり「平和の王」なのであった。このアカデミーのめざすところは、シャルルマーニュの宮殿を「気高きキリストの教えを受け、古の都よりさらに美しい、もうひとつのアテネ」にしようというアルクインの意図と同じだったのである。

学者たちの第二波が登場して、シャルルマーニュ亡きあと、敬虔王ルイ、禿頭王シャルル〔二世〕のもとで、この「ルネッサンス」を継続、発展させる。宮殿のほか、あらたに建設される大修道院がその中心地となる。たとえばアインハルトは、ゲルマニアに建てられたフルダ修道院で学んだ。八二二年からそこの修道院長になっていたのは、偉大なラバヌス・マウルスである。

誇張に陥ってはならないが、それでもカロリング朝の知的活動がヨーロッパ文化の古層を形づくったという事実は認識する必要がある。国家の統治における知の重要性、それがもたらす権威を、シャルルマーニュは「古典を学ぶことについて」と題する法令で強く訴えているのである。シャルルマーニュやその相談役たちが成しとげた改革には、重要なものが含まれている。たとえば書体改革である。新しい書体であるカロリング小文字体は、明快で、規則正しく、上品であり、読むのも書くのもやさしくなっている。これはヨーロッパ最初の書体であるといわれる。修道院、王国、司教のもつ写字室《スクリプトリウム》で写本の活動が活発に行われるなか、アルクインはさらなる明快さを求め、句読法を導入する。シャルルマーニュはまた、聖書の本文を修正させた。同様の正しい原文の追求が、やがて西洋中世においてひろく活発に行われる聖書注釈の原動力になるのだが、そこには、聖典の原形の尊重と知識や教養の進歩がもたらす正当な修正とのあいだのバランスをとるという、欠くことのできない配慮があるのである。カロリング朝ルネッサンスの重要性が今日でもなお忘れられないのは、なんといってもその挿絵の豊かさ、つまり彩色写本の魅力によるところが大きい。カロリング朝期の名品は、いくつかの福音書写本、詩篇集に見られる。詩篇に対する好みは中世を通じて見られるが、これがヨーロッパに今日でも見られる聖書の詩に対する愛着のもとになっている。

とくにカロリング朝のもたらした影響というわけではないが、中世を通じて発展し消えることがなく、いまもなお根づよく残るある流行がまさにこの時代に現れるということも指摘しておかなければならない。六世紀以後、「ヨハネの黙示録」と呼ばれる書物は、新約聖書の正典とは認めがたいとみなされ、聖職者や信徒の注意を引くことがまれになる。しかし八世紀の終わりにある本が電撃的成功をおさめ、この黙示録はふたたび脚光を浴びるようになるのだ。サンタンデール付近のリエバナ修道院の修道士ベアトゥスが七八〇年ころに書いた『黙示録注解』がこれである。その装飾写本は、九世紀と十世紀にひろく出まわる。挿絵の多くは、不安と恐怖を表現するために西洋の画家たちが傾けた芸術的才能をよく示している。ベアトゥス写本はヨーロッパを震えあがらせた最初の書物となった。

九世紀はまた、西洋の宗教建築の未来にとっても非常に重要である。ふたつの革新が、ヨーロッパ建築に与えられた第一級の遺贈品となる。ひとつは象徴的な意味をもつ翼廊の導入であり、昔からあるローマのバシリカ式の直線的平面形式に十字架の形を取り入れた。翼廊は八〇〇年頃、サン・モーリス・ダゴーヌ修道院、ケルン大聖堂、ブザンソンの大聖堂で現れる。また同じ時期、サン・リキエ修道院では、以後もてはやされることになる新機軸、西構えが出現する。西構えは、同時に現れる塔とともに、ロマネスク教会やゴシック教会の西正面を予告しているのである。建築のモデルとなるようなモニュメントも、この時代に建てられた。サン・ドニ修道院、フルダ修道院、アーヘンの皇帝宮殿と教会などである。出資者も工房も旅をしていた。やがて芸術家と呼ばれるようになる名匠たちが、未来のヨーロッパのために装飾を施しており、こうしてたがいにこだまのように響きあう建造物が造りあげられる。

フランス、ドイツ、イタリア——ヨーロッパの中心？

ひとつのまとまりとしての帝国は、複数の文書のなかでヨーロッパという名称を与えられている。たとえば「カール大帝の詩」（作者不詳、七九九）は、シャルルマーニュを「敬うべきヨーロッパの長」、「ヨーロッパの父」としているのだ。シャルルマーニュはすでに七八一年、アキテーヌ分王国を息子のルイにゆだねていたが、八一四年の死に際し、この同じルイに帝国を与える。(12) し

(12) 他のふたりの息子、カールとピピンは早逝し、ルイはシャルルマーニュの死後に生き残ったただひと

かし、敬虔王ルイ〔在位八一四―八四〇〕は息子たちの圧迫に抗うことができず、広大な領土の統治が生むさまざまな問題を解決しかねてもいたため、ふたたび帝国の分割相続の道を選択した。皇帝の死後、この領土分割はシャルル二世とドイツ人王ルートヴィヒ〔二世〕の同盟によって確認され、これが「ストラスブールの誓約書」〔八四二〕に明記された。[13]帝国領土の分配に関してはさらに、ヴェルダン〔八四三〕とミンデン〔八四四〕で条約が結ばれる。このようなごたごたの末に、大陸の端の西洋は、それぞれやがてフランス人、ドイツ人となるふたつの民族の、西フランクと東フランクというふたつの地域〔東・西フランク王国〕へと再編成されていく。またその中間で、北から南へ細長く延びる第三の部分が、アーヘンとローマのふたつの首都を含んだ中間地帯〔中フランク王国〕を構成しており、その北部と南部がそれぞれロタリンギアとイタリアと呼ばれていた。ロタリンギアが人工的につくりあげられた、維持することの困難な領土であることは、すぐに明らかになる。[14]

このような領土的・政治的現実の結果として、三つの主要な地域が浮かびあがり、これらがある九世紀の文書では「ヨーロッパの主要三部分 *prestantiores Europae species*」と記載されている。イタリア、ガリア、ゲルマニアである。明確な境界で区切られた同一性も、明快に定義される制度的構造ももたないこうした領土的実態こそ、じつのところ、フランス、ドイツ、イタリアという現代ヨーロッパの国民国家が、その誕生のはるか以前に見せる最初の面影だったのだ。この過程は、ヨーロッパが長い歴史の末に生まれ出てくるのだという事実を思い起こさせてくれる。非常に早い時期に、ヨーロッパの空間のなかで、他を圧倒するいくつかの強国がはっきりと姿を現した。その結果として、現在のヨーロッパ建設は、フランスとドイツのペアがもつ自負と向きあっていかなければならないのだ。ヨーロッパの安定のためになくてはならない存在ではあるだろうが、そのことがまたヨーロッパ共同体のなかに不平等やねたみをもたらしもする。

りの男子であった。

(13) フランス語では、Louis le Germanique。訳者あとがき参照。

(14) ヴェルダン条約で、敬虔王ルイの長子であるロタールは中フランク王国を得たが、ロタールの死後この領土は三分割され、息子のロタール二世が受け継いだ部分がロタリンギアと呼ばれる。ロタール二世の死後、東西フランク王国はメルセン条約(八七〇)を結び、ロタリンギアはおもに東フランクに併合された。ロタリンギアはそののちさらに二分され(九五九)、現在のベルギー、オランダを中心とする地域(下ロタリンギア)は諸勢力によって細分化する。残る部分はロレーヌ(ロートリンゲン)公国となるが、この地域は以後長い間にわたって神聖ローマ帝国(ドイツ)とフランスの間の係争地になる。

第三章 空想のヨーロッパと潜在的ヨーロッパ――紀元千年

オットー二世とテオファノの戴冠を刻む象牙パネル（10 世紀）

オットーの帝国——紀元千年の「新ヨーロッパ」

十世紀半ば、シャルルマーニュの統一帝国の夢は、ドイツ王で、ハインリヒ一世[1]と聖女マティルデの息子であるオットー一世に受け継がれる。オットーは九三六年にアーヘンで戴冠したのち、いくつかの大公領を併合し、また、九五五年にレヒフェルトにおいてマジャール人から大勝利をあげたのをはじめ、侵入者たちをも従えた。九六二年には、教皇ヨハネス十二世[2]からローマで皇帝の冠を授かる。ビザンティン帝国と同等の地位を主張するとともに、関係回復の意味もあって、オットーはビザンティン皇女テオファヌを息子の妃とした。またスラヴ人の諸国に近いマクデブルクに九六八年に大司教座をおき、九七三年に没するとその遺体はこの地に埋葬された。オットーが創設したものの真の権力は中世のあいだに失われていったが、それにしてもこれは、シャルルマーニュの帝国とは違い、ヨーロッパ人の歴史のなかの長い伝統となるある体制と権威の礎であった。この帝国には、「ドイツ民族の神聖ローマ帝国[3]」という意味深長な名がつけられた。この呼称は第一に帝国の神聖な性格を表しているのだが、同時にそれがローマを首都とし、ローマ帝国を継承するものだという事実をも訴えており、さらには、この体制のなかでドイツ民族が果たす傑出した役割を強調するものでもある。そこには敬虔王ルイの考えかたが、いくらかよみがえり、生きながらえているのが感じられる。潜在的ヨーロッパの屋台骨は北から南へ、北海から地中海へと延び、それを構成しているのはゲルマニアとイタリアなのだ。

アルプスは、それまでもけっしてイタリアと北ヨーロッパのあいだの本当の意味での境界であったことはないのだが、「ヨーロッパ」キリスト教世界の南北を結ぶ通路として、この地域の重要性はいつにも増して高まった。イタリアへと下る皇帝たちの旅行は、中世キリスト教世界においてある種の政治的儀式となった。山越え道が整備され、巡礼者のための宿泊所が建ち、商業的・人間的に密接な関係が生まれる。中世の「ヨーロッパ」キリスト教世界の真ん中に位置するアルプスの重要性は、こうして決定づけられた。とくに十三世紀後半にサン・ゴッタルド峠の北

---

(1)東フランク王国におけるカロリング王家の血統は四代で断絶し、以後王国は諸部族の連合体という形で維持されていく。日本の歴史記述では一般に、この王国を「ドイツ王国」、これを統治する王を「ドイツ王」と呼ぶことが多い。ここではそれにならい「ドイツ王」としたが、フランス語原文では **le roi de Germanie** である。訳者あとがきを見よ。

(2)初代ドイツ王にはフランケン大公のコンラート(在位九一一—九一八)が選出されたが、コンラートは後継者として、シャルルマーニュに敗れたザクセン人のリーダー、ウィドゥキントの子孫であるリウドルフィング家のザクセン公ハインリヒを指名した(在位九一九—九三六)。これがザクセン朝の始まりである。

(3)十世紀以降帝国は、「ローマ帝国」、「神聖帝国」、「神聖ローマ帝国」などと呼ばれるが、「ドイツ民族の」という限定が加わった *Sacrum Romanum Imperium Nationis Germanicae* という名称が現れるのは、十六世紀のことにすぎない。

に悪魔の橋〔悪魔の手を借りてできたとされる橋〕ができて以後アルプス越えの見張り役となったウーリ、シュヴィーツ、ウンターヴァルデンの三州は、一二九一年に同盟を結んでスイス連邦を形成する〔「原初同盟」の成立〕。未だ来ぬヨーロッパ民主主義のつつましい芽が、こんなところに思いがけず、顔をのぞかせているのである。

オットー一世の息子のオットー二世は帝国の機構を固め、さらにその息子のオットー三世は、父の死の直後の九八三年にローマで戴冠されると、キリスト教世界全体の輝かしい未来の担い手と目されるようになった。当時三歳のこの皇帝は、一〇〇二年に二十一歳で亡くなるのだが、その才能と華々しさのおかげで「この世の奇跡 *mirabilia mundi*」と称えられた。ローマでは、祖国を離れていたプラハの聖アダルベルトと、ランス大司教の座を追われたオーリヤックのジェルベールとから、申し分のない教育を受けることができた。ジェルベールは当時まれにみる学識の持ち主であり、カタルーニャでアラブ人と交わり、算術、幾何学、音楽、天文学を学んでいた。九九九年、皇帝に支持されて教皇に就任したジェルベールは、シルウェステル二世と名のり、教え子である皇帝とともに、ヨーロッパ・キリスト教世界の構築のための野心的な計画を思い描いた。アレクサンデル・ギェイシトルがみごとに示したように、このオットー三世とシルウェステル二世の懐いた計画のなかでは、キリスト教化されたばかりのヨーロッパ、つまりスラヴ人、マジャール人たちが重要な位置を占めていた。当時の写本挿絵は、威厳に満ちた皇帝を、ローマと

「ガリア」と「ゲルマニア」、そして「スクラヴィニア」（スラヴ人の国々）に付き従われた姿で描いている。したがって、紀元千年に教皇と皇帝がともに夢みていたのは、まさしく東へ向かう拡大ヨーロッパなのである。実際には歴史が、ある程度までこの夢を実現することになる。スラヴ世界が統一されたキリスト教世界の一部になったことは、ヨーロッパが端緒についたことを意味するが、これは今日の目から見てもヨーロッパ統合の歴史における一大事件である。この問題もまた、中世に発しているのだ。

中世キリスト教世界の大発展が紀元千年に始まったのか否かという問題が、現在しきりに議論されている。九五〇年から一〇五〇年のあいだに、キリスト教世界の経済発展が加速したのは確かであるように思われる。紀元千年の宗教的・政治的夢想の背景には、この発展があるのだ。それは、程度の差こそあれ、キリスト教世界全体におよんでいる。クリュニーの修道士ラウル（禿頭のロドゥルフス）の証言は、ことのほか雄弁である。「紀元千年につづく第三の年が近づいていて、人々はこの地のおおよそいたるところで、とくにイタリアとガリアで、聖堂を建てなおしていた。そのほとんどは頑丈にできていてまるでそんな必要はなかったのだが、キリスト教共同体はみなまぎれもない競争心から、近隣にあるものより壮麗な教会を持とうと躍起になっていたのである。あたかも、この世みずからが着古した衣を脱ぎ捨てようと体を揺らし、いたるところで白壁の輝く教会の新しい上着を身にまとったかのようであった。ほとんどすべての司教座聖堂が、さまざまな聖人に捧げられた修道院聖堂が、いや村々の小さな礼拝堂さえも、信徒たちによって造りなおされ、装いを一新したのである」。この飛躍的発展は、教会建設を進めるのに不可欠なあらゆる活動の急速な発達をともなっていた。資材の調達と運送、道具の開発、労働力の確保、工事に対する出資が必要となったのである。建築工事が方々へ広がり、キリスト教世界のダイナミズムがはっきりと現れてくる。この活気はやがて、ロマネスク・ゴシック時代のヨーロッパの教会建設の波につながっていくものである。後世のことわざは「建物がよければ、すべてよし」というが、紀元千年以降のヨーロッパはそれを地で行くのだ。

このような充実した物質的活動は、当時の沸き立つ集団的気運、宗教的・心理的な趨勢と関わりがある。ジョルジュ・デュビィは、空に現れるさまざまな兆候をはじめ、千年紀の終わりに信じられた奇跡の数々をみごとに浮き彫りにしている。広範に見られる苦行と浄化の運動、聖遺物や奇跡の信仰の開花。そこには希望と不安と夢が入り混じっていたのだ。ヨーロッパの心臓が脈打つとき、その鼓動は、西から東に、北から南に、その空間の全域にわたってそれぞれの強さで鳴り響いている。感情のヨーロッパに僻地はないのだ。

新参者たち

オットー三世のところで話題にのぼった、民族侵入とそのキリスト教化の最後の波についてさらに詳しく語る必要がある。民族混交のヨーロッパ形成の担い手スラヴ人は、すでにキリスト教世界に入りこんでいた。クロアティア人は七世紀から八世紀に、アドリア海とドナウ川のあいだ、つまりはローマとビザンティンのあいだの土地に入りこむ。アーヘンの講和（八一二）ののち、クロアティア人はフランク人の支配下に入る。その後はラテン人とビザンティン人のあいだで民族的アイデンティティーを保っていたが、徐々にラテン人に接近していき、九二五年に教皇ヨハネス十世がトミスラヴの戴冠を行ったのちは、ローマの裁判権のもとにおかれた。これは九二五年と九二八年に開かれたスプリト公会議でのことで、このときこの町に首都大司教座が設けられた。

「新参者たち」は三つのグループに分けられる。紀元千年を取りまく環境が、それまであまり進まなかったこれらの民族のキリスト教化を促進した。

スカンディナヴィア人　最初のグループはスカンディナヴィア人の一団で、ヴァイキング、あるいはノルマン人と呼ばれる人々である。八世紀末から十世紀にかけての西洋のキリスト教徒は、彼らを侵入者、略奪者、乱暴者とみなしているが、襲撃だけではなくしばしば平和な交易も行われていた。十世紀になると、デーン人が、ノルウェーを含み、北海を制圧してグリーンランドまで支配する強国を建設する。アイスランドでは、いくつかの家族を中心に独自の社会が形成され、独特な民衆議会アルシングの監督のもとで金権寡頭制の政治が行われている。アイスランド人は十世紀末にキリスト教に改宗し、紀元千年にはすでに憲法をもっている。デーン人からは比較的独立しており、中世には西洋のもっともすばらしい文学ジャンルのひとつサガを生み出した。こうしてヨーロッパ空間の北西の端で、海に育まれた社会、あるひとつの文明が生まれ、中世キリスト教世界に一風変わった豊かさを添えているのである。デーン人はしかし、十世紀の終わりにブリテン島の征服をもくろみ、これが一時的に成功して、クヌーズ大王が、一〇一八年から一〇三五年までイングランドとデンマークの王を兼ねる〔北海帝国〕。王は修道院とキリスト教のデンマークにおける普及を徹底的に推し進めた。

ノルウェーでは、オーラブ・トリグヴァソン〔オーラブ一世〕(在位九九五―一〇〇〇)が導入したキリスト教を、聖王オーラブ二世(在位一〇一五―一〇三〇)が発達させる。オーラブの列聖が示しているのは、改宗を進めた王たちに教皇庁が聖人の資格を与えることで報いていたという事実である。これは、改宗し改宗をうながす王に導かれてキリスト教世界に入った民族の数々のエピソードのひとつなのだ。スウェーデンでは、十一世紀初頭に、オーロフ・シェートコヌングが最初のキリスト教王となる。スカンディナヴィア人のキリスト教世界への加入の歴史を終えるまえに、忘れてならないのは、族長ロロに率いられガリアのノルマンディーに住み着いたノルマン人が、のちに公国となる領土を与えられてカロリング朝の支配下に入り、民族全体でキリスト教に改宗したということである。一〇六六年、庶子公ギヨームはヘースティングズの戦いに勝利し、イングランドを占領してアングロ＝サクソン王朝に終止符を打つのだが、これは教皇の祝福〔承認〕を受けてのことだったのだ。こうして北の西洋人たちが、キリスト教世界、すなわち将来のヨーロッパに加入した。

マジャール人　中央ヨーロッパに住み着いてキリスト教世界に入ったマジャール人のケースは独特である。マジャール人は、ロマンス諸語(4)にもゲルマン語にもスラヴ語にも属さない言語を話すという点で特別であった(5)。この特殊性は今日でも残っているが、このハンガリーの例が証明しているのは、言語の重要性がどれほどのものであれ——この点にはのちほどまた触れる——、文化的・政治的まとまりをつくりあげるのに言語の差異は本質的な問題ではないということだ。のちのスイスは、そのもうひとつの例である。アジアを出発したマジャール人は、長い移住の過程

(4) ローマ帝国の各地に根づいたラテン語の口語（俗ラテン語）が、中世期における地域的分化を遂げた結果成立した諸言語。インド＝ヨーロッパ語族のイタリック語派に属する。イタリア語、フランス語、スペイン語、ポルトガル語、ルーマニア語、カタルーニャ語など。
(5) ハンガリー語はウラル語族を構成するフィン＝ウゴル語派に属しており、インド＝ヨーロッパ語族の諸言語とは系統がおおきく異なる。

で、九世紀の末、アールパード大公のもとカルパティア山脈に半遊牧国家を建てる。ここを拠点として中央ヨーロッパに向けた急襲と破壊をくりかえし、これが皇帝オットー一世を相手に九五五年レヒフェルトで惨敗を喫するまで続いたのである。以後彼らは、東方からも西方からもキリスト教化の支配をこうむるが、勝利をおさめたのはローマ・カトリック教会の宣教師たち、すなわちドイツ人、イタリア人、それにすでにキリスト教徒となっていたスラヴ人たちであった。

聖王イシュトヴァーン[6]の逸話は、民族混交のキリスト教ヨーロッパをつくることがいかに大切な意味をもったかということを教えてくれる。イシュトヴァーンに影響を与えたのは、プラハ大司教のヴォイテク（聖アダルベルト）、バイエルン大公の娘で皇帝ハインリヒ二世の妹にあたる妻のギーゼラ、それにヴェネツィアのサン・ジョルジョ・マッジョーレ修道院で学び、ハンガリーのクサナド司教となったゲッレールトであった。ゲッレールトは若きハンガリー教会を組織し、一〇四六年の異教徒蜂起の際に殉教した人物である。九九五年に洗礼を受けたイシュトヴァーンは、紀元千年、聖マルティヌス生誕の地と信じられていた場所にベネディクト派のパンノンハルマ修道院を創設した。王は、最初期の十の司教区を組織し、勅令によってすべての村に教会を建てることを義務づけている。また、後継者で同じく列聖された息子のイムレ[7]のために、ラテン語で一冊の君主の鑑『道徳教育についての小著』を書いた。このまれにみる聖王の家系では、子孫のラースロー（在位一〇七七―一〇九五）もまた聖人となった。

スラヴ人　紀元千年頃のこのキリスト教化の波は、西スラヴ人にもおよんだ。アドリア海東沿岸北部に定住したクロアティア人については、すでに触れた。さらに、否定的な意味でも肯定的な意味でも大変重要なあるエピソードに言及しなければならない。キュリロスとメトディオスによる、チェック人とモラヴィア人のギリシア正教への改宗の試みである。このビザンティン修道士の兄弟は非常にはやくからスラヴ人社会と関わり、その改宗を彼らの文化的アイデンティティーの強化と結びつけようとした。そのためキュリロスとメトディオスは、スラヴ言語のための特別な文字であるグラゴル文字[8]を創りだしたのである。彼らが布教を行ったのは、おもにモラヴィア[9]であった。しかし、言語と典礼の分野において彼らの影響が大きく長きにわたっていたの

---

(6) アールパード家最後の首長の子で、キリスト教の洗礼を受け、バイエルン公女ギーゼラを妻とした。一〇〇〇年には教皇より王冠を戴いて初代ハンガリー国王(在位九九七―一〇三八)となり、ハンガリーのキリスト教化に貢献した。カトリック教会では聖人として列聖されている。

(7) 聖イムレはイシュトヴァーンの後継者として育てられたが、一〇三一年、即位することなく推定二十四歳の若さで亡くなっている。

(8) 現在スラヴ圏でひろく用いられているキリル文字のもとになったとされる。なお、キリル文字の名はキュリロスにちなんでいる。

(9) チェコ東部の歴史的地域名。この地方のチェコ語の方言を話す人々をモラヴィア人とう。九世紀から

とは反対に、モラヴィアのチェック人その他の民族を正教に結びつけようとする彼らの試みは失敗に終わった。そして、ボヘミアとモラヴィアはローマ・カトリック世界に組み入れられたのである。このエピソードはそれでも中央ヨーロッパのスラヴ人その他の民族の心にふかく刻みこまれており、教皇ヨハネ・パウロ二世は、キュリロスとメトディオスのことを、ヌルシアのベネディクトゥスとともにヨーロッパの守護聖人であると言明している。

　中央ヨーロッパのキリスト教化の時代は、台頭するハンガリーは例外として、政治的に不安定な時代であった。スヴァトプルク（在位八七〇―八九四）は大モラヴィア王国をつくりあげていた。しかし、八九五年にははやくもボヘミア[10]がその支配を逃れ、紀元千年頃には、ともにキリスト教国となっていたボヘミアとポーランドがモラヴィアをめぐって争うようになる。九六六年に、ピャスト朝ポーランド公のミェシュコが洗礼を受ける。キリスト教国ポーランドととなりのドイツ帝国[11]との関係は、なかば敵対的、なかば友好的であった。正確な意味でのポーランド大司教座は、一〇〇〇年にグニェズノの聖アダルベルトの墓のうえ〔グニェズノ大聖堂〕におかれた。皇帝オットー三世が紀元千年にここに巡礼している。一〇二五年、勇敢王ボレスワフがついにポーランド王の冠を〔ローマ教皇ヨハネス十九世から〕授かる。十一世紀のあいだに国の宗教的・政治的中心は南に移動し、クラクフがポーランドの首都となった。

　こうして見てみると、キリスト教化が教会の領域でも政治の領域でも進行していく様子がよくわかる。一般に、首都大司教をおくことは王の地位昇進と結びついているのである。中世において、またそれ以後の長い期間で、中央ヨーロッパが特殊な存在であるといえるかという問題がここでも生じてくるが、いずれにせよ以下のことに注意しておこう。このキリスト教世界構築の過程のなかでヨーロッパの輪郭が浮かびあがるが、それはキリスト教への改宗だけでなく、王国の設立をうながしたということである。ヨーロッパとは、王たちの集まりであった。西ヨーロッパと中央ヨーロッパのほぼ全域にキリスト教が定着したおかげで（十一世紀の終わりに異教徒として残っていたのは、プルーセン人[12]とリトアニア人[13]のみである）、地名は根本的な変化をこうむった。土地の命名は、

十世紀初頭にはモラヴィア王国が栄えた。王国第二代君主のラスチスラフ（在位八四六―八七〇）はビザンティン帝国、正教会との結びつきを図り、宣教師キュリロスとメトディオスを招いたが、東フランク王国と結んだスヴァトプルクに離反され失脚し、宣教師たちは王国から追放された。十世紀に入るとマジャル人の侵入を受け、モラヴィア王国は事実上消滅した。

（10）ボヘミアは、現在のチェコの西部・中部地方を指す歴史的地名。古くはよりひろくポーランドの南部からチェコの北部にかけての地方を指した。九世紀頃にプシェミスル家のもとで公国を形成し、十世紀以降は神聖ローマ帝国に属した。本書二一〇頁を見よ。

（11）原文では「ゲルマニア帝国 empire de Germanie」。神聖ローマ帝国のこと。

（12）バルト海南東岸に居住した、インド＝ヨーロッパ語族バルト語派の民族。固有の部族宗教を奉じ、十三世紀初頭まで頑強にその政治的・宗教的な独立性を保ったが、ドイツ騎士団との戦争に敗れた。プルー

人に洗礼名を与えるのと同じくらい重要な意味をもったのである。その結果、キリスト教的な名のネットワークが、しばしば巡礼と結びついて、キリスト教世界にその刻印をとどめた。十一世紀の終わりに、ポーランドからスペインにいたるキリスト教世界でもっともよく広まった地名は、Martin であった。(14)

神の平和、王の平和

紀元千年の世界は、好戦的で暴力的な世界であった。キリスト教化が進み、異教徒との戦いが過去のものになるに連れて、すでに地方単位でキリスト教徒間の紛争が生じ、拡がっていった。そのようななか、紀元千年頃のキリスト教世界で、ある強力な平和運動が展開する。平和はキリスト教が説く主要な理想のひとつであり、平和の接吻という行為によって典礼のなかにも具体化されている。イエスは平和を愛好する人々を称え、平和をキリスト教のなかでももっとも大切な価値のひとつとした。(15) 平和運動は九世紀の終わりに南フランスに現れ、十一世紀の終わりには西方ヨーロッパ全域に広まったが、この現象は歴史学的には封建制と呼ばれるものの誕生と結びつけられている。後述する領主権限の定着はさまざまな経緯で実現するが、多くの場合これを遂行するのは力であった。カロリング朝末期の王たちの時代には中央からの権力がおよばなくなり、こうした領主たちの暴力が野放しにされたのである。キリスト教における平和とは、神聖で終末論的な概念である。それは天上の平和が予示されたものなのだ。紀元千年頃の平和運動が、宗教的熱狂に取りつかれたかのような示威行為によって表現されたのはそのためである。運動の初期の担い手は、教会と農村民衆であった。これは一種の民衆蜂起が教会に利用され取りこまれたものであるととらえた者もいる。教会はこうした集会に、信徒が参加する宗教会議のような体裁をもたせた。聖遺物信仰、奇跡信仰のようなキリスト教世界の新たな現実が、このような集会を通じて広まっていく。しかしこれはまた、弱者の保護を法制化しようとする最初の流れでもあった。

センの名はプロイセンという地域名として残った。

(13) インド＝ヨーロッパ語族のバルト語派に属する。十三世紀前半にドイツ系騎士団の圧迫をはねのけて最初の統一を達成。十四世紀には、バルト海から黒海に達するリトアニア大公国が形成された。やがてカトリックを受容するとともにポーランドと同君連合を結成、支配階層のポーランド化が進んだ。

(14) 多くの場合、トゥールの聖マルティヌス Martinus (三一六頃—三九七) にちなむ。今日でもフランス、ベルギー、スイスには、サン・マルタン Saint-Martin という名の都市が数多く存在する。また、この聖人の名を冠する教会も、ヨーロッパ中に数多く見られる。中央ヨーロッパで現在この名をとどめるものの代表例としては、スロバキアのマルティン市 Martin、ブラチスラヴァの聖マルティン大聖堂 Katedrála svätého Martina などが挙げられる。

(15) マタイによる福音書のなかで、イエスは山のうえで群集を前に説教し(「山上の説教」)、こう述べる。「平和を実現する人々は、幸いである、その人たちは神の子と呼ばれる」(五章九)。

たとえば農民、商人、巡礼者、女、それに――教会はこの機会をうまく利用するのだが――聖職者である。ひと言でいうなら、兵士のヨーロッパに対して、「非武装の」ヨーロッパがこのとき明確になる。

しかし、平和運動は領主や政治的指導者の側に回収される。まず、平和のために取られる措置は、多くは暴力の完全追放ではなく暴力の制御であり、そのための規制を設けることであった。神の休戦が、定められた機会には武器をおくことを命じたのである。また、平和が守られるか、あるいはせめて休戦が尊重されるか否かは、武力を保持し、みずから警察力に変貌することのできる者たち、そして同時に、統治のための、したがって仲裁のための正当性をもちうる者たちの手にかかっていた。マース川沿いで一〇二四年に行われた会合で、フランク人の敬虔王ロベール〔二世〕[16]と皇帝ハインリヒ二世が世界の平和を宣言した。そののちには、権力者たちが平和を命ずる者となる。神の平和は、王の平和、あるいはノルマンディーのような地方では、公の平和となった。平和はいまや、王たちがみずからの権力を王国に定着させるためのもっとも重要な手段のひとつなのである。平和はもう、紀元千年頃のあの終末を予告する神聖な光輪をまとってはいない。それでも平和はあいかわらず、宗教的性格をもった理想であった。「国家」のレヴェルでも、「ヨーロッパ」のレヴェルでも、平和は今日にいたるまでヨーロッパが集団として熱心に追い求めつづけるもののひとつであった。フランス王ルイ九世（聖王ルイ）が十三世紀に、裁く者、仲裁する者、あるいは当時言われていたように、なだめる者たりえたのは、聖人との呼び声が高かった王が、元来神聖なものであるこの任務を遂行するのに誰よりもふさわしかったからなのである。

ヨーロッパがしだいに明確になる

のちにレコンキスタと呼ばれるようになる、イベリア半島のイスラム教徒からの奪回の動きが始まるのも、紀元千年頃のことである。[17] 九世紀のはじめに、重要な出来事が起こった。ガリシアのコンポステーラ――「星の野 *Campus Stellae*」と呼ばれる場所――の、西ゴート王国時代からの古い大墓地のなかで、光と顕現の不思議な効果によって、イエスの使徒聖ヤコブの墓が見つかったのである。ヤコブの遺骸は、殉教ののち、小船に運ばれこの地に漂着したとされる。八二〇年

(16) 九八七年、ルイ五世の死によって西フランクでもカロリング朝が断絶し、聖俗諸侯に選挙されたロベール家のユーグ・カペーがカペー朝を興す（本書一七一頁）。ロベール二世は、カペー朝第二代の王である（在位九九六―一〇三一）が、ル＝ゴフは「フランス王 roi de France」でなく「フランク人の王 **roi des Francs**」としている。翻訳ではこの区別をあえて尊重することにした。訳者あとがきを見よ。

(17) 七一一年に西ゴート王国が滅亡すると（本書六六頁を見よ）、キリスト教抵抗勢力はイベリア半島北西部にまで逃れ、アストゥリアス王国を建国した。さらにアルフォンソ二世（在位七九一―八四二）はガリシア地方へと王国の版図を拡大したが、八一四年のサンティアゴ大聖堂建設はこの時期に当たっている。九一〇年に軍事的拠点のレオンに遷都して以降の王国はレオン王国と呼ばれる。

から八三〇年頃の発見以降、この墓所のうえに造られた聖地はその壮麗さを増し、ここを中心とする巡礼がしだいに発達して、十二世紀以降はエルサレムとローマにつづく三大巡礼のひとつになる。イスラム教徒との戦いが進む中で、聖ヤコブは戦闘中のキリスト教徒の支えとみなされるようになり、聖ヤコブにはムーア人の殺戮者を意味するマタモロスの名が与えられる。最近では巡礼の最盛期は中世ではなく近代であるとの主張がなされることもあるが、サンティアゴ・デ・コンポステーラはキリスト教世界のいたるところから巡礼者を迎えるヨーロッパの大巡礼地であった。そして、この地の繁栄からも、ヨーロッパの形成において周辺が重要な役割を果たしていることがわかるのである。

しかし、スペインの北に残っていたキリスト教徒は、アル＝マンスールに率いられた襲撃（九八五年のバルセロナ略奪、九九七年のサンティアゴ・デ・コンポステーラ略奪）に代表される数々のイスラム教徒による襲撃を受けており、彼らに抵抗し逆襲を加えるための組織化を進めていた。十世紀に興ったパンプローナ王国（ナバラ王国）には、キリスト教徒による軍事・政治組織の進歩が顕著に見られ、ムハンマドが死に、一〇〇九年にその孫が殺されたあとは、イスラムのスペインが迎えた危機にキリスト教徒がつけ入る準備は整っていた(18)。

いっぽう東方においては、ビザンティンとの関係が悪化し、ローマ・カトリックのキリスト教世界はビザンティン帝国から切り離されて、やがてこの溝が修復不能になる。オットー朝の皇帝たちはまだ断絶を避けようと努めていた。オットー一世は、ローマで皇帝の戴冠を受けたものの、関係改善の印として、九七二年に息子オットー二世をビザンティン皇女テオファノと結婚させた。オットー三世の未成年期のはじめ（九八三―九九一）には、このテオファヌが摂政を務めている。そもそもビザンティンはオットー三世の宮廷に大きな影響を与えており、紀元千年のキリスト教ヨーロッパは、ビザンティンからも、スラヴ正教の世界からも、完全に分断されてはいなかった。フランク人の王[19]でユーグ・カペーの孫であるアンリ一世（在位一〇三一―一〇六〇）は、いぜんとして一〇五一年に、ロシア正教の国〔キエフ大公国〕の公女アンヌ・ド・キエフを娶っているのである。

(18) ムハンマドの死後（六三二）、イスラム国家を導くカリフの地位は、正統派カリフ四代ののち、シリアのダマスカスに首都をおくウマイヤ朝（六六一―七五〇）によって世襲される。イベリア半島に進出し西ゴート王国を滅ぼしたのは、このウマイヤ朝である。ウマイヤ朝がアッバース朝によって滅ぼされると、七五六年にコルドバを首都とする後ウマイヤ朝（七五六―一〇三一）が成立した。内紛がつづいていた後ウマイヤ朝が一〇三一年に滅亡すると、イスラム勢力は小国に分裂して争うようになり（タイファ時代）、このような状況が徐々にキリスト教勢力の失地回復を許した。こののち、一時的にムラービト朝、ムワッヒド朝がアンダルス（イベリア半島のイスラム勢力圏）に介入したが、十三世紀後半以降は半島南端のグラナダ王国がイスラム最後の砦となった。さらにグラナダ王国が陥落してレコンキスタが完成するのは一四九二年のことである。本書三九七頁を見よ。

(19) 前注（16）および訳者あとがきを見よ。

カロリング朝期と、九・十世紀のポストカロリング朝期を通じて、従来言われていたより頻繁に、文書は「ヨーロッパ」という言葉を用いている。そしてそれは、これまで主張されてきたような純粋に地理的な名称などではないのである。第一、そのような言いかたには意味がない。地理的名称は、無垢ではありえないのだ。ヨーロッパという言葉が使われたということは、だから、キリスト教化に先立つある共同体が意識されていたことを意味する。しかし十一世紀以降、この集団的アイデンティティーは「ヨーロッパ人」たちのなかで存続し、強まっていくにしても、その感情を表現するのは別の言葉、「キリスト教世界」という言葉になる。オットー三世のあとを継いだハインリヒ二世（ドイツ王、一〇〇二―一〇二四）の、バンベルクに保存されている儀式用マントは、帝国の夢がもっていた宇宙的な広がりをよく表している。黄道十二宮が、キリスト、マリア、それに天使たちや聖人たちの姿に混じっているのである。マントの縁の部分では、ラテン語のこんな一節が君主を称えている。「おお、ヨーロッパの栄誉、皇帝ハインリヒ、幸多き者よ。永久の世を統べる君が、その帝国の版図を拡げんことを」*。

＊以下の本の図版と解説を参照せよ。Michel Pastoureau et Jean-Claude Schmitt, *Europe. Mémoires et emblèmes*, Paris, Éditions de l'Epargne, 1990, p. 74-75.

第四章　封建制ヨーロッパ――十一世紀から十二世紀

ショーヴィニーの町を遠望する（11 ～ 12 世紀）

キリスト教世界が確立していく時代には、最終的にはヨーロッパとなるべきものの飛躍的発展が開始される。しかしこの発展は、それ以前に妨げられてしまう可能性もあったし、未来のヨーロッパ統合への道を決然と歩みだしたわけでもない。とくにここでは、この時代からヨーロッパへと受け継がれる共通の特徴に注目してみることにする。これは、ヨーロッパの封建的古層ともいうべきものである。

I　農村空間の変化

農業の進歩

あらためて根本的現実から話を始めなければならない。封建時代のヨーロッパは農村の世界であり、土地に根ざしたヨーロッパが何にも勝る本質であるということだ。今日のヨーロッパでは農業人口の規模も重要性もかなり低下しているが、それでも農村経済は基本的前提であり、ヨーロッパ共同体の抱える難題のひとつである。共通農業政策(1)（CAP）が現在向きあっている世界は、中世に発しているのだ。そこでしだいに際立ってくるのは穀物農業である。ヨーロッパはやがてパンの世界になるであろう。ふたつの主要な飲みものも、その姿を明確に現している。ローマ帝国による征服以降、キリスト教典礼で使用されることからワインの重要性は高まり、気候による栽培限界と考えられていた線を越えて、ぶどう畑が北フランス、南イングランドにまで広がっていく。もうひとつの飲みものは、ビールの前身の麦酒である。ワインのヨーロッパと麦酒のヨーロッパの区別は非常にはっきりしており、十三世紀のフランシスコ会士はよく、会の修道院をワインの修道院と麦酒の修道院に分類していたほどである。西には、第三の、シードルのヨーロッパも姿を見せる。

　地域ごとの相違、ニュアンスはあるものの、紀元千年以降の農村生活はかなり均一化されるが、この均一性の特徴となっているのはいくつかの重要な技術的進歩である。これは人間労働の効率化、基本的な活動について言うなら、まず土地を耕す作業の効率化を意味している。とりわけ北部ヨーロッパの平野部で、旧式の無輪犂《すき》に代わって、非対称の刃板と撥土板をもつ有輪犂が普及するが、とくに大切なのは木の代わりに鉄が用いられるようになったことであろう。牽引方式の改良も、この犂耕《りこう》農業の発達をあと押しした。南ではろばやらばが、北では牛が、あいかわらず牽引力の中心であるが、北の平野部では馬が牛に代わるようになり、十二世紀のフランドルの開墾地では完全に主力の座を奪っている。家畜の牽引力を数倍にも高めた肩掛け索綱がもたらした

（1）共通農業政策（Common Agricultural Policy）は、一九五七年のローマ条約に基づく欧州連合共通の農業政策。

とされる革命の重要性はいささか強調されすぎたきらいがあるものの、そうしたものが導入され広まっていくことは、耕作法の改良を求める意志の証である。北部ではまた、生産性の上昇と耕作多様化の可能性に大きな意味をもつことになる技術革新も現れてくる。伝統的に土地を休ませるための休耕を含んだ二圃式輪作が行われていたのに対して、地方作物のための第三の耕地が設けられ、三圃制が開始されるのである。これによって豆科植物栽培が可能になり、一年に二度の収穫ができることから生産性も向上する。昨今では環境問題と気候変動がますます人々の関心をひいており、すでに注目されている以下のような事実を、ここでも書きとめておくのがよいであろう。紀元千年以降のこのような飛躍的発展には、おそらくマルク・ボンペールが「天のひと押し」と呼んだものが含まれていたのだ。九〇〇年から一三〇〇年のヨーロッパでは、平均気温が一、二度上昇し、降水量が減ったため、穀物栽培のための気候的最適条件が整っていたと思われる。

細胞化――領主制、村、小教区

紀元千年とそれにつづく数十年間は、キリスト教世界の空間が社会的・政治的に再編成されていく中でたいへん重要な時期にあたっている。このような再編成の結果は、現在のヨーロッパの土地構造のなかにも奥ぶかい跡を残している。歴史家たちは、封建時代の新たな空間構造のなかで城塞が果たした役割をふまえ、この現象を名指すのに、ピエール・トゥベールが中世ラティウムについて書いた名著からとったイタリア語の言葉を用いている。「インカステッラメント incastellamento」、すなわち「城塞化」がそれである。これに対してロベール・フォシエは、語のおよぶ範囲を中世世界全域に拡大し、「細胞化 encellulement」という用語を提案している。問題となっている空間構造のなかで、根本的役割を果たす細胞とは何か。それはいうまでもなく城塞であるが、それ以外にも三つの基本細胞が考えられる。領主制（荘園）、村、小教区である。領主制とは城塞がおよぼす領地支配のことで、領主に従属する土地と農民を含む包括的概念である。領主制にはしたがって、領地、人間、それに領地経営と農民からの賦課租とからなる収入が含まれている。さらにそれは、バンと呼ばれる指揮権の名において領主が行使するもろもろの権利をも含んでいる。こうした空間構造はキリスト教世界のほぼ全域に見られるため、歴史家たちは、封建制という言葉の代わりに領主制を用いることを提案している。封建制とは、領主がその上位の領主の家臣として封土を与えられこれを支配するという限られた意味での構造をさしており、厳密に法的性格の言葉なのである。

　領主制の内部では、農民その他の人々の集住が見られることが多く、これが村と呼ばれる。村は、古代と中世初期の田舎での分散した居住形態に代わって登場し、十一世紀にはキリスト教世界で一般化する。城塞が今日のヨーロッパに記憶や象徴としてしか残っておらず、廃墟になっていることが多いのに対して、中世の村の形態はしばしば西方ヨーロッパの全域で生きつづけている。村は、家と畑が教会と墓地という不可欠の二要素のまわりに集まることから生まれる。しかし、ロベール・フォシエの言うように、主要な要素は墓地であり、これが教会に先立って存在していることもあるのだ。ここでわれわれは、中世社会にふかく根づいた、ヨーロッパにも受け継がれているある特徴に出会う。生者と死者の関係である。古代から中世へいたるあいだに西洋がこうむった重要な変化のひとつは、生者が死者を都市のなかへ、そしてやがて村のなかへ住まわせたことであった。古代世界は死体を恐れ、嫌悪した。死者の信仰がなりたつのは、家族内の私生活の場か、あるいは居住地の外の街道沿いでであった。キリスト教とともにこれが一変する。先祖の体をおさめる墓は都市空間のなかに統合されるのだ。中世になると、生者と死者の関係はさらに緊密になる。十二世紀に発明されたあの世における第三の場所である煉獄も、この緊密化を押しすすめる。とりわけ十一世紀以降、クリュニー修道会の影響のもとで、教皇庁は万聖節の翌日の十一月二日に死者の日を設ける。特別な死者である聖人とその他もろもろの死者が、こうしていっしょになるのである。封建社会の上層階級では、先祖「信仰」は、家系の根拠と一貫性を支える社会的絆である。たとえばアンジュー伯フルク四世は十一世紀末、家系をさかのぼり、知りうるかぎりのもっとも古いところで止まって、こう言っている。「これより以前は、わからない。ご先祖様がどこに葬られているか知らないからである」。

王朝はこぞって王家の墓所を設ける。ドイツのバンベルク大聖堂(2)、イングランドのウェストミンスター寺院[3]、プランタジネット朝最初期の王が眠るアンジューのフォントヴロー修道院[4]、レオン＝カスティーリャの王たちのためのレオンのサン・イシドロ教会[5]などである。また、フランの墓所はヘントのシント・バーフ大聖堂[6]に、フランス王のそれはサン・ドニ修道院[7]にもうけられた。

（2）十一世紀初頭、神聖ローマ皇帝ハインリヒ二世により建造された。後期ロマネスクからゴシックにいたる過渡期の建築様式が見られる。皇帝とその妻クニグンデ皇后の墓がある。

（3）もとのロマネスク様式の教会のうえに、一〇五〇年から証聖王エドワードが新しい教会の建築を始め、その後一二四五年から開始された工事で今日のような盛期ゴシック様式に改築された。一〇六六年に征服王ウィリアムがこの寺院で戴冠して以来、イングランド王はここで戴冠式を行うのが慣例となっている。また、エドワード以降の多くの王が寺院内の礼拝堂に葬られた。

（4）フランスのアンジュー地方シノン近郊にある修道院。アンジュー伯でプランタジネット朝初代のイングランド国王となったヘンリー二世と王妃アリエノールの墓、その二人の子供であるリチャード獅子心王とシチリア王妃ジョーンの墓がある。

（5）サン・イシドロ教会は、レオン王国（前章注（17）を見よ）の歴代国王や王一族を埋葬する霊廟として建設された。

（6）十世紀に建てられた礼拝堂を基礎とし、十三世紀にはほぼ現在の姿になったが、大聖堂に格上げされたのは十六世紀のことである。初期フランドル派絵画を代表する傑作『ヘントの祭壇画』を所蔵することで名高い。

（7）三世紀半ばに布教活動を行い殉教の逸話を残した初代パリ司教聖ディオニュシウス（聖ドニ）はパリ北郊の町サン・ドニに葬られたが、その墓のうえに四七五年ごろ聖堂が建造され、メロヴィング朝の王墓地とともに、教会は村の中心にある。この教会はふつう、村――あるいは都市の場合でも同様だ――に付随するもうひとつの重要な細胞、小教区の中心でもある。小教区の設置が完了するのは十三世紀のことでしかない。しかし十一世紀から十三世紀のあいだに解決されていくさまざまな問題は、多くの場合すでに十一世紀の村のなかに見えている。それは第一に、管轄区域の問題である。都市部あるいは広大な農村地域に小教区をどのようにおいていくかが、いちばん微妙な問題となるのだ。村のなかでは、教会が村人たちにとってごく自然に小教区の役割を果たす。この小教区とはすなわち、やがて主任司祭と呼ばれるようになるひとりの司祭の権威に従えられた信徒たちの総体である。小教区とともに、ある一定の権利が定められる。信徒には秘蹟を受ける権利があり、司祭には貢租〔十分の一税〕を徴収する権利があるのである。秘蹟が教区民の権利であるいっぽう、それを授ける権利は小教区が独占している。したがって村人たちは生涯、日常的に、小教区教会、主任司祭、他の教区民に密接に結びつけられる。

Ⅱ　さまざまな階層とその精神構造

貴族、騎士道、クルトワジー

高貴な階級　領主たちのグループのなかから、紀元千年以降、ある上層階級、すなわち貴族が現れ、その姿を明確にしていく。貴族身分は権力や富と結びついているが、その支えとなるのはまず血統である。貴族とは権威ある階級であって、とくに施しという社会的・宗教的ふるまいを通して、その地位を誇示しようとする。貴族身分はとりわけ、恩恵を個人に、そしてなにより宗教団体、大修道院、聖人たちにふるまうことによって、誇示されるのである。貴族たちはどこから生まれたのか。ローマの古代を受け継ぐ者もいれば、中世という時代の産物である者たちもいる。中世に、ある種のエリートに与えられていた自由身分が、貴族階級の起源と考えられるのである。いずれにせよ中世に、西洋のいたるところで、この上層階級が誕生する。レオポルド・ジェニコの言うように、「伝統を誇る」この階級は、「富を蓄え、同盟を結び、公的役割を――王権に便乗して、あるいはその援助のもとに――果たすことによって力を得」て、政治的・法的特権と社会の尊敬を享受するようになる。くりかえしになるが、貴族の威光はまず血統に支えられている。したがって、貴族の生まれでない者が王や大公から貴族の爵位を授かるようになるのは、の

ダゴベール一世によって七世紀にこれが再建されて修道院となった。聖王ルイ九世の時代には、ここにフランス歴代の王の墓が納められて王室修道院となる。現在残っているのは、院長シュジェールによって十二世紀前半に大改築された付属聖堂（サン・ドニ大聖堂）のみである。パリのノートルダム大聖堂に先だつ初期ゴシック様式の傑作としてよく知られるこの聖堂は、シャルトルやアミアンのノートルダム大聖堂のモデルとなった。

ちになってからのことである。そのようなケースはまれであり、出自に対して向けられるのと同じだけの尊敬を新貴族が受けることはなかった。

中世に誕生した貴族は、今日ヨーロッパのところどころにその名残が残るのみだが、貴族や高貴の概念は西洋の価値観のなかでいまも特別な位置を占めている。中世においてすでに、血統の高貴さ以外に、性格、ふるまい、美徳の気高さの概念が現れているのである。モラリスト作家たちもまた、この後天的気高さと、生まれつきだが当の貴族が必ずしもその例証にはなっていない高貴さとを対照している。貴族、高貴というこの言葉をめぐって、人間の価値の評価に関するヨーロッパにおける大議論のひとつがくり広げられる。

騎士と騎士道　また紀元千年頃、貴族階級のしたに、より明瞭で大勢の成員をもつ社会身分、騎士が現れる。騎士の前身はミレスである。ローマ帝国でも、ローマ化された蛮族社会でも、たんに職務を示すこの言葉——戦争という職務である（ミレスとは兵士である）——が、この社会身分を定義していた。しかし紀元千年頃にはこれが変化し、しばしば城と領主に結びついた、騎馬戦を専門とするエリート戦闘員、騎士が生まれるのである。騎士は、領主への奉仕として現実の戦争に参加するほか、娯楽でもあり訓練でもある騎馬槍試合に身を投じる。騎馬槍試合は教会の反感を買う。教会はそこに、教会に対する攻撃も含めた攻撃的性格を感じとるのである。インド＝

ヨーロッパ語族の第二の職能にたずさわるこの人々（戦う人《ベッラトレス》）は、聖職者たちには禁じられている行為、血を流すこともためらわないのだ。すでに触れた紀元千年頃の神の平和運動が戦争に抗議したおもな理由のひとつは、この騎士たちの放逸にあったのではないかと思われる。やがて、騎士道は教会によって「文明化」される。たいていははけ口を与える目的で、教会は騎士たちの暴力を、教会、女、無防備な者たちの保護のような敬虔な目的のほうへそらせようと努める。そしてしばらくするとこの力は、のちに見るように、キリスト教世界の外の異教徒との戦いのほうへと差し向けられるのである。最終的に教会は、遅くとも十二世紀には、騎士たちに対する相対的優位を勝ちとる。騎士の位への加入は、青年期の終わりのある儀式によって行われた。未来の騎士たちにとって、それは入門儀式であると同時に通過儀礼でもあった。ゲルマン民族の習慣にあったように、このとき若い戦士に武器が授けられる。拍車の授与という純粋に世俗的な儀式を教会はそのまま採用し、それに加えて、旗のついた槍、紋章で飾られた楯、剣といった騎士特有の武器に祝福を与える儀式を創始した。純潔の観念に結びついたキリスト教的象徴作用が、儀式に先立つ入浴に付与される。十二世紀末以降教会は、この騎士叙任式の終わりに、一夜を武具とともに宗教的瞑想のうちに過ごす徹宵を命じた。

騎士道という現象のなかでももっとも重要なのは、中世においてすでに見られる騎士道神話の形成である。騎士道神話は、それを専門とする文学によって、創られたとまではいわないまでも、すくなくとも広められた。中世がヨーロッパに残した遺産のなかで、文学が占めている重要な位置をここで強調しておこう。騎士の神話の生成は、武勲詩によって始まった。武勲と信仰心という騎士のふたつの側面を、はやくも十一世紀の終わりには、『ロランの歌』のふたりの登場人物であるロランとオリヴィエが具現する。騎士たちは、戦士の勇ましさを忠君の精神に捧げるという騎士道の美徳をもつ者として、王の忠臣の栄誉を与えられる。武勲詩の騎士たちは、すくなくとも彼らと同じくらいの人気を博する後継者を生んだ。冒険物語の英雄たちがこれであるが、そのおもな源泉は、昔の物語がつくりかえられたもの――アイネイアス、ヘクトル、アレクサンドロス大王の物語の場合である――、あるいは「ブルターニュもの」、つまり、ケルトの歴史的というよりは想像的な英雄たちの武勲譚――そんな英雄たちの先頭にいるのが、かのアーサー王である――のふたつである。未来のヨーロッパの想像世界にとって重要な意味をもつこの中世の想像世界は、「遍歴の騎士」という神話的英雄を創出したあと、十三世紀には、さまざまな出自の英雄を一堂に集め、騎士道の名を高からしめた「九勇士」の主題をつくりあげた。この騎士道の聖なる物語は、古代の勇士（ヘクトル、アレクサンドル大王、カエサル）、聖書の勇士（ヨシュア、ダビデ、ユダ・マカバイ）、キリスト教徒の勇士（アーサー王、シャルルマーニュ、ゴドフロワ・ド・ブイヨン）を集めているのである。軍功と弱者（女、貧者など）への献身とからなる騎士道的想像世界は中世を越えて生きのびるのだが、それはこの「騎士道的」という形容詞が――なるほどそれは大部分教会によって形づくられたにせよ——、さまざまな世俗的価値観を保存しており、文字どおりのキリスト教的価値観とは疎遠になってしまったヨーロッパにまでそれを伝えているからでもある。反対に中世の教会にとっては、騎士道的価値観は最後まで粗野なものでありつづけ、教会は距離をおいてそれをながめていた。ジャン・フロリがいみじくも言っているように、「施しは、慈愛《カリタス》とはちがう、贈与は恵みではない」のである。

クルトワジー　騎士道は、クルトワジーという封建時代の行動様式と密接な関係をもっている。騎士道とクルトワジーは、一体として近代ヨーロッパに伝えられた。クルトワジー courtoisie は、語源が示すように、王や大公の宮廷 cour で守られているとされる正しい作法と定義することができる。これら貴人のなかには男性も女性も含まれるということに注目すべきで、騎士道が本質的に男の世界であるのに対して、クルトワジーの世界にはいたるところに女性がいるのである。女たちは、シャンパーニュ伯夫人マリー（一一四五—一一九八）や——伝説が事実とするなら——十二世紀末にはイングランド王妃となるアリエノール・ダキテーヌ[8]のように、宮廷に花を添え、

（8）アキテーヌ公ギヨーム十世の娘で、はじめフランス王ルイ七世の王妃となるが、離婚したのち、アンジュー伯ノルマンディー公アンリと再婚した。のちにアンリはイングランド王を継承してヘンリー二世

文学者や芸術家を集めたり、あるいは、とりまく男たちの賛美と庇護の対象となったりすることを期待されていた。

クルトワジーの価値観やふるまいは、社会学者ノルベルト・エリアスが重要性を指摘し、中世の十二・十三世紀にその起源があると考えた正しい作法と関連づけられるべきである。『風俗の文明[9]』でエリアスが紹介し、解明したこの作法とは、多くの場合、食事作法の改善のことであった。フォークを取りいれるのも中世の終わりのことでしかないこの社会に、こうして衛生と行儀の観念がもたらされる。ひとつの皿から大勢で食べないこと、唾を吐かないこと、食事の前後に手を洗うこと、こうした行為のすべてが中世に生まれ、現代にまで生きのこったのだ。作法習得のもうひとつの場は、修道院であった。ジャン＝クロード・シュミットが紹介しているように、パリ郊外の名高いサン・ヴィクトル修道院で学んだ参事会員で、偉大な教育者フーゴー（一〇九〇頃―一一四一）は『修練者育成』を著し、若い修練者たちに対して、しぐさ、言葉づかい、食事作法の規律を定めた。風習の文明のおもな中心は宮廷であったが、古代文明の継承者としての中世が、都市住民の正しい作法と農民の野卑な風俗とのあいだに対立を見ていたことも忘れるべきではない。洗練 urbanité や行儀 politesse（*urbs* とはラテン語で都市を意味し、*polis* とはギリシア語の都市である）は、粗野 rusticité を生みだす田舎 *rus* の対極にあるのである。また、ローマ人が床に横になって食事をとっていたのに対し、中世のヨーロッパ人が食事のときには必ず食卓についたことも思いだしておこう。この点でヨーロッパ人は、大部分のアジア人、アフリカ人と区別されるのである。

愛のさまざまな形

進化する結婚　封建時代のはじめに目立つようになる感情と風習の変化のなかでも、恋愛があらたに見せはじめる諸相は特別な位置にある。この新たな恋愛表現は、結婚がこの時期にこうむる決定的な変化を背景につくりあげられる。結婚はのちにあらためて触れるグレゴリウス改革[10]の重要な要素であり、このとき教会によって付与された新たな性格が、大きな変更のないまま、ヨーロッパの全域でほぼ今日にいたるまで残っている。それまで貴族は事実上の一夫多妻制を維持していたが、結婚はついに完全に一夫一婦制となる。また、結婚は解消不能とされる。妻を離縁す

となる(本書一七〇頁を見よ)。十一世紀半ば以降、ポワティエを首都とするアキテーヌ公国は繁栄期を迎え、その宮廷では宮廷風恋愛をうたうトルバドゥールに代表されるような洗練された貴族文化が開花していた。アリエノールは、この洗練された宮廷文化をフランス、イングランドに広める役割を果たした。

(9)『風俗の文明 La Civilisation des mœurs』は、エリアスの『文明化の過程』(邦訳、全二巻、法政大学出版局、一九七七―一九七八年)の上巻のフランス語訳のタイトル。

(10)本書一四六―一四七頁を見よ。

ることは難しい。教皇庁はそれについての決定権を保留する傾向にある。おもな理由、受け入れられるほぼ唯一の理由はまさしく血族関係によるもので、第四世代までが厳密に定義され、教会によって注意ぶかく管理されている。これに付随して、そしておそらくは結婚規則が強化された反動で、姦通が横行したようであり、非常に厳しく罰せられる。おそらくいちばん大事なのは、それまで民事の契約であった結婚が、しだいに教会の監視のもとにおかれる宗教行事になるということである。教会が婚姻は双方の合意によらなければならないと規定したおかげで、「政略」結婚は減少する。家の役割、男の役割は存続するものの、女性の地位はこうして改善されるのである。十二世紀には、結婚はただ司祭のみが授けることのできる秘蹟のうちに数えられるようになる。結婚の管理、近親婚の回避は、とくに第四ラテラノ公会議で義務化された挙式教会での婚姻公示を通して行われる。しかし、結婚式が完全に聖堂に入るのには時間がかかる。十六世紀まで、式は教会のなかではなく、その前で行われたのである。

宮廷風恋愛　男女関係が進化するなか、とくに恋愛の新たな形式の誕生が目をひくが、ふつうこれは宮廷風恋愛という名で呼ばれ、より限定的な言いかたでは至純愛 *fin'amor* と呼ばれる。そのモデルとなるのは封建儀式である。のちに見るように、封建制の基本となる儀式は家臣が領主にささげるオマージュ（尊敬の印）である。宮廷風恋愛の場合には、女が、貴婦人が、領主の代わりとなり、男が彼女にオマージュをささげて忠誠を誓うのである。宮廷風恋愛の誕生とその意味についてはさまざまな議論がある。このテーマを最初にとりあげたのがオック語で歌うトルバドゥールであり、そこにアラブ恋愛詩の影響があったことは確かである。しかし私は、こうした影響を過大視すべきではないと思う。注目すべきは、至純愛が、そしてある程度までは宮廷風恋愛が生まれ育まれるのは、結婚の外側でしかありえないということである。トリスタンとイゾルデを結ぶ愛はその典型だ。この愛はしたがって、じつは教会が結婚に関して行った活動に逆らうもので、ときにはほとんど異端的性格をおびることもあったのである。

問題はこういうことだ。それはプラトニックな恋愛だったのか、それとも性関係が含まれていたのか。そしてこの問いの延長として、宮廷風恋愛とは現実のものだったのか、あるいは想像の産物だったのか。人が実際に生きた社会的現実のなかで育まれたものなのか、それとも文学のなかにのみ存在したのか。宮廷風恋愛から、現実に行われる愛、現実のなかで口にされる恋愛感情へのはねかえりがあったことは否定のしようがない。しかし私は、宮廷風恋愛とは本質的には理想であり、実際の愛のなかに入りこむことはほとんどなかったと考える。なによりそれは貴族の恋愛であって、民衆のなかにそれが広まっていったとは思えない。宮廷風恋愛が投げかける、肝心な、きっぱりとは答えられない問題がある。この愛は、女性の地位向上に結びついているのか。私は、ジャン゠シャルル・ユシェとジョルジュ・デュビィの意見に従いたいと思う。至純愛は、「言葉をつかって女との距離を保つ技術」として生きられたのだと、ユシェは書いている。そしてデュビィは、「この遊戯のなかで、実際には男が支配者であった」と言う。宮廷風恋愛はこのように、貴族階級の女性に偽りのオマージュをもたらしたにすぎないのかもしれない。いっぽう聖母マリアとマリア信仰の場合がどうであったのかは、あとで見ることにしよう。[11]

宮廷風恋愛には、非常に大きな影響力をもった手引きが存在した。アンドレアス・カペルラヌスが一一八四年に書いた『恋愛論』である。宮廷風恋愛、とくに至純愛は、食事作法のところですでに触れた風俗の文明化への努力の一端をなしていたとみなすことができる。ダニエル・レニエ゠ボレルは、至純愛を「欲望を制御するエロス」と定義した。この恋愛の文明化にもかかわらず、とくに宮廷風恋愛の最初の大詩人アキテーヌ公ギヨーム九世（一〇七一―一一二六）に見られるように、宮廷風恋愛が、無作法な、猥褻ともいえるふるまいに変貌することもあったことが指摘されている。それでも宮廷風恋愛は、ドゥニ・ド・ルージュモン[12]の有名な本のなかで、「近代的恋愛」と定義されてもいるのである。トリスタンとイゾルデの神話は、豊富な文学と、ときにすばらしいものがある音楽作品とによって受け継がれ、宮廷の恋人たちの時代のこの原型を、ヨーロッパに生き長らえさせているのである。

アベラールとエロイーズ――知識人と近代的愛

こうした恋人たちのなかに、宮廷風恋愛の独創的な変種を見せてくれる名高いカップルを加えることができる。これはしかし、本当にあった話だ。このカップルとは、アベラール〔ペトルス・アベラルドゥス〕とエロイーズである。壮年を目前にしてうら若い女弟子と情熱的な恋愛関係をもち、一人の息子をもうけたこの哲学者にして教師である人物の物語は、よく知られている。物語はこのうえなく劇的で、小説的だ。娘の家族の復讐にあい、アベラールは去勢される。ふたりの愛人は、それぞれ別の修道院にこもる。アベラールは、サン・ドニと、のちにはブルターニュのサン・ジルダ・ド・リュイに、エロイーズは、聖霊にささげられたシャンパーニュの大修道院パラクレに、それぞれ暮らすのである。かつての恋人たちのあいだで死の直前まで続く愛を、ふたりが交わした、みごとな、なにものにも代えがたい手紙のやりとりが伝えている。アベラールとエロイーズの物語は、いくつかの問題に――それを一般化してよいかはさておいて――答えを与えてくれる。この近代的恋愛が肉体関係の愛であること、ここではそれはまちがいない。その愛が結婚の外で育まれる傾向にあること、これも同様にはっきりしている。アベラールはエロイーズとの関係を正常化しようとしたが、エロイーズ

(11) 本書一七九―一八四頁を見よ。
(12) スイスの作家(一九〇六―一九八五)。代表作として、『愛について――エロスとアガペー』(鈴木健郎・河村克己訳、平凡社ライブラリー、一九九三年)がある。

は、おどろくほど近代的な言葉づかいで、結婚生活のなかで「知識人」が仕事をし、理想を実現することの困難を語るのである。宮廷風恋愛の問題はここで、近代的知識人の誕生という十二世紀のもうひとつの問題に出会う。中世が生み出したこの恋愛と実存の物語は、近代ヨーロッパにおける後世の読者をもっともひきつける創造のひとつとなる。

口にする接吻　宮廷風恋愛であれ、封建制の法的表現である主従関係であれ、これらふたつの分野に現れた情緒的関係やしぐさから、これもまたヨーロッパにながく残ることになる新しい感情やふるまいが生まれる。主君がその手に家臣の手を取るとき、家臣が主君に尊敬を捧げ忠誠を誓うとき、また、宮廷風の愛人が夫人に敬意を表しここでもまた忠誠を誓うとき、長い将来にわたり、厳密な意味での法的・儀式的な枠組みを越えて社会全体に広がっていくある手続きが、そこには生まれているのである。以後、忠誠という概念は、個人のあいだにあらたに生まれた力強い結びつきを表すようになる。古代社会における個人のつながりと比べ、根本的な変化がここで起こっている。古代におけるおもな人間関係は、権力のある保護者と、特定の状況で彼らに仕える服従者たち、つまり隷属平民とのあいだのそれであった。いまは盗賊団やマフィアにしか見られないこの保護と隷従の関係に忠誠がとって代わり、近代ヨーロッパにおいては序列構造と個人主義が共存することが可能になるのである。この愛と忠誠の世界をあとにするまえに、この世界から中世に生まれた儀式がヨーロッパのなかでたどる運命の重要性を強調しておこう。それは、まず、そして長いあいだ男同士で交わされた口のうえの接吻で、のちにも東ヨーロッパの共産主義指導者たちがひきつづきこれを交わすのが見られるであろう。平和の接吻であり尊敬の接吻でもある口のうえの接吻はまた、愛の接吻にもなる。最後のこの意味での接吻が、ヨーロッパでの輝かしい未来を築くのである。

聖職者の地位——騎士修道会とグレゴリウス改革

十一世紀と十二世紀の封建制ヨーロッパは、十字軍との関連で、修道会の内部にある新しい変化を生み出したヨーロッパでもある。騎士修道会が誕生するのだ。そのおもなものとしては、テンプル騎士団、聖ヨハネ病院修道会〔のちの聖ヨハネ騎士団〕、ドイツ人の聖マリア病院修道会〔のちのドイツ騎士団〕、イングランドの聖トマス騎士団、そしてイベリア半島のスペイン人、ポルトガル人社会におけるさまざまな修道会がある。これらの修道会は基本的に、異端者や異教徒に対して剣と祈りと改宗の闘いを挑むためにつくられる。聖職者は血を流してはならないという規則に対する、これは重要な例外となるのである。シトー会士で新奇なものを好まない傾向があった聖ベルナルドゥスは、にもかかわらず、十字軍に志願して彼のいわゆる「新しい軍役 *novamilitia*」に携わる騎士たちを称えている。しかし、これらの騎士修道会という特殊な集団は、軍事的行動のキリスト教化という時代の空気のなかにおきなおして考えられなければならない。軍事とはかかわりのない宗教でさえも、一般的にいって、戦闘的になるのである。これもまた重要な運命をたどることになるある概念が、こうして生まれる。戦闘的精神という概念である。

十一世紀に教会とキリスト教世界を根本的に変革した大運動については、すでに触れる機会があった。この運動は、そのなかでひときわ目を引く教皇グレゴリウス七世（在位一〇七三―一〇八五）の名をとって、グレゴリウス改革と呼ばれている。教皇庁はグレゴリウス改革をまず、俗人の支配と介入から教会を、とくに神聖ローマ皇帝の野望からローマ教皇の権威を守るための方途と考えていた。運動はやがてより広い意味をもつようになり、聖職者と俗人、神とカエサル、教皇と皇帝の分離にたどり着く。皇帝教皇主義によって統治され、皇帝がある意味で教皇の役割を果たしていたビザンティンの正教の回答とは正反対に、アッラーがすべてを支配し定めているとして宗教と政治を区別しないイスラムの統治とも対照的に、ローマ・カトリックは、とりわけグレゴリウス改革以降、信徒のある種の独立性、その固有の責任を定義する。このような社会の再編はいまだ宗教の枠組みのうちにとどまっており、信徒は教会に帰属している。しかしここにはすでに権利の分配があり、宗教改革時代、あるいは十九世紀末のヨーロッパにおいて、在俗信徒という考えかたを越えて国家の世俗性が浮かびあがってくることを容易にする素地はできあがっているのである。

グレゴリウス改革の主導者の一人モワイヤンムティエのフンベルトゥスは、こう書いている。「聖域の内部で聖職者と俗人が隔てられ、別々の席と聖務が与えられるように、彼らはその外でもそれぞれの務めにしたがい区別されなければならない。俗人はただその務めである俗事に、そして聖職者たちは教会の仕事に身を捧げること。それゆえ、両者はそれぞれが明確な規律を与えられているのである」。この聖職者と俗人の区別という一般原則のほか、グレゴリウス改革は新しい形の社会的枠組みを定義し、行き渡らせた。この枠組みを、いくつかの重要な表現を用いながら、たとえば以下のように定義することができる。小教区、子供の洗礼、家族という細胞、キリスト教式結婚、秘蹟運営、地獄での懲罰でおどす風俗管理、死者のための祈禱（エルヴェ・マルタンによる）。ジャン＝クロード・シュミットによれば、この時代には幽霊自身までもが、出現するや教皇グレゴリウスの教説を説くのである。ヨーロッパのキリスト教世界に重大で長きにわたる影響を与えるもののひとつであるこの運動の力と奥ゆきを、このエピソードは雄弁に物語っている。

キリスト教的想像世界――悪魔、民衆文化

美徳と悪徳の闘い　十一世紀と十二世紀は、信仰とその実践が、ヨーロッパにその後ながく続く跡を残すような根本的な変化をこうむった時代でもある。戦闘的精神の伝播については先ほど述べたが、騎士階級の興隆がそれに大いにかかわっていることは明白である。このような闘いの広がりは、象徴的にではあるが、魂と信仰の世界にもふかく入りこんでいく。人々が救済されるかどうかは、かつてないほど、ある絶えざる衝突がもたらす結果にかかっている。美徳と悪徳とのあいだでくり広げられる衝突である。表象のなかでは、美徳は武装を固めた騎士の姿、悪徳はふしだらな異教徒戦士の姿をしている。罪の世界が、人を脅かす悪魔にこれほどまでに牛耳られていたことはかつてない。悪魔が人々のあいだに広まりその恐怖が高まっていく時代に、この「人類の敵」は解き放たれて荒れ狂うのだ。中世初期に教会によって廃止された演劇はまだ再生しておらず、舞踏はまさしく悪魔的活動と考えられている。そんなとき、悪魔《デヴィル》とその兵士たち悪霊《デーモン》との誘惑と攻撃にさらされたキリスト教徒の魂のなかで、狂乱の劇がくり広げられる。そして魔王《サタン》がその先頭に立つのである。(13) 邪悪なものは人間の体に入りこむこと、つまりとりつくこともできる。こうした憑依の発現の子孫は、十九世紀末に、シャルコーのような医者やフロイトのような精神分析家予備軍の心理学者たちにおいて世俗的、「科学的」形で表れ、彼らのような新たな祓魔師《エクソシスト》を要請するようになる、あの病なのである。ジェローム・バシェが言ったように、「悪魔の世界は、幻想をさまざまな形で表現することを可能にする」。出現、幻覚、(たとえば動物などへの)変身、幻想によって、悪魔は人間を脅かし苛む。こうして彼を罪のなかへ突き落とし、地獄の餌食にしようと、たえずたくらんでいる。教会は悪魔と地獄に対する闘いを組織する。悪魔祓い、祈禱、煉獄は、魔王からの防衛手段の一部をなしている。しかし、力はつねに皇帝の形をとって現れるこの世界において、魔王《サタン》はやがてダンテが「苦しみの国の帝王」と呼ぶことになるものに変わろうとしているのである。

民衆文化　この悪魔のヨーロッパはまた、民衆文化の出現、あるいは再出現をともなうキリスト教世界でもある。キリスト教化は、新しいキリスト教徒たち、とくに農民層全体の深部にまではおよばなかった。ときには古代ローマに由来し、あるいは蛮族の過去に起源をもつさまざまな信仰や行動様式を、教会は非難し、これを相手として闘いをくり広げた。こうした信仰や行動様式は、まとめて異教のレッテルを貼られていたのである。十一世紀以降、教会の闘いは異端者たちを相手にするようになり、人口増加と経済発展で俗人の重要性が増し、領主の城塞が文化の中心となって領主と農民の聖職者に対するアイデンティティーが確立する。このとき、民衆文化が誕生、もしくは再生したのである。

(13) サタン (Satan) は、ユダヤ＝キリスト教で神の敵対者とされる。デヴィル (英：devil、仏：diable) は、ヘブライ語の「サタン」の訳語であるギリシア語のディアボロスに由来する。またデーモンは、ギリシア神話で守護霊を意味するダイモンから来ている。

この文化はおもに、これをとがめる教会文書を通して知られている。「迷信」の最初の重要な一覧となったのは、ヴォルムス司教ブルカルドゥス（在位一〇〇〇―一〇二五）の『教令集』である。農民たちの性倒錯、雨乞いの儀式、子供や死に関する儀式が、そこには詳しく描かれているのである。古い異教の慣習とキリスト教の新しい決まりごとがどのように出会ったかを示す例をひとつ挙げよう。「洗礼を受けていない子供が死んだとき、この子の亡骸を秘密の場所に持っていき、杭を打ちこむ女たちがいる。そうしないと、子供が起きあがり、多くの人々に危害を加えるというのである」。幽霊の恐怖が生み出したさまざまな信仰やならわしのなかには異教の霊とキリスト教の霊が入り混じっていることを、ジャン＝クロード・シュミットは明らかにしている。教会は十二世紀末以降、煉獄を良い霊と悪い霊を選別する場所として利用するようになる。民衆文化はこのように教会による破壊を部分的にまぬがれる。例えば舞踏のような分野の場合、教会は同等の満足を与える文化的産物を提供する必要を認めなかったのだ。あるいはまた、仮装行列もそれにあたる。教会は多くの場合これらの慣行を聖堂からうまくしめだすが、それがつねにうまくいくわけではない。そしてしばしばこうした慣行は、聖堂のまわりに残る。これもまた怪物退治の英雄という古い異教的主題のキリスト教化の産物である、ビエーヴル川の竜を退治したといわれる五世紀のパリ司教聖マルセルの伝説は、十二世紀になってもパリのノートルダム教会のまわりをめぐる行列に取り入れられて演じられるのである。同様に、口承伝統がなおも支配的なこの社会では、数々の民話が、ほとんどキリスト教化されないまま学問的教養に介入してくる。十九・二十世紀の偉大な民間伝承研究家たちは、ヨーロッパ民間伝承の存在を主張し、とくにフィンランドにおいてその主題の分類整理を行いながら、中世へとさかのぼっていく。十三世紀にまで話を広げるなら、ジャン＝クロード・シュミットは、フランス中部にもイタリア北部にも見られる、子供たちを守る聖なる犬、聖ギヌフォールに対する驚くべき信仰を物語っている。(14) このころ、信徒たちの勢いに押された教会が黙認する形で謝肉祭の行列が現れるが、とくに十三世紀ローマのその様子が知られている。この民衆文化は規模を拡大し、十五・十六世紀にはよりその祝祭の度合いを高めていく。謝肉祭は復活祭に先立つ時期に行われ、四旬節との闘いをくり広げる。ブリューゲル（父）は、この闘いをすばらしい絵画表現に仕立てている。(15)

(14) 以下の研究がある。Jean-Claude Schmitt, *Le saint levrier: Guinefort, guerisseur d'enfants depuis le XIII*[e] *siecle*, Bibliotheque d'ethnologie historique, Flammarion, 1979. なお、このシュミットの研究は、以下の本のなかで比較的くわしく紹介されている。渡邊昌美『中世の奇蹟と幻想』岩波新書、一九八九年、一三一―一四〇頁。

(15) ピーテル・ブリューゲル「謝肉祭と四旬節の喧嘩」（ウィーン美術史美術館）。四旬節とは灰の水曜日から復活祭までの改悛の期間であり、謝肉祭はそれに先立つ祝祭である。ル＝ゴフは「四旬節と謝肉祭の闘い」を、キリスト教と民衆文化を含む異教的中世の対立の象徴的表現と考えている（ル＝ゴフ『中世の身体』藤原書店、二〇〇六年、第I章）。

このような民衆文化は、近代の民間伝承研究家が明らかにするように、まったくヨーロッパ的性質のものであるが、それでも基本的特徴のいくつかをさまざまな前キリスト教文化から受けとっている。民衆文化はこうして、ヨーロッパ史の最深部にある統一と多様の弁証法のなかで重要な役割を果たした。ケルトの、ゲルマンの、スラヴの、アルプスの、地中海の文化が、中世には別の姿をとり、そして現在にまで生きのびたのである。

Ⅲ　流動的キリスト教世界と封建制王国

通貨と証書

ロバート・バートレットがみごとに示したところによれば、彼が中世におけるヨーロッパの「ヨーロッパ化」と呼ぶ現象は、聖人と洗礼名の信仰——バートレットはこれを「人名文化の均一化」と名づける——のほか、貨幣鋳造と証書の普及によって顕在化する。中世キリスト教世界は、シャルルマーニュの失敗以後、単一通貨、あるいはすくなくとも限られた数の支配通貨をヨーロッパに行き渡らせることができなかった。私はこれが、中世の統一経済圏形成をさまたげたおもな障碍の一つであると考える。しかし、統一通貨の不在に目を奪われ、キリスト教世界に入る前には貨幣をもたなかった民族がこれを使いはじめたということの重要性を見失ってはならない。

貨幣の鋳造は、九〇〇年以降ライン川東岸で始まった。十世紀半ばにボヘミア公が、九八〇年頃以降はポーランド大公が、同じくこれを始める。ハンガリーでの貨幣の導入（一〇〇〇—一〇〇一）は、キリスト教の階層秩序が確立するのと同時期にあたっている。「ドナウ川中流域からバルト海、北海沿岸にいたる地域で、紀元千年には新通貨が開花する」と、バートレットは書いている。

コミュニケーションと権力の手段のキリスト教世界全域への普及はまた、証書の作成と流通によっても起こる。キリスト教世界統一の過程で、文書の使用が果たした役割は大きい。書物のヨーロッパについては、のちに触れることになろう。[16] ここで私は、ロバート・バートレットに倣って、証書のキリスト教世界の重要性を強調したいと思う。土地、建物、人間関係、収入に関する権利を基礎づける法的価値をもち、法と富と権力に奉仕する不可欠の道具であるこれらの文書は、キリスト教世界全域で作成され流通した。こうした証書を作成し使用したのはおもに聖職者たちであったが、都市が発達し、まずキリスト教世界南部に公証人が増えて、俗人たちもここに加えられるようになる。証書の発達は、キリスト教世界全域で重要な役割を果たすことになる尚書局という機関を生み出す。さらには、フレトヴァルの戦いの際に——国王文書庫はここにおかれていた——フランスの国王文書を含む箱をイングランド王に奪われたときのフランスの尊厳王フィ

（16）本書二七九—二八三頁を見よ。

リップの慌てぶりを見れば、証書がいかに重要なものであったかを推しはかることができるだろう。これを期に固定した文書庫が設けられるようになり、[17] 聖王ルイは文書を聖なる場所、すなわち聖ニコラ礼拝堂と、そののちには王宮のサント・シャペル（礼拝堂）に保管させる。バートレットは証書がキリスト教世界のすみずみにまで豊富に行き渡っていたことを力説している。

文書の場合も金銭の場合も同様である。証書が広範に伝播し——それとともに、証書を使いやすく合理的にまとめた台帳もまた普及する、記録の集成が記憶となるのである——貨幣が流通すると、これらの手段が神聖であった時代から実用の時代への移行が起こる。こうして逆説的なことに、キリスト教世界はこれらの富と権力の手段を還俗させ、未来のヨーロッパに送り届けたのである。街の学校をもつ十二世紀には、もう一つの成長と力の手段が一一九四年に現れる。知と教育の新たな中心、すなわち大学である。

巡礼

このような流動的キリスト教世界は、巡礼のめざましい発達のうちに具体的に現れている。伝統的歴史学は、農民は土地にしばられ、何人かの旅する修道士や十字軍の冒険家たちの例外をのぞけば、大部分の人々もその小さな郷土にしばられていた時代という、不動の中世のイメージをつくりあげた。その代わりに近年の歴史学は、動きまわる中世人のイメージ、たびたび道中《イン・ウィア》にあり、人は旅人＝巡礼者《オモ・ウィアトル》であるとするキリスト教の定義を体現する人々という、まちがいなくより適確なイメージを提出している。巡礼は多くの場合商取引に先立って発達した。もっとも、しだいに同じ人々がこのふたつの役割を果たすようになる。あるいは、道づれの巡礼者と商人が同時にそれぞれの役割を果たすようになる。

　巡礼とは、ミシェル・ソットがいみじくも言ったように、まずは肉体的苦労を味わうことであった。それは、「見知らぬ土地への片道切符」を買うことなのだ。このような苦労は、精神的救済、罪の許し、体の治癒という目標をもっている。中世の巡礼はまた、贖罪の苦行でもあり、紀元千年以降、とくに十二・十三世紀に悔悛の波がキリスト教世界を揺り動かしたとき、そこに巡礼の第二の息吹が生じる。巡礼者とは、祖国を離れた人、みずから望んで亡命の身となった人である。こうした禁欲的態度はまた、最初期の亡命者たち、つまり商人や、そして学校から学校へ、大学から大学へと渡り歩いた学生のような、胡散臭く思われやがてはありがたがられた人々にも、精神的意味を与えることになる。しかしながら、単なる道行きだけでは巡礼の価値を高めるのには不十分である。そこには神聖な目的がなければならない。こうしてキリスト教世界に巡礼の網の目が大きく広がり、その目的地の序列ができあがった。巡礼者はその目的地に向かい、神やそこ

(17) それまでの慣例では、国王文書は国王とともに移動することになっていた。

に祀られる聖人との精神的接触、さらには聖人の墓や終息の地との物質的接触を求めるのである。三三三年にはすでに、ガリアの巡礼者が「ボルドーからエルサレムへの旅」を書いており、三八四年には、スペインの修道女エゲリアが聖地への旅日記を口述して書き取らせている。エルサレムはしたがって最初の大巡礼地であった。人として生まれたキリストとその聖墓から、第一位の座を奪える者がいたはずもないのだ。しかし、エルサレム旅行は誰にでも手の届くものではなかった。距離的・時間的問題、旅費の問題もさることながら、ローマ人、のちにはビザンティン人、ペルシア人、そしてついにはイスラム教徒が当時のパレスティナを奪いあい、動乱がこの地を荒廃させてやまなかったこともその理由である。

このため、第二の重要性をもつ巡礼が生まれた。教会を創設したふたりの聖人であるペテロとパウロの遺骸、それにカタコンベや郊外の墓地に眠る殉教者その他のキリスト教徒の墓を擁する、ローマへの巡礼である。この地でこれらの故人は、多くの場合みごとなフレスコで飾られた壮麗な教会のなかに安らいでいる。ヴァティカンのサン・ピエトロ教会[18]、オスティアへ向かう街道沿いに建てられたサン・パオロ・フオーリ・レ・ムーラ教会[19]、その他のローマの主要街道沿いのサン・ロレンツォ・フオーリ・レ・ムーラ教会[20]、サンタニェーゼ・フオーリ・レ・ムーラ教会[21]などである。もっともすでに城壁の内側に、ラテラノ救世主大聖堂〔サン・ジョバンニ・イン・ラテラノ教会〕やエスクイリーノの丘のサンタ・マリア・マッジョーレ教会が建てられていた[22]。九世紀半ばまでのあいだに、教皇たちは数多くの聖なる遺骸をローマの内部に移送し、キリスト教の特徴となった死者の都市化の動きを加速させた。教皇たちは巡礼者のための特別な建物を建ててローマ巡礼のあと押しをしたのだが、ここに殺到した者たちのなかで、中世初期にはアイルランド人、アングロ＝サクソン人が特別な存在感を示している。年代を飛び越えてここで言及しておくなら、中世においてローマ巡礼と教皇庁によるその優遇が最高潮に達したのは、ボニファティウス八世が一三〇〇年に聖年の大赦[23]を創設した時であった。罪の赦免、すなわち免罪に引きつけられ押し

(18)「サン・ピエトロ」は、聖ペテロを意味する。二代目となる現在の大聖堂に先立つ旧聖堂は、四世紀、コンスタンティヌス一世により、殉教者聖ペテロの墓を記念するものとして建設された。

(19)名称は、「城壁外の聖パウロ大聖堂」を意味する。古代の城壁外に建てられているため、この名がある。コンスタンティヌス一世により聖パウロの墓のうえに造られた。

(20)ローマで殉教した聖ラウレンティウスを記念する教会。コンスタンティヌス一世がその墓を造り、バシリカを建てたのが始まりとされる。

(21)三世紀末に殉教した聖アニェーゼを祀る。コンスタンティヌス大帝の娘コスタンティーナによって、聖アニェーゼの墓のうえに建てられた。

(22)救世主大聖堂は、現在のサン・ジョバンニ・イン・ラテラノ教会。サンタ・マリア・マッジョーレ教会は、聖母マリアにささげられた世界最大の教会である。これらふたつの教会は、サン・ピエトロ大聖堂、サン・パオロ・フオーリ・レ・ムーラ教会とともに、四大バシリカと呼ばれている。

(23)一定期間ごとに巡ってくる聖年に、ローマ巡礼者に対して特別の赦しが与えられた。ローマ・カトリッ

寄せた巡礼者の波は、中世の巡礼熱の到達点であり、また十六世紀に新教徒が巡礼に向ける非難を予感させるものでもあった。

第三の聖地の地位にあったのは、これもキリスト教世界の周辺に位置しながら中世の信仰を集めた場所、スペインはガリシアのサンティアゴ・デ・コンポステーラであった。小船に乗ってパレスティナから流れ着き、ガリシアの海岸で座礁した聖人の遺骸が、九世紀のはじめに発見されたのである。巡礼のブームが訪れるのは十世紀になってからのことである。キリスト教世界最大の修道会クリュニー会がこれを奨励する。一一三〇年から一一四〇年のあいだに、サンティアゴ巡礼者のガイドブックが書かれるが、これはたいへんに興味ぶかい書物である。[24]

巡礼地とそこへ向かう道はキリスト教世界全体を覆いつくしていたのであるから、さらにほかの聖地の独特な輝きもまた思い起こしておくべきである。三九七年に没し、キリスト教世界全土でたいへんに慕われていた聖マルティヌスの墓をもつトゥールは、シャルルマーニュから尊厳王フィリップや獅子心王リチャードまでの最高権力者たちを引きつけた。聖王ルイはここを三度訪れている。聖ミカエルが現れたとされる場所も、大天使は体をもたずしたがって聖遺物を残さないにもかかわらず、人々を魅了する中心地となっていた。聖ミカエルは高い場所に舞い降りる大天使であり、天への飛翔を象徴していたのである。五世紀の終わりにはすでに、南イタリアのガルガーノ山で聖ミカエル信仰が生まれた。[25] ノルマンディーでは、海を恐れる当時の社会に鮮烈な印象を与えたモン・サン・ミシェル[26]巡礼が生じ、この地は「海におびえるモン・サン・ミシェル」と呼ばれる。十五世紀には、百年戦争のあいだモン・サン・ミシェルに陣取るフランスの守備隊がイングランド人の攻撃に辛抱づよく耐えたことから、聖ミカエルはフランスの国民的聖人のようになった。モン・サン・ミシェルは十四世紀以降、中世社会で子供の重要性が高まり、幼児イエスに対する信仰が生まれる時代背景のなか、子供たちの巡礼によってもその名を高めた。

聖母マリアは、十一世紀以降、たいへんなマリア信仰ブームによって多くの巡礼者を集めるようになった。シャルトルでは、聖母の衣が崇敬されていた[27]。フランスでは、ブーローニュ・シュ

クの聖年は、ユダヤ教で五十年に一度の大恩赦の年とされたヨベルの年に由来する。一三〇〇年にひきつづき、聖年は一三五〇年、一三九〇年、一四〇〇年に設けられ、それ以後はおおよそ二十五年ごとに聖年とされた。

(24) サンティアゴ・デ・コンポステーラについては、本書一二一—一二二頁も見よ。

(25) ガルガーノ山にあるモンテ・サンタンジェロの町には、大天使ミカエルが現れたという言い伝えのある洞窟があり、ここに造られたサン・ミケーレ教会が古くから大勢の巡礼者を集めている。

(26) モン・サン・ミシェルは、フランス語で「聖ミカエルの山」を意味する。七〇八年、アヴランシュ司教オベールによって最初の礼拝堂が建てられたが、オベールの夢に大天使ミカエルが現れて岩山に聖堂を建てることを命じたことがその発端になったという。

(27) 八七六年以来シャルトルのノートルダム大聖堂が保有する聖衣《サンクタ・カミシア》のこと。西フランク王シャルル二

ル・メールのノートルダム教会やノートルダム・ド・リエス教会[28]に、スペインではサンタマリア・モンセラート修道院[29]に、ベルギーではハレの聖母小聖堂[30]に、イングランドではウォルシンガムの聖母礼拝堂[31]に、ドイツではアーヘン大聖堂[32]に、オーストリアではマリアツェル[33]に、マリア信仰の聖地が誕生する。十二世紀にたいへんな人気を博したカオール司教区のロカマドゥールへの巡礼は、マリア巡礼ブームの好例である[34]。聖地は、一二〇メートル下に峡谷の谷底を見下ろす断崖の頂という絶景のなかに位置しており、一九七段の階段が通じていたが、十三世紀の巡礼者はひざをついてロザリオの祈りを唱えながらこれを登った。巡礼地としての成功は、一一五九年と一一七〇年の二度にわたってここを訪れているプランタジネット朝イングランド王ヘンリー二世と、一一七二年に書かれた聖母奇跡譚に負うところが大きい。ロカマドゥールは王族たちの聖地であり、とくにフランス王たちは頻繁に訪れている。一二四四年には、ルイ九世（聖王ルイ）が、母ブランシュ・ド・カスティーユ、兄弟のアルフォンス・ド・ポワティエ、ロベール・ダルトワ、シャルル・ダンジューとともに、ここを訪問している。また、一三〇三年には美男王フィリップ四世が、一三二三年には美男王シャルル四世と王妃マリー・ド・リュクサンブールが、一三三六年にはフィリップ六世が、一四四三年と一四六四年にはルイ十一世が、それぞれ参詣している。聖地はカスティーリャ王たちの信仰心も引きつけた。その代表は、ブランシュ・ド・カスティーユの父にあたるアルフォンソ八世と、その王妃でイングランド王ヘンリー二世の娘であるエレノア・

オブ・イングランドで、一一八一年には、ロカマドゥールの幸いなるマリアにブルゴス近郊のふ

世から贈られたが、受胎告知の際にマリアが着ていたものとされた。この布は、シャルトルの町が聖母マリア信仰の聖地として巡礼者を集めるのに大きく貢献している。

(28) 現在のピカルディー地方の町リエス・ノートルダムにあるノートルダム・ド・リエス教会は、十二世紀に十字軍騎士がエジプトから持ち帰った黒檀の聖母像（フランス革命で焼失）を祀るために建てられたという。

(29) カタルーニャ・バルセロナ近郊のセラト山に九世紀に建てられたベネディクト会修道院で、付属大聖堂に「黒い聖母マリア像」をもつ。

(30) エノー伯領の町ハレには、十三世紀から小教区教会に祀られる聖母像があり、これがキリスト教世界においてこの町の名を高めた。

(31) 十一世紀に聖母マリアの出現にあったウォルシンガム村の一貴婦人が建てさせた小さな木造の礼拝堂。中世を通して、北ヨーロッパの巡礼の中心地であったが、十六世紀の宗教改革期に取り壊された。二十世紀になってウォルシンガムの聖地と巡礼は復活している。

(32) アーヘン大聖堂では、十三世紀に製作された、聖母の衣などを納める聖母の聖遺物箱が保存されており、七年ごとにその中身が公開されている。

(33) マリアツェルの町は、十二世紀にこの地を訪れた修道士がもちこんだ聖母子像を安置する教会のまわりに発達した。「小屋（ツェル）のなかのマリア様」がその名の由来である。

(34) 岩山のサン・ソヴール教会のノートルダム礼拝堂には、中世より奇跡を起こすという伝説のあるくるみの木彫りの聖母子像が安置されている。サンティアゴ・デ・コンポステーラへの巡礼路のひとつがここを経由することもあって、多くの巡礼者を集めてきた。

たつの村を贈っている。しかしはやくも十二世紀には、バルト海の国々を含む全ヨーロッパから、ロカマドゥールへの巡礼者が押し寄せている。

封建的分裂と王国の中央集権

政治的に見ると、十一・十二世紀のキリスト教世界は一見して矛盾した光景を呈している。しかしこのような矛盾はほぼ今日のヨーロッパにも見られるものであり、ある意味では、現代の脱中央集権政策によってよみがえりつつもある。一面では、中央権力の不在をひとつの特徴とする封建社会ができあがる。カロリング朝の王たちはまだこの中央権力を夢みることができたのに対し、いまや権力の行使が国王特権と呼ばれる権利を簒奪する領主たちによって分割されるのだ。そこには貨幣鋳造権（もっともこれはまだ当時はたいした重要性をもたない）、とりわけ裁判権、徴税権が含まれている。しかしそのいっぽうで、カロリング朝期の一時的な試みが失敗に終わったのちにも、キリスト教世界の諸民族は、残された権力と封建的分裂とのあいだに折りあいをつける方法を見出した中心的指導者のもとに再結集しようと努める。伝統的には、中央集権国家と封建体制が両立しないという点が強調されてきた。実際にはより柔軟に、妥協策の産物として、封建制王国と呼ぶことができるものができあがっていったのである。

未来のヨーロッパに多くの財産を残すことになるこれらの王国の存在の前提として、いくつかの根本的な現実が考えられる。

教皇と皇帝　封建時代のキリスト教世界において、これらの王国の頂点に立つ王たちのうえには、ふたつの上位権力があった。教皇権力と皇帝権力である。教皇権力に関しても、一見すると矛盾と思われるものがある。この時代、教皇権力はつねに強化されていく。封建時代が終わるころ、教皇インノケンティウス三世の在位期間中（一一九八―一二一六）には、教皇政治はキリスト教君主制のなかの最強のものになったということさえできる。その手にある組織網は巨大である。キリスト教世界全域で教皇政治に従う聖座〔教皇庁〕の中央集権的機構が強化された。そしてなにより、おそらくは、聖座はその全域で貢租を徴収しており、これが他のどんな王国にも増してその強大な財力を確かなものにしていたと思われる。しかしそのいっぽう、聖座と教会は、グレゴリウス七世が世俗国家を教会の支配下におこうと試みたにもかかわらず、グレゴリウス改革が結果としてもたらしたものを尊重していた。たとえ場合によって、たとえば近親婚とみなされる結婚のような場合に、教会がその意志による命令を下すのが一般的であったとしても、精神的権力と世俗的権力の分離は現実であった。それどころか、聖座と教会はすみやかに、これらの王国と協力し、こうした君主制が切に求める支持を与えるための政策を形にしていったのである。

これらの封建制王国の発達およびその権力を制限する可能性のあるものとして、そのうえに立つもうひとりの、こちらは世俗の人物の存在があった。皇帝である。しかし神聖ローマ帝国の皇帝は、これら新興の王国のうえで重きをなすほどの力をもってはいない。あらたに誕生した王たちは、いくらかの形式的な敬意を皇帝に差し向けた。しかし帝国と皇帝に対して自立を保つことが、この時代の政治の大きな流れとなる。このような過程を経て、たとえば十三世紀初頭のフランスの尊厳王フィリップの以下のような発言が見られるようになる。「フランス王はその王国において彼のうえに立つ者を認めない」。そして一世紀後には、美男王フィリップがこの変化を確かなものとし、「王はその王国における皇帝である」と断言するのである。フランス王は王国が帝国に対して独立していることをもっとも明確に強調するのだが、このような状況は十二世紀以降のキリスト教世界一般にあてはまるものである。

中世の王　中世の王の性格が重要なのは、中世という時代を理解するためだけでなく、共和制あるいは民主制の統治者に転移されたその性格はしばしば、機能として、イメージとして生きのびることになるからである。封建制の王は神にかたどられた、神の似姿としての王 *Rex imago Dei* である。この側面はもちろん十九世紀以後消滅することになるが、近代ヨーロッパの統治者はしばしば恩赦権や免責特権のような権利を保持しており、これはかつての神聖な地位がもたらした結果である。中世の王たちはまた、三つの機能をもつ。つまり彼らは自身のうちに、社会全体の機能を三種の異なる人格を通して定義するものであるインド＝ヨーロッパ語族の三機能(35)を併せもっているのである。王が第一の宗教的機能を体現しているといえるのは、司祭ではないにしても、彼がこの機能の本質である裁判をつかさどるためである。王は貴族であり戦士であることから、第二の軍事的機能を果たしてもいる（今日のフランス共和国大統領は、軍事的というより政治的な意味で、軍隊の最高司令官である）。そして王が第三の機能を果たすという点に関しては、より定義が難しい。この機能は労働をその特徴とするが、中世の定式によれば実際は繁栄と美をその対象としている。王はしたがって経済、つまり王国の繁栄に対する責任を負う。また個人としては、慈善事業の義務を引きうけ、とくに施しをたっぷりとふりまく責任を負うのである。さらに、この側面は見えにくいが、第三の機能は王に文化の庇護者の役割を命じているとも考えることができる。とりわけ教会建設は、この機能から生じている。中世の王の役割は、さらに知と教養の分野で確立されなければならない。シャルトル司教のソールズベリーのヨハネスは、一一五九年の重要な著作『ポリクラティクス』で君主制を定義しながら、マームズベリーのウィリアムがすでに一一二五年に表明していた考えを引いている。「教養のない王は王冠を戴いたろばに等しい」。

封建制の王はさらに、当時の重要な進歩の影響をこうむる。ローマ法とローマの歴史の遺産と

（35）本書三八頁を見よ。

して、王は権威《アウクトリタス》と権力《ポテスタス》のふたつの力を受け継いでおり、これが王権とそれを行使する諸手段を定義する。キリスト教はそこに、教会の卓越した職務に特有の誇り《ディグニタス》をつけ加えた。封建時代には、おそらくは反動としてローマ法が復活し、新しい王たちにとって有利なローマ的概念威厳《マイエスタス》がよみがえる。この威厳《マイエスタス》によって、王たちのふたつの権力を定義することが可能となる。すでに触れた恩赦権という権力、そしてさらに重要な大逆罪《クリメン・マイエスタティス》に対しての保護を保証される権力である。しかしながら、中世の王は絶対君主ではなかった。歴史家たちはこれが立憲君主であったかという問いを立てているが、これもあてはまらない。憲法とみなすことのできるようないかなる文書も知られていないからである。おそらくそれにもっとも近いのは、マグナ・カルタ（一二一五）であるが、これも実際には独特の性格をもつものである。イングランド王ヘンリー三世に対してマグナ・カルタを認めさせたのは、貴族と教会秩序なのだ(36)。この文書はしたがって、ヨーロッパが憲政へ向かう途上のいくつかの道しるべのひとつ以上のものではない。もっとも真実に近く重要なのは、中世の王が契約による王であったということである。聖別と戴冠の儀式の宣誓を、王は神と教会と人民に対して行う。このうち最初のふたつの契約は、歴史の変化のなかで廃れていった。しかし革新的な第三の措置は、人民による、あるいは人民を代表する機関による、権力の制御へと向かう歴史の道のりのなかでも見られるものである。最後に、封建制の王は、理論と実践の両面において、なにより正義と平和というふたつの職務をもっていた。平和はこの場合、秩序と言いかえることができるだろう。ただし、たんに地上の平穏からくる秩序ではなく、それは救済への歩みでもある。

いずれにせよ、封建時代の君主制はキリスト教世界を、今日なら法治国家と呼ぶであろうものへと向かう道に導き入れたのである。それが貴族の君主制であり、王も貴族の最高位であるのだから、血統による高貴を正当化していたという事実は、ヨーロッパ史の長い持続のなかで見ればさほど重要ではない。血統は今日では些細な役割しか果たしていないが、中世においては継続と安定をもたらし、王朝の存在に有利にはたらく要因であった。そのうえ、フランスのような王国では、女性を王座から排除すること――十四世紀になってようやく、一種の懐古趣味で、これがサリカ法[37]と呼ばれるようになる――で、君主制はより強固になった。王家の男子が十世紀末から十四世紀初頭まで続いた〔カペー朝〕のは、生物学的偶然のなせるわざである。封建時代の君主制をヨーロッパ史のなかで大きな広がりをもつ背景のなかにおきなおすことができるのは、それを

(36) 王権を制限し封建貴族の特権を再確認することを目的とするマグナ・カルタは、一二一五年、ヘンリー三世の父王ジョンによって制定された。ジョンはこれをただちに破棄し、反乱のなか一二一六年に死亡したが、ヘンリー三世が九歳で即位すると、その摂政はふたたびマグナ・カルタを受け入れ、内乱を収拾した。

(37) 本来はゲルマン諸部族法典のひとつ（本書八〇頁参照）。女性の不動産相続を禁じていた。

この法律の面から見たときである。十二世紀は偉大な法律の世紀である。ローマ法の再興についてはすでに明らかにされて久しいが、ボローニャの修道士グラティアヌスの『教令集』(一一三〇―一一四〇頃)以降、教会法が最終的に仕上げられるのである。このことは法的精神と法律機関のキリスト教化を意味しているが、それだけではない。社会のなかでの教会の役割は、社会が発展し、たとえば結婚や経済などについてのさまざまな問題が変化していくなかで、法律のなかに入りこんできた新しいものごとに正当性を与えることだったのである。

封建制王国

これらの封建制王国のあいだには発達段階と安定度において差があり、将来のヨーロッパの国民国家の基礎が一様に築かれていたわけではない。スカンディナヴィア半島の北欧キリスト教世界や、中央・東ヨーロッパのスラヴ人、マジャール人のキリスト教世界では、王国はしっかりした領土基盤をもっていなかった。ドイツとイタリアはさまざまな権力によって分割されており、そのうちもっとも重要なのはのちに触れる都市の権力であった。[38] したがって残るのは、イングランド、フランス、そしてイベリア半島のなかではカスティーリャである。さらに、十九世紀までしか残らないが、長期持続のヨーロッパのイメージのなかにその記憶を刻みつけている個性的な王国が、これにつけ加えられる。まさしくこの封建時代に形成される、南イタリアとシチリアの王国〔シチリア王国〕である。

イングランド　イングランド王国は、十一世紀と十二世紀のあいだ有為転変をくぐりぬけるが、それで衰退するどころかますますその諸制度を固めていった。アングロ＝サクソン王朝の時代に、とりわけアルフレッド大王による九世紀の知的・文学的活動、証聖王エドワードの威厳ある個性のおかげで、ある程度の基礎がつくられる。一〇六六年にノルマンディー公ギヨーム〔イングランド王ウィリアム一世〕がイングランドを征服すると、イングランド王国のいちじるしい強大化が始まる。イングランドのノルマン人王たちの支配は、その支えとして、王国財産の詳細で正確な目録であるドゥームズデイ・ブック〔より正確にはDomesday Bookではなく、Domesday Surveyである〕[39]という注目すべき文書をもっていた。「最後の審判の本」という特別な意味のこもったそのタイトルは、十一世紀末のイングランドが、王国の総決算、最後の時と救済への道のりを見すえていたことを示している。この文書のおかげで、征服者のノルマン貴族への土地と収入の割り当ては合理的に

(38) 本書二二五―二五一頁を見よ。

(39) ウィリアム一世が命じた調査の結果を記録した土地台帳。一〇八六年頃完成。「ドゥームズデイDoomsday」とは、もともと「最後の審判の日」を意味する。

管理され、経済発展が支えられたため、イングランドはヨーロッパ最初の大王国となる。そのうえ、ノルマン人の王たちは、十・十一世紀に当時としては驚くべき行政基盤を備えていたノルマンディー公国の継承者であり、中央集権と強圧的支配をめざす王の意志をイングランドにもたらした。各州には王の地方官である州長官《シェリフ》がおかれ、王のまわりには専門家による官僚組織が築かれる。とりわけ目につくのは財務府で会計業務に携わった財務官吏である。

十二世紀半ばに、イングランド王国の新たな飛躍的発展をもたらす二度目の機会が訪れた。一一三五年のヘンリー一世の死に際する混乱期のあと、その娘マティルダがプランタジネット家のアンジュー伯ジョフロワと結婚し、息子のヘンリー二世（在位一一五四—一一八九）がイングランド王となって、フランスにも、アンジュー、ポワトゥー、ノルマンディー、ギュイエンヌを含む広大な所領をもった。ヘンリー二世のイングランドは、キリスト教世界最初の「近代的」王国であった。「アンジュー帝国」あるいは「プランタジネット帝国」という言いかたがされることもあるが、帝国とはまた別のものである。その行政からくる重圧はたいへんなものであり、王妃アリエノール・ダキテーヌ、息子の獅子心王リチャード、欠地王ジョン*とも衝突したこの傑出した王は、地獄にもたとえられる宮廷——整然とした秩序をもち、従順な貴族たちが押し寄せていた——をもつ君主として、生前からすでに知れわたっていた。君主制のヨーロッパ、宮廷のヨーロッパが、その威光、陰謀、葛藤とともに、現れ出でようとしていた。これが何世紀にもわたってヨーロッパの君主制のイメージとなるのだ。

＊ジョンは、王の財産が父より先に死んだ若ヘンリーとリチャードのあいだで分配されたあとに誕生している。王の息子が遺産を分割する封建的慣例が残っていたわけだが、フランスのカペー朝では、遺産を一人に占有させ、その死後はそれが王国財産に返されるようになっていた。

フランス　イングランド王国とともにもっともはやく安定を実現したもうひとつの王国は、フランス王国であった。その安定はまず王朝の継続性から来ている。九八七年以来、カペー朝がフランスを統治していた。女性を王座から排除し、生物学的偶然から男の相続者がとぎれることなく一三二八年まで続いたことから、王朝はますます強固になった。長子のヨーロッパがこれである。フランス王はまず、なにより王領の小領主たちの反抗を制圧することに専心していた。やがて聖職者層や小貴族（彼らは権力から離れても貴族としての高い身分を維持することができた）出身の顧問たちの支援が確保される。そして、パリ[40]に王宮が築かれ、この都市が首都となって、カペー朝の

(40) 六世紀初頭には、フランク人の王クロヴィスがメロヴィング朝の首都をパリにおいた（本書六五頁）が、メロヴィング朝末期からカロリング朝時代には政治の中心から外れ、九世紀後半になるとノルマン人（ヴァイキング）がセーヌ河口からさかのぼって襲来して都市に壊滅的な打撃を与えた。しかし、ふたたびカペー朝の首都となると、以後パリの王国の中心としての位置は揺るぎないものになった。

王たちが権力を行使するための安定した本拠ができた。首都のヨーロッパがここに生まれる。また、王の居住地にほど近い、強大な力をもったベネディクト派のサン・ドニ修道院[41]の支持を得たことによっても、カペー朝の王国は強化された。王国の力を高めたサン・ドニ修道院は、王国に奉仕する史料編纂の一大中心地であった。ここから十三・十四世紀には重要な王国年代記が誕生する。歴史と史料編纂のヨーロッパである。

カペー朝の王国は、いくつかの重要な切り札を利用するすべを心得ていた。第一の切り札は、王の統治を告げるランスの聖別式である。この儀式が喚起するのは、フランク王国に特別な性格が付与されたことの記憶であった。王国は、ランスで、クロヴィスの体を通して、聖霊の鳩が天からもたらし聖別の油に変化した奇跡の聖油によって、洗礼を受けたのである。カペー朝はまた、しだいに高まる聖母の魅力の一部を取りこむことができた。象徴的な百合の紋章と王のマントの色になった青色は、フランス王が、十一世紀から十三世紀にその信仰がめざましいブームになっていた聖母マリアから取り入れたものである。すでに敬虔王ロベール（在位九九六―一〇三一）の王《おう》璽《じ》に百合の花が現れている。一般的に見て、たとえばイングランド王が、カンタベリー大司教トマス・ベケットの殺害（一一七〇）により教会に疎んじられたのに対し、フランスにおいては、教会と王権の、王座と祭壇の同盟が、つねに政治的安定の基礎になっていたといえる。

カスティーリャ　第三の王国は、イベリア半島でキリスト教世界のさまざまな権力のなかから出現した。レコンキスタの過程で、キリスト教徒がイスラム教徒を徐々に南へ追いやっていくなか、このとき形づくられた王国のモザイクが整理され、とくにカスティーリャが覇権を手にしていく。カスティーリャはまずナバラと融合する。つづいて、カスティーリャ伯フェルナンドがレオン王を破ってここを占領し、一〇三七年にはレオンで即位してカスティーリャ＝レオン王となった。しかし、この連合が動かぬものになるのは、のちの一二三〇年のことである〔カスティーリャ王国の成立〕。カスティーリャの王たちは、好戦的な貴族たちを重んじなければならなかった。そのなかには、半島のあいまいな状況に特有のひとりの人物、あるときはキリスト教徒の王のために、あるときはイスラム教徒のために戦った、ロドリゴ・ディアス・デ・ビバール（一〇四三―一〇九九）がいる。ロドリゴはのちのカスティーリャ王サンチョ二世とともに教育を受け、戦争と騎士道の神話の伝説的英雄エル・シッド（一〇四三―一〇九九）となる。彼についてはあとでもう一度触れることにしよう。(42)

(41) 本書一三一頁を見よ。代々サン・ドニ修道院長は王の顧問に任じられ、大きな影響力を発揮した。とくにシュジェール（一〇八一―一一五一）は、サン・ドニ大聖堂の建設を開始し、修道院および王国の年代記作成の伝統をひらいた。
(42) 本書三〇〇頁を見よ。

しかし、カスティーリャの都市を貴族や寡頭政治から解放してたがいに結びつけることによって、あるいは議会《コルテス》を開いたり、貴族でない都市住民の共同体に地域特権を認めたり（フエロス）することによって、カスティーリャの王たちはその権力をすこしずつ築いていく。アルフォンソ六世によって一〇八五年にイスラム教徒から奪回されたトレドではなく、カスティーリャの王たちは首都をブルゴスにおく。ブルゴスの司教区では一一〇四年以来免属（教皇から教区司教の裁判権に属するのを免除されること）が認められており、この都市は十三世紀半ばには公式の称号として、「カスティーリャのかしらにして、王たちの臥所 cabeza de Castilla y cámara de los reyes」と呼ばれるようになった。

シチリア　君主制ヨーロッパの姿をあらかじめ告げるこれら三つの主要な王国に加えて、思いがけず現れるもうひとつの王国にも言及しなければならない。中世を通じて起こる、そしてこの時代の重要な要素となる、ノルマン人――スカンディナヴィア人に与えられた名である――の民族四散の結果として、この王国は成立する。スカンディナヴィアにいくつかの王国が形成された（一冊の「君主の鑑」が、十三世紀にノルウェーで書かれている）が、これらは実際には不安定なものであった。ヴァイキングの一部はフランスのノルマンディーに定住し、十一世紀前半のクヌーズ大王（一〇三五没）の時代には、このノルマン人が、一時的・部分的にではあるがイングランドを征服する。[43] この驚くべき民族四散はそれにとどまらず、十一世紀末には南イタリアに王国が建設される。一〇四一年から一〇七一年にかけて、ノルマン人はビザンティンからカラブリア、プーリアを奪う。[44] ロベルト・イル・グイスカルドが一〇七一年にバーリを占領すると、一〇八七年、船乗りたちがここに聖ニコラウス[45]の遺骸を運び、みごとな聖堂〔サン・ニコラ教会〕のなかに安置した。ここからヨーロッパ全域に、子供と学童の守護聖人である聖ニコラウス信仰が広まる。王国はナポリ（一一三七）、シチリアへと拡がる。ノルマン人は、すでに一〇七二年にはパレルモを、一〇八六年にはシラクーザを占領していた。教皇庁との激しい対立の時期には、ルッジェーロ一世（一〇三一—一一〇一）がギリシアの僭主の記憶から悪い王に与えられる「暴君」のレッテルを貼られ

(43) 本書一一二頁を見よ。
(44) 東ゴート王国の滅亡（五五五年、本書六三—六四頁）後、イタリアは一時東ローマ帝国領となったが、六世紀後半にはランゴバルド人が侵入して（本書二九、八六頁）半島北・中部の支配がはやくも失われ、九世紀以降はシチリアがイスラム教徒の手に落ちていた（本書七六頁）。しかし、南イタリア（マグナ・ガレキア）は依然として十一世紀までビザンティンの支配下にあった。
(45) 四世紀に小アジアのミュラ大司教を務めた聖ニコラオス。遺体はミュラの教会にあったが、イスラム征服以降、この東方の町は荒れはてていた。ラテン語で「ニコラウス」、イタリア語・フランス語・スペイン語などで「ニコラ」、わが国では「ニコライ」としても知られる。また「サンタクロース」の語源でもあり、西洋におけるさまざまな聖ニコラウス伝説がサンタクロース伝説のもとになっている。

たが、やがてノルマン人の王たちは教皇庁と和解した。ビザンティン人とイスラム教徒の手から奪い取られ、南イタリアとシチリアをヨーロッパ・キリスト教世界の圏域に取り戻すことになったこの王国は、キリスト教王国のなかでももっとも輝かしいもののひとつとなる。ルッジェーロ二世（一〇九五頃―一一五四）は、権力の本拠をパレルモに移したのち、一一三〇年、シチリア王となる。

ノルマン人最後のシチリア王グリエルモ二世（一一五四―一一八九）は嗣子を残さず世を去り、叔母にあたるコスタンツェが、赤髭王フリードリヒの息子で一一九一年に神聖ローマ皇帝ハインリヒ六世となるその夫とともに王位を継承する（一一九四）[46]。一一九七年に若くして亡くなったハインリヒは、ナポリとシチリアの王国を、のちの皇帝フリードリヒ二世である息子に残した。先祖のノルマン人たちの事業を強化・継続しながら、フリードリヒはその王国を封建制王国のなかでももっとも組織だったもののひとつにした。パレルモは、キリスト教ヨーロッパのなかでビザンティンやイスラムの大都市と肩を並べることのできるただひとつの都市となる。文化・芸術の分野では、キリスト教徒、ユダヤ教徒、イスラム教徒のあいだの絶えざる協力のもと、翻訳活動がさかんに行われ、この点でパレルモはキリスト教ヨーロッパの模範的首都であると同時にまた例外でもあった。南イタリアとシチリアのこの王国は、十三世紀末、短いあいだフランスに支配され、聖王ルイのシャルル・ダンジュー（一二二七―一二八五）が、一二六六年よりその王となる。

そして、「シチリアの晩禱」と呼ばれる一二八二年のフランス人虐殺事件以後、アラゴンがこれを奪い、その支配はよりながく続いた。[47] もしこれらの占領がなかったら、地中海キリスト教世界のこの個性的な一片は、独立するか、あるいはビザンティン、イスラムという全体のなかに統合されていた可能性もある。したがってこの例からは、ヨーロッパがはるか昔から地理と歴史のなかに刻みこまれていたわけではないということがわかるのである。

Ⅳ キリスト教精神の変容

十一・十二世紀は、キリスト教ヨーロッパが重要な変化をとげた時期にあたっている。アメリ

(46) 正確には、グリエルモ二世の死後、一一八九年から一一九四年の間、遠縁にあたるタンクレーディとその息子のグリエルモ三世が王位についている。

(47) アラゴン王国は十一世紀に成立。一一三七年にはカタルーニャ公国と合体してアラゴン連合王国を形成し、ハイメ一世(在位一二一三—一二七六)のときのバレアレス諸島とバレンシアの征服を皮切りに、しだいに「地中海帝国」を築いた。一二八二年のシチリアの晩禱の結果シチリア王国が二分され、シチリア島はアラゴンの、イタリア半島南部はアンジュー=シチリア家の支配下に入った。しかし「ナポリ王国」と呼ばれるようになる半島側も、一四四二年にはアラゴンに征服される。本書二一〇頁を見よ。

カの歴史家チャールズ・ハスキンズの一九二七年の学説(48)以来、この十二世紀ルネッサンスが認められるようになった。しかし、たとえすでに見たように中世の人々が彼らの革新を古い価値の復興に関連づけて偽装する傾向があったにしても、この時代のキリスト教世界の変容は古代文化再興の域をはるかに越えるものである。私としては、ヨーロッパ史の広い展望のなかに立ち、この時代にある文化とさまざまな新しい心性が誕生し、あるいは決定的な発展をとげたことの重要性を強調したい。まずは、キリスト教の女性化、苦しみの主題化について触れたい。聖母マリア信仰の大ブーム、そして、死に打ち克つキリストから苦しむキリスト、受難と十字架のキリストへのキリスト信仰の変化を、ここでは扱う。つぎに私は、肯定的性格をもつ新しいキリスト教的人間主義《ユマニスム》が形成され、西欧人文主義《ユマニスム》の長い生成のなかでのひとつの層をなすことを明らかにしたいと思う。人間が、神にかたどって創られ、そしてもはや原罪に押しつぶされた罪人のような存在にとどまらない人間が、そこではその姿を明確に現している。またいっぽうで、変化してもなお激しく生き生きとした信仰以外に、十一世紀、そしてとくに十二世紀には、自然と理性という、のちの西欧思想の枠組みとなるふたつの重要な概念が、あとにながく残る形で再定義される。最後に、ロバート＝イアン・ムーアが最近提唱した概念について検討しよう。ムーアは、この時代に彼が「最初のヨーロッパ革命」と呼ぶものが明確になると考える。それは経済・社会・知識の飛躍的発展として肯定的に現れるが、その裏では秩序が再建され、迫害と排除のヨーロッパが姿を見せているのである。

マリア信仰と苦しみの主題

中世のキリスト教は、十一世紀から十三世紀にかけてのマリア信仰のめざましい発達によって揺さぶられた。「神の母」としての聖母マリアの信仰は、ギリシア正教においては非常にはやくから発達している。しかし、これが西方キリスト教に浸透するのにはもう少し時間がかかる。マリアの姿は中世初期から見えているし、とくにカロリング朝期には目立っているが、十一世紀になってはじめて西方キリスト教の信仰と実践のなかで中心的な位置を占めるようになるのである。マリア信仰は、十一世紀半ばから十二世紀半ばの教会改革の核心にあり、キリスト信仰に、とりわけ聖体信仰に結びついている。聖母は受肉に不可欠の要素であり、人間とキリストを結ぶ関係のなかでしだいに大きな役割を果たすようになる。彼女は、神であるその息子の前で人間を弁護してくれるほとんど唯一の人物になるのである。大部分の聖人がある種の病気の治癒や、社会のなかのある職業を専門にしているのに対し、聖母は奇跡を起こす人である。人々の抱えるあらゆる

(48) Charles Homer Haskins, *The Renaissance of the Twelfth Century*, Harvard University Press, 1927（チャールズ・H・ハスキンズ『十二世紀ルネサンス』別宮貞徳・朝倉文市訳、みすず書房、新装版、二〇〇七年）。

問題に答えることができるし、なにより有能なのだ。彼女が人間の救済に占める位置は重要で、ときには大胆不敵な、スキャンダラスでさえある庇護が、彼女の能力と信じられていることもある。聖母は弁解の余地のない犯罪者や罪人を守るのである。聖母が罪人たちを弁護する。そうすればキリストは、それがいかに法外なものであろうと、彼の母の願いを聞きいれてくれるのだ。

こうした状況で、聖母はより高い、例外的な地位にまで登りつめたのだといえるだろう。いうなれば彼女は、三位一体の第四の位格なのだと私には思える。キリスト教には、彼女を対象とする祝日が三つある。「お清めの祝日」、「お告げの祝日」、「被昇天の祝日」である。二月二日の「お清めの祝日」の背後には、自然の目覚めと熊の冬眠の終わりを祝う古い異教の祭りが隠されているが、この日はマリアのお産後の感謝式であり、そのもとになっているのは出産後四十日のあいだ守られていたユダヤの祭儀である。しかし、幼子イエスの神殿への奉献に結びついてもいることの祝日には、さらに深い意味がある。(49)これは清めの祝日であり、そのことから、とりわけ十四世紀に教会とキリスト教徒を動揺させる問題が生じる。被造物としての、女としての、妊娠と出産によって汚《けが》れたマリアは、原罪を負っていたといえるのか。無原罪の御宿りの教義が勝利をおさめるのは十九世紀のことでしかない。(50)しかし、私にいわせればこの教義は、神であるその息子に匹敵する地位にまでマリアを高めようとする傾向がすでに中世の人々にあったことを示しているのである。三月二十五日の「お告げの祝日」のもとにある受胎告知は、マリアに、そして彼女を通して人類に、神の子の受肉が近いことを告げる。聖母と天使ガブリエルの預言的会話の原型となるエピソードである。これは人類史の偉大な瞬間のひとつだ。絵画においては、エルヴィン・パノフスキーがすでに一九二七年に示し、ダニエル・アラスが掘り下げたように、受胎告知が遠近法への踏切台になる。遠近法がヨーロッパ絵画ではじめて表現されたのは、アンブロージョ・ロレンツェッティのシエナの「受胎告知」（一三四四）のなかにおいてであった。マリアのための第三の重要な祝日は、「被昇天の祝日」（八月十五日）であり、これはキリストの昇天に対応している。マリアもまた地上での死のすぐあとに天に昇るが、天国にとどまらず、神の王座があるより高いところにまで至り、息子から冠を授かる。

十二世紀以降、マリアに捧げられた宗教文学がめざましい発達をみせる。まず、十二世紀以降

(49) 二月二日は、公的には「主の奉献の祝日」であるが、「お清めの祝日」、「聖燭節《キャンドルマス》」などの言いかたもある。ユダヤの律法は、すべての初子を聖別して主に献げよと定める（出エジプト記、十三章二など）。また、男児を出産した女は四十日間聖所に詣でることを禁じられ、清めの期間が明けたときには献げ物をしなければならないとされていた（レビ記、第十二章）。そのためヨセフとマリアはエルサレムの神殿にイエスを献げる。そして、ここでふたりが出会う老人シメオンと女預言者アンナが、それぞれメシアの到来を悟る（ルカによる福音書、二章二二―三八）。

(50) マリアが原罪の汚れなしにその母の胎内に宿ったとする「無原罪の御宿り」の教義は、一八五四年教皇ピウス九世の回勅によって公認された。

彼女に捧げられる祈禱「アヴェ・マリア」が、「我らが父よ」に匹敵するほどの地位にまで高められる。一二一五年以降年一度の告白において罪を犯した者たちに科せられた悔悛の秘蹟のなかに、この祈禱はほぼつねに現れる。こうしてマリア崇敬が、キリスト教徒の信仰の根本にすえられる。マリアに捧げられた著作のうち、とくに重要なものをふたつ挙げよう。第一は、ゴーティエ・ド・コワンシー（一一七七―一二三六）が編集した奇跡譚（『聖母の奇跡』）で、五十八の奇跡と、いくつかの宗教歌、韻文の説教を集めている。そして、カスティーリャの賢王アルフォンソ十世（一二二一―一二八四）がマリアに捧げた、すばらしい挿絵で飾られた本、イベリア半島の詩情あふれる言語ガリシア語で書かれた宗教詩をおさめる『サンタマリア詩集《カンティーガ》』である。

マリア信仰がその図像のめざましい開花に支えられていたことは強調されなければならない。細密画と彫刻によって、中世の人々の心と目のなかにマリアのイメージの財宝が入りこんだのである。聖母の表象の中心主題は、中世のあいだに変化していく。ローマ時代の聖母は、おもに神であるその子を膝にのせた母親である。しかしその後、マリアは女性の美を讃えるために描かれるようになる。キリスト教における苦しみの主題化のなかで、マリアは重要な位置を占める。マリアとは、その息子である死せるキリストを膝のうえで支えるピエタであり、大きなマントの襞のしたで、個々の信徒、あるいはより頻繁には信徒の集団を庇護する慈悲の聖母である。宗教改革による突然の中断はあったものの、聖母は何世紀ものあいだヨーロッパの全域において、人類の母であり、弁護人であったのだ。芸術のなかで、マリアをめぐる一連の作品が発達する。キリストの物語に結びついてはいるが、そこではマリアの肖像がしだいに重要度を増していくのである。時禱書が出回り、とくに女性たちの個人的信仰心もマリア崇敬に征服される。聖母は史上最大の出来事である受肉に登場する尊い女優となる。重要な歴史的現象がつねにそうであるように、マリア信仰は場所のネットワークのなかに根づく。すでに触れた聖遺物や巡礼に結びついた場所のみならず、それ以上に聖母に捧げられるものが、キリスト教世界の大聖堂の大部分を占めるのだ。これは多くの場合、奉献の対象を変更することで行われている。たとえばパリの大聖堂はもともと聖ステファヌスに捧げられていたものが、パリのノートルダム（「われらが貴婦人」、すなわち聖母マリア」）になったのである。

マリア信仰が歴史家に投げかける最後の問題がある。ブームは女性の地上の生活条件に益するところがあったのか。女性の地位向上を支え、鼓舞するものであったのか。この問いに答えることは難しく、歴史家の意見は割れている。しかし私には、罪ぶかい女エバの対極にある聖母は、名誉を取りもどし、救いをもたらす女のイメージとなったように思われる。このマリアへの信仰が、結婚が秘蹟に変わり、子供と家族の絆とが高い評価を得る――キリスト生誕の図がそのイメージとなっているように――のと同時代であることを思えば、聖母のなかに女性のこの世の運命を補佐する役目を見るべきなのだ。これは、宮廷風恋愛の発達によって得られた地位でもある。われらが貴婦人とは、最高度の意味で、騎士の「貴婦人」、男たちの「貴婦人」であり、中世社会の神聖かつ人間的な世界のなかで女性像が放つ輝きなのである。

マリア信仰の発達によってもたらされる信仰の女性化と対になるものとして、私がすでに信仰における苦しみの主題化と呼んだものがある。[51] 神のイメージの歴史的変遷を見てみると、長いあいだ古代の英雄の伝統に従って、死を克服する者、勝利者キリストとして表現されていたキリストが、苦しむキリスト、苦悩のキリストに場所をゆずる。この過程をたどり、変化の原因を理解するのは容易ではない。キリストという人物が非武装化されたのだという言いかたをあえてすることもできよう。軍事的勝利は選ばれた者たちの印ではもはやないのである。確かなのは、この非武装化をもたらしたものが、キリストのイメージからあの勝ち誇った様相をはぎとってしまったということである。三位一体の三つの位格と聖母のあいだでしだいに役割分担が進行していくように私には見えるのだが、そのなかで父なる神が、地上の王たちの権力が増大していくのに合わせて現れる尊厳のイメージを吸収する。そのいっぽうで、とくに十三世紀はじめ以降の托鉢修道会の影響のもとで、慈善事業を通して、つつましい者たち、つまり病人や、とりわけ貧しいものたちに、教会はより親愛に満ちたまなざしを投げかけるようになる。教会のなかに現れ、一部の信徒にも伝わっていく福音の目覚めを表す標語は、「裸のキリストに裸で従う」であった。ここでも図像は、歴史の証人であると同時に役者でもある。十字架はキリスト教の初期以来キリスト教徒の標章《シンボルマーク》であった。しかし十一世紀以降、キリスト像をともなう十字架のイメージが広がっていく。

いまや幅をきかせているのは、受難のキリスト、苦しむキリストである。図像によってキリストの新たなイメージが普及するが、そこではさまざまな受難の道具もまた、象徴主義と写実主義を融合させながら表象されるようになる。磔刑図と並び埋葬の場面が表されることによって、死体についての瞑想への扉が開かれ、十四世紀以降はこうした想念が死についての感受性を埋めつくすようになる。死体のヨーロッパ、そしてまもなく死者の顔のヨーロッパが、キリスト教世界全域に広がるのである。

神にかたどられた人間——キリスト教的人間主義

しかしながら、十二世紀とそれにつづく時代にキリスト教がさらに熱をこめて掲げるのは、神に相対する人間の新たなイメージである。中世初期の人間は、神を前に身をむなしくする存在で

(51) ル＝ゴフは dolorisation という特殊な単語をもちいて、直訳するならば、「信仰の苦痛化」という言いかたをしている。より一般的なフランス語の単語として、dolorisme（苦痛主義、苦痛礼賛）があるが、これは具体的には、苦しみに道徳的・審美的価値を見いだすことを意味する。

あった。そのような人間をもっともよく象徴していたのは、大教皇グレゴリウスがその著作（六―七世紀）で提示した、へりくだり、身をむなしくするヨブである。重要な神学書、カンタベリーの聖アンセルムス（一〇三三―一一〇九）が書いた『なぜ神が人になったか』が転機を画する。聖書の新たな読解が、創世記の文言についての考察をうながす。神学者、教会法学者、説教師たちが、神が自身にかたどり、自身に似せて人を創ったとする創世記の文章に注意を傾けている。神のこのような人間的イメージは、原罪の汚《けが》れの向こう側にも生きのびているのだ。いまや救済という目標に先立って、人は神との類似をその身のなかで、すでにこの地において実現しようと努める。キリスト教的人間主義は、こうしてこの類似のうえに基礎をおくのである。

この人間主義は自然と理性というふたつの要素に訴えるのだが、これらはキリスト教の初期以来、教父たちによって――そこにはアウグスティヌスその人も含まれる――多かれ少なかれ混同されていた。中世初期には、象徴としての自然観が支配的であった。聖アウグスティヌスは自然を超自然のなかに吸収させる傾向があり、十二世紀になってもなお、グラティアヌスのような法学者たちは自然と神を同一視する（「自然、すなわち神」）。自然と超自然の区別、物理法則と宇宙論的広がりをもつ固有の世界としての自然の定義は、十二世紀に発達する。そこには、ユダヤ人やアラブ人の考えかた、とりわけ彼らが忘れられていた古代ギリシアの書物を西洋に持ちこんだことの強い影響がある。とくにアリストテレスと彼の自然世界概念である。自然という考えかたは人間の思考と行動のなかに完全に入りこんだ。こうして同性愛には、「自然に反する罪」というより重い非難が向けられるようになるのだ。これについてはのちに触れよう。[52]

自然とともに、人間的条件にさらにより特徴的な理性が、十二世紀にはその地位を高める。理性という概念は、これもまた、聖アウグスティヌスをはじめとする教父たちのなかでは、あいまいで、混乱していて、多義的である。十二世紀の夜明けに理性をより明確に定義することへの呼びかけを再開したのは、またしても聖アンセルムスである。アンセルムスがキリスト教徒に提案するのは、「知性を求める信仰 *fides quaerens intellectum*」なのだ。そして十二世紀のはじめに、サン・ヴィクトル修道院の偉大な神学者フーゴーが、この理性を、超越的な現実に向けられる上位の理性と、物理的・地上的な現実に向けられる下位の理性とに分けるのである。十二世紀の神学の進化は文書の分析法（文法、論理学、弁証法）におけるより一般的な進化に従っていたことを、シュニュ神父はみごとに証明した。キリスト教は、スコラ学へと向かう道の途上にいるのである。

十二世紀の人間主義は、ある内面の発達にも基づいている。このような「キリスト教版『汝自身を知れ』」の追求は、キリスト教的ソクラテス主義という名で呼ばれている。[53]そしてこのソク

（52）本書二〇三―二〇四頁を見よ。
（53）「キリスト教的ソクラテス主義」とは、聖ベルナール（一〇九〇―一一五三）の思想のうちにソクラ

ラテス主義は、罪に関する新しい考えかた、意図にまつわる道徳のうえに築かれており、一二一五年の第四ラテラノ公会議によって制度化される内省に通じていることが指摘されている。[54] さまざまな、ときには対立する形をとるこの人間主義は、アベラルドゥスから聖ベルナルドゥスまで、コンシュのギヨームからソールズベリーのヨハネスまで、十三世紀のほぼすべての偉大な思想家のうちに見られるものである。

迫害のヨーロッパの誕生

この人間主義の発達は、ロバート゠イアン・ムーアが十世紀から十三世紀にかけて起こった「最初のヨーロッパ革命」であるとした大変動期の最中に位置している。ヨーロッパが生まれるのは第二の千年紀のことであり、最初の千年紀のあいだではないとムーアは主張する。ヨーロッパ史の展望に立ちながら、ムーアは十一世紀から十三世紀までの時期を特別視しすぎており、中世初期には十分な注意が払われていないように私には思える。これらはともにヨーロッパの形成にとって、決定的とまではいわないまでも、重要なふたつの層であることを、私は示せたらと思う。ムーアは言う。「貪欲と好奇心と創意とが組み合わされて、このヨーロッパ人たちは、つねに土地を集約的に利用し、労働力を徹底的に搾取する方向、行政機構の権威と影響力をたえず拡大していく方向、さらにはそうすることによって、資本主義と産業と帝国が発達するのに必要な諸条件を整える方向へと向かった。良くも悪くも、これはヨーロッパ史だけでなく近代世界史のなかの中心的事件なのである」。誇張がすぎるとはいえ、これはヨーロッパ形成の大転換に着目する重要な考えかたであると私には思われる。この転機の分析は、十三世紀を扱う次章にとっておこう。おもに都市に立脚する新たなヨーロッパの形成が十全に把握できるのは、十三世紀になってからのことにすぎないからである。それはまた、十二世紀にはこれほど勢いのある飛躍がかげりを見せはじめもする、西洋の激動の時期にあたるのだ。

この飛躍的発展の、この沸き立つ時代の、不吉な結果、暴走が見えはじめていることを、ここで指摘しておくほうがよいであろう。ここでもまた、ロバート＝イアン・ムーアの慧眼は、彼が「迫害の社会」と呼ぶものの誕生を見すえている。何が起こったのか。長いあいだひ弱で、不安から逃れることができなかった西方キリスト教徒が、物質的にも、知的にも、宗教の面でも、安心を得ることができたのだ。すべての者が、フライジングのオットー（一一一二―一一五八）のように、キリスト教世界はほぼ完成に至ったと考えたわけではないにしても、彼らは自信をもちはじめ、

テス主義「汝自身を知れ」のキリスト教的表現を見た、フランスの中世哲学史家エチエンヌ・ジルソン（一八八四―一九七八）の言葉。

（54）この会議により、十四歳以上のすべてのキリスト教徒による年に一度の告解が義務づけられた。

その結果拡張を志向し、攻撃的にさえなったのである。なにより彼らは、堅固に築きあげられたキリスト教世界のなかに残る汚《けが》れの素を撲滅しようとする。こうして教会と世俗権力は一連の運動を組織し、混乱と堕落の種をまく者たちを社会の隅に追いやり、極端な場合にはキリスト教世界から排除しようとするのである。迫害のおもな犠牲者はまず異端者であるが、またユダヤ人、同性愛者、癩病《レプラ》患者もそこに含まれる。

異端者

異端は、ほぼキリスト教史のはじめから見られる。じっさいこの新興宗教〔キリスト教〕はしだいに、とりわけ公会議を通じて、若い教会の公的教義を定義していく。この正統に対していくつかの異なる「選択」――これが「異端」という言葉の意味である(55)――が生じ、かなり早い時期から教会はこれを非難するようになる。このような異端は教義の問題だが、とくに三位一体の三つの位格を同一水準におこうとしない意見がこれにあたる。ある者はイエスの神性を認めず、ある者はその人としての性格を認めないのだ。そのほか、聖アウグスティヌスが激しい闘いをくり広げた北アフリカのドナトゥス派のように、教会道徳に関わり、社会的性格の非常に強い異端もある。三位一体に関する異端はカロリング朝期にも存続するが、紀元千年直後に異端の大きな波が起きており、通常そのなかで学問的異端と民衆の異端が区別される。一般にその原因とされるのは、信徒たちが道徳のさらなる純化を求めたこと、あるいは、十一・十二世紀のグレゴリウス改革の準備となるような改革を願う感情が広まったことである。カロリング朝期の長い政治的・社会的安定期ののち、不安定な混乱期が訪れる。世俗権力の支配から逃れようとする教会と、聖職者に対する独立の度合いを高めようとする俗人との双方からの働きかけによって揺り動かされる時代である。

中世の社会と文明は、教権と世上権を同時に含む教会権力のうえに成りたっている。教会にとって異端が受け入れがたいのは、それがこの権力に疑いをかけるときである。このような事態は十一世紀のはじめに、オルレアンで、アラスで、ミラノで、そしてロンバルディアで見られる。体制批判の潮流――それは改革の声にとどまることもあれば、異端に姿を変えることもあった――がもっとも大きかった地域は、ロタリンギア、現在のフランスの南西・南東部、北イタリア、およびトスカーナである。異議申し立てのヨーロッパが現れるのだ。聖職者改革の必要性と異端の弾圧とのあいだで、教会は身動きが取れない。聖職者改革は、秘蹟、聖職の売買を非難し、司祭の独身の原則に対する違反をとがめることを通じて行われる。司祭たちの大半は、結婚するか内

(55)「異端 hérésie」はラテン語の *haeresis*(「教義」)から派生しており、その語源となっているのは、ギリシア語で「選択、特殊な意見」を意味する *hairesis* である。

縁関係を結んでいたのである。しかしそのいっぽうで、しだいに多くの信徒たちが、行いのよくない司祭から、あるいは聖職者そのものから、秘蹟を受けることを拒むようになっていた。異端者のなかには、キリストの十字架像、あるいは十字架に対する崇拝さえ拒む者たちもいた。クリュニーの修道士たちの指導のもとで、死者に対する祈禱、典礼と、こうしたお勤めに際しての聖職者への謝礼に、教会はしだいに大きな意義を与えるようになっていた。ここでもまたかなりの数の信徒たちが、この手の新たなふるまいを受けつけなかった。こうした異議申し立ては墓地にもおよび、墓地が教会によって聖別されていた場合、この信徒たちはその聖性を認めようとしなかった。同様に、教会が不当に独占している福音書の読解と宣教における使用を問題にする信徒たちがいた。最後には、教会内部での組織的・個人的富裕化が、厳しい批判の的になっていた。教会はやがて、包囲された砦のような心境に陥った。教会がまず試みたのは、これらの異端に名を与え、区別することによって、戦いを容易にすることだった。しかし与えられた名はしばしば、文書のなかから取られた古代後期の古い異端のそれであり、教会を脅かしつつある現実に対応してはいなかった。異端者たちは一般に、善と悪のあいだに根本的な区別を見るマニ教徒とみなされた。つまりは原理主義者たちである。

異端者に対する闘いは、またいっぽうで十字軍を組織してもいたキリスト教世界を支配する大組織であるクリュニー修道会によって準備された。一一二二年から一一五六年までクリュニーの修道院長を務めた名高いペトルス・ヴェネラビリスは、彼がキリスト教世界に向けられた深刻な脅威と名指すものに対抗するために三冊の著作を書き、これらはいわば正統派キリスト教の手引きとなる。そのうちの一冊は、異端者とされたブリュイのペトルスに反駁するために書かれた。高アルプス地方の小さい村の主任司祭であったペトルスは、秘蹟も死者の崇敬も認めず、十字架に対する嫌悪を説いていたのだ。もう一冊は、キリスト教世界ではじめて、ムハンマド――魔術師として示される――とその弟子たちに対抗して書かれた書物である。最後の一冊は、〔イエスの処刑のため〕神殺しとして非難されるユダヤ人に向けられている。一一四〇年以後、攻撃はあまねく広まり、新しい自然観に合わせるように、異端は一種の病気とみなされるようになる。異端とは、癩病《レプラ》であり、ペストであった。教会は伝染病という考えかたを広め、そのため異端は深刻な脅威となった。

南仏では、ギリシア語〔*katharos*〕で純粋を意味し、ドイツ語では異端を意味するKetzereiとなった「カタリcathare」という名が、特別な意味をもつようになる。彼らは、一一六三年にケルンとフランドルで発見されている。一一六七年には、異端者の集まりがトゥールーズ伯領のサン・フェリクス・ド・カラマンにおいて宗教会議の形をとって開かれたという。異端カタリ派は貴族のある部分をとらえたが、そのなかにはラングドック地方およびオック語圏の大貴族も含まれていた。彼らはとくに、教会のいうところの近親婚の禁止が世襲の農村領地の細分化を招いたため、これに反発していたのである。厳密にいうところのカタリ派教義はまさしくひとつのマニ教であり、物質と肉体を捨て、キリスト教教会のものとは非常に異なった行動や儀式を代わりに行うようにと教えていた。純粋分子のエリート「完全者」が区別されており、彼らは人生の終わりに一種の秘蹟である救慰礼《コンソラメントゥム》を受けることができた。カタリ派はキリスト教の異端ではなく、別の宗教であったと私は思う。カタリ派の重要性はおそらく、これを撲滅しようとした教会によってか、あるいは二十世紀になってこれを固有の遺産ととらえた戦闘的地方分権主義者によってか、誇張されているのではないだろうか。もしカタリ派が勝利をおさめていたら——これもまたありそうにないことだが——原理主義ヨーロッパが築かれていたかもしれないが、だからといって教会の弾圧の残酷さの罪が減ぜられることにはならない。

　十二世紀後半に異端の熱が高まるなか、リヨンにピエール・ワルドという商人が現れ、在俗の身ながら、清貧、謙虚、福音にかなう生活を説いた。ワルド派は、はじめから異端であったわけではなく、信徒が教会権威に異議を唱えることなくより大きな役割を果たすことを望んで起きた改革運動であったと思われる。一一八四年、教皇ルキウス三世は、皇帝の支持を受け、ヴェローナで「異端排斥令《アド・アボレンダム》」を発し、すべての異端を同じ穴のむじなとして扱う手荒な弾圧が開始される（「カタリ派、パタリ派、みずからを「謙虚なものたち」〔ウミリアーティ会〕や「リヨンの貧者」〔ワルド派〕という偽りの名で呼ぶ者たち、パッサギ派、ヨセフ派、アルノルドゥス派」）。じつはこうした同一視によって、教会は――モニク・ゼルネールの言葉を借りるなら――不透明な異端に圧倒されたみずからのうろたえぶりをさらけ出してしまっていたのだ。

異端弾圧を精力的に組織したのは教皇インノケンティウス三世（在位一一九八―一二一六）であった。一一九九年すでに、教皇は異端を大逆罪と同等に扱い、異端は財産没収、公職追放、相続権剝奪を宣告されていた。教皇は十字軍の発想とその活動を異端のほうへと転じ、一二〇八年には反異端の戦いを開始して在俗の十字軍兵士を募った。戦争はベジエ略奪と町の教会におけるビテロワ人(56)虐殺によって幕を開け、北フランスの領地を失った数多くの小領主たちがここに集結した。「アルビジョワ十字軍」と呼ばれる遠征は、一二二九年にようやく、トゥールーズ伯と南仏の領主たちならびに諸都市の降伏によって終わりを告げた。そのあいだに、第四ラテラノ公会議（一二一五）がキリスト教君主に反異端の誓いを立てることを義務づけていた。この会議はまた、ユダヤ人は「車《ルエル》」の印を衣服に縫いつけ、それと分かるようにしておかなければならないと決めている。ふつうそれは赤の丸い布切れだった。将来の〔ナチスがユダヤ人に着用を義務づけた〕黄色い星のヨーロッパが、こうして誕生したのである。世俗政権の大部分はこの決定を守らなかった。し

(56) ベジエは、フランスのラングドック＝ルシヨン地方エロー県の都市。ビテロワは、ベジエの町の周辺に広がる地方の名。

かし聖王ルイは治世の終わりの一二六九年に、おそらくは意に反して、これを行うことを余儀なくされた。教皇グレゴリウス九世は一二三二年、司祭の異端審問のほかに、教皇に属し、キリスト教世界全域において教会と教皇の名において裁く異端審問所を設立した。異端審問所〔異端糾問所〕は、「弾劾」方式に代わる、まさに「糾問」方式と呼ばれる裁判の新方式[57]に従い、罪の自白を得るために被告の尋問を行った。異端審問所により、告白のヨーロッパが設立される。しかし、告白はすぐさま拷問によって脅し取られるようになる。拷問は古代には奴隷に対する場合に限られるのが常であり、中世初期には非常にまれになっていた。異端審問所はこれを復活させ、信徒たちにまでその適用範囲を拡げたのである。ロバート＝イアン・ムーアが告発した迫害のヨーロッパの、もっとも忌まわしい面のひとつがここにある。

計算することはできないが、異端審問所は相当数の異端者を火刑に処した。有罪となった異端者の処刑は、世俗の腕としてふるまう地上権力によって行われた。社会的に見ると、カタリ派はまず貴族階級、都市、そして織物師のような特定の職人のあいだに広まった。弾圧が厳しくなり、十三世紀後半には、カタリ派は山間のいくつかの共同体にしか見られないようになる。エマニュエル・ル＝ロワ＝ラデュリの模範的著作[58]の題材となった〔ミディ＝ピレネー地方〕アリエージュ県モンタイユー村の住民たちはその一例である。

ユダヤ人迫害

教会とキリスト教君主による迫害を受けた第二のグループは、ユダヤ人たちである。長いあいだ、ユダヤ人はキリスト教徒にとって大きな問題にはならなかった。十世紀以前の西洋には、ユダヤ人共同体の数は少なく、他の東洋人（レバノン人、シリア人など）とともにキリスト教世界と東洋とのあいだにわずかに残っていた交易に従事する商人たちがおもである。教会はそのあいだ、キリスト教徒とユダヤ人とのあいだの関係についての理論と実践を練りあげていく。王権と司教団がユダヤ人に対してきわめて厳しい法律をつくりあげた西ゴート支配下のスペインはその例外であり、レオン・ポリアコフ(59)はこれを反ユダヤ主義の起源と見る。しかしイスラム教徒がイベリア半島の大半を征服すると、ユダヤ人とキリスト教徒がイスラム教徒によって比較的寛容に扱わ

---

(57) 裁判において、原告の訴えによってはじめて訴訟手続きを開始し、裁判所が第三者として判断を下す方式を弾劾主義と呼ぶのに対し、手続き開始が裁判所の職権によって行われる方式は糾問主義と呼ばれる。

(58) フランスの歴史学者エマニュエル・ル＝ロワ＝ラデュリ（一九二九―）の主著のひとつ Emmanuel Le Roy Ladurie, *Montaillou, village occitan de 1294 à 1324*, Gallimard, 1975（『モンタイユー』井上幸治・波木居純一・渡辺昌美訳、全二巻、刀水書房、一九九〇―一九九一年）。

(59) ロシア系フランス人の歴史学者（一九一〇―一九九七）。主著に Léon Poliakov, *Histoire de l'antisémitisme*, 4 vol., Calmann-Lévy, 1955-1977（『反ユダヤ主義の歴史』菅野賢治・合田正人他訳、全五巻、筑摩書房、二〇〇五―二〇〇七年）がある。

れるという新しい状況が生まれている。

リヨン大司教アゴバルドゥスによる激しいユダヤ人攻撃〔九世紀前半〕はあったものの、シャルルマーニュとその後継者たちはユダヤ人を迫害しなかった。聖アウグスティヌス以来、キリスト教徒はユダヤ人に対して詩篇の第五九篇にある次のような教えを適用してきた。「彼らを殺してしまわないでください、御力が彼らを動揺させ屈服させることを、わたしの民が忘れることのないように」〔第一二節〕。こうして、いささか偽善的に、ある種の寛容あるいは保護ともいえる態度――しかしこれをキリスト教に先立つ過去の消えない記憶ととらえることによって、そのような態度は正当化することができた――が、追放や支配の概念と共存していた。キリスト教世界に封建制が確立すると、ユダヤ人の立場は農奴のそれと同一視された。このような隷属状態はユダヤ人を、領主やとくにキリスト教君主の支配下におくと同時に保護のもとにおくことにもなったのである。一般的にいって君主たちは、寛容あるいは保護と迫害とのあいだで揺れ動いていた。とくに教皇たち、皇帝たち、聖王ルイ九世のような王たちについて、このことがいえた。聖王はユダヤ人を嫌いながら、みずからを彼らの「外からの司教」とみなしていたのである。

中世ユダヤ文学は、キリスト教文学同様、シャルルマーニュの伝説的性格に特権的な位置を与えている。紀元千年頃、ユダヤ人はドイツ諸国におそらく四千人ほど存在していたが、世紀の終わりの第一回十字軍前夜には、それが二万人近くになったと考えられる。ときにはユダヤ人が、キリスト教徒が果たせない経済的奉仕のスペシャリストとして、キリスト教君主に求められ特権を与えられることさえあった。すなわち紀元千年以後のキリスト教世界の経済発展は、ユダヤ人増加の一因であり、やがては迫害の始まりの一因ともなるのである。しかし十一世紀にはまだ、キリスト教徒とユダヤ人のあいだの平和的共存のほうがむしろ勝っていた。ユダヤ人は、たとえば異教徒の扱いを受けたイスラム教徒とは反対に、キリスト教徒がその宗教を正当——この言葉は存在していなかったにせよ——とみなしていた唯一の民族である。学識のある聖職者たちの世界では、聖書解釈のうえで意見を交換する必要から、ラビたちとの関係も存在していた。ユダヤ人は、シナゴーグだけでなく、学校をつくることも許されていた。大きな転換が起こったのは、第一回十字軍のときである。

十世紀のあいだ、キリスト教徒はエルサレムのイメージにつねに取りつかれており、その度合いはしだいに増していった。それは〔第一回〕十字軍の要因のひとつであった。クリュニー出身の教皇ウルバヌス二世が一〇九五年にクレルモンにおいて呼びかけたこの遠征は、一〇九九年にはエルサレムを占領するにいたり、キリスト教徒によるイスラム教徒の大虐殺がこれにつづいた。エルサレムへの熱狂はユダヤ人の犠牲となったキリストの受難の記憶に結びついており、そこからユダヤ人に対する憎しみと敵対心の大きな波が生まれた。十一世紀の終わりのキリスト教徒が歴史的時間をはっきり認識しておらず、イエスの受難を同時代のことのように思い描いていたといわれるだけに、なおさらである。だから彼らは、まさしくイエスの死刑執行人たちを懲らしめに向かったのである。十字軍兵士のなかの有力な富裕者層は、マルセイユやジェノヴァで手配した船に乗って海路で向かった。それに対して、貧しい兵士たちの大群、持たざるものたちの十字軍は、しばしば説教師の隠者ペトルスに代表されるような熱狂的指導者に率いられ、中央ヨーロッパを通って近東をめざしており、その道中で多くのユダヤ人共同体に遭遇した。彼らはそこで大量殺戮におよんでいる。これがヨーロッパを襲った最初のユダヤ人大虐殺の大波である。

十二・十三世紀には、ユダヤ人迫害に導くほかの動機も生まれている。ふたつの伝説がつくりあげられた。まずはじめは、本当だと信じられていた犯罪儀式についての流言で、ユダヤ人はキリスト教徒の小さい男の子を殺してその血を彼らの儀式に用いているというものであった。噂はほぼつねにユダヤ人虐殺につながった。最初の告発が起こったのは、おそらく一一四四年に〔東イングランドの〕ノリッチでのことである。この手の告発と殺戮は、十二世紀後半から十三世紀はじめにかけてのイングランドで幾度も起こっている。一二五五年のリンカンでの事件もこれにあたる。一人の男の子が死に、ユダヤ人に惨殺されたとの噂が立って、ユダヤ人たちがロンドンへ連行され、うち十九人が絞首刑に処された。国王〔ヘンリー三世〕の弟のコーンウォール伯リチャードが仲裁に入り、ようやく残りの九十人は刑を免れた。同様の告発、同様の処刑や殺戮は、大陸にも広がった。しかし、聖王ルイ〔在位一二二六―一二七〇〕の時代には、フランス王国の領土内ではいかなるユダヤ人虐殺も確認されていない。この時代にはもうひとつの風聞も生まれており、ユダヤ人は純粋さを求めるキリスト教徒から迫害されるようになる。聖体の冒瀆が告発されてのことであった。ユダヤ人は聖別されたホスティアを汚《けが》した罪を着せられたのである。このような告発はいうまでもなく、一二六四年の聖体祭の創設につながる聖体信仰の高まりのなかで生まれたものである。

ユダヤ人迫害は、しばしば彼らの大量追放に行き着いた。一二九〇年のイングランドのユダヤ人、一三〇六年のフランスのユダヤ人の場合がこれである。(60)フランスのユダヤ人はすこしずつ戻ってきており、フランス王国からの最終的な追放は一三九四年になされる。十四世紀には、この世紀の大きな災禍を機会にユダヤ人迫害が力を盛りかえす。一三二一年、ユダヤ人は癩病患者とともに、井戸に毒を入れた犯人であるとされたのである。これが虐殺の引き金となる。それだけでなく、とくにドイツでは、一三四八年から一三五〇年に黒死病が発生し感染が拡大すると、ユダヤ人にその責任があると考えられた。キリスト教ヨーロッパにおいて、感染の観念がしだいに受

---

(60) 前述のように、一二一五年の第四ラテラノ公会議はユダヤ人にそれとわかる服装を義務づけていた。さらに一二九〇年にはイングランドのエドワード一世が、一三〇六年にはフランスのフィリップ四世が、ユダヤ人追放令を発布している。

け入れられるようになっていたのだ。隔離されることにより、ユダヤ人は以前よりも迫害に対してもろくなったが、隔離はさらに十二・十三世紀を通じて強化される。土地の所有と耕作、さらには大部分の職業が、彼らには禁じられていた。大規模な追放が、一四九二年にイベリア半島で起こる。スペイン最後のイスラム王国であるグラナダ王国の断絶〔一四九二〕は、この追放と同時期にあたっていた。「カトリック両王[61]」は、どんなキリスト教君主よりも徹底に、血の純潔 limpieza del sangre を実現した。さらにのちの時代、ユダヤ人追放が行われなかった土地、とくに教皇領やドイツの皇帝領においては、彼らは保護区と監獄の両方の役割を果たすゲットーのなかに閉じこめられることになる。

これら多くの禁止に囲まれながら、ユダヤ人は金貸しとしての役割を演じつづけていた。ただし小規模で、家庭での消費をまかなうためのものである。その見返りとして彼らが受けとったのは、彼らを高利貸しとみなす教会や君主からの迫害と、彼らの金銭的支えがなければやっていけないキリスト教徒たちの敵意であった。また、医師としての優秀な能力を保持していたユダヤ人は、権力と財産をもつ者たちの医者になっていた。大部分の教皇、〔聖王ルイを含む〕キリスト教徒の王たちは、ユダヤ人の医者を雇っていた。生まれたばかりのこの迫害のヨーロッパのなかでも、ユダヤ人迫害はおそらく、もっとも長びく、もっとも忌まわしいものであろう。ここで人種差別という言葉を口にすべきなのかは迷うところだ。この言葉には、人種という概念や疑似科学的な種々の主張が前提として含まれているからである。中世はそうしたものとは縁がなかったのだ。キリスト教徒のユダヤ人に対する嫌悪は、本質的に宗教的なものである。（もっとも、中世においては宗教とはすべてであり、そのような特別な概念は存在していない。その誕生のためには十八世紀を待たなければならない。）しかし、その嫌悪の出発点にあるユダヤ教に対する反感だけでは、このような態度の特徴を語りつくすことはできない。中世のキリスト教社会は、反ユダヤ主義のヨーロッパを築きはじめたのである。

男色《ソドミー》と癩病《レプラ》

迫害され排除された者たちの第三のカテゴリーに入るのは、同性愛者たちである。キリスト教は同性愛をきびしく非難する旧約聖書のタブーを引きつぎ、ソドムの住人たちの悪徳は性的逸脱として解釈された。しかし男色《ソドミー》は、とくに修道院社会では、ある程度黙認されていたようである。十二世紀を「ガニュメデス〔ギリシア神話で神々に酒を注いだ美少年〕の時代」と呼んだ者もいるが、時代の改革の風は男色家《ソドミット》たちにもおよんだ。自然の観念が進化し、性の罪が自然に反する罪とし

（61）カスティーリャ女王イサベル一世とアラゴン王フェルナンド二世。ふたりは一四六九年に結婚し、両王国が統一される。本書三九六―三九七頁を見よ。

て重く見られるようになってもいた。同性愛の報いは、非難だけでなく沈黙でもあった。それは「いわくいいがたい罪」なのである。同性愛はしばしば、とりわけ男たちに対して（レスビアニズムに対する言及は非常にまれである）とがめられ、人々は彼らが信用を失い、死刑を含むこのうえなく厳しい刑を受けることを望んだ。イスラム教徒は、同性愛を行っているといって非難された。戦う修道士たち、すなわちテンプル騎士団員たちも、この罪をとがめられていた。彼らは有罪を宣告されて抹殺され、リーダーのジャック・ド・モレーは十四世紀はじめに火刑に処された。反対に、権力者たちの男色は、多少とも大目に見られていた。イングランドのふたりの王たちの場合がこれである。あるいは、確証はないが、獅子心王リチャードが同性愛者だったというのがもし本当なら、三人になる。赤顔王ウィリアム（二世）（在位一〇八七—一一〇〇）と、とくにエドワード二世（在位一三〇七—一三二七）の場合は、それに疑いはないようである。エドワード二世は廃位となったのち、彼のお気に入りとともに殺された。十三世紀半ばから、男色は多くの逸脱行為とともに異端審問にかけられた。相当数の同性愛者が火あぶりにされている。しかし彼らに対する寛容は、とくに十五世紀になるとあちらこちらで見られるようになる。おもにそれはイタリア、そしてなによりフィレンツェでのことであった。

十二世紀以降迫害され排除された者たちの一団の第四の構成員として、癩病患者《レプラ》(62)が挙げられるのを見ておどろく人もいるだろう。癩病患者に対する中世のキリスト教徒の態度は二重になっている。癩病患者に口づけをするキリストのイメージは、この病人たちに対する人々の態度に大きな影響をおよぼしている。のちにこの点でキリストを真似、癩病患者に食べ物を与えて、ときには口づけをし、そのことによって称えられる偉大な聖人たちがいる。もっとも有名な例はアッシジのフランチェスコであるが、聖王ルイもまた同様である。癩病が西洋に広まったのは四世紀以降のことのようである。癩病患者はしたがって、いっぽうでは慈愛と慈悲の対象であるが、またいっぽうでは肉体的・精神的な嫌悪感をもたらす対象でもある。肉体は魂のイメージであると考えるこの社会で、癩病は罪の印として現れるのだ。宮廷風恋愛文学のなかで、癩病はおぞましい

(62) ハンセン病(癩病)は中世初期より西洋に入っていたが、十字軍などの民族移動により、十二・十三世紀にヨーロッパで大流行した。いっぽう聖書の中にはギリシア語・ラテン語で「レプラ」(ヘブライ語では「ツァラアト」)と呼ばれる病気が登場し、レビ記(十三、十四章)では社会から隔離すべき穢れとして扱われていた。この「レプラ」という言葉が、二世紀のギリシア人医師ガレノス以来ハンセン病をさすものとして用いられるようになる。西洋諸言語において、ハンセン病を意味する言葉は「レプラ」からの派生語である(英:leprosy、仏:lèpre、独:Lepra など)。このことは、とりわけキリスト教世界において、ハンセン病が忌まわしいものとしての意味をおび蔑視の対象になる原因となった。なお、聖書の「レプラ」は従来「らい病」と和訳されてきたが、ハンセン病との混同を避けるために近年これが見なおされ、日本聖書協会の『新共同訳聖書』では「重い皮膚病」、日本聖書刊行会の『新改訳聖書』第三版(二〇〇三)では「ツァラアト」と言いかえられている。

ものの役を与えられている。イゾルデが癩病患者に囲まれる恐ろしいエピソードは有名である。癩病患者は罪から生まれて目に見えるようになった子供たちだと人々は信じていた。彼らは、性交渉が禁じられていた時期を守らなかった親たちが作った子供なのである。のちにミシェル・フーコーが監禁と呼ぶようになるものが、彼らに対して完全に作用している。十二世紀以後、癩病患者を閉じこめるための施設である癩病院が急増する。こうした施設はそれぞれ理論上は病院の一種なのだが、実際には都市の外の、癩病患者の庇護者となった聖女マグダラのマリアにちなんでマドレーヌと名づけられた地におかれた監獄である。病人たちはそこから出ることをめったにゆるされず、がらがらを振りながら健康な信徒たちを遠ざけて歩かなければならなかった。癩病《レプラ》は中世ヨーロッパに特有の、象徴的意味あいをおびた病であり、ある紋章的恐怖の対象であった。癩病患者に対する恐れは、十四世紀初頭に彼らが井戸に毒を入れた罪を着せられるとき、その頂点に達する。癩病の勢いは、その後急速に衰えたようである。象徴的病の代表の座には、以後ペストがこれに代わって着くのである。

　こうしたさまざまな悪疫的存在は、ついにはひとつの反社会勢力を形成し、善良で信仰に厚いキリスト教徒たちを、その純潔と救済を脅かすようになる。こうした存在は、文字通りとりつかれているにせよ、たんに従えられているだけにせよ、共通の指導者魔王《サタン》をもっている。悪魔《デヴィル》はキリスト教とともにヨーロッパに入り、ギリシア＝ローマの異教に、あるいは数多くの民衆信仰に発するさまざまな悪霊《デーモン》たちの大軍を統率した。しかし、悪魔が悪の歩兵隊すべての総司令官になるのは十一世紀のことにすぎない。いまや、悪魔はやがて地獄に落ちる者たちの先頭に立っている。あらゆる男たち女たちが悪魔に屈するわけではない。しかし彼らはみな脅かされ、誘惑されている。統一されたキリスト教世界は、「人類の敵」に統一された力を授ける。異端とは、この力が用いる攻撃手段である。異端審問とは、教会がこれと戦うための武器であろう。それでもこの力は、長いあいだ存在し、活動しつづける。悪魔のヨーロッパが生まれたのだ。

V　拡大するヨーロッパ

封建制ヨーロッパの周辺

十二世紀の終わりに封建的諸制度は、微妙な差異を保ちながらも、キリスト教世界全域を手中におさめる。私にとって興味ぶかく思えるのは、周辺的封建制が形成され、キリスト教全体のなかで重要な役割を演じながらも、これら周辺独自の性格を多少なりとも保存しつづけるという事実である。これは、中世初期にキリスト教と文明の一大中心地となったアイルランド(63)について言

(63) 本書六六頁を見よ。

うことができる。アイルランドはキリスト教の特殊な形態を保ち、ゲール文化[64]が引きつづき豊かに生きつづけることを可能にして、ウェールズ人やイングランド人にも影響を与えた。イングランド人は、彼らのいうところの未開のキリスト教徒からなるこの民族を征服し、略奪しようとしたが果たせなかった。[65] アイルランドは、ヨーロッパに含まれている。ブルターニュのケースは、これに似ているともいないともいえる。四世紀以降ブルターニュは、ブリテン島から来たブルトン人に占領された。中世のあいだ、カロリング朝期には王国として、カペー朝期には公国として、ブルターニュはかなりの程度まで政治的自由を獲得する。ブルトン人の君主たちは、フランスとイングランドのあいだで均衡をとる複雑な駆け引きを演じる。ブルターニュ公はフランスの重臣という曖昧な肩書きを得、十五世紀には公国が実質的な独立国へと向かっているかのような政策をとる。[66] これと同時に、ブルターニュは地の利を生かして海運を発達させ、船乗りや商人たちの数がしだいに増えていく。

ケルト人の国々を離れて地中海の国々に目を向けると、十二世紀の終わりは、イベリア半島にとってもシチリア島や南イタリアにとっても決定的に重要な時期にあたっている。スペインではレコンキスタが急速に進んだが、カスティーリャ＝レオン王アルフォンソ六世による一〇八五年のトレド征服には大きな意味がある。キリスト教とイスラム教とユダヤ教の信徒たちが出会い、ギリシア語、ヘブライ語、アラビア語をあつかう数多くの翻訳家たちが活躍する、威光に満ちたこの都市は、キリスト教ヨーロッパの知的発展の中心のひとつになったからである。シチリアと南イタリアでは、ノルマン人君主のあとをドイツ人君主たちが継いだ（ハインリヒ六世が一一九四年に即位し、フリードリヒ二世が一一九八年にこれにつづく）ことにより、この地域がキリスト教世界においてもつ重みが増し、パレルモは複数の文化からなる首都として例外的な役割を担うようになる。

つぎに中央ヨーロッパと北ヨーロッパを見てみると、ハンガリーがキリスト教王国としての基盤を固め、統合されたクロアティアによって豊かさを増しているのが目につく。国王ベーラ三世（在位一一七二―一一九六）は、ビザンティン人たちとの良好な関係を保ちながらも、遊牧民に対抗して東の国境を固め、いっぽうで、二度目の結婚の際にフランス王ルイ七世の娘を娶ることによっ

(64) 古代より、アイルランド島の住民は自身をゲール人と呼んだ。また、ゲール語とはアイルランドで話されているアイルランド語を指す。

(65) 十二世紀までに、アイルランド島は大小様々な王国によって分割統治されるようになっていたが、その内紛に乗じるかたちでアングロ・ノルマン貴族がアイルランドに進出すると、一一七一年にはヘンリー二世みずからがアイルランド侵攻を開始した。一二五〇年までには全島の四分の三がアングロ・ノルマン人の手に落ちたが、彼らはアイルランドの族長と結んでゲール化し、イギリスへの忠誠はしだいに弱まった。十五世紀の後半にイングランドで薔薇戦争が勃発すると、アイルランドにおけるイングランドの影響力はほぼ消失し、ヘンリー八世による再征服（一五三六）までこのような状態が続いた。

(66) 本書三九六頁も見よ。

て、ラテン・キリスト教世界との結びつきを強化している。ボヘミアやポーランドにおいても、公国あるいはキリスト教王国としての同様の安定化が見られる。プシェミスル朝のボヘミア公たちは、皇帝権力に支えられ、大修道院を建設し、モラヴィアに親王領地を設けてその権力を確かなものにした。ポーランドでは、ピャスト朝王政下に専門化された村々において経済開発が組織され、権力が固まった曲唇公ボレスワフ三世（在位一一〇二―一一三八）は、ポメラニアを支配し、ヴウォツワヴェク、ルブシュ、ヴォリンに司教区をおいた。ボレスワフ三世はまた、ベネディクト会やプレモントレ会の修道組織を支援した。しかし彼は遺言によってポーランドをいくつかの地方に分割して息子たちに与え、これがきっかけとなってポーランドにおける君主制は衰退していった。何人かの歴史家は、一九八九年のソヴィエト連邦崩壊以後、中世に形成された中央ヨーロッパがふたたび姿を現したとみなしている。新設の中央ヨーロッパ大学で中世史学科の設立に貢献したハンガリーの中世史家クラニツァイ・ガーボルもそのひとりだ。彼はこの学科に、中世におけるラテン、ギリシア、スラヴ、東洋のキリスト教世界の比較研究、ならびにこれらの地域におけるヨーロッパ文明の漸進的拡大についての研究をもたらした。中世においてのように、際限なく東へと延び、西を起点に発達していく広大な世界に対して開かれた、多様で創造的な実験の場としての中央ヨーロッパが、今また見られるのだとクラニツァイはいう。それは、彼自身の言葉でいうなら、ヨーロッパの真の「ユートピア」なのだ。

中央ヨーロッパにおいてと同様、北においても、スカンディナヴィアがキリスト教全体のなかでその姿を明確にしていた。サガがアイスランドで書きはじめられるのは、十二世紀の終わりのことである。これらの非常に独創的な叙事詩は、中世キリスト教文学の至宝のひとつとなる。スカンディナヴィアでは、政治・行政の安定は中世のあいだは確保されない。デンマーク、ノルウェー、スウェーデンはあまり区別がつかず、デーン人にいたっては、十一世紀前半に一時イングランドの統治者にまでなっており、同時にスカンディナヴィアの他のふたつの王国とアイスランドの支配にも努めていた。宗教の中心都市は、最初は当時デンマークに属していた〔現在はスウェーデン〕ルンドの大司教座であり、一一〇三、四年頃からその権威をスカンディナヴィア全域におよぼした。しかし一一五二年、ノルウェーのニダロス（現トロンヘイム）に大司教座が誕生した。〔デンマークの〕ヴァルデマー両王の時代（一一五七―一二四一）は、ノルウェーのもっとも輝かしい時期にあたっている。スウェーデンでは、ウプサラが一一六三、四年頃大司教座に格上げされた。シトー会修道士によって、修道院制度が根づいている。しかし、政治的不安定はしだいに顕著になっていた。一一五六年から一二一〇年のあいだに、五人の王が殺害されている。そのあいだ、軍事技術の変化（重騎兵隊や城塞など）により、真の貴族が支配階級となる。キリスト教への改宗によって、より高度な文化（読み書き、ラテン語）への接近が可能になり、人々はこうした文化を、ドイツのヒルデスハイム、イングランドのオックスフォード、そしてとくにパリなど、外国の学校で習得するようになる。それでも、ヨーロッパのなかでスカンディナヴィアの国々は、旧式で周辺的な存在にとどまっている。

十字軍

十一世紀から十三世紀にかけてキリスト教ヨーロッパに大変動をもたらした、今でも歴史の教科書で大きくあつかわれている劇的な現象、それが十字軍遠征である。十字軍croisadeということの言葉は中世のものではなく、十五世紀の終わりにつくりだされている（ただし十字軍に参加するse croiser、十字軍兵士croiséという言いかたは、十二世紀にすでに存在している）。それが意味するのは、エルサレムにあるキリストの聖墓と、本来キリスト教世界に属するとみなされた領土とをイスラム教徒から奪い取るために、キリスト教徒がパレスティナで起こした軍事行動のことである。中世のキリスト教徒たちはじっさい、十字軍遠征をイベリア半島におけるレコンキスタ（スペイン語で再征服を意味する）同様の再征服ととらえていた。エルサレムは本当のところ、ローマ、ビザンティン――これが唯一キリスト教的性格をもつ支配者である――に支配されたのち、イスラム教徒の支配下に入っており、このキリスト教世界の聖地のための固有のキリスト教政治機構が存在したことは一度もなかった。エルサレムはまた、ユダヤ教の中心地であった（しかしローマによる征服とそれにつづくユダヤ民族の四散により、エルサレムのユダヤ住民は少数派になった）だけでなく、イスラム教の中心地でもあった。ムハンマドはここにある「岩のドーム」から天国へと飛び立ったのである。すでに見たように、(67) エルサレムは非常にはやくから西洋のキリスト教徒にとって代表的な巡礼地になっていた。テュルク人〔広義のトルコ人〕が十世紀以後この地方へ介入したことは、西洋キリスト教徒の態度変更を正当化するために引き合いに出されたが、しかし重要なのはそのことではない。十字軍の宗教的・イデオロギー的動機は、あるふたつの長い時間をかけた変化が合流したところに生まれるのである。

第一の変化――より重要なのはおそらくこちらのほうだが――は、キリスト教の戦争への転向である。福音によるキリスト教は戦争に心から反対する平和主義であり、イエス本人もたんなる平和愛好を超えた平和主義者であった。キリスト教徒がローマ皇帝から迫害されたおもな理由のひとつは彼らの兵役拒否にあった。彼らの兵役拒否は、皇帝に誓いを立てることを望まなかったことだけでなく、血を流すことを嫌ったことからも説明できる。しかしキリスト教徒の態度は、帝国がキリスト教帝国となった四世紀の終わりにははやくも変わりはじめた。帝国に仕える者たち、そしてやがてはすべてのキリスト教徒に対して、いまやこのキリスト教帝国を守ることが求められたのである。戦争に対する不信感は、それでも長いあいだキリスト教のなかに残っていた。

(67) 本書一五六頁を見よ。

戦闘行為に対する態度の変化が起こったときでさえ、司教、そして一般的に聖職者には、武器を取ること、それが結果として含む流血が禁じられていた。その例外はかなりまれであった。教会が容認しただけでなく称えもした唯一の例外は騎士修道会で、十二世紀以降の西洋において、キリスト教の聖地の防衛のため、あるいはその他の機会に、騎士の修道士たちのグループを組織した。そのいくつかの例は、イベリア半島において、あるいはドイツ騎士団のいたプロイセンやリトアニア(68)に見られる。しかしながら、もっとも重要な変化は、その核心部分が聖アウグスティヌスによってつくられていた正当な戦争の理論の整備がなされたことである。正当な戦争とは、個人によってでなく、最高権威を付与された首長によって決断され、遂行される戦争である。かつてはキリスト教皇帝がそのような存在であり、やがて中世の君主や王たちがそのようなものになるであろう。そのいっぽうで、戦争は挑発的であってはならなかった。キリスト教はなおも予防戦争という考えかたを拒みつづけた。戦争は、侵略や不正に対する答えでなければならず、征服や戦利品を目あてに行われてはならず、無防備な者たち(女、子供、修道士、商人など)の命を尊重しなければならなかった。キリスト教徒にとって戦争がとりわけ正当なものになるのは、それが異教徒との、そして異教徒と同一視されていたイスラム教徒との戦争であるときであった。

しかし、正当な戦争が聖戦に変わるためには、さらにある重要な変化が必要だった。そのおもなきっかけは、教皇庁がみずからの防衛を戦士たちに頼ったことで、たとえばフランク人(69)は、シャルルマーニュの時代にはランゴバルド人から、十一世紀にはシチリアのノルマン人から、教皇庁を保護した。また一般的に教皇庁は、帝国からの教皇制に対する攻撃にキリスト教諸民族が軍事的に抵抗するとき、これを聖戦に転換する傾向があった。いっぽうで、ポール・アルファンデリとアルフォンス・デュプロンが示しているように、エルサレムのイメージは十一世紀のあいだ、キリスト教世界の感情をしだいに燃えあがらせていった。一連の原因と動機が結びついたすえに、十一世紀末、十字軍が準備されたのだ。キリスト教世界はめざましい人口増加と経済発展をとげていた。人口の増加は、とくに騎士階層出身の土地も女ももたない多くの若者たちを生み出した。ジョルジュ・デュビィは彼らの姿をみごとに浮かびあがらせている。また、貴族階級の富裕化も、

(68) 本書一一七—一四五頁を見よ。ドイツ騎士団は、聖地巡礼者や十字軍傷病兵に対する医療活動を目的とし、十二世紀終わりにパレスティナで設立されたが、イスラム教徒が聖地を奪回したため、東方での使命を終えていた。一二二六年、ポーランドのマゾフシェ公が異教のプルーセン人を服属させるためにドイツ騎士団を招致し、皇帝フリードリヒ二世も勅状によってこの企てを是認した。ドイツ騎士団はマゾフシェ公国の傭兵となってこの戦争を遂行し、プロイセン地方を支配下においた。彼らはさらにリトアニア人の征服も試みたが、ミンダウガスがこれを退け、諸部族をまとめてリトアニアを統一し、初代国王となった。

(69) すなわちル゠ゴフはこの「フランク人 les Francs」という呼び名を、カロリング朝フランク王国にもカペー朝初期の「フランス王国」にも、等しく適用しているのである。訳者あとがきを見よ。

武装を改善し軍事遠征に着手するだけの資力をこの階級がもつことを可能にした。

要するに、蛮族の改宗に始まる戦争のキリスト教化はなおも進行していた。祝別された剣は、教会の祝福を得ていまだその効力を保っている。逆説的ではあるが、十字軍は紀元千年を画した平和運動にその多くを負っていた。第一に、教会は正当な戦争によって正義と平和を回復しようとしていたからであり、また、正当な戦争が暴力を制御するように見えたからでもある。決定的な役割を担ったのは教皇庁である。キリスト教の好戦的力をイスラム教徒との対決の方向にそらすことでさまざまな利益が得られると教皇庁は考えていた。十字軍はおそらく、エルサレムとキリストへのしだいに激しくなる信仰心が行き着いた点であっただろう。しかしそれはまた、若者たちの好戦的フラストレーションを異教徒のほうへとそらす手段でもあったのだ。そして教皇庁にとっては、キリスト教世界全域の頂点に立つみずからの地位を認めさせる手段であった。宗教的なものと政治的なものが密接に結びついているこのような戦争の指揮をとることは、宗教の最高指導者以外にできる者はなく、教皇はそのような指導者であることをめざしていた。十字軍教皇ウルバヌス二世がクリュニーの修道士であったことは偶然ではないのだ。十字軍はまさに、キリスト教世界の原型をつくることをめざすクリュニーの大修道会の展望のなかにあったのである。教皇庁はしたがって聖戦という概念の出現を促したのであり、この概念は十字軍兵士の胸のうえに掲げられた布の十字によって象徴された。こうしてキリスト教ヨーロッパはイスラムに対する遅れを取り戻した。イスラムのほうははじめから、コーランのなかですでに、聖戦《ジハード》をイスラム教徒の主要な義務と表現していたのである。

ここで十字軍遠征の歴史を書こうとは思わない。第一回十字軍が、キリスト教徒によるイスラム教徒の悲惨な虐殺をともなう一〇九九年のエルサレム占領によって終わり、その後パレスティナに、エルサレム・ラテン王国に代表されるいくつかのキリスト教国家(70)が建設されたということを思い出しておこう。一一四四年にエデッサ伯国がイスラム教徒に占領されると、聖ベルナルドゥスが二度目の十字軍を説き勧め、皇帝コンラート三世とフランス王ルイ七世がこれに着手したが、やがて敗北に終わる〔一一四七—一一四八〕。一一八七年には、クルド人のスルタン、サラディンが、イスラム教徒の大軍を指揮してヒッティーンの戦いでエルサレム王の軍を破り、エルサレムの町と、ティルスをのぞく全王国を占領した。三度目の十字軍は、陸路をとった赤髭王フリードリヒ〔神聖ローマ皇帝〕と、海路をとったイングランドの獅子心王リチャードとにより企てられたが、フリードリヒはたまたまアナトリアの川で溺死している。結果は今回もまた敗北であり、キリスト教徒がエルサレムを失ったことは決定的となった〔一一八九—一一九二〕(71)。十三世紀には、十字軍精

(70) 十字軍国家とも呼ばれ、ほかにエデッサ伯国、アンティオキア王国、トリポリ伯国などがあった。
(71) ここでは触れられていないが、聖地へは向かわず、コンスタンティノープルを占領してラテン帝国を

神の熱気はかなり冷めていた。皇帝フリードリヒ二世は第六回十字軍（一二二八―一二二九）をイスラム教徒と和約を結んで終結させたが、ヨーロッパ人の大半はこの条約を恥ずべきものとみなした。復活した時代錯誤の十字軍熱が原動力になり、征服というよりイスラム教徒の改宗を目的として、フランス王ルイ九世（聖王ルイ）による失敗に終わった二度の十字軍が組織された。エジプトとパレスティナへの遠征（第七回十字軍、一二四八―一二五三）、および、カルタゴを前にして王が死んだ北アフリカ遠征（第八回十字軍、一二七〇）である。こうして聖地において最後まで残ったキリスト教徒の要塞がイスラム教徒の手に落ちる。一二八九年にトリポリ、一二九一年にはアッコとティルスが陥落している。

十字軍という観念は十五世紀まで、一部の君主や平信徒たちを多少なりともはげしく突き動かしつづけた。テュルク人が一四五三年にコンスタンティノープルを占領し、オスマン帝国が建設されると、ヨーロッパのキリスト教徒とエルサレムとの関係の前提条件が一変してしまう。しかし、アルフォンス・デュプロンがみごとに示しているように、エルサレム神話は形を変えながらも今日まで絶えることはなかった。アメリカ人とイスラム原理主義者の対立というまったく異なるコンテキストのなかで、残念ながら十字軍の観念が再燃している。

植民地化の最初のあらわれ？

長い時期にわたる十字軍遠征の年表に与えられた評価はさまざまである。最近まで、西洋の歴史家はむしろヨーロッパの団結の要因、西洋中世の活力の印を見ていた。このようなとらえかたはしかし、しだいに影が薄くなっている。ジャン・フロリは、彼のいう「十字軍のパラドックス」をみごとに浮き彫りにしている。

第一のパラドックス――「キリスト教徒は十字軍を、もともと平和的であろうとしていた宗教の名のもとに推進した。その敵となったイスラム教徒は、反対にはじめからジハードを教義のなかにもつ宗教を信仰していたが、彼らが征服した土地ではかなりの程度まで寛容政策を実行した」。

第二のパラドックス――「十字軍は、キリスト教による再征服運動がその範囲を大きく逸脱した結果生まれたものである。再征服はまずスペインで始まり、聖戦の基本的特徴がこのとき形成されるが、のちにこの再征服がエルサレムとキリストの墓をめざすようになるとき、これらの諸特徴はより際立ってくる。ところが、再征服は西洋では完全に成功したのに対し、近東では失敗に終わり、イスラムの反撃を誘発して、一四五三年のコンスタンティノープル征服と、東ヨーロッ

建設した第四回十字軍（一二〇二―一二〇四）、エジプトのアイユーブ朝を攻めたが失敗に終わった第五回十字軍（一二一七―一二二一）があった。

パに対するオスマン帝国の脅威につながった」。

第三のパラドックス――「十字軍は当初、キリスト教発祥の地である東方のキリスト教徒を救済し、イスラム教徒に侵略された領土をビザンティン帝国が再び征服するのを助けることを目的としており、教会どうしの結合を見こんでいた。ところが十字軍は教会分裂を際立たせ、決定的にしてしまった」。

第四のパラドックス――「ウルバヌス二世が呼びかけた十字軍は、パレスティナの解放戦争、聖墓への巡礼として人々の前に現れる。ところがこの戦いは、教会の、より正確にいうと教皇制のさまざまな利益のために利用され、外部の敵だけでなく、異端者、離教者、政治上の競争相手のような内部の敵に対抗する手段として用いられた」。

十字軍は、キリスト教ヨーロッパとイスラム、ビザンティンとの関係を悪化させたが、それだけにはとどまらないと私には思える。聖戦ということにかけてはキリスト教徒にけっしてひけをとらないイスラム教徒であるが、今日彼らはキリスト教徒に対して、十字軍がその象徴となった侵略の記憶を歴史上の不満として持ちだしているのだ。しかしこうした対立を生んだだけでなく、ヨーロッパ・キリスト教世界の幻想、すなわちキリスト教世界の首都はエルサレムにあるという考えかたの終わりを、十字軍は告げていると思える。この点から見れば、十字軍の挫折は、ヨーロッパという一体の形成に非常に有利に作用した一条件であった。この挫折によりヨーロッパとキリスト教世界とが一致することが確実になり、そのような状況はながく続くことになるのだ。ビザンティンについていうなら、十字軍が西のヨーロッパと東のヨーロッパ、ラテン語のヨーロッパとギリシア語のヨーロッパのあいだの溝を深めたのはまぎれもない事実である。とくに、一二〇四年の第四回十字軍の目的地がパレスティナからそれてコンスタンティノープルを占領・略奪しに向かい、短いあいだここにラテン帝国を建てたとき、それは深刻になった。ヨーロッパそのものにとって、西洋にとって、十字軍はやはり同様に否定的影響をもたらしたといえそうである。キリスト教国家の連合に有利に働くどころか、十字軍によって国家間の敵対関係は強まることになった。フランスとイングランドの場合をみればそれは明らかだ。イタリアやカタルーニャの商人たちのようなヨーロッパの活力が、西洋に対する経済的利益を十字軍の本来の目的からそれたところ、その外側から引き出しており、十字軍に二次的な関心しか示していないこともまた明らかである。私はずいぶん前に、十字軍が西洋にもたらした有益なものはあんずくらいのものだろうと書いたが、今もその意見は変わらない。

最後に、本書が採用している長期持続の展望のなかで重要となる問題に言及しなければならない。十字軍によって近東にエルサレム・ラテン王国をはじめとするラテン国家が建設されたことは、十六世紀以降に異論の余地なくヨーロッパによる植民地化として表れる現象の、最初の徴候と見ることができるだろうか。イスラエルの歴史家ヨシュア・プラワーをはじめ何人かのすぐれた歴史家たちはそう考えている。しかし私はそうは思わない。パレスティナのラテン国家が経済開発と入植のための植民地といえるのは、ごく限られた程度でしかない。地中海キリスト教都市の経済力は、十字軍を通して生まれたのではなく、ビザンティンやイスラムの富のむしろ平和的な掌握によるものである。キリスト教徒の近東への移住はわずかである。さらに、近代の植民地化の時代には、植民地と本国とのあいだの絆が弱まったり、ときにはこじれたりするのが見られるが、聖地の国家とヨーロッパのキリスト教国とのあいだには、そのような絆はついぞ生まれなかった。十字軍によるつかの間の国家建設は、中世的な現象なのである。

第五章 都市と大学の「黄金期」ヨーロッパ——十三世紀

ブルッへの市街を運河より望む（13 〜 14 世紀）

十三世紀は、西洋中世の最盛期とみなされている。しかし、繁栄と衰退というこの異論の余地のある問題設定にとらわれることなく、十三世紀は、これに先立つ数世紀のあいだに現実になったキリスト教世界の個性と新たな力がはっきり確立された世紀であった、と言わなければならない。またこの時期には、長期持続の観点からヨーロッパ・モデルと呼ぶことのできるようなあるモデルが重要性をもつようになる。その成功と問題点を含めたうえでのヨーロッパ・モデルである。成功はおもに四つの分野においてみられる。まずは都市の発達である。中世初期に農村のヨーロッパが実現したのはすでにみたが、十三世紀に目立つようになるのは、都市のヨーロッパの形成である。これ以降、ヨーロッパはおもに都市のなかに具体化することになる。人々が交流し、新たな制度が確立し、経済と知の新しい中心が現れるのは、都市においてなのである。ふたつ目の成功は商業の再生と商人たちの地位向上であるが、これは貨幣使用の普及が経済と社会にもたらすさまざまな問題をともなっている。三つ目は、知の分野における成功である。現代であれば初等・中等教育と呼ぶものに対応する街の学校ができることにより、その影響はしだいに多くのキリスト教徒たちに及ぶようになる。こうした教育活動の規模は地方や都市によってさまざまであるが、多くの場合、都市の子供の六割あるいはそれ以上が教育を受けている。そしてたとえばフランスのようないくつかの都市では、女子もまた教育を受けているのである。しかしここではとくに、現代でいえば高等教育にあたる、教育の中心すなわち大学が創設され急速に成功をおさめることに注目しよう。大学には多くの学生が集まり、教育を要請された教師たちのなかにはしばしば名の通った学者、高名な学者が含まれていた。この大学において、十二世紀の探求の成果である新たな知、スコラ学が練りあげられていくのである。最後に、三つの成功を支えその糧となった四つ目の成功、それは、都市に住み街をおもな活動の場とする修道士たちの修道会が創られ、約四十年のうちにめざましい広がりをみせたことである。托鉢修道会の修道士たちは、新たな社会を形成し、キリスト教の形を根本から変えて、これを説き広めた。

I　都市の成功

中世の都市

すでにみたように、たとえ古代都市の遺構のうえにとどまっていても、中世都市の相貌とりわけ機能は、古代都市のものとは根本的に異なっている。戦争の要地はなにより領主の城にあるのだから、中世都市のもつ軍事機能は二次的なものでしかない。古代において都市が果たしていた経済機能は中世に比べれば問題にならない。ローマと東方のいくつかの都市をのぞけば、都市人口が少なかったからである。中世において都市は消費の中心になるのに対し、古代都市のそのような機能はあまり重要ではないのだ。また、大小の市《いち》が都市化することにより、都市は交換の中心ともなる。中世都市は複数の中心をもっているが、一般に市はもっとも目立つ、もっとも重要な中心である。さらに、これもまた新たな変化であるが、古代の大所領の工房に代わる職人たちの店が、中世都市に重要な生産機能を授けている。現在の都市の地名に残っている、なめし工通り、ラシャ屋通りといった通りの名は、中世の職人たちの活動を思い起こさせるものである。中世都市ではそれでも、ある都会的心性が保たれ強まっており、それがその独自性と威力の重要な部分をなしている。ほぼ文明と野蛮のそれに相当する都市と田舎の対立は、ローマの世界においてすでに明確であったものだ。中世にはそんな対立がさらに際立ってくると考えられる。農村の民衆はキリスト教世界全域で「自由農民《ヴィラン》」[1]と呼ばれ、しかしながら長いあいだ「不自由民」、つまりは奴隷、のちには農奴の地位にありつづけた人々で構成されていたのに対し、都市住民であることはすなわち自由であることだったのである。そもそも、こんなドイツ語のことわざが生まれたのは中世のことだ。「都市の空気は自由にする Stadtluft macht frei」[2]。

いっぽうキリスト教は、アリストテレスとキケロに由来する古代的都市観を取り入れ補強した。ギリシア人にとって都市を定義し構成するものは、城壁ではなく人間、つまりそこに住む人々である。このような都市観は、影響力の非常に大きい偉大な思想家たち、アウグスティヌス、そしてセビリアのイシドルスらの後ろ盾を受けて、中世にはひろく普及する。たとえばそれは、十三世紀半ばにドミニコ会士アルベルトゥス・マグヌスが、ラテン語とドイツ語でアウクスブルクにおいて行った、一連の驚くべき説教のなかに見ることができる。この説教が提示しているのは一種の都市の神学、都市の霊性論であり、狭くて暗い街路は地獄に、大きな広場は天国になぞらえられている。このように十三世紀には、都市の心性は都市工学的なものの見かたを取りこむのである。じっさい、中世の街道が古代の街道のようにはしっかり造られておらず、ただの「通り道」になっていたのに対して、都市では十二世紀以降、清潔さに対する配慮がみられ、しだいに舗装が施され、汚物と下水の処理に関する規則が定められ、ただ単に権力者の力のイメージを誇示するだけでなく、美的目的にかなうような建造物によって飾られるようになる。中世において都市は、美の観念が、それも多少なりとも美学の衰退に陥ってしまった古代の美とは異なる近代的美がつくりあげられるおもな分野のひとつとなる。ウンベルト・エーコは、建造物のなかに具体化され、街のスコラ学によって理論づけられるこのような中世的美の出現をみごとに指摘している。

これは以前のいつにも増して言えることだが、イタリア系アメリカ人の歴史家ロベルト・ロペ

（1）「田舎（ウィッラ）の住民」を意味する後期ラテン語の *villanus* を語源とするフランス語の vilain は、中世には「醜い」、「軽蔑すべき」といった意味をもつようになる。vilain は通常は serf（農奴）と対立する言葉である。

（2）当時の慣習法で、農奴が都市に逃れて一年と一日を過ごせば自由身分を得られるとされていたことから生まれたことわざ。

スは、この時代のヨーロッパ都市をある「心的状態」と定義した。中世には都市のあるイメージのなかに物質的現実と心的表象とが同時に具現化していたのだが、ここではこれにも言及しなければならない。城壁のことである。城壁は古代が中世都市に残したものだが、三世紀のローマで見られるように、多くの場合それは蛮族の侵入に対する防衛を目的として築かれていた。しかしその大半は、多かれ少なかれ廃墟と化した。中世の人々はこれを修復したり、しばしば新たな城壁を造ったりしたが、たんに防衛を目的としていただけではなく、とりわけ城壁がすぐれて都市のシンボルだったからである。真の都市は、城壁で囲まれていなければならなかったのだ。都市が法的人格を獲得し公印を用いるようになると、城壁はしばしば印章のなかにシンボルとして描かれるようになる。城壁が重視されるようになるのと同時に、城門が特別な関心の対象となる。城門とは、人々が、家畜が、食料品が通過していく場所であり、内部と外部の弁証法の物質的な表れであった。このような弁証法はキリスト教的中世の本質であり、ヨーロッパ全域に深い痕跡を残すことになるものである。内部は、領域的にも、社会的にも、精神的にも、外部に対して特権化されていた。「内部化する〔内面化する、自分のものにする〕こと」は、ヨーロッパにおける伝統、価値となったのだ。

さまざまな都市のタイプ

司教座都市　中世ヨーロッパで重要な存在になった第一のタイプの都市は、司教座都市[3]である。司教の存在は、都市的性格をなによりよく表す印であったとさえいえる。司教はある程度の規模の人間集団になくてはならない指導者で、おもに都市の内部の教会で形づくられていた、新しい宗教が執り行うさまざまな儀式の責任者であったからである。このようにして、キリスト教徒たち、信徒たちからなる都市住民が形成されるのだが、この現象がとりわけ驚くべき革命的な様相をみせたのは、死者の都市化によってであった。死体はもはや、古代人にとってのように忌まわしい物体ではなかった。キリスト教は墓地を都市に帰還させ、また新たな墓地を造る。死者の都市は、生者の都市の内部におかれたのである。

「大都市」　十三世紀の半ばには、都市の発達から中小都市の数が増加し、わずかな大都市もその規模を拡大した。中世のラテン・ヨーロッパの都市を想像する際に、近代の主要都市や、ビザンティンあるいはイスラムといった東方の大都市[4]を尺度にしてはならない。西方の重要な都市の

（3）本書四六頁注を見よ。
（4）コンスタンティノープルの人口は盛期には百万に近かったと考えられる（十世紀頃）。また、アッバー

人口は一万から二万人である。この水準を超えていたのは、人口五万人ほどのパレルモ[5]とバルセロナ[6]、六万人ほどの、ロンドン[7]、ヘント[8]、ジェノヴァ[9]、それにイスラム領土にあったコルドバ[10]である。ボローニャ[11]にはおそらく六万から七万の住民がおり、ミラノ[12]は七万五千人くらいだった。わずかにフィレンツェ[13]とヴェネツィア[14]が一〇万人に達し、これを超えていた可能性がある。そして最大の都市はまちがいなくパリ[15]で、一三〇〇年頃にはおそらく二〇万人を擁していたことがわ

ス朝期のバグダードの人口は百万人を越えたとされる（八世紀から九世紀）。

（5）イスラム王朝支配下のパレルモには三十五万の住民がいたといわれている（十一世紀半ば）。したがってノルマン・シチリア王国の成立（一一三〇年、本書一七五―一七六頁を見よ）以後、人口規模は大幅に縮小している。

（6）カタルーニャ君主国の首都。十二世紀になるとカタルーニャ・アラゴン連合王国が誕生し、シチリア王国を領有するなど地中海に小帝国を築きあげたが、バルセロナはその交易・海運の重要拠点として繁栄した。本書一七七頁を見よ。

（7）ブリタニアを征服したローマ人の築いた町ロンディニウム（現在のロンドンのシティにあたる）に端を発する。九世紀にアルフレッド大王によって王国の首都とされた。十二・十三世紀には大陸の商業ネットワークとの結びつきに支えられて経済が発達し、人口が急増した。

（8）ノルマン人の侵攻に備えて九世紀に要塞が築かれ、このフランドル伯の居城を核として都市が発展した。十一世紀から十三世紀のあいだ毛織物工業が栄え、北ヨーロッパの中ではパリにつぐ第二の都市であったといわれる。

(9)ローマ帝国の前線基地として二世紀に建設されたジェノヴァは、十一世紀は市政官が統治するコムーネ(自治都市)となり、その後強力な海軍力を背景に東方貿易を営むジェノヴァ共和国として発展した。ジェノヴァのほか、ヴェネツィア、ミラノ、フィレンツェなどに代表されるイタリアの都市国家、およびコムーネについては、本書二三四—二三六頁を見よ。

(10)後ウマイヤ朝(七五六—一〇三一)の首都がおかれた時代のコルドバの人口は五十万を下らなかったと言われており、荒廃したバグダードに代わってイスラム世界最大の都市になっていた。しかし後ウマイヤ朝の滅亡後は急速に衰えた。

(11)ローマ帝国時代すでにボローニャはイタリア第二の都市であり、一万から三万人の人口を擁していた。十一世紀にコムーネとして再成長をはじめ、一〇八八年には、ヨーロッパ最古の大学となるボローニャ大学が創立されている。

(12)民族大移動の時代にはミラノはたび重なる異民族の侵入に悩まされたが、十一世紀になると、都市貴族が商工業の発展で成長した市民層と協力してコムーネを形成した。彼らはやがて、しだいに世俗権力を獲得して大封建領主となっていたミラノ大司教の手から権力を奪い取った。

(13)都市フィレンツェの発展は十一世紀に始まり、貴族と有力市民を核とする自治が成立するが、コムーネの形成は十二世紀のことである。その後、教皇派の中心都市としての地位を確立するいっぽう、遠隔地との交易にくわえて毛織物業を中心とする製造業と金融業が栄え、フィレンツェ経済は飛躍的に発達した。

(14)五世紀から七世紀にかけて西ゴート人、フン人、ランゴバルド人がイタリア北部に侵入した際、アドリア海北辺の潟地がアクイレイア、パドヴァなど北部諸都市の住民のための避難所となり、これが都市ヴェネツィアの原形となった。ヴェネツィアは名目上は東ローマ帝国に属したが、実質的に自治権をもち、六九七年にはひとりの総督をもつ共和国となる。やがて東ローマ帝国の弱体化、十字軍遠征などを背景に、東方における貿易特権を拡大し、富を蓄積していった。

(15)カペー朝(九八七—一三二八)の首都パリ(本書一七一—一七二頁)は、十二世紀前半から、周辺の

かっている。

都市のこのような繁栄と魅力は、写本の流通する範囲に限られてはいるものの、これもまた大きな成功をおさめたある種の文学の糧となった。都市を称える、街の年代記である。山や海岸を賛美することがなく、風景という概念そのものが存在しなかった時代に、中世のヨーロッパ人の賛美のために地理が差し出していたもの、それは都市であった。都市の賛美は、その住民の数、さかんな経済活動、建造物の美、多様な職業、文化の普及、教会の数の多さと美しさ、領地の肥沃さ（都市は田舎を支配する中心だったのである）に向けられていた。そして、都市が喚起するしばしば伝説的な過去、創設やそれをになった英雄たちの神話も、また賛美の的となった。古代も同じくそのような記憶をもっていたが、この点で中世は古代を継承する者なのだ。都市とは、ある歴史意識の、ヨーロッパ的史料編纂の下地がつくられていく経路のひとつであった。都市は大修道院とともに、初期の歴史記述の主要な担い手だったのである。都市に対するこうした賛辞のなかで、もっとも注目すべき、もっとも典型的なものはおそらく、ミラノの教師であったボンヴェシン・デ・ラ・リーヴァが書いた『ミラノの町の驚異（大いなる物事 *magnalia*）』（一二八八）についての（ラテン語の）著作である。

首都　人口規模による分類とは別に、都市には政治によって定義される序列があった。この観点から見た場合、ふたつのタイプの都市がその姿を現したといえる。第一のタイプは、高度な政治的実体をおく首都である。中世には首都の地位に達している都市はごくわずかであり、そのうえ首都の概念が、中世と近代では異なっている。ロンドンの場合を見てみよう。グウィン・ウィリアムズが中世のロンドンをあつかった一九六三年のすぐれた著作[16]の副題は、「自由都市から首都へ」というものである。しかしながら、中世の人々が首都のおかれている所と認識していたのは、シティー・オヴ・ウェストミンスター[17]のみだった。ローマ[18]の場合はこれとは違っていて、さ

農業生産の発展を背景に経済的飛躍を示す。十二世紀半ばには左岸にパリ大学ができ、やがて神学の総本山としてヨーロッパ諸国から学者や学生をひきつけることになる。一一六三年にはシテ島でノートルダム大聖堂の建設が始まり、尊厳王フィリップ二世が右岸にルーヴル宮を建て、都市の周囲を城壁で固めて（一一九〇、一二一〇年）セーヌ川に橋を架けると、シテ島を中央に左右両岸からなる中世のパリがその姿を整えた。

（16）Gwynn A. Williams, *Medieval London, from Commune to Capital*, London: University of London, Athlone Press, 1963.

（17）ロンドンの区の一つ。テムズ川北岸に位置し、政治の中心である旧ウェストミンスター地区と、商業・サーヴィス業が集まるウェスト・エンド地区とからなる。十一世紀前半にクヌーズ王が修道院近くに宮殿を建てたが、証聖王エドワードの時代の改築により、壮大な修道院と宮殿が完成し、以来この地がイギリス国政の中心となった。

（18）本書六六頁を見よ。

らに驚くべきものだ。教皇がローマ人に追い出されることはしばしばあったにせよ、ローマは教皇の通常の本拠地であり、ローマにおける教皇の本拠とはヴァティカン、および九世紀に教皇レオ四世が建設させた城壁に囲まれたレオ市街であった。しかし、ローマが中世に「世界の頂《カプト・ムンディ》」、すなわち首都と呼ばれたのは、皇帝が戴冠するローマは依然として帝国の、さらにはキリスト教世界の首都であると考える帝国尚書院の慣例に従う場合のみだったのである。おもな成功例はパリであった。ただ、それはひとえに九八七年に始まるカペー朝の辛抱づよい活動のたまものであり、とりわけフランス王の墓所であるサン・ドニ修道院によるプロパガンダによるところが大きい。もっとも、フランスの国民精神の母胎であるサン・ドニの年代記は、首都の肩書きをパリだけでなくサン・ドニそのものにも与えていた。実際には、パリとサン・ドニの一組が首都だったのである。ヨーロッパの首都は、例外はあっても、中世的な現実とはいえない。そしてキリスト教世界そのものは、本当の意味での首都をもってはいない。ローマでさえ、そうであるとはいえないのである。

都市国家　進化した都市のもうひとつのタイプにあてはまるのは、規模が膨れあがった結果国家を形成するにいたった都市である。これはおもにイタリアでみられる。イヴ・ルヌアールは、十世紀から十四世紀までのイタリア都市の進化の過程のなかで三つの段階を区別している。まず、貴族のコムーネ[19]が成立し、伯や司教の支配を排して権力を独占する。やがて、権力を握る貴族が党派に分裂する（おもな対立は、よく知られる教皇派《ゲルフ》と皇帝派《ギベリン》のあいだのそれである）と、コムーネは外部からポデスタ（行政官）を招いて限られた権限を与える。最後に、エリート商工市民からなる諸組合の政権の時代が訪れるが、「太った市民《ポポロ・グラッソ》」は、しだいに激しい中小市民《ポポロ・ミヌート》の反発にあうようになる。ジェノヴァ、ミラノ、フィレンツェ、ヴェネツィアからローマにいたるまで、いたるところで権力は、党派間、名門間のたえまない争いという形をとって現れた。とくに重要なのは、これら名門一族とその支配下にあった市参議会による政治が、都市を囲む領土を所有地として支配するにいたることである。これが発端となり、都市は都市国家に変化していくのだ。そのもっとも華々しい例は、ヴェネツィア[20]、ミラノ[21]、フィレンツェ[22]であった[23]。しかしながら、イタリアの都

(19) 十二・十三世紀に北・中部イタリアに出現した自治都市はコムーネと呼ばれる。フランスにおける後述のコミューンと異なり、中央集権的王権がなく外国勢力の介入が多いなど特殊な歴史的条件のもとで生まれた。

(20) ヴェネツィア共和国は東地中海貿易によって栄え、最盛期にはポー平原北部、アドリア海沿岸のイストリア半島・ダルマチア、イオニア海沿岸にまで領土を広げた。十六世紀からはしだいに衰退にむかい、一七九七年のナポレオンの占領によって共和国の歴史は終わりを告げた。のちにオーストリア領となり、一八六六年にイタリア王国に併合された。

(21) ロンバルディア同盟の神聖ローマ皇帝フリードリヒ一世に対する勝利以後、ミラノは新たな繁栄の時

市は、都市の中世ヨーロッパのなかで見ると極端な事例であり、例外である。たとえばイタリアでは貴族は都市に暮らしているが、ヨーロッパの他の部分ではどこでも、富裕な者たちが都市に別邸をもつことはあっても、貴族は田舎の城に住むのである。

市民と自治

中世の都市的現象と封建制的現象はしばしば対立させられ、中世都市には封建制をくつがえすような要因、封建制に敵対する異質の要素が含まれていると考えられてきた。これに対し、なかでもロドニー・ヒルトンは、フランスやイングランドで、中世都市が一般的な封建構造との折り合いを保っていただけでなく、その一部をなしてもいたことをみごとに明らかにしている。じっさい、封建制度の本質的部分はフランス革命によって崩壊したとしても、中世がヨーロッパに残したものとは都市と田舎の関係のうえに築かれた経済と社会であるという点ははっきりと認識する必要がある。そしてそのなかでは、文化的敵対関係よりも、むしろ相互補完性や都市による田舎の開発・利用のほうが勝っているのである。都市は、一定数の農民がここに移住することによって成長する。中世都市にいるのは、多かれ少なかれ住んでまだ日の浅い農民たちである。また、都市の手工業や経済活動は、農村の余剰生産物を糧として発達する。都市の政体は、まさしく領主制型といいうるような状況から、封建構造に組みこまれた新たな政治形態へと進化していく。

中世都市を特徴づけ近代ヨーロッパにもなお影響を残すことになるのは、とりわけ、封建構造と折りあいながらも、それとは顕著な差異を示しており、固有の進化を遂げていくようなある種の社会と政治形態の形成である。変化の起点は十一世紀に位置づけられるが、この流れの結果やがて、世俗の職務を占有した司教が、あるいは皇帝の手によってある程度そこに定着していた伯が、都市におよぼしていた支配に終止符が打たれる、あるいはすくなくとも相当程度まで制限されるにいたる。そもそも、司教自身が公式に伯の職務を兼ねているのはよくあることだった。多

代を迎えた。十三世紀後半には都市貴族のヴィスコンティ家が統治権を握り、一三九五年にミラノ公国が成立した。さらに公位を受け継いだスフォルツァ家の支配下で、公国はルネッサンス文化の一中心地となった。しかし、一四九九年から一五一三年までフランスに征服され、一五三五年にはスペインの属国となって、公国は独立を失った。本書四〇三―四〇四頁も見よ。

(22) フィレンツェは、十三世紀の終わりには共和制を確立させ、経済成長にともなって、トスカーナの大部分を支配するフィレンツェ共和国の首都へと発展した。共和制初期は寡頭政治であったが、十五世紀より実質的にはメディチ家の支配するシニョリーア制に移行し、その保護下でルネッサンス文化が開花した。一五六九年には、フィレンツェを首都とするトスカーナ大公国が成立。一七三七年のメディチ家断絶後も、大公国はナポレオン支配を挟んで一八五九年まで存続した。本書三八六、四〇三頁も見よ。

(23) そのほか、ジェノヴァ共和国は、リグーリア地方を支配下におさめるいっぽう、東地中海、エーゲ海、黒海にまで貿易拠点を広げて、ヴェネツィアの強力なライヴァルとなった。この共和国は一七九七年に

くの場合、反抗は平和的なものであったが、ときには、一一一六年にランの司教伯が蜂起した下層民に殺されたケースのように、暴力に訴える場合もあった。たいてい都市領主は住民に、慣習法の承認やフランシーズ(24)の形で特権を授けた。しばしば住民が要求し、必ずしも得ることができなかったのは、コミューン(25)と呼ばれる自治の一形態である。伝統的な歴史記述によってコミューン運動の神話が定着しているが、イタリアをのぞけば、住民がこのほぼ独立した状況を勝ちとることはまれであった。その代わり、一一五五年のロリスの「慣習法」は、フランス王領の多くの都市のモデルになった(26)。トゥールーズ伯は、一一四七年、トゥールーズの住民に「自主権《リベルテ》」を与え、ニームの人々には、一一九八年、市政官《コンシュル》の選出を許した。アルル大司教は、一一四二年にコンシュラ(27)を、一一五五年に市憲章を受けいれた。イングランドのヘンリー一世は、一一〇〇年から一一三五年のあいだ、ニューカッスル・アポン・タインに慣習法を認めていた。ヘンリー二世は、一一五五年にロンドンに国王允許を与え、一一七一年から一一七二年にかけてダブリンにも特認状を与えている。イタリアでは、神聖ローマ皇帝の赤髭王フリードリヒ一世がロンバルディア都市同盟(28)に敗れ、一一八三年のコンスタンツの和約で自治権を承認しなければならなかった。アラゴン王は、一二三二年、バルセロナ住民に商品にかかる税の完全免除を認めた。

　この市民みずからによる政体はヨーロッパ都市のなかに、なかでもふたつの、以後ながく残ることになる深い跡を残している。まずは、法律家、つまり法律を専門とする人間の助力を求める

ナポレオン・ボナパルト率いるフランス軍に侵攻されるまで存続した。

(24)「フランシーズ（特権）証書」を付与され、国王代官プレヴォによって統治される都市は、フランシーズ都市（またはプレヴォ都市）と呼ばれた。フランス中部の王領に分布しており、パリもそのひとつだった。

(25)住民が結成した「コミューン」という宣誓共同体の運動の結果、領主や国王から「コミューン証書」を付与されて種々の特権を享受し、かつ住民により選挙された市政官の団体によって運営される都市をいう。コンシュラ都市およびフランシーズ都市と並ぶ、フランス中世都市の一類型。コンシュラ都市が南部に分布したのに対し、コミューン都市はおもに北フランスに分布していた（アブヴィル、オセール、アミアン、サン・カンタン、ノワイヨン、ソワソン、ラン、アラスなど）。コミューン運動の目的は、混乱と暴力が支配した封建社会のなかで弱者である住民を保護し、経済活動の自由を確保することにあったが、王権伸長によって秩序が保障されると、十三世紀後半からコミューン都市は衰退しはじめ、十四世紀には形骸化、消滅した。

(26)「ロリス憲章 La Charte de Lorris」と呼ばれる「慣習法 coutume」は、一一三四年にルイ六世によって発布された。原本は失われており、現存する最古のものは一一五五年の写本である。これによりロリスは、フランスで最初の自由都市となった。

(27)市政官《コンシュル》が組織する市統治機関。市民のほか聖職者、領主も参加する。コンシュラにより運営され、「コンシュラ証書」を付与されて特権を享受する都市は、コンシュラ都市と呼ばれる。フランス南部に多く分布した。

(28)皇帝特権の回復を目指すフリードリヒ一世に対し、一一六七年、北イタリア諸都市が自治権防衛のために結成した軍事同盟。ローマ教皇アレクサンデル三世の支援も受け、同盟軍はレニャーノの戦い（一一七六）で皇帝軍に大勝した。

習慣である。こうした専門家の大半は広範な法律知識をもっていたわけではなく、そのような知識はのちの大学でしか身につけることができないのだが、それでも彼らは街の学校で、住民の抱える身近な問題に密接に結びついた理論的・実践的な訓練を受けていた。このような動きから、煩雑な訴訟の、お役所仕事のヨーロッパが生み出されたのは事実である。しかし、このヨーロッパによって、法学の大きな流れが都会風俗のなかで実践されるようになるのである。ローマ法の再生、（とくに高利貸しや結婚のような重要な分野に関わる）教会法の仕上げ、そして口承による封建的慣習の成文化からなるこの流れは、十二世紀から十三世紀のキリスト教世界の法律に大きな変化をもたらしていた。

中世都市が後世に残した第二のものは、税金である。中世に人々に重くのしかかった貢租は、これとは性質が異なる。農民に課された賦課租というものがあって、これはまさしく封建的な課税である。やがて――しかしこれは十三世紀のあいだにはほとんど見られないのだが――、近代国家としての形をとりつつあった王国によって徴収される税が生まれる。この王による課税――今日なら国税ということになろう――は、すぐさま今日でも見られるような都市住民の激しい抵抗にあう。これらとは別に、課税のもっとも重要な部分となったのが、都市によってもうけられ徴収された税であり、その代表的なものは人頭税《タイユ》であった。税金のヨーロッパは、おもに都市において形づくられるのである。税金はわれわれのいうところの公益事業の資金として用いられる。

じっさい十三世紀にはこうした事業は、公益の追求を勧めるスコラ学の教義をよりどころにしていた。しかし残念ながら、税金の世界はすぐにまた不平等と不正の世界にもなってしまうのだが。

職業の序列

対等な人間同士が交わす誓約――コミューンの誓約は、もしそれがなされるならば、まさしくそのようなものでなければならなかった――によって結ばれた平等な市民の時代は、わずかしか続かなかった。多少なりとも自立していた都市社会で、まもなく不平等が多かれ少なかれ目立つようになる。そして、われわれが今日有力者とか都市エリートと呼ぶような階層が形づくられた。エリートを構成する人々は、しだいに財力によって他の市民からぬきんでるようになる。彼らの財産は、動産、不動産、現金、あるいは教会のするように貴金属品への投資からなっていた。都市の序列構造ではまた、家柄の古さも重視された。領主の血筋とは別なところで市民の家系が形づくられ、資産は乏しくとも名声を得た先祖の末裔である市民はこうしたエリートの一員になることができた。さらに、ある種の職業に就いている人々は、そこから得られる利益をぬきにしても、市民の尊敬の対象となった。商売で得られる金銭以外に、職業がもたらす栄誉も、都市社会における地位の基盤となりえたのである。法律に関する知識、それを都市と市民のために役立てる職務は、とりわけこの種の名声につながった。手工業や商業、それに法律実務に基礎をおいたこの職業の世界のなかで、職業に関する古い価値体系ははっきり変化していた。不正とみなされ、その結果教会の非難の対象となる職業の数は減少した。たとえば古代以来卑しいとみなされてきた宿屋業はその名誉を回復した。結局、きっぱりと非難されたのは、もはや高利貸しと売春くらいであった。もっとも、高利貸しはまもなく、のちに見るように、(29)たとえばおもにユダヤ人が営んでいた消費者金融のように限られた形でしか行われないようになり、たいした問題ではなくなる。そして売春さえ、勧められはしなかったにせよ、おとがめも受けなかった。

原罪と肉欲の弱さとからもたらされたものとして、教会は売春を認めていた。そのうえ、ジョルジュ・デュビィが「男性的」と呼んだ中世は、男の利益のために女を犠牲にするようなやりかたを不快と感じることが、他の社会に比べれば少なかった。敬虔で厳格な聖王ルイは十三世紀に、王国、とくに首都パリから売春を追放しようとした。パリ司教を含む王の側近は、そのことがむなしい企てであるばかりか、社会秩序を乱すものでもあることを王に納得させようとした。売春とは、聖職者や女のいない若者など大勢の独身者を抱える世界がもつ過剰な力を制御する方法であった。教会はそれでも、年老いて悔い改めた売春婦たちの世界に人間味を与え、そこに福音をもたらそうとした。十二世紀以降、売春婦をめとることは称えるべき行いとみなされるようになる。教会は聖マグダラ女子修道会を設立し、売春婦たちはその修道院に迎えられた。北ヨーロッパと南ヨーロッパの売春に対する態度には違いが見られるようである。北の都市では、「小娘」

やとりもち女たちはかなりの程度まで大目に見られていたと思われる。しかし、彼女たちに特別な衣服の着用を義務づけ、市民の女たちと同じベルト、同じ宝石を身につけることを禁じている都市もあった。南のキリスト教世界では、寛容の度合いがさらに大きく、娼家は市当局が維持して、ここから家賃、使用料、罰金などの利益を上げていた。家内工業が発展し、貧しい「労働者」が増えるとともに、売春は発達する。不正とみなされることはないものの、疑いの目で見られていた職業があり、とくに浴場でのサーヴィスはこれにあたった。浴場は、清潔の観念に取りつかれた中世の人々の関心に答えるものであったが、ここで雇われている女たちは、今日いくつかの都市のマッサージ嬢がそうであるように、売春婦の役割も果たしていたのである。都市社会の発展に結びついた寛容の流れから、十三世紀には、ある条件のもとでの売春を合法と考える教会法学者が現れた。売春は、貧困を理由に、快楽のためでなく生活手段として営まれなければならない。娘たちが、たとえば厚化粧などによる錯覚の力を借りることは許されなかった。売春はしだいに、職業に関する通常の規制の枠のなかに入るようになった。こうして、今日でも議論の対象である売春のヨーロッパが生まれたのである。

都市社会のなかの不平等はとくに、しだいに都市の権力の本質的な部分に関わるようになる職

(29) 本書二五八―二五九頁を見よ。

業の分野で現れた。職業の組織化がもっとも進んだイタリアでは、「大組合 arti maggiori」と「小組合 arti minori」のあいだに大きな溝があった（ラテン語の *ars* は「職業」を意味していた）。もっとも完成された職業体系をもっていたフィレンツェでは、富裕な商人たちのグループである十一の大組合が、職人たちのつくるより数の多い小組合から区別されていたが、卓越した地位が与えられたのはさらにそのうちの五つであり、そこに加入していたのは国際規模の商取引に従事する者のみであった。カリマーラ組合（大貿易商の組合）、両替商組合、羊毛組合、ポル・サンタ・マリア組合（絹織物組合）、そして医師、食品商、小間物商がまとまってひとつの「アルテ」[30]を構成する組合（「スパイス」という名で呼ばれるあらゆる商品をあつかう組合だが、当時のある手引きには二八八種の「スパイス」が数えあげられている）である。都市エリートは、「貴族《パトリキ》」の位[31]と呼ばれる階級を形成したが、この呼び名には問題がある。

たしかにいえるのは、これら有力者のうちのもっとも富裕で力のある層が中世都市を支配したのであり、それは商人たちであったということである。しかしまた、中世都市の財産の起源にあるのは商業ではなく工業であるという事実を忘れてはならない。この現象はとくに、イタリア北・中部とともに中世の都市の発展の中心になったヨーロッパのもうひとつの地域であるフランドルにおいてはっきりしている。「商人か織工か」という問題について考えながら、ベルギーの歴史家シャルル・ウェルリンデンは、正当にも以下のように結論している。「フランドル都市の誕生と発展を結果として生んだ人口変化の第一の要因となったのは、工業である。フランドルの商業は工業から生まれたのであり、その逆ではない」。ここでいう工業とは、毛織物工業である。繊維工業のヨーロッパが商人のヨーロッパを生んだ。しかし、商人たちに話を移す前に、ヨーロッパのダイナミズムの本質的立役者であった中世都市の姿を、さらに浮き彫りにする必要がある。

中世には想像世界が象徴的な形でつねに不可欠の役割を担っているのであるから、十二世紀に起こった都市の正否をめぐる論争は、聖書の想像世界の内部でくり広げられる。のちに触れる教師と学生たちの世界[32]がしだいにパリに住みついていたころ、孤独のなかではぐくまれる修道院文化のために闘う聖ベルナルドゥスはパリを訪れ、サント・ジュヌヴィエーヴの丘のうえで教師や学生たちに向かってこう呼びかけた。「バビロンの世界[33]を逃れよ。逃れて、あなたたちの魂を救え。みなでいっせいに飛び立って、かくまってくれる町をめざせ。それこそ修道院なのだ」。数十年

(30) イタリア語の arte (複数形は arti) には、「組合」のほか、「芸術」、「職業」、「技能」といった意味がある。
(31) ローマ時代の貴族パトリキに由来する。
(32) 本書二七〇頁以降を見よ。
(33) メソポタミアの都市バビロンは、キリスト教文化圏においてはしばしば退廃した都市のイメージをおびる。

ののち、これとは反対に、大修道院長フィリップ・ド・アルヴァンは若い弟子にこう書き送っている。「学問への愛に駆り立てられて、おまえは今パリにいる。大勢の人々が夢みるこのエルサレムを、おまえは目にしているのだ」。十三世紀になると、都市エルサレムが都市バビロンを抑圧した。それでも中世末期になると、都市の欠陥が現れてくるであろう。

　これらの欠陥のなかでも、不平等はもっとも目立つもののひとつである。商人や大組合のメンバーたちからなる「太った」市民に、「かぼそい」市民たちが対立する。「太った」者たちが構成する市参議会は、南ヨーロッパでは市政官《コンシュル》たち、北部ヨーロッパでは参審人《エシュヴァン》たちの指揮のもとで都市を統治した。中世都市は、家内工業、市場、両替商の仕事台《バンコ》（やがて彼らは銀行家《バンク》となるであろう）[34]でもってヨーロッパの経済発展をリードする推進力の中心となるが、しかしそれにはとどまらない。社会的観点から見ると、中世都市は民主主義の下図を描く。弱者、とりわけ貧窮民の層が拡大し、彼らの数はたえず増えつづけていくにしてもである。ヨーロッパの中世都市と比較した場合、ビザンティンの都市は古代都市の延長であり、都市の境界を越えた信者たちの共同体であるウンマの概念をもつイスラム圏では都市はけっして統一性を見いだすことがなく、中国の都市は中心も、個性も、自立性ももたない。こうした比較のうえに立ってロベルト・ロペスがいみじくも言っているように、やはり、「ヨーロッパにおける都市体験はその総体において、ほかのどんな場所と比べても、より鮮烈で、多様性に富み、革命的で、そしてあえていうならば、より民主的であった」のである。

こうした都市はヨーロッパ全域において歴史の進化を印づけていた。都市の誕生と発達の起点となった核は、領主権力（城塞都市《ブール》）や、原始的商業活動（そのモデルは、ポーランドをはじめとするスラヴ諸国に見られるグロッドである）と結びついていたが、やがてそれはヨーロッパ・キリスト教世界全域に拡がり、その特徴、その原動力になった。ケルト諸国、ゲルマン諸国、スカンディナヴィア諸国、マジャール人の国家、スラヴ諸国について、同様のことがいえる。そして、しだいにヨーロッパに統合されていくこれらの地域の重要性は、ほぼ都市の重要性によって決定づけられた。ヨーロッパの東や北に行くにしたがって、都市化の推進力は弱まり、大都市の数が減ってその威力も縮小するが、成長と権力の現象としての都市化はいたるところで実現していたのである。都市の開花の波がおよんでいなかったのは、アイスランドとフリースラントのみであった。

（34）ゲルマン語 bank「低い台」「ベンチ」がイタリア語の banco、banca となり、「両替台」の意から転じて「銀行」となった。これがさらに「銀行」を意味する英語 bank、フランス語 banque の語源となっており、この事実は中世ヨーロッパの金融業でのイタリア人の活躍を物語るものである。

都市と都市住民

ふたりのフランス人歴史家の説を引用しながら、中世ヨーロッパ都市と都市住民の定義を示しておこう。

ジャック・ロシオは言う。「中世都市とは第一に、人の少ない広大な土地のなかの小さな空間に集中する、充溢した社会である。それは生産と交換の場であり、貨幣経済に糧を得た職人仕事と商業が混在している。都市はまた、ある特別な価値体系の中心でもあって、勤勉で創造的な労働や取引と金銭への関心やぜいたく志向や美の感覚がここから生じてくる。都市はさらに、空間を組織するひとつのシステムである。この空間は城壁によって閉ざされており、人はそこに城門を通じて入り、通りや広場を通過していく。また、空間のあちこちには塔が屹立している。しかしながら都市とは、隣人関係に基礎をおいたひとつの社会的・政治的組織でもある。最富裕層は序列をもたず、対等な人間同士のグループを形成して――彼らは隣りあって座るのだ――、意見を同じくする団結した集団を導いている。教会の規則的な鐘の音に縁取られ刻まれた伝統的な時間があるのに対して、この世俗的な都市社会は、不規則なリズムで反乱や防衛や援護を呼びかける世俗の鐘によって告げられる共同体の時間を獲得したのである」。

つけ加えるならば、都市計画というより、中世の街の美学、芸術作品としての都市建設という言いかたを私はしたいと思う。

中世都市のこのイメージは、平等社会についての見かたに関していうなら、おそらくいささか理想化されているといえるだろう。すでに述べたように、支配的エリートが形成されると、とくに税制面での制度的不正が生じ、これがたえず増加する貧しい民衆を押しつぶすようになる。都市の貧困のヨーロッパがこれである。しかし、市民的《ブルジョワ》モデルは――理想としては――平等主義的であり、いずれにせよそれが、農村の領主制社会に見られるような垂直の人間関係ではなく、水平の人間関係をめざしていることは確かである。中世の世界では、ただ〔アーサー王伝説の〕円卓の神話のみが、ひとりの指導者（つまりアーサー王）を例外として上下関係を排したひとつのテーブルを囲んで座る対等な人間同士のグループという夢想を可能にしていた。しかしこの夢は、貴族の平等の夢である。市民的平等とは現実にはないがしろにされていた原則であるが、平等の基本原理としては、中世における唯一の平等主義的モデルと対比しうる。それは修道士おのおのが平等な発言権をもっていた修道院社会であり、賛成と反対を意味する白と黒のそら豆はその具体的表れであった。

ふたたびジャック・ロシオ、そしてモーリス・ロンバールに、都市住民の肖像を描いてもらおう。「中世人」というものが存在するとするなら、そのひとつの典型は都市住民である。「托鉢修道士と有産市民とのあいだの、参事会員と娼婦とのあいだの、すべての都市住民のあいだの共通点とは何だろうか」と、ロシオは自問している。「フィレンツェの住民とモンブリゾンの住民とのあいだ、成長の初期段階の新興市民と十五世紀の彼らの子孫とのあいだに、共通点はあるだろうか。彼らがおかれている状況も、彼らの精神構造も異なっているが、参事会員は娼婦と、托鉢修道士は有産市民とすれちがわざるをえない。彼らがお互いのことを知らないということはありえないのであり、彼らは人口が密集する同じ小宇宙に組みこまれていて、そこでは、村には存在しない形の社交、ある決まった生きかたを身につけ、ドゥニエ（小銭）を日常的に用い、人によっては、世の中に対して開かれた態度を是が非でも学ばなければならない。

モーリス・ロンバールもまた、この商人＝都市住民のなかに、「さまざまな中心をたがいに結びつけるネットワークの人、他の都市から彼の都市に通じる街道を通ってもたらされる影響を受け容れる、外部に開かれた人、この開放性、このたえまない供給のおかげで、みずからの心理的機能をあらたに創造する、あるいはすくなくとも成長させ、豊かにする人、そしてある意味で、このような対比からみずからの自我をよりはっきりと自覚する人間」を見ている。

都市住民とは、学校や公共広場や居酒屋や劇場――演劇は、まず修道院や教会で、そして十三世紀以降は都市の広場で復活する（アダン・ド・ラ・アルの「葉隠れの劇」が一二八八年にアラスで上演されている）――や説教によってつくりあげられる、共同体文化の恩恵を受ける人である。都市はまた、夫婦や個人の解放にも一役買った。家族構造の進化は、都市ではおもに動産と金銭からなっていた持参金の発達に結びついている。都市とは一個の人格であり、人々をつくりあげると同時にまた、彼らによって形づくられる。そして都市のヨーロッパは、いまもなおその基本的な個性を保ちつづけている。

Ⅱ　商業の成功

商業の目覚め

都市の世紀である十三世紀はまた、都市の発達と密接に関わる形で、商業の目覚めと発展の世紀でもある。

三つの商業地域　十二世紀と十三世紀における大規模な商取引の復活と発展は、いささか大げさにではあるが「商業革命」と呼ばれている流れのなかで起こっている。キリスト教世界に相対的な平和が確立する。十字軍遠征という軍事的エピソードはヨーロッパの外でくりひろげられた叙事詩的な一側面にすぎないのだが、その背後のキリスト教世界内部で、平和的商取引が盛んになる。三つの大きな中心が個性を現し、ヨーロッパの商業活動がそこに集中するようになる。国際商取引のふたつの極は地中海と北海にあり、南のイスラム教徒、北のスラヴ人・スカンディナヴィア人がふたつの吸引力の源を形成しているのだが、これらふたつの極のほうへとキリスト教世界から張り出した部分を縁どるように、いくつもの強力な商業都市が生まれる。このような現象が、イタリアにおいて、またより規模は小さいものの、プロヴァンスからスペインにかけて、そして北ドイツにおいて見られるのである。こうして、イタリア商人とハンザ商人という二種類の商人が台頭する。しかし、このふたつの地域のあいだである交流圏ができあがる。これらの商業地域のあいだにありながら、交易機能だけでなくまた、非常にはやくから工業生産機能をも兼ねそなえているという点で、この地域は独自性をもっている。北西ヨーロッパがこれである。すなわちイングランド南東部、ノルマンディー、フランドル(35)、シャンパーニュ、そしてマース川流域・ライン川下流域の諸地方がこれにあたる。毛織物工業の一大中心地であり、北・中部イタリアをのぞけば、中世ヨーロッパで工業が存在したといえる唯一の地域である。

巡回商人　中世ヨーロッパの商人はまずはじめは巡回商人であり、整備されていない道、貨物輸送手段の欠如、治安の悪さといったハンデを負っていた。さらにそのうえ、数えきれないほどの領主、都市、共同体によって、橋や浅瀬を渡るたびに、あるいはたんに領地内において貨物を通過させるにあたって、ありとあらゆる税、関税、通行料を課されていたと思われる。十二・十三世紀のこの陸上交易においてただひとつ目につく進歩とは、河川に多くの橋が架けられたことである。とくに重要かつ大胆な成果は、一二三七年に最初の吊り橋が架けられ、ゴッタルド山塊を貫いてドイツとイタリアを結ぶ最短のルートが開通したことであった。しかし、頻繁に用いられた商業交通路はといえば、河川や海を通る水路であった。もっとも重要なふたつの河川水路は、ポー川とその支流、およびモーゼル川、ムーズ川へのほうへ向かう延長部分を含めたローヌ川である。さらに、細かく延びるフランドルの河川は十二世紀以降、ヴァールテンと呼ばれる人工的運河網やオーヴァードラッグスと呼ばれる堰と水門のシステムによって補完され、十八世紀の産業革命のなかでイギリスの運河が果たすことになるのと同様の役割を、十三世紀の商業革命において果たしたのである。中世の輸送手段のなかでももっとも重要なのは海上輸送であった。海は聖書の怪物たちや難船の世界であり（聖パウロは偉大なひとりの遭難者であった）[36]、危険や苦難の象徴であって（信徒を集め波にもまれる教会の外陣＝船[37]を人々はイメージし、表現した）、中世の人々を恐れさせ

(35) フランドル地方とは、ベルギー西部を中心としオランダ南西部からフランスの北端までを含めた北海沿岸地域をさす。八六二年以降フランドル伯領がおかれ、西フランクの支配下にありながらも独自性を保っていた。十一世紀から毛織物業が発展し、ベルギーのヘント、ブルッヘ、イーペル、フランスのリールなどの都市が栄えた。十四世紀にはブルゴーニュ公、十五世紀にはハプスブルク家の所領となる。
(36) 聖パウロは紀元六〇年ローマへ向かう途中で遭難し、漂着したマルタ島に三カ月間留まって布教活動を行った。
(37) フランス語で教会の外陣を指す nef は、もともと「船」を意味する言葉である。教会と船の形状の類

たのにもかかわらずやはりそれは変わらなかったのである。こうした恐怖のただなかから、中世においてヨーロッパが出現した。この分野においては、緩慢ではあるが決定的な進歩が見られた。船舶は大型化し、イタリア、とくにヴェネツィアの船団のなかには積載量千トンに達するものも現れた。また、船尾舵、大三角帆《ラテンセイル》、羅針盤、海図製作法の普及にともなう、十三世紀のさまざまな進歩があった。しかしこのような取引にはまだ時間がかかった。そのおもなメリットは、地上の取引よりもはるかに安上がりであるという点にあったのである。

シャンパーニュの大市　十二世紀の終わりから十三世紀にかけて、商業革命の進展とこの革命のヨーロッパ的性格を明らかにするような大きな出来事が起こった。シャンパーニュの大市の発展である。こうした市は、ラニー、バール・シュル・オーブ、プロヴァン、トロワの各所で、一年を通して開かれていた。一、二月はラニーの市、三、四月はバールの市、五、六月はプロヴァンで五月市、七、八月はトロワでサン・ジャンの市、九月から十一月にかけて、ふたたびプロヴァンでサン・テイユルの市、そして最後に、十一月から十二月にかけては、ふたたびトロワでサン・レミの市が開かれたのである。こうしてシャンパーニュでは、西洋世界の市がほぼ恒常的に開かれていたことになる。(38) 商人たちや市の開かれる町の住民たちは重要な特権を享受することができたが、これらの市の成功はシャンパーニュ伯たちの権力の増大、伯たちがとった自由主義政策と密接に結びついている。彼らは通行許可証を発行し、税、市場税、使用料《バナリテ》を免除し、あるいは、取引の合法性、公正さを検査することによって商業・金融活動を保護する一種の市場警察を設置した。この特別な役人、市場の見張り番たちのうちには、多くの場合商人たちが混じっていたが、一二八四年からは王の役人たちがこれに加わった。負債を相殺して清算する慣例が広まっていたことから、こうした大市が「クリアリングハウス〔商品取引における清算業務を専門に行う会社〕のさきがけの役割」を果たしたのだと言う者もいる。この例を見てもわかるとおり、市場経済は政治の助けを得たうえで、その管理下でしか発達することはできないのである。十二・十三世紀には、商業活動は契約と提携を軸に組織されていた。しかしこのような提携は一般に、期限の限られたいくつかの契約の範囲を越えるものではなかった。本当の意味での商社が現れるのは、この世紀の終わりのことにすぎない。

貨幣の問題　この手の国際商取引では、数多く存在した封建時代の貨幣と比べ、より有力でよ

似からこの転用が起こっている。

（38）フランドルとイタリア北部を結ぶ陸路のうえに位置するシャンパーニュには、イタリア商人とフランドル・ドイツから来る商人が集い、大市は地中海商業圏と北欧商業圏の間の交易の場となっていた。

り普及した通貨手段が必要とされた。十二世紀まではビザンティン金貨がこの役割を果たしたが、ヨーロッパの商業がさらに発達するころにはこれを担えるような状態にはもはやなかった。西洋はこのとき、シャルルマーニュが放棄していた金貨の鋳造を再開した。フランスも一二六六年以降エキュ金貨を鋳造しはじめるが、この流れの先頭を行くのはイタリアの大商業都市である。一二五二年から、ジェノヴァが定期的に金貨を鋳造するようになり、フィレンツェもフロリン金貨をつくりはじめる。一二八四年からは、ヴェネツィアがドゥカート金貨を鋳造する。フロリン金貨やドゥカート金貨が威光を放ち、ひろく用いられたとはいうものの、多くの貨幣が混在し、これが中世経済の主要なネックのひとつでありつづけた。封建システムの特徴は断片化にあった。貨幣流通にもその影響は及んでいた。共通通貨とまではいわないまでも、せめて少数の国際通貨さえもつことができなかったことが、中世における商業のヨーロッパの繁栄に限界をもうけていたのである。

都市の商人たち　巡回商人はしだいに定住商人にとって代わられるが、それにつれて商人は多くの人々を仲立ちにしてその取引を進めるようになる。会計士、取次業者、代理人たち、あるいは仲買人《ファクトゥール》と呼ばれる外国駐在の従業員で、経営者の発する指令を受けとって実行に移す者たちなどである。こうして商人階級は多様化していく。レイモンド・デ・ローヴァーがブルッヘについて行ったことであるが、商人たちのなかにいくつかのタイプを見分けることができる。ロンバルディア人――すなわちイタリア人である――あるいはカオール人――イタリアおよびカオールの町は、国際金融の発祥の地としてもっとも名が知られていた――と呼ばれることが多く、消費者金融を営むユダヤ人よりも上の階層に位置づけられる、抵当をとる金貸したち、両替商という、貨幣が統一されていなかった中世ではもっとも頻繁に行われた金融取引にたずさわる者たち、そして、為替仲買人《カンビスト》、すなわち商人＝銀行家たちが区別できるのである。為替仲買人は両替商であるが、その旧来の職務に加え、預金を受けつけたり、貸付によって再投資を行ったりするようになった者たちのことである。銀行のヨーロッパがこうして生まれたのだ。

すでに見たように、商人たちの世界は基本的に都市の世界である。こうした社会的諸現実は、たとえとくにイタリアにおいては市民《ポポロ》と呼ばれる集団が富と権力からおもにふたつの階層に分けられるからといって、法律上の諸区分と混同されてはならず、より重要なのはこれらの社会的現実のほうである。市民の権利はさまざまな特権を含んでおり、それは少数の人間にしか認められていなかったが、都市の経済的・社会的・政治的現実のなかでは、財産や経済的・政治的役割の大小のほうがより重みをもつものであった。「これはまさしく実業家たちがつくりあげた階級制である」というイヴ・ルヌアールの主張は正しい。商人たちの支配は、さまざまな形で姿を現わす。職人や工場労働者のあいだに賃金制度が広まったことを利用し、賃金体系を固定することによって、彼らは労働市場の支配権をにぎる。彼らはまた、住宅市場をも支配する。職人たちに仕事を発注する彼らは、また不動産所有者でもあるのだ。さらに、人頭税《タイユ》をはじめとするわれわれがいうところの税金を通じて、商人たちは権力を保持し社会的不平等を維持している。税額を定めるのは市参議会だが、これを牛耳っているのは商人たちなのである。十三世紀後半の有名な文書――法律家ボーマノアールによって書かれ、ボーヴェジ慣習法に含まれる一節である――は、この都市と不平等のヨーロッパの根源のありかをよく示している。「コミューン都市では、人頭税に関して多くの抗議の声が沸き起こっている。町の公的職務をつかさどる裕福な人々が、彼らおよび彼らの家族の税を実際よりもすくなく申告するということがしばしば起こっているからである。彼らは他の裕福な人々にも同じような特恵が得られるようはからっており、こうしてすべての重荷は貧しい人々全体のうえにのしかかっているのだ」。脱税はあまりにひどく、ときには騒動がもちあがることもあった。たとえばアラスでは、有名な銀行家一族クレスパン家のひとりが、二万リーヴルの利益を申告し「忘れた」。脱税のヨーロッパはもうすでに始動していたのである。

金銭の正当化

最初のうち、そして十二世紀になってもなお、商人はみな多かれ少なかれ高利貸しを兼ねていた。したがって教会は商人を非難したのだが、高利貸しが事実上ユダヤ人に限られるようになり、商人の力が強くなると、教会はしだいに彼らの利益を正当化し、合法的な儲けと不正な儲けとのあいだに、そもそも明確とはいいがたい境界線を引くようになる。そうした正当化のなかには、商取引の技術そのものに関するものもある。商業活動から生まれる収益に遅延や損害が生じた場合、教会は商人が補償金を受けとることを認めた。市場の機能がヨーロッパの心性と倫理のなかに、偶発性、リスク、不確定性といった概念をもたらしたのである。しかしなにより重要なのは――この問題にはのちに触れることになるが[39]――、商人の上げる利益の正当化が、この利益は一定の労働に対する報酬であるという考えにもとづいて行われたことであろう。それどころか、公益、一般的有用性の概念がスコラ学や説教を通じて広まり、商人たちにもこれが適用されるようになる。十三世紀には、教会法学者ストラスブールのブルヒャルトがこう言っている。「商人たちは、商品を市場へもたらし市場から持ちだすことによって、万人のために働き、公共の利益を実現している」。またはやくも十三世紀初頭には、イングランド人、チョバムのトマスがその告解の手引きのなかで以下のように断言しているのだ。「もし商人たちがある所にあふれている物をこの物が不足している所へ運んでくれなかったとしたら、多くの国はたいへんな貧困に襲われることだろう。したがって、商人がその仕事に対する代価を受けとることには正当な理由があるのだ」。

(39) 本書二七一、三一九―三二二頁を見よ。

商人の地位と力が向上すると、ヨーロッパの心性に大きな変化が起こった。ミシェル・モラが言ったように、商人がもたらした金銭は、「社会の基盤」となった。商人はそれでも領主制的価値観とつねに対立していたわけではない。貴族的な暮らしを送り、みずからを貴族そのものと信じさせようとして、それが成功することもたびたびあったのである。商人はまた、土地を買い、土地開発と農民搾取から収入を得て、土地というこの中世における権力の最重要基盤を手中におさめようと画策した。

のちにも触れることになる信仰実践に生じた変化によって、[40] 商人に別種の正当化がもたらされることとなった。商人は教会のいう慈善事業、とりわけ施しをふんだんに行ったのである。シエナのサンタ・マリア・デッラ・スカラ病院に代表されるような、最初期の街の病院の建設は、大部分が商人の手になるものである。またいっぽうで、煉獄にいる魂のための祈禱が導入され、告解によって清められなかった罪を贖うための場所であるこの天国の控えの間についての信仰が固まると、十三世紀まで教会があらゆる高利貸しに対して与えることを拒んでいた救済を、商人が得られる望みが生まれた。シトー会士ハイスターバッハのカエサリウスが書いたある文章には、リエージュの高利貸しの話が出てくる。その寡婦の信心のおかげで、彼は煉獄に、そして天国へとたどり着くことができるのである。なにより興味ぶかいのは、十三世紀以降、大部分の商人が文化の庇護を実践するようになるという事実である。教会を建設し、そしてとくに芸術家に報酬を支払ってその装飾を依頼することによって（一三〇〇年頃、最初の「近代的」芸術家であるジョットは、出資者であるフィレンツェの大ブルジョワジーから高額の報酬を受けとっていた）、彼らは住みついた町に対する献身的態度を示したのである。商人たちの多くはまた、中世の人間のなかでももっとも早く、もっとも強烈に、美の感覚にとらえられた者たちのうちに含まれていたようである。こうして、金銭と美とが思いがけず手を結ぶことになった。

最後につけ加えるなら、商取引の技術が進歩し、とくに商人＝銀行家の仕事のなかで「文書」の重要性がしだいに高まると、彼らのあいだに、商人の知的文化と呼ばれるものが発展した。商人の側からのこの知的要請により、たとえばヘントではやくも一一七九年に見られるように、街の中等学校が建設されるようになる。教養の世俗化が促進され、読み書き、計算、地理、現用語の学習が、その重要性を認められて広まった。あるジェノヴァ人が、十三世紀末に商人に対してこんな忠告を与えている。「いつも忘れずに、したことをすべて文字にしてきちんと残しておくようにしなさい。頭から消えてしまわないうちに、すぐに書いておくのです」。また、あるフィレンツェ人はその次の世紀に、「書くことをおっくうがってはならない」と言っている。計算の分野では、ある著作がひとつの模範となっている。一二〇二年にレオナルド・フィボナッチによって出版

(40) 本書三一一―三一二頁を見よ。

されたそろばんについての概論（『そろばんの書』）である。フィボナッチはピサ人で、その父は北アフリカのブージーでヴェネツィア共和国税関吏として働いていた。商売のために旅したブージー、エジプト、シリア、シチリアで商人たちが形づくっていたキリスト教＝イスラム教世界のなかで、彼はアラブ人たちによってインドからもたらされていた数学の初歩を身につける。フィボナッチは、記数法に大きな革新をもたらしたアラビア数字やゼロの使用、分数計算、比例算を導入した。

十三世紀の終わりに商人たちは、それまでは互いに相容れないものとされていたふたつの富を手にしたのだ。物質的富と精神的富である。以前彼らは金は稼いだが、そのことによって劫罰に処されていた。たとえばロマネスク彫刻で、商人は首につけられた財布に引かれ、地獄に落ちる姿で描かれていたのである。いまや商人は金を手放す必要はなく、ある程度の期間煉獄にとどめおかれたのちには、天国に行くことができるのである。商人は、「財布と命」[41]を両立させたのだ。

ハンザ同盟

十三世紀の商人の世界を、ふたつの民族が支配している。南の、地中海圏におけるイタリア人と、北の、ブリテン諸島、フランドルからバルト海にいたる地域で活動するドイツ人である。ビザンティン世界内部やイスラム世界周縁部にも姿を現し、フランドルでも存在感を増していくイタリア人の活躍には目を見張るものがあったが、おそらくもっとも注目すべき商業の発展は、ハンザ商人によってなされていた。彼らは、フリース人[42]、のちにはフランドル人といった中世初期の商人たちの後継者だが、それよりはるかに活力に富み、はるかに多くの商品をあつかっている。十二世紀には、ライン川のデルタに位置するティールに代わってユトレヒトが最重要地となったが、ここにはフランドル人、フリース人に加えて、ラインラント、ザクセン、デンマーク、ノルウェーからの人々が集っていた。ブルッヘはネーデルラント[43]のもっとも重要な商業中心地となっていた。ヨーロッパにおいてフランス・ワインの手ごわいライヴァルとなっていたライン川のワ

（41）この表現は、ル＝ゴフ自身の著作の表題「財布と命 La Bourse et la vie」（Jacques Le Goff, *La Bourse et la vie : Economie et religion au Moyen Age*, Hachette, 1986;『中世の高利貸――金も命も』渡辺香根夫訳、法政大学出版局、一九八九年）を暗示しており、ここで「財布」は商人のあげた利益を、「命」は教会が信徒に約束する「永遠の命」を意味している。しかしこの表題はまた、追剝に出会った旅人が金品を要求されるときに耳にする言葉「金か命か」を思わせるものであり、それに対する裏返しの返答「金も命も」をほのめかすものとも受けとれる。つまりこれは、「聖俗両次元において中世の高利貸が立たされていたジレンマと、高利貸の必死の対応――悲痛の趣さえ湛えた〈強欲〉の伝統的イメージ――とを一挙に言いおおせている」（上記『中世の高利貸』訳者あとがき）、含みの多いタイトルなのである。

（42）本書六〇頁を見よ。

（43）ネーデルラント Nederlanden とは、「低地の国々」を意味し、現在のベルギー、オランダ、ルクセンブルクの三カ国にあたる低地地域内に存在した国々を指す。十六世紀にハプスブルク家のカール五世のも

イン、金属製品、宝石、コンスタンティノープルからのものまでも含む豪華布地、マインツの甲冑などを、これらの商人は輸入・再輸出していた。もっともめざましい発展を遂げたのはケルンの商人たちで、西はブリテン諸島から東はデンマークにまで取引の手を広げていた。ケルン商人はとくにイングランドで大きな成功をおさめ、遅くとも一一三〇年にはロンドンの居住権を得て、テムズ川のロンドン橋の上流に商館をかまえている。ギルドホールと呼ばれたこの商館は、ケルン商人のビジネス・センターとなっていた。一一五七年には、ヘンリー二世がケルン商人の優遇を認めた。北東に目を向けると、バルト海の商取引はゴトランド島[44]の船乗り兼農民たちに掌握されており、彼らはロシアのノヴゴロド[45]に富をもたらした。ロシアの商人たちはバルト海やデンマークにまで足を伸ばしたが、そこで彼らが出会うのは、ドイツ人よりもむしろプルーセン人[46]、エストニア人[47]であることが多かった。都市の勃興にともない、商業地図は塗りかえられた。ドイツ・ハンザの誕生と発展は都市の発達と密接に結びついている。

商人たちの台頭とともに十三世紀にハンザ都市が確立するにいたるプロセスを、フィリップ・ドランジェは明解に説明している。そのおおよその図式は次のようなものである。「田舎の職人たちの移住と商人たちの定着によって、立地条件に恵まれたいくつかの都市圏の人口が増加する。同じ城壁のなかに、北部ドイツ語でヴィクと呼ばれる商業地区と、より古くからの宗教的あるいは世俗的な行政の中心とが寄り集まるようになる。土地所有と商取引の問題に重点をおいた、一律の基準に基づく、都市に特有の法律が制定される。しばしば誓約に基づくことの多い、市民の共同体が形成される。このような共同体においては商人が支配的影響力をもっており、彼らはひとつのギルドに組織されていることもある。いくつかの富裕な家系が都市の政治を独占する。土地の領主から、都市が徐々に自立するようになる。そして最後に、市民の手による行政機関が発達する」。十二世紀末には市参議会（ドイツ語でRat）が市の行政をつかさどる議会となり、都市は法的存在となる。この過程のなかで、ある種の都市法が制定されることの重要性が強調されるべ

とで統一されるが、宗教改革以降プロテスタント勢力の抵抗が強まり、八十年戦争（オランダ独立戦争、一五六八―一六四八）期間中にほぼ現在のオランダに相当する地域が「ネーデルラント連邦共和国」として独立することになる。現在のオランダとベルギーの素地はこの時にできている。

(44) スウェーデン南東部、バルト海上の島。十二世紀にドイツ商人により植民が行われ、中心都市のヴィスビューはハンザ同盟都市として繁栄した。

(45) 九世紀に成立したロシア最古の都市のひとつ。中世にはハンザ都市との交易で栄え、その経済力を背景に共和制国家を発達させたが、一四七八年にモスクワ大公国に併合された。

(46) 本書一一七頁を見よ。

(47) 紀元前五〇〇年ごろにはバルト海沿岸北方に定着したバルト・フィン系のエストニア人は、十世紀にはいくつかの部族集団を形成していた。十三世紀に入るとドイツ騎士団がバルト海沿岸に進出し、デーン人も北から攻めこんで、エストニア人のキリスト教化が進んだ。

きである。その条項の大部分は、十三世紀以後に書かれたものである。こうした法律のモデルとなりとくに影響力の強かったもののなかでも注目すべきものとしては、つねに控訴に対する「高等裁判所」となりウェストファーレン〔ドイツ北西部地方〕諸都市に判例を提供したドルトムント法、ザクセン地方の都市ゴスラーのゴスラー法、そしてとりわけ、ポーランドやスラヴ諸国を含む東ヨーロッパで「ドイツ都市法」として普及したマクデブルク法がある。

重要な出来事は、ザクセンの獅子公ハインリヒの封臣でホルシュタイン伯であったシャウエンブルク家のアドルフ二世によって、一一五九年にリューベックの町が建設されたことである。アドルフは建設と統治をある「請負集団」〔フリッツ・レーリヒの表現〕に一任した。リューベックは、のちに都市と商業の帝国であるハンザ同盟の盟主となる。十三世紀半ばまで、リューベックのドイツ人商人のなかにはゴトランド島に拠点を構えるものが多くいて、当地の商人の繁栄に手を貸していた。ゴトランド島の主要都市ヴィスビューの発展はめざましく、またはかなかった。十三世紀半ば、ヴィスビューは長さ一万一二〇〇ピエ〔約三七〇〇メートル〕の石の城壁で取り囲まれたが、これに含まれる領域はすくなくともリューベックのそれに匹敵するものであった。十八の中世教会の遺構のうち最大のものは、一一九〇年から一二二五年にかけて建設された聖マリア教会で、ドイツ人共同体のための小教区教会であった。こうした教会遺構は今日もなお、ヴィスビューをつかの間の首都としたこの北欧商業圏の歴史の証人となっている。やがてリューベックがヴィスビューに代わってこの役を果たすようになり、ヴィスビューをしのいだ。リューベックは、イタリアのガレー船(48)に対抗できる商船である積載量のより大きいコグ船(49)を大量に建造させ、強力な海洋商業網のうえに君臨する。この商業網が拠点とした新都市には、ロストック、シュトラールズント、スラヴ人都市だがドイツ人居住区によって拡大したオーデル川下流のシュチェチン、ヴィスワ川河口のダンツィヒ（グダニスク）、プロイセンのエルブロンク（現在はポーランド）――その十三世紀はじめの印章は船尾舵のもっとも古いイメージを表している――などがある。リューベックの商業活動は、当時プロイセンで活動していた新たな騎士修道会、すなわちドイツ騎士団の改宗と征服のための努力と歩調を合わせていた。

リューベック商人、またより一般的にはヨーロッパ北部のドイツ人商人たちは、スウェーデンのカルマルととりわけストックホルム（一二五〇頃）、あるいはノルウェーのベルゲンといった都市の建設を促進した。リューベック商人およびハンザ商人の活動の拡大は西へも向かった。イン

(48) 人力を推進力とする櫂船の軍艦。古代に出現したが、地中海ではその機動力のため近代まで用いられ、商船としても使用された。

(49) バルト海沿岸地方に豊富なオークを用いて造られ、十二世紀頃からおもに北方のハンザ貿易の主力として使われた。一本マストで一枚の横帆を備えたものであった。十四世紀以降は、これに代わりハルク船がしだいに用いられるようになる。

グランドにおいては、リューベックおよびその他の東方商人が、ヤーマス〔イングランド東部ノーフォーク州のグレート・ヤーマスの通称〕、リン〔現ノーフォーク州キングズ・リン〕、ハル〔イングランド北東部ハンバーサイド州のキングストン・アポン・ハルの通称〕、ボストン[50]、そしてロンドンといった港を頻繁に訪れるようになる。イングランドのヘンリー三世は、ケルン商人の組合をモデルに、一二六六年にはハンブルク商人に、一二六七年にはリューベック商人に、商人組合すなわちハンザを形成する権利を認めた。これがハンザという言葉が現れた最初の機会である。ドイツ人商人はまた、一二五二年および一二五三年にフランドル女伯から一連の特権を与えられた。ハンザ都市の商業活動は一三五六年まで着実に発展していった。そしてこの年、最初の代表者会議が開かれ、諸都市のハンザが正式に結成される。

ハンザが発展するにつれて、ブルッヘ[51]の繁栄が確立する。この都市は「西洋の世界市場にならんとしていた」〔フィリップ・ドランジェ〕。ブルッヘはあらゆる国の商人たちを迎えていた。イングランド人、スコットランド人、アイルランド人は毛織物工業に羊毛をもたらし、ホラント人[52]、フリース人は家畜を売り、ラ・ロシェルからバイヨンヌにいたるイングランド領フランスの大西洋岸[53]の商人たちはワインを売っていた。スペイン人やポルトガル人も、羊毛や南欧の果物を持ちこんでいた。シャンパーニュの大市になかば見切りをつけるようにして、イタリア人商人はブルッヘに拠点を設け、ブルッヘは北部ヨーロッパの主要金融市場となった。十三世紀末以降、ジェノヴァの、ついでヴェネツィアのガレー船が、船団を組んでこの地方の入り江に香辛料の積荷を定期的に運び入れた。イタリアからフランドル、そしてバルト海にいたるまで、ひとつのヨーロッパ的世界＝経済が海洋貿易によって形づくられていたのだ。

(50) イングランド東部リンカーンシャー州の港湾都市。中世にはハンザ同盟の港町として繁栄し、イングランドではロンドンに次ぐ貿易港であった。十七世紀には、この地からの新大陸への移住者がアメリカの同名都市を建設した。

(51) 九世紀ごろに築かれたフランドル伯の居城を中心とした商人・手工業者の町に起源をもつ。北海への玄関口として格好な場所にあるブルッヘは、中世を通じ、フランドル伯領の首都として文化的にも経済的にも繁栄した。ヘントやイーペルとならぶフランドル毛織物工業の中心地で、イギリス羊毛の輸入港であり、また貿易の中継地として北ヨーロッパの国際商業の要となった。しかし十五世紀には港湾機能が衰え、しだいにアントウェルペンにその地位を譲った。

(52) 現在のオランダ西部の北海に面する南北ホラント州にあたる地域には、中世以来ホラント伯領がおかれていた。一四三三年、フランドルを領有していたブルゴーニュ公家がホラント伯を兼ねたため、ホラントはネーデルラントの一部となった。ホラント州は八十年戦争（一五六八―一六四八）の結果独立したネーデルラントの北部七州のひとつであったが、とくに重要な役割を果したため、この州の名がネーデルラント連邦共和国、さらには今日の王国の通称となっている。日本語の「オランダ」もホラントのポルトガル語名に由来する。

(53) 欠地王ジョンの時代、フランスはイングランドに奪われた領土のかなりの部分を回復したが、アキテーヌ地方はひきつづきイングランド領でありつづけた。

Ⅲ　教育と大学の成功

大学の誕生

ヨーロッパにおける都市と商業の十三世紀はまた——その舞台となるのはやはり都会だが——、教育と大学のヨーロッパの世紀でもあった。すでに見たように、[54]有産市民の誕生は十二世紀から街の学校の増加をもたらしていた。この「初・中等」学校のヨーロッパはヨーロッパにおける教育の本質的基礎をもたらしたのだが、よりめざましい、今日なおも生きつづける伝統を打ち立てた創造とは、大学と呼ばれる「高等」学校の創設であった。これらの学校には、十二世紀の終わりにストゥディウム・ゲネラーレ、すなわち全体の学校という名が与えられたが、これは学校のより高度な位置づけを示すとともに、そこで百科にわたる教育が行われることをも意味していた。都市における職業の大規模な組織化の動きのなかに位置づけられるこれらの学校は、他の職業同様に同業者団体として構成されており、したがって、組合を意味し、一二二一年にパリで「パリの教師と学生の共同体 *universitas magistrorum et scolarium*」を指してはじめて用いられた、ウニヴェルシタスという名称を得る。

歴史家が考慮をはらわなかったある区別をまず念頭におくことにしよう。中世の大学組合はふたつのモデルに従って成立した。パリのモデルでは、教師と学生はただひとつの共通の共同体を形づくっていた。ボローニャのモデルでは、学生のみが法的にウニヴェルシタスを形成した。今日まで存続したのはパリのモデルのみである。十三世紀のヨーロッパにおける大学教師の出現は、商人の出現と平行して起こっている。商人はまず神にのみ属する時間を売ることをとがめられ（利子の儲けは眠っていても商人の手に入る）、十三世紀になるとその労働と有用性を理由に正当化されるのだが、そんな商人はある意味で大学教師と対をなしている。大学教師もまた、十二世紀には学問という神にのみ属する富を売ることをとがめられるが、彼に講義の対価を支払う学生を教えるという労働によって、やはり正当化を得ていたのである。商業労働のヨーロッパのかたわらに、知的労働のヨーロッパが生まれる。大学教師はこうして、今日のわれわれなら研究と呼ぶところの思考と著述の労働と教育労働を兼務していた。多くの場合、名声によって、あるいは社会的・政治的論争（たとえば修道士の托鉢、王権、教会の課税にまつわる問題）に対して発言することによって、彼らの職務には、十九世紀以来一般に知識人のものとして認められてきた役割がつけ加えられた。私がこれらの大学人を「中世の知識人」(55)と呼んだのはそのためである。

(54) 本書二二四、二四〇、二六一頁を見よ。

(55) ル＝ゴフには以下の著書がある。Jacques Le Goff, *Les Intellectuels au Moyen Age*, Paris, Seuil, 1957, 1985〔ジャッ

これらの大学人は、教師によって選出される総長《レクトゥール》の支配下におかれていた。総長はまたふつうは司教によって任命される学区長《シャンスリエ》の監督下におかれたが、大学がしだいにほぼ完全な自治を獲得するにつれて、学区長の権威は無きに等しいものになった。大学人はまたほとんどの場合、都市や王国といった世上権の干渉や支配の企てをのがれた。それとは反対に、大学は教会の機関であり、教皇の介入を受けいれる義務があった。しかしこのような介入は一般に遠まわしの軽微なものであった。場合によっては、地元の司教が建前にすぎない権威をふりかざし、とつぜん大学業務に介入して一種の検閲の力を及ぼそうとすることもあった。もっとも大々的だったのは、一二七〇年と一二七七年に、トマス・アクィナスその他のパリ教師の教育から生まれたいくつかの命題が、パリ司教エティエンヌ・タンピエによる断罪を受けたことである。この断罪はとくに、パリ教師たちがアラブ人注釈者アヴェロエスの思想から借用したもの、あるいはそうみなされたものに向けられていた。アヴェロエスはいわゆる二重真理説を唱えたが、これは、教理上の真理（キリスト教徒においては、聖書と教会教義の真理）のほかに理性の真理を正当なものとみなし、これがたとえ教会の真理に反していても教授されうると考えるものであった。

アリストテレスは十三世紀の大学、とりわけパリ大学においては、いわば偉人となっていた。その論理学の著作はひさしい以前からラテン語に訳されていたもの(56)の、彼の形而上学、倫理学、政治学がラテン語翻訳を通じて発見されたのは十三世紀のことにすぎない。アリストテレスの書物は最初大学で教えることが禁じられていたが、学生たちの強い関心と欲望を引きつけており、大学内でそれを読むことは可能であった。中世におけるラテン語によるアリストテレス思想の流行があったと言っても過言ではなく、この現象は一二六〇年代には大学教育全体に浸透していた。やはり一世を風靡した教師であるドミニコ会士トマス・アクィナスは、この思想を大学にもたらした主要な人物のひとりであった。しかし一二七〇年あたりを境に、アリストテレス哲学はかげりを見せる。エティエンヌ・タンピエのような伝統主義者による断罪の衝撃もあったが、同時にこれとは反対に、より「近代的な」教師たちの攻撃もあったためである。アリストテレス哲学に対してより神秘的・非合理的思想によって反論を加えた、フランシスコ会士のヨハネス・ドゥンス・スコトゥス（一二六六―一三〇八）とオッカムのウィリアム（一二八五―一三四七）、ドミニコ会士のマイスター・エックハルト（一二六〇頃―一三二八）のような人々である。アリストテレスの主知主義は、体験に基づく自由な議論に開かれた学問に対しては、もはや障害とみなされるようになったのである。

大学は学問分野にしたがっていくつかの学部から構成された。学部は四つあり、原則としてす

ク・ル＝ゴフ『中世の知識人――アベラールからエラスムスへ』柏木英彦・三上朝造訳、岩波新書、岩波書店、一九七七年。

(56) 本書五〇頁を見よ。

べての大学は四つすべてを備えていることになっていたが、つねにそうであったわけではなく、またしばしば、他の学部があったとしてもひとつの学部が重要度の点でそれらを凌駕していた。たとえばボローニャは最初は法科大学であり、パリは神学大学、モンペリエは医科大学であったのだ。教育課程《クリクルム》のなかに占める重要度やそれがもたらす威厳には学部間に序列がある。基礎教養課程の学芸学部では、三学《トリウィウム》（文法学、修辞学、そしてとりわけ弁証法（論理学））と四科《クアドリウィウム》（算術、幾何学、天文学、音楽）を教えたが、この学部は今日われわれが科学的と呼ぶような学問の下位におかれたのである。社会的観点から見ると、この学部はまたもっとも若く、騒がしく、お金のない学生たちが集まる学部であり、次の学部に進級するのはそのうちごく少数であった。その上位には、ふたつの専攻が学生を引きつけるべく待ちかまえていた。法学部では民法と教会法というふたつの法律を教えた。医学部では、医学が実験的・実際的であるというよりむしろ書物的・理論的な性格を与えられていた。さらにそのうえでは、すべてをしめくくるものとして、最高学部である神学部が重きをなしていた。

最初の大学はボローニャ大学であった。教皇によって規約が裁可されたのは一二五二年のことにすぎないが、一一五四年にはすでに赤髭王フリードリヒがボローニャの教師と学生に特権を認めていた。同様にパリの教師と学生は、一一七四年に教皇ケレスティヌス三世から、一二〇〇年にフランスの尊厳王フィリップから、特権を授かっている。しかし大学の規約が教皇使節ロベール・ド・クルソンによって裁可されたのは一二一五年になってからである。さらに一二三一年には、教皇グレゴリウス九世の非常に重要な勅書「諸学の親」によって承認されるが、この勅書は、この大学・神学機関に対する以後よく知られるようになった賛辞を含んでいる。この場合の神学とは、シュニュ神父の言葉を借りるなら、大学において「学」となったところの神学である。オックスフォード大学、ケンブリッジ大学、モンペリエ大学は、十三世紀の初頭に創設された。ナポリ大学は皇帝フリードリヒ二世によって一二二四年に創設された。リスボン大学は一二八八年にできる。教皇庁のストゥディウムは正真正銘の大学の役割を果たしており、アゴスティーノ・パラヴィチーニ・バリアーニが示したように、光学と科学が重視されていた。

サラマンカ大学創設の諸段階の歴史は、この問題の理解を深めるのに役立つ。一二一八年から一二一九年にレオン王アルフォンソ九世の手によって王立機関として設立されたのち、一二五四年にはカスティーリャの賢王アルフォンソ十世の発布した「大学憲章《カルタ・マグナ》」により、より上位の機関に格上げされ、一二五五年には教皇アレクサンデル四世によって「万国教授資格 *licentia ubique docendi*」の発行が認められた。この大学の歴史家であるアントニオ・ガルシア・イ・ガルシアは、一二五四年にアルフォンソ十世がサラマンカ大学に与えたこの種のものの好例である諸特権を、非常に適切にこう記述している。「『大学憲章』によって民法(法令)の講座が一つと教会法(教令)の講座が三つ、論理学がひとつ、文法学がふたつ、自然学(医学)が一つ開設され、教師や学生に必要な本を供給するための図書館司書、主席オルガン奏者、薬剤師のポストがそれぞれ一つずつ設けられた。講座の数は時とともに増加した。教授たちの給料には、おもにサラマンカ司教区からの十分の一税のうち三分の一が充てられた。教授と学生たちはそのほかにも、聖職者の特権をたっぷりと享受していた」。

トゥールーズ大学のケースは特殊である。大学の創設はカタリ派との闘いを続けていた教皇庁によって強いられたものであり、一二二九年にアルビジョワ十字軍を終結させたパリ条約に規定されていた。教師や学生の募集のために大規模な宣伝が行われ、キリスト教世界全体にパリ大学の偉大なイングランド人教師ヨハネス・デ・ガルランディアの起草した文章が配布されたが、これはトゥールーズの風土を称え、街の、そしてトゥールーズっ子の魅力をもほめそやすものであった。大学に対する南仏の人々の対応は芳しくなかった。彼らの目にはこれが北部の人間が及ぼす支配の道具と映ったのである。神学はここでは成功をおさめられず、大学がとりわけ法律の分野において発達を遂げたのも、十三世紀後半になってからのことにすぎない。

大学生活

新たな大学によってはじめてもたらされ、十三世紀のヨーロッパに以後長い影響を残すことになる遺産として贈られたもののなかで、ストライキという手段のことを強調しておこう。もっとも長く有名なストライキは、パリの教師と学生が一二二九年から一二三一年にかけて起こし、司教や王妃ブランシュ・ド・カスティーユ〔当時は息子のルイ九世の摂政〕の敵意に打ち勝ったものだった（これは若いルイ九世が母に抵抗を示したはじめての機会であっただろう。彼は大学を支持し、大学は教皇から勅書「諸学の親」を勝ち取ったのである）。もうひとつの革新は、カリキュラムとして編成された講義のカレンダーのなかで、夏に一カ月の休暇が組みこまれたことである。なかば典礼という形をとって、休暇はヨーロッパのなかに入りこんだのだ。教会によって国際主義に慣らされていたはずの十三世紀のキリスト教世界のなかでも、大学はやはり衝撃的だった。その教師や学生は、知を求めて外国に赴き、大学や教師の流行、評判に従って、国から国へと渡り歩くことを厭わない放浪人たちだったのである。十三世紀のパリのもっとも名高い教師は、ドミニコ会士のドイツ人アルベルトゥス・マグヌスとイタリア人トマス・アクィナス、フランシスコ会士のイタリア人ボナヴェントゥラだった。

　中世およびそれ以降の大学の成功を確かにしたのは、キリスト教世界全体で通用する学位を授与する権利をもっていたことであった。これは未来のヨーロッパを築くことになる新たな基礎のひとつである。資力と能力がある場合学生は一連の学位を獲得したが、なかでも最大の名誉となるのは十一年の勉学ののちに獲得できる神学の学位だった。最初の段階であるバカロレアは一種の入門儀式であり、若い貴族男子すなわち騎士志願者《バシュリエ》が騎士道に入る際に獲得する秘儀伝授に比較される。つぎにくるのは、もっとも重要な免状である万国教授資格 *licentia ubique docendi*、すなわちあらゆるところで教える許可であるが、これがわれわれの学士号《リサンス》になった。この資格ならびにそこから生じる特権を授与する権利を大学に授けることができるのは、教皇だけであった。三番目で最後にあたる高等教育学位は博士で、これを受けたものは師となる。教師たちのヨーロッパがこうして生まれたのだ。大学の学位は、貴族でもそうでない者たちでも手に入れることができた。農民の息子として生まれた大学教師も知られている。ロベール・ド・ソルボンは彼の生きた十三世紀にすでに名が通っており、友人であったフランスの聖王ルイの特別な計らいによって、パリの学寮のなかでももっとも有名なソルボンヌ寮の創設者となったが、彼は非常につつましい生まれの者であり、彼の相棒であったジョワンヴィル卿は折に触れてそのことを彼に思い出させた。しかしながら、大学の教育は高くついた。学生は長い年月のあいだ、部屋代や食費が値上がりしつづける都市で必要な生活費を捻出しなければならなかったというのがそのおもな理由である。したがって、一、二年のあいだ大学に通ったのちにさらに学業を続けられる学生は少数であった。

才能のある勉強熱心な学生が社会的出自のハンディキャップを克服できるように、何人かの慈善家たちは今日なら奨学生と呼ばれるような者たちのために無償の住居と食事を提供する施設をつくり、その財政を援助した。これが学寮《コレージュ》であり、パリの有名なものにはソルボンヌのほかに、アルクール寮、ナヴァール寮があった。学寮にはしばしば、同じ地方出身の学生、あるいは同じ学科を専攻する学生が暮らしていた。十三世紀に関していえば、ソルボンヌ寮には神学部の貧しい学生が迎えられ、また、たとえばオックスフォードにおいては、マートン寮《カレッジ》がとくに数学の学生のためにつくられた。大学そしてとくに学寮は、このように十三世紀以降、一種の高級官僚階級を養成し、彼らはやがて教会や世俗の諸機関で力をもつ要職を独占した。彼らのなかには法律を専門に学んだものが多くいたため、たとえばフランスでは、十三世紀の終わりの美男王フィリップ四世の時代に、これらの学生が法学者の政府を組織した。特権的キリスト教知識人のヨーロッパが生まれようとしていた。

書物の文明

十二世紀ルネッサンスの延長として、十三世紀には書物の発達が確かなものになった。その最初の発達は四世紀から七世紀までのあいだに起こった。このとき、閲覧がやっかいだった古代の巻物であるウォルメンに代わって、コデックス〔冊子本〕が使われるようになり、写本にページの革命がもたらされたのだ。典礼書をのぞけばサイズがかさばらず、よって持ち運び可能であったこともあり、写本の閲覧は容易になった。しかし、コデックス書籍の普及はふたつの条件によってはばまれた。一つは社会的・知的条件である。書物を読むことのできる人間は、修道院で教育を受け、当時としては唯一の図書室である修道院の写字室《スクリプトリウム》付属のそれを使用することのできた修道士たちに限られていたのだ。ふたつ目の条件も同様に書物の普及をさまたげた。コデックス書籍の文章は羊皮紙のうえに書かれていた。本をつくるのには、何枚もの子牛あるいはより多くの場合羊の皮が必要で、結果として書物はたいへん高額なものだった。それでも街の学校やとりわけ大学の数が増えるにつれて、書物の需要は高まった。

イバン・イリイチはこう書いている。「一一四〇年頃、書物の文明において、修道院のページが閉じられ、スコラ学のページが開かれる」。新たな読書術の創始者は、パリ近郊のサン・ヴィクトール修道院の学識豊かで偉大な神学者であったサン・ヴィクトルのフーゴーである。十三世紀にはいくつかの物質的・技術的な新機軸が最終的に完成し、書物の新たな顔、新たな使用法が確立される。句読法が改良され、写本のなかには各種のタイトルや見出しが挿入され、書物は章に分けられ、アルファベット順に分類された主題索引が加えられた。さらに革命的だったのは、特別な聴衆を前にする時をのぞいては音読が放棄され、個人的な黙読が始まったことである。個人的読者のヨーロッパが生まれたのだ。学校や大学の発展のほかに、法学者のような書くことを専門に行う新たな職業集団が現われたこと、あるいは貴族、商人、職人のあいだで識字教育が発達したことが引き金となり、書物にまつわるさまざまな実践がその数を増していった。ダニエル・バルーが言うように、「書物は、世俗の学問、仕事、余暇、個人的信仰のすべてに用いられる道具となる」。その形態と同時に、書物の内容もまた進化し多様化する。書物が地域語に開放されるにつれて、それは読者の嗜好や関心に開放されるようになる。大学の教材のレイアウトは、注釈を書きこめるように余白が大きく取られていることによって特徴づけられる。とりわけ大学のまわりの環境で、書物にまつわる数々の職業が生まれる。書店が現われる。羊皮紙職人、写本家、製本職人の需要がしだいに高まっていく。高額の羊皮紙が生み出す障害はなかなか消えない。徐々に紙が導入されはするものの、これが主流となるのは紙の値段が羊皮紙の十三分の一にまで下がる十五世紀になってからのことである。

書物に関するもうひとつの技術面での革新が、十三世紀に現われて発達した。ペキア〔分冊〕の技術がそれである。印刷機の存在しない時代における文書の複製とは、いうまでもなく大問題である。たった一部の写しをつくるのにも、何カ月ものあいだ原本を一カ所に留めておかなければならないことが多かった。十二世紀の終わり以降ボローニャで、とりわけ十三世紀のパリで、新しいタイプの原本であるエクセンプラルをもとにこのシステムが考案された。ルイ＝ジャック・バタイヨンはペキアの技術をこう説明する。「写本家に貸し出される文書は番号の振られたいくつかの分冊に分けられていた。この分冊はそれぞれがふたつのページを含む二枚の紙からなっていた。この単位がペキアと呼ばれるものである。代書生はこの『部品』(57)をひとつずつ借りていく

（57）ラテン語の pecia（petia）は、フランス語で「部分」、「個」、「かけら」、「部品」などを意味する単語

ため、他の分冊を他の代書生が使うことができた。こうして複数の写し手が同一の文章に対して同時に仕事を進めることが可能となり、同一の著作から短い時間ではるかに多くの写本が使用に供されるようになったのである」。印刷機に先立つこと二世紀のこの時代には、したがって写本家のヨーロッパが存在したのだ。とはいえ、ボローニャ、パドヴァ、パリ、モンペリエ、ナポリ、アヴィニョンでひろく用いられたこの技術は、イングランドやゲルマン諸国、スラヴ諸国では用いられず、一三五〇年以降はパリでも廃れてしまう。書物のヨーロッパが発達するのを見るには、まだ十五世紀後半まで待つ必要があるのだ。

それでも、十二世紀から十三世紀にかけて新たな部類に属する読者がその数を増し、書物の新時代が出現していた。教師や学生だけでなく、読書の世界に参入する俗人たちが増えていったのである。したがって、書物の発達を通したキリスト教世界の世俗化というものを考えてみることもできる。もちろん宗教と信仰はあいかわらず文書のなかで大きな位置を占めていた。しかし十三世紀には、たとえばとくに女性に向けられたあるタイプの信仰書が発達する。書物はだから、学校とともに、女性の地位向上のための手段のひとつとなったのだ。こうした現象が見られる本のカテゴリー、それは時禱書である。時禱書とは、聖母の小聖務（女性読者の多かった理由はここにある）や暦（黄道十二宮と十二カ月の労働）、悔罪詩、連禱、諸聖人のとりなしの祈り、それに死者と煉獄への信仰と結びついた死者の聖務などを含んだ詩篇集である。時禱書はつねに裕福な者たち、権力者たちの本だった。細密画で飾られた「美本」が減少していたこの時代にあって、華やかな挿絵のためにそれはひときわ高価な品物だったのだ。本が大学の教材となり、実用的な書物が増えていくなかで、美術品としての書物の存在は薄れていた。

百科事典の編纂

十二世紀、とりわけ十三世紀には、もうひとつのタイプの書物が大きな成功をおさめ、知を非宗教的知識、世俗文化の方向へと進化させた。それは百科事典である[58]。その発展は、新たな部類の読者からの要請や、十二世紀ルネッサンスを特徴づけるもののひとつである知識の増大に呼応するものであった。こうした百科事典は、自然と社会についてのあらゆる知識を提供するものであった。百科事典は、神学以外に、哲学を構成する世俗化された知識をしだいに多く収録するようになった。超自然的、形而上学的な事象に加え、自然や広い意味での自然学に関する知識全般がそこには含まれていた。サン・ヴィクトルのフーゴーは、この新たな百科事典編纂の出発点とみなすことができる。とくにその『ディダスカリコン』〔一一二〇頃〕で、フーゴーは神聖なるも

pièce の語源となった。
（58）本書五一—五二頁も見よ。

のの学と世俗の学とを混ぜ合わせ、知の第一段階に諸技術と哲学を、第二段階に解釈学を位置づけ、聖なる歴史と世俗の歴史をひとつにしている。こうしたものの区別は、十二世紀末から十三世紀の百科事典で行われるようになる。すでに『宇宙の哲学』において、コンシュのギヨーム（一〇九〇頃―一一五四頃）は、哲学と、医学より広い意味での自然の学としての自然学とをはっきりと区別している。

アレクサンダー・ネッカムは『事物の本性について』（一一九〇頃）において、はっきりとアリストテレス学説に基づいた百科事典を提供している。十三世紀にもっとも知れわたった百科事典のひとつは、バルトロメウス・アングリクスのものだが（一二三〇年から一二四〇年にかけて執筆）、こちらはセビリアのイシドルスとアリストテレスを組み合わせている。彼の『事物の特性について』はイタリア語、英語、スペイン語、フラマン語に翻訳された。フランス王シャルル五世は、一三七二年、みずからの礼拝堂付き司祭にこれをさらにフランス語に翻訳させた。カンタンプレのトマスは、『事物の本性について』（同じく一二三〇年から一二四〇年頃）で当時の知識を博物学として集大成している。彼はこれを神学への序説とすることをもくろんだ。しかし、あまりに世俗的すぎると映った彼の作品に世間がためらいを見せるのを感じ、彼はその生涯の終わりを霊性の問題にささげる。とくに、『事物の本性について』第九巻が人間社会と蜜蜂の巨大な巣との壮大な対比に変貌する書物『蜂の普遍的善』において、それが見られる。これらの百科事典作者の大部分は、のちに触れる托鉢修道会の修道士たちである。三番目の、バルトロメウスとトマスにつぐ知名度をもつ百科事典作者は、ボーヴェのウィンケンティウスである。一二六四年に没したドミニコ会士である彼は、一二三〇年代に、大学に通っていない修道士の養成に必要な知を「諸書の書」にまとめるという仕事を修道会から任せられた。ロワイヨモンのベネディクト会修道院で仕事に励んだウィンケンティウスは、近代的な手続きをとり、彼を囲む編集チームを大いに活用する。ただし彼は、それが秩序立った構成をもつものとして読まれるべきだと考える。したがってこの『大鏡』は、『自然の鏡』、『教義の鏡』、『歴史の鏡』の三つの部分に分けて執筆される。彼の名声はあまりに高かったため、死後、作者不明の『道徳の鏡』がこれも彼の手によるものとされるようになった。

より知的に高度なものとして、さまざまな論文という断片からなりながら百科全書的視野をもたらす諸作品が、ドミニコ会士のドイツ人アルベルトゥス・マグヌス（一二〇〇頃―一二八〇）、フランシスコ会士のイングランド人ロジャー・ベーコン（一二一四頃―一二九二頃）、カタルーニャ人ライムンドゥス・ルルス（一二三二―一三一六）によって書かれた。ライムンドゥス・ルルスは世俗の著述家で、神学、哲学、教育論、法学、政治学、自然学の著作、および詩と小説を書いており、マヨルカで古代語と現用語の教育を始めた人物である。地中海およびキリスト教世界を旅してまわり、ユダヤ教徒、イスラム教徒の改宗に精力的に関わった。これまで挙げた偉大な百科事典の多くと同様に、ルルスもまた信仰と理性は分かちがたく結びついているとの主張を、非凡で、非常に独創的な説得力をもって展開した。

スコラ学

十三世紀の、とくに大学での知的活動が残したもっとも重要な遺産は、スコラ学という名で一括されている方法と著述の総体である。つまりこれは、十三世紀以降学校と結びつくようになった、そしてとくに十三世紀の大学と結びついていた知的生産を指している。(59) スコラ学は、三学《トリウィウム》のひとつで、「対話的状況のなかで問いと答えによって論証を進める技術」である、弁証法から生じたものである。スコラ学の父は、弁証法を観念的思考の基本的技法とみなすカンタベリーのアンセルムス(一〇三三頃―一一〇九)である。弁証法が目的とするのは、中世以来有名になった彼の言葉によるなら、「理解を求める信仰」である。このような手続きでは理性の助けを借りることが前提となっているのだが、アンセルムスはさらに自由意志と神の恩寵は両立するとの考えをつけ加えて、その教義を完成させる。スコラ学とは、神と人間の融和をなしとげ、それに根拠を与えることだとみなすことができるのである。アンセルムスはまた、合理的手続きによって神の存在を証明することによって、スコラ学にひとつの根拠を与えた。十二世紀において思考と教育の新しい方法が試されたことは、大学で生まれる真にスコラ学的な方法への序章であった。大学ではまず問題《クワエスティオ》が立てられ、つづいてこの問題が、教師と生徒たちのあいだで討論《ディスプタティオ》にかけられた。最後に、教師はこのように討論された問題に対する解答《デテルミナティオ》を与える。十三世紀には、大学のカリキュラムに年に二回の演習が含まれるようになり、教師たちのみごとな知性が発揮される機会となった。この自由討論では、学生たちは教師になんなりと好きな主題を選んで質問をすることができた。教師の名声はしばしば、これらの質問に答える能力にしたがって形づくられたのである。

大学教育は必然的結果として出版につながっていく。書物が普及し重視されるようになる過程で大学が非常に大きな重要性をもった理由は、このようにして理解できる。十二世紀において学校教育に付随する出版のおもなものは選集《フロレギウム》である。これは聖書や教父や古代作家からの引用の単なる寄せ集めではなく、それぞれの引用には当時の教師の注釈が加えられており、ここにはすでに選集がスコラ学の大全へと発展していくきっかけが見られる。欠かすことのできない中間段階となったのは、また別の種類の書物で、格言の集成であった。命題集《センテンティアエ》と呼ばれるこの書物は、学校における議論に役立つ基本的な文章を編んだものである。命題集の主要な作者は、パリ司教のイタリア人で、一一六〇年に没したペトルス・ロンバルドゥスである。一一五五年から一一五七

(59)「スコラ学」(英：Scholasticism、仏：scolastique)という呼び名のもとになっているのは、「学校」(英：school、仏：école)の語源でもある、ラテン語の *schola* である。

年に作成されたと思われる彼の『命題集』は、十三世紀には大学神学部の基本教科書となった。十一世紀から十二世紀にかけての時代には、注解というもうひとつの大きな革新があった。これは聖書釈義の発達から生じたものであるが、聖書の完全な注解をつくるという発想は、十三世紀半ばに標準注釈《グロッサ・オルディナリア》の誕生へとつながった。聖書の注解によって、書物は神聖視された不動の伝統のなかに留まってしまうことをまぬがれた。

十三世紀になると、スコラ学の知的生産はとくにふたつの形をとって表わされた。ひとつは注釈である。討論とともに、注釈は十三世紀の知の発達に欠くことのできない刺激を与えた。注釈のおかげで、教師たちは同時代の関心に見あった、それでいて伝統にも立脚しそれを進化させていくような、斬新な知をつくりあげることができた。注釈者たちのヨーロッパは、伝統とのつながりを保ちつつも、知的進歩のヨーロッパの開始を告げていたのである。「注釈の歴史とは、哲学的思考が伝統によって与えられたものからしだいに解放されていく歴史である」と、アラン・ド・リベラは言う。十三世紀スコラ学のもたらしたもうひとつのもの、それは大全《スンマ》である。大全というこの名前そのものに、資料に基づき、そこに論証が加えられた哲学の集大成を提供したいという十三世紀の知識人たちの願いが表われている。当時の哲学は、まだ神学と切り離されてはいなかった。十三世紀には科学としての神学が台頭してくるという事実をシュニュ神父が強調したことを、ここで思い起こしておくべきだろう。

十三世紀のスコラ学者のなかでも、もっとも有名な、もっとも典型的な何人かの名前を挙げよう。大学が生んだ最初の大がかりな大全は、フランシスコ会士のイングランド人ヘールズのアレクサンデルのもの（一二三〇年代）である。一二四八年にはじめてドイツ人としてパリ大学で神学教師の資格を得たドミニコ会士のアルベルトゥス・マグヌスは、科学あるいは大学で教えられない学問の領域にまでわたる著作によって知の領域を拡大した。彼はアル＝ファーラービー、アヴィケンナ〔イブン・スィーナー〕、アヴェロエスといったアラブ人哲学者たちを大いに援用した。百科事典的な側面をもつアルベルトゥス・マグヌスの作品は、哲学と神学の均衡を考えるためになされたもっとも深遠な努力のあらわれでもある。アルベルトゥス・マグヌスはまた、出身地のケルンでトマス・アクィナスの師となってもいる。

トマス・アクィナスは、今日にいたるまでのヨーロッパ思想にもっとも大きな影響を及ぼしたスコラ学者である。この小貴族の家に生まれたイタリア人は、学生そして教師として何度かパリに滞在し、ほかにオルヴィエート、ローマ、ナポリにも住んだ。流行の教師として学生たちの関心と熱狂の的となり、また大胆な思想家として多くの同僚の反感を呼び起こした。彼は、魅力的であると同時に異論を呼ぶような、学界や宗教界に啓示をもたらすと同時に彼らを動揺させるような、そんなヨーロッパ知識人のタイプに属しているのである。膨大な業績のなかで、ここではただふたつの大全に言及するにとどめる。『対異教徒大全』（一二五九―一二六五）、そして、一二七四年、五十歳の時に彼を襲った死のために未完のまま残された、主著である『神学大全』である。神学の優位を明言しながらも、トマスは、エティエンヌ・ジルソンの言葉を借りるなら、「理性の力に対する驚くべき信頼」を表明している。『神学大全』が実現しているのは、理性によって人間が神や世界について知りうることを表現するいわば「地の神学」と、知性を超えた天啓を通して人間のもとに降りてきた神の真実を示す「天の神学」との出会いである。リューディ・インバッハが言ったように、トマスによれば人間は、対理性、対神、対同胞という三つの関係によって決定づけられている。トマスにとっての人間とは、全的人間である。それは神の創造物、つまりは理性をもった動物であるにとどまらず、みずからの独自性を表明するために神からもたらされたもっとも重要な能力である言語を用いる「社会的・政治的動物」でもある。一般に、スコラ学者たちは言語に大きな関心を向けており、ヨーロッパの言語学史に名を連ねる資格をもっている。

もうひとりの、有名でありかつ異論を呼んだスコラ学者で、中世から今日にいたるヨーロッパ知識人の長い系譜のなかに登場するに値する人物の名前を挙げよう。フランシスコ会士のイングランド人ロジャー・ベーコン（一二一四頃―一二八二頃）は、友人であり保護者でもある教皇クレメンス四世（在位一二六五―一二六八）の求めに応じて書かれた、『大著作』、『小著作』、『第三著作』の三冊からなる大全を世に出した。彼が学び教えたのはオックスフォード大学である。挑戦的で未来を見通す哲学者・神学者である彼には敵が多く、そのうちのひとりであるドミニコ会士アルベルトゥス・マグヌスを彼ははげしく攻撃した。彼は天文学〔実際にはそれは占星術的な性格のものだった〕に特別な重要性を認めており、未来を予見するようなありとあらゆる技術や発明を思い描いていた。ロジャー・ベーコンはしたがって、十三世紀のレオナルド・ダ・ヴィンチなのである。

最後に、ヨーロッパの知的活動の一段階としてのスコラ学がもたらしたもっとも重要な三つのものについて強調しておきたい。十二世紀にスコラ学を準備した学者のなかでももっとも偉大な人物であったアベラール〔ペトルス・アベラルドゥス〕は、アリストテレスから受けたある根本的な教えの意義を強調している。「英知にいたる第一の鍵は、たえまない問いである。アリストテレスは、ひとつひとつのものごとに疑いをもつのは無益なことではないと述べた。じっさい、疑うものは探求をうながされ、探求するものは真理をつかむ」。この同じアベラールは、『哲学者、ユダヤ人、キリスト教徒の対話』のなかで、こう述べている。「議論する対象がなんであれ、より重みをもつのは合理的証明であって、さまざまな権威を並べあげることではない」。アベラールの懐疑はやがてスコラ学者たちの懐疑となる。ギリシア人たちがつくりあげた批判精神は今日にいたるまでヨーロッパの批判精神〔これを二十世紀になってグラムシは批判的知識人として具現化した〕の定義となるが、このような批判精神がとる新たな形態のなかに、アベラールの懐疑はしたがって決定的な位置を占めている。二番目に強調したいのは、アラン・ド・リベラが正当に指摘しているように、スコラ学が「知的解放」をもたらしたという点である。スコラ学はつまりヨーロッパの知的伝統のなかに、解放としての知という考えかたをもちこんだのだ。最後に、思考に秩序をもたらし、知や見解をできうるかぎり明晰に述べたいとの願いから、中世のスコラ学は秩序と明晰さの感覚を、創り出したとは言わないまでも、すくなくとも強化した。この秩序と明晰さの感覚は、ふつうはヨーロッパ思想の近代革命の担い手として紹介されることのあまりに多いデカルトのものであるとされる。しかし、デカルトの前には、スコラ学教師たちという先駆者たちがいた。そしてデカルト自身が中世スコラ学の生んだ優秀な息子であるのだ。

ラテン語と地域語

大学での教育にはラテン語が用いられた。ラテン語はあいかわらず知の言語であったし、このようなラテン語の優越性は、カトリック典礼がラテン語で執り行われたことでますます大きくなっていた。しかし、ラテン語はローマ帝国の終わりの数世紀のあいだ、すなわち一世紀から四世紀に変化した（そのため専門家はこれを「低ラテン語」と呼ぶ）し、とりわけ、学校の衰退とともに、世俗大衆はすこしずつもはやラテン語とは呼べないものになってしまった言葉を話しはじめていた。したがって歴史家たちは、人々がラテン語を話すのをやめ、地域語と呼ばれる言語を話しはじめた時期を問題にしている。またいっぽうで、キリスト教化されキリスト教世界の民となった民族は、多くはゲルマン諸語を構成する別の言語を話しており、ラテン語を学んだのは聖職者とエリートのみであった。九世紀に俗人たちが話していた言語はもはやラテン語ではなかったと考えられており、西ローマ皇帝だった敬虔王ルイの二人の息子たちのあいだで八四二年に結ばれた「ストラスブールの誓約書」という有名な文書をもって俗語が誕生するとされることが多い。その文書の一つはフランス語になろうとしている言語で、もう一つはドイツ語になろうとしている言語で記されているのである。共同体構造のもとに国民構造が形成されることにより、キリスト教ヨーロッパは政治的に組織される。

教会はこれらの言語の正当性を認めた。教父たちは、ヘブライ語、ギリシア語、ラテン語を三つの主要な言語であるとしていた。しかしアウグスティヌスは、他の言語に勝る言語はないこと、聖霊が、差別や序列なしに、使徒たちにさまざまな言語の才能を与えた聖霊降臨(60)のエピソードの意味はそこにあることを力説していた。ラテン語が衰退すると、中世初期の宗教的・政治的指導者たちは、言語の分野で重大な決断を下す必要に迫られた。フランクフルトの教区会議は七九四年に、アウグスティヌスの考えを受けついで、このように明言している。「神が崇められるのは

(60) 新約聖書の使徒言行録第二章には、ユダヤ教の五旬祭《ペンテコステ》の日に集まって祈っていた信徒たちが聖霊に満たされ、さまざまな国の言葉で語り始めたという聖霊降臨のエピソードが記されている。

三つの言語によってのみであるなどと思ってはならない。神はすべての言語で崇められるのであり、人の願いは正しいことであればかなえられる」。しかしもっとも重要な決定は、八一三年のトゥール公会議が説教師たちに説教を俗語で行うように促したことであった。「説教はロマンスおよびゲルマンの俗語に明快に翻訳し、皆にとって言われていることがよりわかりやすくなるよう、各人が気を配るように」。この文書は、「諸国語の出生証明」とみなされている。

これらの地域語は十三世紀にはさらに発達しており、この発達は中世末期になってもとどまることはない。そしてとりわけ、話し言葉だけでなく書き言葉としても用いられるようになっていた。また、こうした言語が書き記されたことにより、俗語文学が生まれていた。多くの場合、それらは武勲詩、騎士道恋愛物語、笑話《ファブリオ》といった一連の代表作である。言語と文学のこのバベルの塔[61]は、いかにして共同体としてのヨーロッパのなかに統合されうるのか。いっぽうで、スコラ学者たちの話すラテン語は、古典ラテン語とも、いぜんとして使用されていた口語ラテン語とも異なるものだった。スコラ学のラテン語は人工的なラテン語であった。それでも、大学におけるすべての仕事に有効で、神学、哲学、その他の思想を表現するためにはなお長いあいだ用いられるこの言葉は、「抽象的言語を言い表す技術言語」(クリスティーヌ・モールマン)であり、ヨーロッパ思想の基盤のひとつであった。しかしそれはエリート主義的ヨーロッパの言語であった。

「地域語」〔「地方固有の vernaculaire」言語〕――古代には *verna* という言葉は奴隷を意味していた。

したがってこれは知的・社会的に劣った個人の話す言語ということになる――と呼ばれる言語はゆっくりと発達した。画期的だったのは、これらの言葉が（とくに法的著作のなかで）書き記されたこと、それに俗語で書かれた文学が発展したことである。ここでもまた、十二世紀と十三世紀は決定的な時代であった。また、これらの言語が重視されるようになった背景には国家の発展があった。これは十二世紀から十六世紀にかけての段階で起こるのだが、十三世紀はそのとくに重要な一時期であった。

紀元千年以降、それぞれの起源にしたがい、地域語は少数の言語的まとまりを形成するようになっていた。ラテン語から生まれ、比較的ラテン語との近親性を保っているロマンス諸語が、まず区別されなければならない。フランス語、イベリア半島の言語、イタリア語がその代表である。

フランス語は、ラテン語とフランク語というゲルマン言語とのあいだの一種の混成物として生まれた。そしてガリアで話されていた諸方言がある種の統合をこうむり、南フランスのオック語と北フランスのオイル語というふたつの言語が出現するにいたった。オイル語の領域では、フランシアン語という標準方言が重きをなした。十三世紀になると、政治的指導者としても文化の保

(61) 創世記第十一章によれば、人類ははじめひとつの言葉を話していたが、バベルの町に住みついた人々が天まで届く塔の建設を始めたため、これに怒った神が言語をばらばらにしてしまったという。

護者としても力を増したフランス王たちの王宮で話される言語であるオイル語が、北フランスを支配し、北部フランス人の南仏における戦勝、征服、介入ののちには、オック語に対しても優位に立った。

イングランドは独特なケースである。ここでは十五世紀まで三つの言語が併用されるのだ。一〇六六年のノルマン人による征服ののちには、アングロ＝サクソンの話す古英語に加え、フランス語がアングロ＝ノルマン語という方言の形をとってもちこまれる。そのほかに、もちろんのことラテン語があった。英語の勢力は社会の下層からひろがり、前国語的性格を獲得しつつあったが（エドワード一世（一二七二―一三〇七）は英語を話した最初のイングランド王であった）、いっぽうフランス語は十五世紀まで、権力の言語、貴族の言語、流行の言語でありつづけた。貴族の名家は子弟をノルマンディーに送り、正しいフランス語を学ばせていた。

ドイツ語の統一はなお困難だった。ドイツ語という概念そのものが現われるのも遅い。「ドイツ」という言葉は九世紀にためらいがちに用いられているにすぎない。言語の面からみると、ドイツは、低地ドイツ語、中部ドイツ語、高地ドイツ語、フリース語、それにスラヴ語派に属するソルブ語の小さな飛び地というふうに領土分割されていた。

イベリア半島の政治的・民族的事情もまた、特殊な状況をつくりだした。主要な方言や言語は、しばしば政治的事情と切り離せない関係にある。キリスト教徒の方言とアラビア語が混じったモザラブ語（十一世紀に現われた「アラブ化」を意味するアラビア語の *musta'rab* あるいは *musta'rib* に由来する）が消滅すると、十三世紀にはカスティーリャ語が、レオン語やガリシア語（これはその後も半島全体で詩の言語として残った）といった半島方言の大部分を駆逐しており、存続しているのはカタルーニャ語とポルトガル語のみであった。統一はカスティーリャ語を中心になされたのだ。

ヨーロッパ全体でおおよそ一般的に見られた状況は二言語併用である。これはまず、多かれ少なかれラテン語を使うことのできた上層階級につきものの状況だった。社会的・政治的エリートであった彼らは、それでもしだいに地域語を習得し用いる必要に迫られるようになったのである。十三世紀にはフランシアン語がオイル語の諸方言を統一した。この統一に影響を及ぼしたのは、王の統治、そして、大学ではラテン語の使用が義務づけられていたにもかかわらず、パリ大学である。フィリップ・ウルフが注目しているように、一二四六年のボローニャ大学の規約は、公証人志望者たちに対して、彼らがラテン語で書いた証書を大衆のために俗語で読んでやる能力を証明することを求めていた。

イタリアの言語的状況はおそらくもっとも漠然としており、十三世紀におけるイタリア語を考えることをためらう言語学者が多い。十三世紀半ば、フランシスコ会士パルマのサリンベーネは、トスカーナ語とロンバルディア語はフランス語と同等の完全な言語であると考えている。世紀の終わりにはダンテが言語学的知の全貌を把握する。一三〇三年に（ラテン語で！）書かれた著作『俗語論』のなかで、彼はイタリアにおける十四の方言グループを識別し、すべての方言を劣った地位にあるものとしている。そこには、ローマ語、ミラノ語、サルデーニャ語、シチリア語、ボローニャ語といった言語としてみなされるものも含まれており、トスカーナ語も例外ではないのだ。[62]彼が推奨するのは彼が「光輝ある俗語」と呼ぶもので、すべての方言を超越しながらもそれぞれの要素を採用するような俗語である。ダンテは、政治的統一が十九世紀までなされず、文化的統一にいたってはいまだ完成しているとはいいがたいこの国にあって、イタリア語の真の父なのである。

ヨーロッパにおいては、とくに経済の分野で、ラテン語がもはや統合的役割を演じることは不可能になっており、多言語併用が意思疎通の障害となっていることを中世の人々自身理解していたことは確かである。したがって、とりわけいずれ国民という単位をなすことになる国家の建設に応じたかたちで、彼らは多言語状況を単純化しようと努めていた。言語問題はあいかわらず、現在のヨーロッパ建設の重大かつ困難な問題のひとつである。しかし、中世の示す例は、ある程度の多言語併用が統一ヨーロッパのなかで問題なく機能しうることの証なのだ。そしてこのような言語的多様性は、長い文化的・政治的伝統のなかに根づくことはないであろう単一言語使用――英語が「ヨーロッパの言語」になればそのような状況になるだろう――に比べてはるかに好ましいのである。

偉大な文学と代表作の数々

十三世紀にはヨーロッパの未来が明確になったが、それは文学の発達に負うところが非常に大きい。ヨーロッパとは、文学のさまざまなジャンル、作品からなる花束である。偉大な文学作品は諸国語の成功を可能にし、あるいはより確かなものにしたのである。フランス語は十一世紀末以降に、武勲詩のジャンルと『ロランの歌』とともに確立したが、クレティアン・ド・トロワを代表とする騎士道恋愛物語の時代にもその影響力はいぜんとして強く、とくにゲルマン語で翻訳や模倣が生まれた。ブリトン人のなかば伝説的な英雄アーサーをめぐるアーサー王物語を発想源に、ロマン(63)という、ヨーロッパで今日にいたるまで驚くべき成功をおさめることになるジャンルが創りだされる。ロマンはおもに歴史物語と恋愛物語、すなわち個人の物語と男女の物語のふた

(62) しかしダンテは文学作品をほぼトスカーナ語に近い言葉で書いており、のちの標準イタリア語のもとになったのはこのダンテの文学言語である。

(63) 王宮や有力な封建諸侯の城館に形成されたサロンで流行した、美的洗練と倫理規範をそなえる騎士道物語。日常言語で語られ、しだいに散文形式も見られるようになった。十二世紀の古典復興に呼応して古代に取材したもの(『アレクサンドル大王物語』)、クレティアン・ド・トロワらによってなされたアーサー王物語、ケルトの伝統を受け継ぐトリスタン物語などがある。

つに分けられ、そこにはしばしば死の縁どりが与えられている。エロスとタナトスのヨーロッパが誕生したのだ。カスティーリャ語は、十二世紀半ばに『わがシッドの歌』によって確立する。イスラムの土地において、一〇九四年バレンシア一帯に最初のキリスト教国家を建設したキリスト教貴族の策士がこの物語の主人公である。キリスト教君主とイスラム教君主の両方に仕えた彼は、「辺境の策士」であり、アラビア語で主人を意味するサイイドからエル・シッドというあだ名をつけられた。

十三世紀には文学の分野において、今日にいたるまでヨーロッパの文学世界に重みをもちつづけることになるある出来事が起こった。武勲詩は韻文で書かれていた。エッダの詩群はスカンディナヴィアの最初の文学的金字塔である。これは三十ほどの神話や英雄たちにまつわる詩からなる詩集で、九世紀から十二世紀にスカンディナヴィアで書かれたものだが、十三世紀終わりのアイスランドの文書に収められ保存されている。十三世紀には従来の韻文に代わり、散文が文学の主要な文体となった。脚韻の技法に代わり、本当の意味での文体が現われたのである。このようにして、十三世紀に宮廷恋愛詩は散文化され、エッダもやはり偉大なアイスランド作家スノッリ・ストゥルルソン（一一七九—一二四一）によって散文化された。

十三世紀にはまた歴史文学が発達した。しかし歴史は十三世紀には教育科目ではなく（歴史が学校や大学のカリキュラムに入るのは十九世紀になってからのことである）、特定の文学ジャンルにもなっていなかった。それでも、十四・十五世紀の年代記に見られるような娯楽物語に先立つこの時代、すでに過去の権威と魅力が高まりそのイデオロギー的価値が強化されたため、歴史とは言わないまでも記憶が文学のなかで重視されるようになっていた。今日われわれが歴史ものに分類しているような文学ジャンルとして、中世ヨーロッパにおいては、まず四世紀のカエサレアのエウセビオスにはじまる世界年代記[64]があったが、これは、アメリカ大陸を知らずアフリカとアジアの大部分についても乏しい知識しかもっていなかったヨーロッパにおける、知のグローバリゼーションの様子を示すものである。世界年代記のほかに、もうひとつのジャンルがめざましい発展をみせた。聖人たちの「生涯」、すなわち聖人伝という形をとった伝記である。このジャンルは十三世紀になると、あるたぐいまれな聖人伝の大全を生み出すにいたる。ジェノヴァ大司教のドミニコ会士ヤコブス・デ・ウォラギネの書いた『黄金伝説』である。

そのいっぽう、修道院や司教区の歴史を記述する年代記につづいて、十三世紀には、国家として発展しつつあった王国のための著作である王国年代記が確立する。多くの場合神話化された過去が、政治権力の基盤のひとつとなるのである。イングランドでは、マームズベリーのウィリア

(64) 世界年代記は、旧約聖書に基づくユダヤの歴史および教会史からなる聖史を世界史のなかに組み入れることを目的に書かれたもの。天地創造から筆を起こし、人類の歴史を年を追って記述する。

ム（一〇九五―一一四三）のものや、とくにジェフリー・オブ・モンマス（一一五五没）の『ブリタニア列王史』のようないくつかの作品が成功を博し、ケルト、アングロ＝サクソン、ノルマンの諸王たちのあいだに連続性をつくりだすような歴史観を認めさせた。なかでもブルータス（ブルート）という登場人物――ジェフリー・オブ・モンマスは彼をブリテン島最初の王とする――を中心とする一連の作品が、アーサー王伝説とともに、イングランド王国の起源がトロイアにあるとする考えを一般に広めた。「ブルート」と題された一連の年代記は、十三世紀にたいへんな成功をおさめた。[65] これに平行して、フランク人のトロイア起源にまつわる神話が中世初期以降フランスで発達する。この神話はとくに、サン・ドニ王立修道院の修道士たちがカペー朝の王たちを正当化する際に利用された。一二七四年、修道士サン・ドニのプリマは、聖王ルイに依頼されていた史料の集成作業の結果を息子のフィリップ三世に献呈したが、フランスの大年代記はここに端を発する。この書物は「王たちのロマン」と呼ばれた（「ロマン」はこの場合書かれた言語を指しており、文学ジャンルとしてのロマンではない）。これらの伝説的歴史があらわしているのは、古代のギリシア人たちに対抗して、みずからをもうひとつの起源に結びつけようというヨーロッパの欲望である。すでにウェルギリウスが『アエネイス』において、ローマ人はトロイア戦争を生き延びヨーロッパに逃れたトロイアの英雄たちの子孫であるとしていた。中世のイタリア人はこの伝統を享受した。また、中世はこのトロイア起源神話を豊かに色づけ、逃げのびたトロイア人たちは、西ヨーロッパや南ヨーロッパに移るまえに、中央ヨーロッパのかつてのローマ都市アクインクムのあった場所で数世紀にわたって暮らしたとした。ハンガリー王国が中世に利用した神話的エピソードである。

Ⅳ　托鉢修道会の成功——大聖堂の時代

ドミニコ会とフランシスコ会

都市と商人と大学と地域語文学の十三世紀はまた、托鉢修道士という新しいタイプの修道士たちの、その後のヨーロッパでも綿々と引き継がれていく活動の影響下にあった。彼らはおもに、「説教者兄弟会」すなわちドミニコ会と、「小さき兄弟会」すなわちフランシスコ会の修道士たちであった。これらの修道会を構成するのは、隔絶された修道院で孤独のうちに集団生活を営むのではなく、都市の人々に混じってともに生活する修道士たちだった。説教と典礼の実践によって、彼らはこのような新しい社会をつくりだしたのである。この新たなキリスト教においては、在俗信徒

(65) 伝説はブルータスをトロイアの英雄アエネアスの子孫であるとし、アーサー王を含むブリトン王たちもその系譜に位置づけられる。「ブルート」はのちに、「ブルータスを祖とする初期イングランドの年代記」を意味する一般名となった。

たちにより多くの関心が向けられ、聖職者と信徒の両者をヨーロッパのキリスト教世界の飛躍に適合させようという中心的な望みが、大きな成果に結びつくのだ。

教会の大問題は、グレゴリウス改革が未完成であったこと、異端が急速に広まっていたこと、それに、金銭がますますめまぐるしく流通し、富が価値として認められ、農村社会に結びついた修道院文化がもはや答えることのできないキリスト教徒のさまざまな要求が生じていた社会に、宗教が適応できなくなっていたことであった。これに答えたのは、新しいタイプの修道会を構成する何人かの修道士あるいは信徒たちであった。隠修修道会ではないために新しかったこうした組織は、教皇庁から承認されるのにある程度の困難を味わった。このようにして創設された修道会は托鉢修道会と呼ばれている。彼らが慎ましく貧しい生活を送ることで鮮烈な印象を与えて、そのように名づけられたからだ。同様にして、そのうちアッシジのフランチェスコが創立したものは、小さき兄弟会と名づけられた。

これらの修道会が成功をおさめると、十三世紀初頭にはその数が増加することとなった。しかし、第二リヨン公会議が存続を認めたのはそのうちの四つのみだった。すなわち、説教者兄弟会（ドミニコ会）、小さき兄弟会（フランシスコ会）、アウグスティノ隠修士会、そしてカルメル会であるが、十四世紀はじめ、教皇庁はこれに、聖母に捧げられた救済院の事業に従事し、都市の外にこもって清貧の共同生活を送っていたフィレンツェ商人たちの苦行会が母体となった、聖母マリア下僕会を加えた。聖母マリア下僕会の成功は、イタリア、とりわけ北イタリアに限られていた。彼らのなかには都市に戻った者も多く、たとえばローマにおいてはサン・マルチェッロ教会を与えられている。また学業を重んじてパリ大学に通う者たちもいた。しかし伝統的な歴史記述では、彼らは托鉢修道会のなかに数えられていない。

ドミニコ会とフランシスコ会の威光がより勝っていたのは、創設者の個性に負うところが大きい。カスティーリャのカレルエーガで一一七〇年頃生まれたドミニコは、一一九六年にオスマ司教座教会の参事会会員になった。ある使節団に加わった際、彼はラングドック地方を横切り、異端がそこで重大な問題になっていることに驚かされた。ドミニコは異端と彼ら自身の土地で闘い、清貧のなかに生きながら宣教に身を捧げることを決意した。彼が本拠としたのは、カルカッソンヌとトゥールーズのあいだに位置するプルイユとファンジョーであった。彼のまわりには聖職者たちの連帯感が生まれ、グループは大きな成功をおさめて、一二一五年に教皇インノケンティウス三世に対して求めた認可が受け入れられた。この年の第四ラテラノ公会議は新しい修道会を設立することを禁止した。しかし、ドミニコのグループは、通常は聖堂参事会のものである聖アウグスティヌスの戒律に従っていたため、一二一七年の教皇勅書が「説教者修道会」と呼ぶ修道会の結成が許されたのである。ドミニコ会は修道士たちをさまざまな都市に送りこんだが、大都市が優先された（中小都市を好んだフランシスコ会士とはちがい、ドミニコ会士は大都市に住みついた）。とくに好まれたのはボローニャとパリだった。彼らは説教が真剣な学業のうえに築かれているべきだと考えたのである。ドミニコは、晩年はとくに北イタリアで説教し、一二二一年にボローニャの修道院で亡くなった。彼は一二三四年に列聖された。

アッシジのフランチェスコは、これとはまったく違った人物である。彼は小都市アッシジの織物商人の息子で、騎士の生活にあこがれていた。一二〇六年頃、彼の人生に劇的な転機が訪れ、この騎士生活も父の財産の相続も放棄してしまう。彼は公共広場ですべての衣服を脱ぎ捨て、金と商売を非難し、同胞市民に清貧のうちにキリストに仕えようと呼びかける。彼は何人かの仲間といっしょに、拠点としてアッシジ近郊にあるサン・ダミアーノとポルツィウンコラのふたつの小さな教会をもつにすぎない移動する集団を結成する。インノケンティウス三世との対話は順調ではなかったが、フランチェスコは聖職者と信徒の両方で構成された友愛を新しい修道会として承認されるにいたった。彼の手による修道規則は、教皇ホノリウス三世の要求に応じて書きなおす必要があったが、貧困と共同生活に関するもっとも挑戦的なくだりを削除したのち、教皇は結局一二二三年にこれを認可した。

ドミニコ会とは反対に波乱に満ちていたフランシスコ会の初期の歴史を簡単にふり返るまえに、ふたつの修道会の目新しさに注目しておこう。おそらくなにより目を奪うのは、彼らが都市環境のなかに移り住んだこと、ドミニコ会とフランシスコ会の双方にとって、都市が説教や活動の欠くことのできない中心となったという事実である。しかし、彼らはこの活動を都市の外にまで延長し、街道を旅して巡回説教者となったり、山間の庵で隠遁生活を送ったりもした。いっぽう、彼らの生活は従来の修道士とは根本的に異なる方法で成り立っている。彼らは土地を所有しておらず、地代に頼ることができないのだ。彼らは施しによって暮らしている。施しは寄付の形をとることもあり、おかげで彼らの教会は、装飾がある程度質素に抑えられているとはいえ、創立者たちの教えに逆らうようにますます大規模なものになっていく。托鉢修道会はキリストと福音を、自分たち、そして信徒たちの信仰の、まさしく中核に据える。アッシジのフランチェスコは、このような願いからイエスとの究極の同一化にいたる。イタリア中部のアルベルナ山上で孤独に暮らすうちに、熾天使《セラフィム》の出現に立ち会い、キリストの聖痕、すなわちキリストが十字架のうえで受けた傷の跡を受けるのである。托鉢修道会はまた、とくに都市住民に対して熱心な説教をくりかえし、彼らに新しい宗教生活を教える。彼らとともに、言葉の、説得のヨーロッパが生まれ、これが世俗化されて、演説の、討論の、論争のヨーロッパとなるのである。

神の業とすべての被造世界に魅せられたフランチェスコは、よく知られる「太陽の歌」(「被造物の賛歌」とも言われる)のなかでこの世界に対する称賛を謳いあげる。ここにはヨーロッパの自然に対する感情の源泉のひとつがあると言われている。

托鉢修道会の衝撃

托鉢修道会はその設立時から伝道師として教会に仕えはじめていたが、教皇庁はやがて彼らをそれまでの司牧活動から新しい任務に差し向けるようになる。異端者に対しては、教会は托鉢修道士たちが説教を超えて異端審問にまで踏みこむことを望んだのであるが、これは彼らの使命の本質がねじ曲げられる危険をはらんでいた。教皇庁はやがて異端審問所の管理を、司教に代わって托鉢修道会に委託するようになる。したがって、十三世紀のヨーロッパの社会のなかでの托鉢修道会の評判には、大きなコントラストが見られる。いっぽうで、彼らは称賛され、尊敬され、つき従われている。一二三三年に、イタリア北部の都市間の対立のなかから起こったある平和運動アレルヤの動きは、短い期間ではあったもののみごとな成功をおさめている。しかしまた、彼らは非難の対象ともなり、彼らに向けられる敵意は憎悪にまでエスカレートすることもあった。典型的なのはドミニコ会士の殉教者聖ペトルスの例である。厳しい異端審問官であったペトルスは、一二五二年にコモからミラノへと向かう途中殺害された。彼は頭蓋骨にナイフが突き刺さった聖人として表象されるが、そこには、異端審問をめぐり教会や托鉢修道会と大多数の信徒とのあいだに生じていた距離が表れている。

ふたつの托鉢修道会はどちらも、とくにパリ大学で、教育や知をめぐる議論で俗人たちの激しい批判にさらされる。サン・タムールのギヨームや、リュトブフ、ジャン・ド・マンのような詩人たちに代表される世俗の教師たちが、托鉢修道会をはげしく攻撃したのである。修道士も含め人間は、無為に暮らすことを許すような施しによってではなく、自身の手がもたらすものによって生きるべきではないのか。のちに述べるように[66]、このような感情は労働のヨーロッパの誕生と労働というものの地位向上によって培われたものである。托鉢修道士とは本当の物乞いだろうか。境遇から物乞いをすることを余儀なくされている「本物の貧者」のほうが、彼らより好ましいとは言えないか。彼らが在俗聖職者のものであった役職に就いたこと、秘跡を授け、教会を管理し、その結果教会維持費を徴収してみずからの利益としたことは、相当数の信者たちの眉をひそめさせたが、とくに在俗聖職者の大部分を托鉢修道士に敵対させる。対立を和らげるどころか助長したものとして、十三世紀半ばから教皇庁は托鉢修道士のなかから司教を選ぶことが多くなったという事実があげられる。これにより、修道会聖職者と在俗聖職者の区別があいまいになっていたのだ。

パリ大学をはじめとする大学で、托鉢修道士たちは当初から不評であった。（ドミニコ会士は最初から学業に関心を示し、フランシスコ会士も、アッシジのフランチェスコが書籍の購入をともなうこの活動には消極的であったにもかかわらず、これに続いた。）一二二九年から一二三一年の大きなストライキの際、在

(66) 本書三一九―三二二頁を見よ。

俗教師たちのとった態度を利用し、彼らはみずからに有利な講座を創設させることに成功していた。彼らは、ストライキの妨害者として、「スト破り」として、大学の世界に入っていたのである。修道会聖職者と在俗聖職者の対立は、十三世紀のあいだ数度にわたりパリ大学を汚染した。教皇庁の介入は一般に托鉢修道士たちを守る目的で行われ、介入は争いを和らげるよりむしろ悪化させる結果に終わった。ボナヴェントゥラとトマス・アクィナスはこの争いのなかで重要な役割を果たし、自発的貧困の正当性と有益性を擁護した。托鉢修道会の登場する十三世紀はしたがって、ヨーロッパの貧困の長い歴史のなかでの重要な瞬間であった。残念なことに、この歴史は今日もなお終わってはいない。

これとは別の、内部の紛争が、十三世紀のあいだフランシスコ会を揺り動かした。聖フランチェスコの生前からすでに、厳格で禁欲的な生きかたと、社会における人間生活の必要に妥協する生きかたとが対立していた。フランチェスコは厳格主義者に与していたと思われることが多いが、彼はつねに教会と教皇庁に背くことを拒んでいた。フランチェスコは一二二六年に死に、教皇庁ははやくも一二二八年に彼を列聖するのだが、以後しばしば衝突が起こるのは、彼の肖像、彼の記憶をめぐってである。その最初の機会となったのは、フランチェスコが任命していたにもかかわらず異論の多かった彼の後継者の修道士エリアスによる、アッシジの大教会堂の建設だった。その大きさと壮麗さは、フランチェスコの精神を否定するものとして人々の目に映ったのである。

それに続く対立は、おもにフランチェスコに捧げられた伝記的文章をめぐって現われた。こうして、近代の偉大な伝記作家でプロテスタントのポール・サバティエが十九世紀の終わりに「フランチェスコ問題」と呼んだものが生まれた。[67] サバティエとともに、とくに十三世紀にこの問題に決着をつけたはずのある出来事から、あらたな問題が生じたのである。フランシスコ会の総会は一二六〇年、総長のボナヴェントゥラが公式の伝記を書くことを決定し、これが以前に書かれたすべての伝記の代わりとなるとした。そして驚くべきことに、これらすべての「生涯」が破棄されることを命じたのであった。これにパリ司教タンピエによる断罪[68]を加えるなら、残念なことに、十三世紀は異端審問のヨーロッパだけでなく、検閲のヨーロッパの誕生をも見たと言わなければならない。

説教によって言葉のヨーロッパの立役者となった托鉢修道士は、慈愛のヨーロッパの偉大な推進者でもあり、社会保障のヨーロッパの祖先となった。この制度は、「慈悲の活動」の名のもとに十三世紀に確立する。こうした活動はマタイによる福音書のある一節（二五章三四—三六）に基

(67) Paul Sabatier, *Vie de St. François d'Assise*, 1894（『アッシシの聖フランチェスコ伝』江村寛一・斎藤勇共訳、日本基督教興文協会、一九一五年）参照。
(68) 本書二七二頁を見よ。

づいている。人の子〔イエス〕が最後の審判の際に、人々を選り分け、右側にいる者たちは、地上での生のあいだに彼らが彼に対して施した善行に対する報酬として、神の王国に入ると告げる部分である。「慈悲の活動」とは、病人を訪問し、のどが渇いている者に飲み物を与え、腹をすかせた者に食べ物を与え、捕虜（十三世紀には、おもに地中海のイスラム教徒の海賊に囚われた者たちである）を買い戻し、裸の者に服を着せ、異国人を歓迎し、故人のための勤めを創設することである。托鉢修道士はこうした活動を説きすすめ実行することにもっとも積極的であった。同時に、彼らは都市部でその数を増していた病院での奉仕に献身的に関わる。病院のヨーロッパが生まれたのである。

　托鉢修道会の最後の特徴は、都会の信徒への関心の結果として生まれた、第三会の創設である。そこに集まった信徒たちの生活環境はさまざまだが、実際にはかなり裕福であることが多く、家庭にとどまり自分の職業を続けながら、修道士たちの生活にできるだけ近い生活を送っていた。托鉢修道会は、創設者の意志にしたがい、三つの修道会を含んでいた。男子修道会、女子修道会（これはフランシスコ会においては聖クララ会であり、ドミニコ会にも女子ドミニコ会がある）、それに都市社会において影響力を大幅に拡張していた第三会である。托鉢修道会はこれら三つの修道会を枠組みとする社会の全体なのである。しかし、つねに支配的であったのは第一の修道会、すなわち男の兄弟たちと教皇庁であった。托鉢修道会は聖職者中心主義をのがれてはおらず、デボネ神父がフランシスコ会について示したように、急速に「直観による集まりから制度へと」変化していった。教会のメンバーとしての信徒が進化していたにもかかわらず、十三世紀は俗人のヨーロッパの形成には失敗したのだ。

ゴシックのヨーロッパ

十三世紀は、とくに建築の分野で、芸術が華々しく開花した時代であった。芸術、とくに建築は、ヨーロッパ統合を大々的に誇示し、その重要な絆となった。いくつかの特徴を共有しているにもかかわらず、諸国の文学は言語の多様性からたがいに遠いままであったが、美術の言語はほとんどひとつだった。名前が示すように古代ローマ美術への復帰を告げるロマネスク美術がすでにヨーロッパの大部分に広がっていたが、そこには民族や地域に応じたかなりの特殊性が残されていた。それに対しフランスの芸術と呼ばれたゴシック美術は、北フランス、とくに十三世紀には本当の意味でのフランスと呼ばれており、のちにイル・ド・フランスと呼ばれることになる地域の中心から発し、すべてのキリスト教ヨーロッパをのみこんだ。ロマネスク美術とはたいへん異なるこの新しい美術は、大きな教会を必要とするようになった急速な人口増加と、趣味の奥ぶかい変化の両方に答えるものである。規模が大きくなっただけでなく、ゴシック美術においては、垂直性、光、さらには色彩に対する好みが際立っているのである。

ゴシック美術はロマネスク美術に比べてずっと都市的であり、主要都市はゴシック建築を建設して大胆さと美しさを競ったが、そのとくに名高いものは大聖堂であった。これはジョルジュ・デュビィが「大聖堂の時代(69)」と呼んだ時代である。ここから巨大と過剰のヨーロッパが生まれたのだ。つねにより高くというのが、ゴシック建築家の合言葉だったようだ。一一四〇年から一一九〇年のあいだに、サンス大聖堂、ノワイヨン大聖堂、ラン大聖堂といった大聖堂の第一世代が建てられたあと、十三世紀は、パリのノートルダム大聖堂をはじめとする大聖堂の偉大な世紀となった。長さと高さの熱狂的な追求は、アミアン大聖堂においてとくに顕著である。アミアン大聖堂の建設は、一二二〇年から一二七〇年のあいだ、すなわちほぼ聖王ルイの全治世にわたって続けられたが、聖王は、すでに一二五六年に完成していたその内陣において、イングランド王と諸侯たちの対立を仲裁する有名なアミアン裁定を述べた〔一二六四〕。アミアン大聖堂は一四五メートルの長さ、四二メートル五〇センチの高さを有していた。ボーヴェ大聖堂の内陣は一二七二年に高さ四七メートルに達し、アミアンの最高点を凌駕したが、これは一二八四年に崩壊した。

光の霊性が、ゴシック教会の高い窓の建設を生み出す原理になった。その理論は、すでに十二世紀にサン・ドニ修道院長シュジェールが述べており、この新たな神学的・審美的原則に基づいて、彼は修道院付属教会の再建を開始している。通常白または灰色のロマネスク様式のステンドグラスとは異なり、ゴシック様式のステンドグラスでは色彩が花開くのだが、これはタイセイのような染料植物の栽培が発達し染色技術が進歩したことに関連づけられる。ステンドグラスの色が彫刻の極彩色につけ加えられたという事実は、アラン・エルランド゠ブランダンブルグが『彩られた大聖堂の時代(70)』という著作で強調していたところである。ゴシック建築はじっさい彫刻の開花を伴っており、それはおもに大聖堂の装飾において起こったのである。大聖堂の彫刻で飾られた正面入り口が発達することで、彫刻作品は壮大な展示空間を獲得した。その最たるものである最後の審判の表象は、恐怖によっても希望によっても、垂直方向の飛翔や輝く光と拮抗するようなヴィジョンを提示していた。

彩色ステンドグラスのヨーロッパがその名を高めたのはとりわけシャルトル大聖堂においてであり、その青の美しさはいまもなおよく知られている。フランスのおもな大聖堂は外国で模倣されることが多かったが、それは身廊の両側に側廊をもつ通常のタイプのこともあれば、ブールジュ大聖堂のように側廊が二重になっているタイプのこともあった。フランス建築の最良のコピーは、

(69) デュビィの以下の著作のタイトル。Georges Duby, *Le temps des cathédrales: l'art et la société, 980-1420*, Gallimard, 1976.（ジョルジュ・デュビー『ロマネスク芸術の時代』小佐井伸二訳、新装復刊、白水社、二〇〇〇年）

(70) Alain Erlande-Brandenburg, *Quand les cathédrales étaient peintes*, Gallimard, 1993.（『大聖堂ものがたり――聖なる建築物をつくった人々』山田美明訳、創元社、二〇〇八年）

スペインのとりわけブルゴスに、さらにはトレドやレオンにも建てられた。イングランドではノルマンディーから伝わった特殊なゴシック建築が普及した。これは、十四・十五世紀にフランボワイヤン様式と呼ばれたものの最初の現われのひとつである。イタリアではゴシック美術は、いまだ残るロマネスク美術と早咲きのルネッサンス美術のあいだに「挟まれて」いる。ゴシックがイタリアで広まったのは——ただしその範囲は限られていたが——、たとえばアッシジにおいてのように、托鉢修道士たちの手によってであった。ゲルマン地域、とくにハンザ同盟の地域においては、商人たちの影響のもとに、身廊と側廊が一体となった特殊なタイプのゴシック教会〔ホール式教会〕が建てられた。

ロラン・レヒトは最近、今日にいたるまでのヨーロッパにおけるゴシックの長い伝統に目を向けた。レヒトを引用しよう。「いくぶん注意して二十世紀のすぐれた建築作品を見れば、われわれはそれらの多くが、北西ヨーロッパで一一四〇年から一三五〇年のあいだに獲得されたものの総体の延長線上にあり、それを豊かにし現代化しているということに気づく。ペルツィヒ〔ドイツ表現主義の建築家、一八六九—一九三六〕、ブルーノ・タウト〔ドイツの建築家・都市計画家、一八八〇—一九三八〕、ミース・ファン・デル・ローエ〔ドイツ出身のモダニズム建築家、一八八六—一九六九〕、グロピウス〔モダニズムを代表するドイツの建築家一八八三—一九六九〕、ニーマイヤー〔ブラジル出身の建築家、一九〇七—〕、ガウディ〔スペインの建築家、一八五二—一九二六〕、そしてネルヴィ〔イタリアの建築家、一八九一—一九七九〕、ゴーダン〔フランスの建築家、一九三三—〕、ゲーリー〔カナダ出身の建築家、一九二九—〕などのような建築家たちが、彼らの建築的教養の大部分をこの獲得物に負っているのである。古典的な理想から解放されたモダニズム運動の建築家たちは、同時に、この理想が妨げていたものから着想を得る機会を獲得した。すなわち、静力学的および審美的な観点からの壁の再定義、自己支持式構造の実現、標準化されたパーツを用いたプレハブ工法、そしておそらくなによりフォルムを介しての機能の明確な読みとり可能性などがそれにあたる」*。

* *Leçon inaugurale au Collège de France*, 14 mars 2002, p. 30.

ゴシック芸術のさまざまな形態をめぐっていては、あまりに遠まわりをすることになってしまうだろう。しかし、十三世紀のゴシックのヨーロッパは、建築にとどまらず、大聖堂の正面入り口から、ピサの説教壇、天使や聖母や王女たちの彫像までを含む彫刻のヨーロッパでもあり、またフレスコ画から写本挿絵までを含む絵画のヨーロッパでもあることを忘れてはならない。ゴシックの十三世紀はイメージのヨーロッパを素晴らしく豊かにする。

作法と労働

十三世紀にはまた、礼儀作法のヨーロッパがはっきりとその姿を現した。これら作法の総体に現代の歴史家や社会学者たちは文明化という名を与えているが、十三世紀のキリスト教徒たちはこれをクルトワジー(71)と呼んでいた。のちになると、こうした細やかな感情やふるまいを指すのに、洗練《ユルバニテ》や礼節《ポリテス》といった、ある種の都市空間に関わる言葉も用いられるようになるだろう。こうした動きの最初の総合的研究は、一九三九年にドイツ人社会学者ノルベルト・エリアスがその革新的著作『文明化の過程』*のなかで行った。中世の人々はこの進化をクルトワジー courtoisie という名で呼んでいたわけだが、語源自体が示すように、中世、とりわけ十三世紀にはじまるこの動きは、宮廷 cour、そして都市というふたつの社会的起源をもっていた。(72)

＊仏語訳 *La Civilisation des mœurs*, Paris, Calmann-Lévy, 1973.

貴族の風習と市民のそれとがこうしてひとつになって、十二・十三世紀には、いくつかのクルトワジーの手引書がラテン語および俗語で書かれることとなった。いくつかの例を挙げると、イングランドにおける『洗練の書』や『礼節』、ドイツ語ではトマスィン・フォン・ツィルクレーレの『イタリア人客』やタンホイザーの詩、さらにミラノの教師ボンヴェシン・デ・ラ・リーヴァによる『クルトワジー論』などがある。これらの著作に見られる礼儀作法のすすめは、とりわけテーブル・マナー、自然な務め、性交渉、攻撃性に抗うことなどを説いている。たとえばボンヴェシンはこう書いている。「スープ鉢から直接飲まずに、スプーンを使うべきだ。それが作法である。

スープ鉢にかがみこんで、豚のように汚らしくよだれをたらすような者は、ほかの獣たちのもとに帰ったほうがよろしかろう」。フォークはビザンティンからヴェネツィアに伝わったが、定着せず、徐々に普及するのは十四世紀から十五世紀以降のことにすぎない。こうした文学的伝統の到達点となったのが、ラテン語で書かれ諸俗語に翻訳されたエラスムスの有名な著作『子どもの礼儀作法について』である。十六世紀にはこの本が非常にひろく読まれた。礼儀作法のヨーロッパは、十三世紀に生まれたのである。*

*これら中世の礼儀作法の書の元祖は、三世紀に韻文で書かれた『カトの二行連句』であり、これは中世においても筆写されていた。

十三世紀にはまた、労働という人間の活動には欠かせない領域において、心性とふるまいの重要な変化が目に見えるものとなった。この領域における中世の伝統は、今日もなお消えていない。

---

(71) 本書一三七―一三九頁を見よ。
(72) ただしこれはエリアスの著作の第一巻のみに相当する。第二巻の仏訳は同じく Calmann-Lévy 社から、*La dynamique de l'Occident* (1975) として刊行されている。邦訳は、『文明化の過程』全二巻、法政大学出版局、一九七七―一九七八年。

中世初期における労働の地位はあいまいなものであった。労働の問題は、とくに修道院の世界であらわれた。修道戒律は、聖ベネディクトゥスによるものをはじめ、修道士たちに対し労働に関する二重の義務を課していた。文書の筆写という知的労働と、生計を立てるための農作業という経済的労働とを行うべきだとされたのである。こうした労働の義務は、修道士たちにとっては贖罪行為という意味をもっていた。創世記によれば、神はアダムとエバの原罪を罰するために労働を課したのである。いっぽう、贖罪である修道院労働によって罪は償われるのであり、労働を価値あるものとする考えかたがこうして生まれることとなった。中世初期の社会では修道士は権威ある存在であり、こうした最高位にある人々が労働に従事しているという事実は、矛盾したことではあるが、労働に肯定的な価値を付与することにつながった。労働の価値は十一世紀から十三世紀にかけて急速に高まっていった。農村労働の技術が進歩し、都市では職人労働が発達し、労働を通じて富と高い社会的地位の追求が可能になったことから、そのイメージに変化がもたらされたのである。

商人や大学人たちが彼らのなす労働によって正当化されたことはすでに見た。托鉢修道士たちは働くことを拒んだため批判されたが、布教もまたひとつの労働であると主張してみずからの立場を守った。労働を回避することで優越性を誇示していた社会階級——瞑想修道士や聖職者たち、あるいは戦士、騎士、貴族たちが、この有閑階級に属している——にとっては、社会や精神生活における労働の地位向上は痛手であった。戦闘活動は弱者を保護する有益な労働という外観を与えられるようになった。聖職者たちの布教活動は、托鉢修道士たちが自己防衛にこれを用いるさらに以前から、その意義を認められ称賛された。クルトワジーと騎士道の世界は、まるごとこの労働の価値向上がもたらす脅威にさらされた。「労苦は武勲に勝る」との格言が生まれた。

労働というもののイメージは、しかしながら、なおはなはだ心もとない。これを指し示す言葉はなく、つまりは労働の概念が存在していなかったのである。*labor* という語はとくに骨折りに関して使われた〔そこからは laboureur〔耕す人〕のような単語も生まれ、英語の labor〔労働、苦労〕の語原でもある〕。いっぽう、*opera* は労働の産物、すなわち〔現代フランス語で作品、業績にあたる〕œuvre を意味した〔そこからはしかし、ouvrier〔労働者〕のような単語も生まれた〕。ある区別というよりむしろ対立が、消えないまま強まった。肉体労働〔手の労働〕はいつにも増して軽蔑の対象となり、労働のその他の形態は名誉あるものとして尊敬されたのである。「私は手の業を成す者ではない」と、詩人リュトブフは誇らしげに言うのだ。

労働に対してあいまいな態度をとる、労働の尊厳と不名誉とのあいだで板ばさみとなったヨーロッパが、こうして生まれた。社会が、そしてとくに教会、富裕層、権力者たちが、なによりまず働き手たちを雇用者に対する隷属状態においておくことを目的として労働を賛美していたように思われることも、このようなあいまいさの一因となっていた。これは今日もなお論議の対象となるところだ。そして労働が社会のなかでこうむるさまざまな変化は、「進んだ」社会が体験するいくつかの大転換のひとつとなっているのだ。

ヨーロッパ、モンゴル人、東方

十三世紀は、ヨーロッパ形成の問題にとっての本質的変化がはっきりと現れた時代である。多くの場合にいえることだが、ヨーロッパのアイデンティティーは、敵たち、つまりは「他者たち」と相対することによって素描された。それは古代においてはペルシア人であり、蛮族と異教徒たちがこれに続き、最後にイスラム教徒が現れた。このアイデンティティー形成過程における最後の一筆が、十三世紀にモンゴル人たちによってもたらされた。西進してシレジア〔ポーランド南西部からチェコの一部にまたがる地域〕にまで及び、そこから撤退して東に向かった一二四一年のモンゴル人の侵攻(73)は、キリスト教徒たちのうちに精神的動揺と激しい恐怖をもたらした。フランスの聖王ルイは殉教者として死ぬことを考え、オリエントにおける十字軍のあいだも、この奇妙なモンゴル人たちのことが良くも悪くも頭を離れない。彼らは恐ろしい敵であるかもしれず、イスラムに対する同盟者たりうるかもしれないのだ。モンゴル人の恐怖は、すでに重要なものになっていた心性の変化をはぐくみ、十字軍の放棄へとつながっていった。キリスト教徒のうちでは、彼らの国土、財産、西洋の問題に対する関心の占める割合がしだいに高まり、十字軍への思いはぐらついていた。モンゴル人の脅威は、このような聖地への関心喪失を決定的なものにした。

境界は、のちに国家が定めるような国境線ではなく、まだいくつかの領土域によって具現されていたが、そのゆるやかな形成過程のなかで、キリスト教ヨーロッパを決定づけるような新たな境界が東ヨーロッパに現れた。この新たなヨーロッパ観を押し出したキリスト教国は、まずハンガリーであり、ついでポーランドだった。これらふたつの国々は、異教の蛮族たちに対抗するヨーロッパ世界の城壁としてふるまった。蛮族とは、第一にモンゴル人であったが、ハンガリーのキプチャク人、[74] ポーランドのプルーセン人とリトアニア人[75]もそこに含まれた。この新たな状況や概念の変化をもっともはっきりと表現しているのが、ハンガリー王ベーラ四世が教皇に宛てた書簡（一二四七―一二五四頃）である。タタール人（モンゴル人の伝統的呼び名）たちは、全ヨーロッパに（*contra*

(73) 一二〇六年に成立したモンゴル帝国は、一二三六年よりチンギス・ハンの孫のバトゥを総司令官とする遠征軍をヨーロッパ方面に送った。遠征軍は、ヴォルガ・ブルガールやルーシ諸国を制圧したのち、一二四〇年にはポーランド・ハンガリーへの侵攻を開始した。

(74) 九世紀の終わりにヴォルガ川とウラル山脈の間の地域に入ったテュルク系遊牧民族のキプチャク人は、しだいにその領土を広げ、ウクライナからカザフスタンにいたる広大な草原地帯（キプチャク草原）を占めるようになった。十三世紀にモンゴル人に征服されたが、この地に成立した国家は通称キプチャク・ハン国と呼ばれている。

(75) 本書一一七、二一四頁を見よ。

totam Europam）彼らのおびただしい軍勢を短期間で差し向けようと、着々とその準備を進めていると、王は述べているのである。王はさらにこうつけ加える。「もし仮にコンスタンティノープルの帝国と海外のキリスト教地域が失われたとしたらそれは大変なことですが、タタール人が我らが王国を占領するともなれば、ヨーロッパの住民にとってその痛手はさらに大きなものになるのです」。一二七四年の第二リヨン公会議の際、モラヴィアのオロモウツ司教はさらに明確に、十字軍はキリスト教徒を異教徒との真の境界からそらすものであると述べる。そして司教はその境界を、ベーラ四世と同様に、ドナウ川としている。ヨーロッパが政治的・地理的にこのように規定されているという事実は――そこではカルパティア山脈も、ましてやウラル山脈も、境界としては現れない――、ヨーロッパとキリスト教世界の同一化以上に、領土上の新たなヨーロッパ概念の誕生を意味するものである。

これは「新たな」ヨーロッパだ。このヨーロッパは、十一世紀から十三世紀半ばころにキリスト教世界が成しとげた飛躍的発展の産物である。十二世紀半ばから十三世紀半ばのあいだに――年代ははなはだ大まかだが、歴史上の大きな動きに正確な日付が与えられることはまれなのだ――、ヨーロッパのキリスト教社会において価値観の総体の根本的な変動があったと私は考えている。この決定的な転換は、当時のかなりの人々がキリスト教世界のそんな飛躍と、それがもたらしたおもな結果について自覚的であったことから生じたのではないだろうか。飛躍の程度は一様ではなく、それが目に見えるようになった時期にもずれがあることはすでに見た。それは、技術、経済、社会、知、芸術、宗教、政治といった、社会生活を構成する諸分野の総体のなかで、どんな場所、どんな環境に身を置くかによって変わってくるのである。価値観の転換はこれらすべての分野に関わり、それらはたがいに複雑な影響関係のうちにある。共通の変化をこうむりながら、ある分野が相対的により重要な促進剤の役割を果たすこともありうるのである。それはあるときは都市の急成長であり、あるときは農業革命であり、あるいは、人口増加、スコラ学の登場、托鉢修道会の出現、国家の誕生、農民身分の変化、市民のような都市社会の新階層の出現であるだろう。それらはつねにからみあっている。

天の価値が地に降りる

中世盛期の飛躍と価値観の変化が意識されるようになったこの時期を、天の価値が地に降下する時代というふうに私は定義している。飛躍的発展が中世前期の伝統的価値観にもたらした脅威に答えるためのいくつかの文化的解決法のなかから、ラテン＝キリスト教世界は、以後も長いあいだ生き残ることになる厭世（*contemptus mundi*）の教義を完全に捨て去ることはないものの、キリスト教信仰と両立しうる範囲内での俗世界への転向を選択したのだと私は思うのである。価値観の変化の最初の兆候が見られる。発展のさなかで新規なものが姿を現すが、それは必ず古代の伝統（異教のものであれ、キリスト教のものであれ）に対する尊敬によってカモフラージュされている。「われわれは巨人の肩のうえに乗った小人である」というシャルトルのベルナルドゥスの有名な言葉は象徴的である。価値観の変化は十三世紀に実現するが、それはあらゆる新しいものを非難するという伝統が放棄されるという形で起こる。たとえば十三世紀前半に書かれた『聖ドミニクスの生涯』は、ドミニクスのなかの新しい人間、そしてその説教者兄弟会の新しい秩序を称えているのである。なるほど中世前期の人々も、世俗の生活のため、世俗の権力のために働き、戦っていた。しかし、彼らがその名のもとに生き、戦っていた価値観とは、超自然的価値観であった。神、神の国、天国、永遠、厭世、回心、神の意志をまえに茫然となった人間ヨブの手本といったものだ。人々のイデオロギーや実存を閉じこめる文化的地平は、天に属していたのである。

十三世紀以降の人々も、救済を大きな気がかりとするキリスト教徒でありつづける。だが、この救済はいまや、天と地に対する二重の投資によってもたらされる。このとき、救済にまつわる合法的な地の価値観が出現する。たとえば労働観が変化し、償いという否定的な価値にかわって、神の創造の仕事への協力という肯定的な価値をもつようになる。天の価値が地に降りるのである。革新や、技術的・知的進歩はもはや罪とはみなされない。天国の喜びや美も、その実現の兆しを地上において示すことが可能なのだ。人は神に似せてつくられたことを思い起こすべきだ。だから人間は地上において、救済の否定的条件のみならず肯定的条件をもつくりだせるはずなのだ。

イエスが辺獄に降りた際、アダムとエバが彼によって冥府から救い出されたことは強調されるべきだ。[76] 歴史はもはや世界の終わりへと向かう凋落ではなく、時の完成へと向かう上昇なのだ。ヨアキム主義[77]から千年王国説に基づく終末感を抱いたのは少数派であり、大多数にとってこれは歴史に肯定的な意味を与える思想であった。

こうした新しい価値観の例として、古い知的権威のアウテンティカのほかに、大学教師たちの新たな権威であるマジストラリアが現れることがあげられる。経済の分野においては、進歩の概念ではないが（これが広がるのは十七世紀になってからのことだ）、成長という概念が姿を現す。水車利用が強化され、その応用が発展し（鍛造機、ビール醸造、縮絨機など）、垂直織機に代わって水平織機が用いられるようになったこと、十三世紀に回転運動を往復運動に変換するカム軸が採用された

(76) キリストが死後「捕らわれた霊たちのところへ行って宣教」した（ペトロの手紙、三―一九）とする聖書の記述から、伝統的にキリストの地獄降下が信じられ、西方教会ではこれが使徒信条に明文化されている。またこれは一般に、辺獄（旧約時代の善人がキリストの降臨を待つ地獄の辺境）にいる義人の霊魂を解放して天国に導くための行為であったと解釈された。

(77) シトー会士フィオーレのヨアキムが十二世紀に唱えた終末論的歴史思想。ヨアキムは全歴史を「父の時代」、「子の時代」、「聖霊の時代」の三時代に分け、この第三の時代において歴史が完成し、千年王国が実現すると考えた。

ことから、生産性という新たな価値が登場する。天の恵みのように、富は空から地へと降りる。農業の分野では、土壌、気候、土地構成の許すところで三圃式農業が二圃式農業にゆっくりと置きかわり、農地の耕作面積をおよそ六分の一増加させたほか、季節による耕作の多様化（春小麦と冬小麦、いわゆる「裏作」）が可能となる。成長や収穫といった価値はこのようにして現れる。農学はふたたび古代の終わりにおいてのように、手引書の執筆に値するような知となる。ヘンリーのウォルターによる『農耕の書』やピエトロ・デ・クレシェンツィによる『田園の恩恵の書』がこれにあたる。後者はフランス王シャルル五世の命により、十四世紀半ばにフランス語に翻訳された。

これらの変化は誇張しすぎてはならないが、それでも俗世界への転向のしるしはそこに顕れているのだ。恥ずべき利益（*turpe lucrum*）という概念は、利潤の増大や利子の取り立ての発達を妨げていたが、経済分野に特有の理屈によってしだいに問題にされなくなる。このような方策に秀でていたのが托鉢修道士たちなのだが、すでに見たように彼らは、はじめは地の一部にすぎない人類の限られた人々に天が託していた富を、商人のおかげでますます多くの人々が手にするようになったという理由で、しだいに商人の活動を正当化するようになっていたのである。

多くの場合、新しい価値観が広まる際のよりどころとなるのは理性と計算である（ラテン語ではどちらも *ratio* だ）。農地開拓と収入管理の合理化から生まれたのが、あらたにイングランド王となったノルマン人の征服王ウィリアムの、当時はきわめて先進的であった壮大な計画である。王は一〇八五年、王国の土地と収入の完全な目録をつくらせる。歴史に記されたその通称はドゥームズデイ・ブックで、「最後の審判の書」を意味する。私のいう天の地への移転を、これほどうまく表現することはむずかしい。このあとを受けたフランドルのフランドル伯は、一一八七年、彼自身の収入の計算見積書を作成させたが、これがフランドルの『グロス・ブリエフ』である。フランスの尊厳王フィリップ(一一八五―一二二三)は王領からの収入の明細を定期的に作成させていた。一二〇二―一二〇三年の書類の断片がいまも保存されている。現実はより控えめではあるが、財政のヨーロッパが誕生したのだと言うことができる。同時に、アレクサンダー・マレーがみごとに示したように、一二〇〇年頃の西洋の人々はまぎれもない「計算癖」に捕らえられていた。なにもかもが勘定される、煉獄で過ごす年月までも。ジャック・シフォローがいみじくも語っているように、「あの世の会計学」が存在していたのである。

じっさい十三世紀の人々は、聖職者にかぎらず俗人も、神の領分に足を踏み入れていた。日常生活の時間をよりよく支配しようという意志から、十三世紀末にはヨーロッパ全域で機械じかけの時計が現れる。大学は、それを分配する権利がかつては神のものであったような知の一部を、教壇のなかに降下させる。そもそも神についての知それ自体が人間の知となる。神学という言葉は十二世紀にアベラールによってつくりだされたのであり、シュニュ神父が明らかにしたように、神学は十三世紀には科学となるのである。また十二世紀末の煉獄の誕生によって、教会と人々は、神が死者たちに及ぼしていた権利の一部をかすめ取るようになる。代禱《だいとう》によって煉獄から魂を解放するための制度が設けられるのだ。人間の知的・精神的装備が進化し、知の道具の発達によって人間のもつ支配力が高まる。書物は、もはやたんなる芸術品、信心用具にとどまらない、ひとつの手引きとなる。文字が商人や法律家たちの世界に侵入する。文字は学校で学ぶものとなって、神聖さを失う。いやむしろ文字のもつ天上の力が、地上に刻まれるのだ。身体は抑圧の対象であると同時に、ケアの対象ともなる。ボニファティウス八世は十三世紀末に死人の解体を禁じたが、これは一二七〇年には依然として聖王ルイの死体に対して行われていたことであった。食道楽は長いあいだ非常に重い大罪で、邪淫の罪と密接に結びつけられていたのだが、食と料理の洗練にともない認知されるようになった。中世のものとして知られるもっとも古い料理の手引きは、ポーランドの歴史家マリア・デンビンスキによれば、一二〇〇年頃、デンマークの大司教アブサロンのために書かれたという。アブサロンはフランス人の料理人を雇っていたらしい。十三世紀の終わりまでには、美食のヨーロッパが生まれていたのだ。

修道院の厳格主義の影響下で、中世初期には笑いはきびしく非難されていた。十三世紀はじめになると、笑いはアッシジのフランチェスコや初期のフランシスコ会士の精神性を示す特徴のひとつとなった。一般的に言って、人間の身体が最後の審判の待機のために出発せねばならなくなる時を可能なかぎり遅らせようとする傾向が、いまや生まれていた。アゴスティノ・パラヴィッチーニ・バリアーニが明らかにしたように、十三世紀にフランシスコ会士ロジャー・ベーコンと教皇庁は、人間の地上の生を長びかせる望みに熱烈な関心を抱いていたのである。世界についての知識もまた探求の対象となり、本質的にイデオロギーの産物であって科学的厳密には無頓着であった中世初期の製図法に代わる、より正確な地図制作法がこの知識を求めた。赤髭王フリードリヒの叔父であった司教フライジングのオットーは十二世紀に、地上のキリスト教化が完了し、神の国が実現して歴史の終わりがもたらされたとみなしていたが、それでも、イングランドやフランスでの王国建設、スペインにおけるレコンキスタ、ローマ教会の重要な公会議の影響のもと、ヨーロッパはふたたび〈歴史〉の意味を見いだした。

　そして十二世紀から十三世紀に、ふたつのタイプの人間的理想が形成された。それらがめざす成果は、たとえそれが救済のための準備でもあるにせよ、なにより地上における成果であった。ひとつは、宮廷作法から生まれ、貴族や騎士階級によって広められたクルトワジーであった。すでに見たように、十三世紀にクルトワジーは、礼節の同義語、あるいは現代で言うところの文明化の同義語にすらなったのである。もうひとつの理想は誠実さ《プリュドミー》である。これは思慮ぶかさ、節度、すなわち勇敢と謙虚、手柄と分別の調和を理想とするものだ。これもまた世俗の理想である。十二世紀から十三世紀に人気を博した書物のひとつである『ロランの歌』の二人の主要人物が、このふたつの理想の化身となる。ロランは勇敢で、オリヴィエは思慮ぶかいのだ。フランス王ルイ九世は、誠実な人であると同時に聖人であった。救済はいまや、天においても地においても得られるのである。

最後に、集団的理想、家系、信心会、同業組合への帰属を捨て去るわけではないが、十三世紀の人々は、すくなくともある少数派に関して言うならば、つとめて個人に重きをおこうとしていた。この世の生の道のりの果てにある煉獄は、最後の審判という集団的あの世の前の、個人的あの世なのである。ミシェル・ジンクが注目したように、十三世紀ヨーロッパにおいて、「私」が文学のなかに顔を見せ、主観性が勝利を収めるのだ。

第六章

中世の秋、あるいは新時代の春？

ピサのカンポ・サントの壁画 三人の生者と死者（14 世紀中頃）

この章タイトルは、フィリップ・ヴォルフの示唆に富んだ本（一九八六）[1]の表題を借用している。そしてそれ自体が、オランダの歴史家ヨハン・ホイジンガの有名な本の表題『中世の秋』から取られている。十四世紀から十五世紀にかけての時代は伝統的に中世末期とみなされ、十三世紀以来比較的安定と繁栄を保っていたヨーロッパ社会が危機を迎えた時代として描かれるのが普通である。ギ・ボワ[2]は最近これを見直すことを提唱した。そして、彼によれば封建制の一時的な危機にほかならないこの現象を、より肯定的に分析している。彼の論が扱っているのはおもにノルマンディーに限られており、その仮説の及ぶ範囲にも限度がある。大部分の中世史家同様、私はまた、十四世紀から十五世紀のこうむった試練とは、大ルネッサンスとなる新たな再生《ルネッサンス》をひかえた時期にヨーロッパ社会全体の拡大から生まれた構造の危機であり、また同時に、いくつかの新たな災難がもたらした惨事でもあったと思う。黙示録的世界観――これもまた天から地に降りてきたものだ――に支配されることの多かった十四世紀の人々にとって、目の当たりにされる大惨事はしばしば黙示録の三人の騎士のイメージに要約された。すなわち、飢饉、戦争、疫病である[3]。こうした出来事はどれも中世のそれ以前の段階から存在していたが、その激しさから、また以前にはなかった新たな様相から、前代未聞の事態という印象が生まれていたのである。

I　おびえる中世

飢饉と戦争

飢饉はとくに恐るべきものだった。エマニュエル・ル＝ロワ＝ラデュリやピエール・アレクサンドルのような気候史学者は、とりわけ北ヨーロッパにおいて気候の悪化があったと見ている。寒期が長びき、大雨にくりかえし襲われた結果、一三一五年から一三二二年にかけて、大飢饉がなんども訪れて猛威をふるった。

中世において戦争は、つねに多かれ少なかれ慢性的現象であった。しかし教会、聖王ルイのよ

(1) Philippe Wolff, *Automne du Moyen Age, ou printemps des temps nouveaux ?: l'economie europeenne aux XIVe et XVe siècles*, Aubier, 1986.（『近代ヨーロッパ経済のあけぼの——中世の秋から近代の春へ』永沼博道他訳、晃洋書房、一九九三年）

(2) 以下の著作がある。Guy Bois, *Crise du féodalisme : économie rurale et démographie en Normandie orientale du début du 14e siècle au milieu du 16e siècle*, Presses de la Fondation nationale des sciences politiques, 1976.

(3) ヨハネの黙示録では、キリストを表すと考えられる子羊が封印された七つの巻物を解いていくと、はじめの四つに対してそれぞれひとりずつ騎士が現れる。その二番目以降の三人は、戦争、飢饉、疫病といった災難を象徴していると考えられている。

うな君主たちが平和のために行動し、経済的繁栄にとって有利な条件が求められ、君主制国家が発達して私的理由による封建制的戦争を非難するようになると、戦争という現象は退潮に向かった。しかし十四世紀になるとほぼ全体的に戦争の再来が見られ、それはとりわけ同時代の人々にとって驚きだったのだが、それが意味しているのは軍事が新たな形態をとったということである。ゆるやかに国民国家が形成されると、まずこれは封建的紛争に平和がもたらされることにつながったが、やがてすこしずつ戦争の「国民的」形態が生み出された。その好例となるのがはてしなく続いた百年戦争（一三三七—一四五三）で、十二・十三世紀以来古くから存在したフランスとイングランドの戦闘行為はこれにより近代的につくりかえられたのである。(4) ゆるやかながらめざましい技術的進歩があり、戦争は新しい現象に生まれ変わった。こうした進歩のなかでももっとも目立ったのは大砲と火薬の登場であったが、包囲戦の技術の改良もあった。すべての変化があいまって城砦がしだいに消え、田舎にあるふたつのタイプの貴族住居がこれに代わった。おもに住居であり誇示と享楽の場所である貴族の城館と、大砲の攻撃に持ちこたえられるように造られた要塞（王や君主のものであることが多い）である。くわえて、戦争は拡散し職業化した。経済的・社会的危機によって数が増えた放浪者たちは、リーダーが見つかると武装集団を形成したが、彼らは比較的正規に近い軍隊に比べ、よりたちの悪い略奪、破壊を行った。イタリアでは部隊の長がしばしば権威をもっており、都市や国家に傭兵を提供したが、ときには彼ら自身が政治権力を手にすることもあった。彼ら傭兵隊長はコンドッティエーリと呼ばれる。また、王国、とくにフランス王国では、定期的に給料を支払われる常設軍がおかれ、外人傭兵も、以前より恒常的、組織的に、都市や君主に仕えるようになった。ある民族がこの職務で際立っていた。スイス人である。

ウィリアム・チェスター・ジョーダンは、十四世紀初頭の大飢饉のすばらしい分析を行っている。彼が示しているように、この大災害は生き残った人々から「前代未聞」とみなされていた。当時の人々から見ると、この飢饉は自然と人間と神がもたらす諸原因がからみあって生み出されていた。天候と降雨、戦争、神の怒りなどが、彼らにはその原因であるように思われた。結果として、穀物の収穫が激減し、家畜伝染病が蔓延した。物価が高騰し、貧者の数が増え、その窮状は深刻化した。まだ限られてはいたものの賃金を支払う産業部門が拡大していたが、それでも物

(4) イングランド王家とフランス王家の対立から、一三三七年から一四五三年のあいだ、断続的に行われた戦争。フランス内にあるイングランド領土およびフランドル地方の領有や、フランス王位継承が問題となった。イングランドは最終的にカレーをのぞくすべての大陸領土を失って講和した。プランタジネット朝イングランド王家はもともとフランスのアンジュー伯家であり、当時もフランスの諸侯としての性格を残していたため、これを近代的な意味での国家どうしの戦争とみなすことはできない。しかしまた、この長期にわたる戦争のもたらした重要な結果として、領土のみならず「国民」意識の面から見ても、現在のイギリス、フランスの基本的な形が作られたという点を挙げることができる。

価の高騰を補うことはできなかった。王国や都市の組織が未完成で、食糧の配給・備蓄のための輸送が滞ったことも、大飢饉の結果をより深刻なものにした、あるいはいずれにせよ、それに対する効率的な取り組みのさまたげとなってしまった。農村と食糧の連帯のヨーロッパは、まだ生まれるにはいたらなかった。

フィリップ・コンタミーヌは、十四世紀のはじめから十五世紀の終わりにかけてヨーロッパに確立した新たな軍事的状況をみごとに描きだした。軍事学の地位向上と変容から、経済において農学書が現れたのとまったく同様に、戦術、軍規、部隊編成についての啓蒙書が執筆され、普及した。ビザンティン皇帝アンドロニコス二世の次男テオドロス・パレオロゴス（モンフェラート侯テオドロス）によって一三二七年頃に書かれた著作が、ラテン語に、そして十四世紀末にはブルゴーニュの豪胆公フィリップのためにフランス語に、翻訳された。ベネディクト会士オノレ・ボーヴェは、イタリア人法学者ジョヴァンニ・ダ・レニャーノの『戦争論』をもとに『戦闘の樹』を書き、若きフランス王シャルル六世に捧げた。シャルル六世の宮廷に暮らしたイタリア人女性クリスティーヌ・ド・ピザンは、一四一〇年に『軍務と騎士道の書』を執筆する。マリアーノ・ディ・ヤコポ（タッコラ）は一一四九年に『機械論』を書くが、これは兵器についてのものである。軍事に関する勅令がその数を増し、ヨーロッパ中をめぐった。その例として挙げられるのが、一三六九年のフィレンツェのもの、一三七四年のフランス王シャルル五世の重要な勅令、一三八五年のイングランド王リチャード二世の法規や勅令、一四七三年のイングランド王ヘンリー五世のもの、(とくに一四七三年の)突進公シャルルの軍事法令、スイスの諸州が行使する軍事力に関する戦闘規定の全体である。

考古学はわれわれに、文献史料をより充実させる豊富な史料を残してくれた。フィリップ・コンタミーヌは、ポルトガルのアルジュバロータ[5]における、線状あるいは格子状に配された穴の発見を語っている。おそらくは一三八五年にイングランド人射手たちが掘った穴で、杭を打ちこみカスティーリャ軍の騎兵隊の攻撃を食い止めるためのものなのである。ゴトランド島ヴィスビューの戦いで死者たちが投げ捨てられた溝の発掘により、防護装備の完全な科学的研究が可能になった。都市の城壁が、城の、要塞教会の、その他要塞住居の防壁が研究されたが、これらはいずれも中世末期に建設あるいは修復されたものである。すなわち、アヴィニョン、ヨーク、ローテンブルク、ネルトリンゲンの城壁、ヴァンセンヌ、フージェール、サルス、カルルシュテイン、タラスコンの城である。ヨーロッパの数多くの博物館のおかげで、十四・十五世紀の戦争のヨー

(5) ポルトガル中部の町。この近郊で一三八五年、ジョアン一世率いるポルトガル軍とカスティーリャ王ファアン一世の軍が、ポルトガル王位を巡って戦闘を交えた(アルジュバロータの戦い)。ジョアン一世はランカスター公ジョン・オブ・ゴーントの娘と結婚することでイングランドと同盟を結んでおり、イングランドの弓兵隊が援軍として派遣された。

ロッパがどのようなものであったか知ることができる。ロンドンの兵器博物館やウォレス・コレクション、ブリュッセルのポルト・ド・ラ・アル博物館、パリの軍事博物館、ローマのサンタンジェロ城、フィレンツェのスティッベルト博物館、トリノの王立兵器博物館、マドリードの王立兵器博物館、チロルのアンブラス城のコレクションなどである。

フィリップ・コンタミーヌがさらに指摘しているのは、中世の最後の二世紀には正規非正規を問わず戦士たちがヨーロッパ中を駆けめぐったという事実である。フランスとスペインには大軍団、イタリアには野盗団がおり[6]、フランスからゲルマン世界の西にかけては剝ぎとり屋たちが[7]はびこった。百年戦争、ブルターニュ継承戦争[8]、ブルゴーニュ公国の建設と崩壊をめぐる争い[9]、スペインにおける戦争、教皇領国家再征服のために教会が行った軍事遠征[10]、ジェノヴァとヴェネツィア、あるいはドイツ・ハンザ、デンマーク、イングランドのあいだの海洋戦争[11]、チェコのフス派との戦争[12]、ドイツ騎士団と周辺勢力との衝突[13]、イングランドの薔薇戦争[14]、スペインのグラナ

(6) 盗賊と化した兵士の集団である「野盗団 compagnies d'aventure」は十二世紀からイタリアで見られたが、とくに百年戦争期のフランスでは、傭兵崩れのこのような兵士たちが「大軍団 Grande Compagnie」の名で呼ばれた。

(7) 百年戦争末期に現れた、動員解除された傭兵たちからなる盗賊団。フランス語の「剝ぎとり屋 Écorcheurs」は文字通りには「皮を剝ぐ人たち」を意味する。

(8) ブルターニュ公の継承争いにより、一三四一年から一三六四年に起きた戦争。イングランド王、フランス王が介入した。

(9) ブルゴーニュ公領は八四三年のヴェルダン条約に由来するが、最盛期はヴァロワ=ブルゴーニュ家の一三六三年から一四七七年であり、強い独立性を保ったこの時代の領国はフランス語で「ブルゴーニュ国 Etat bourguignon」と呼ばれることもある。婚姻によりフランドル伯領を獲得するなど勢力を拡大した公国はこれを警戒するフランス王家との対立を深め、百年戦争ではイングランドと同盟を結ぶことになった。

(10) 教皇のアヴィニョン捕囚(一三〇九—一三七七)が起こると、教皇による教皇領(本書八六頁を見よ)への支配が弱まったため、インノケンティウス六世は一三五三年、トレド司教としてレコンキスタの軍事活動に従事した経験をもつスペイン人枢機卿アルボルノスを派遣した。アルボルノスは、貴族たちに占拠されていた教皇領のほぼすべてを回復することに成功した。

(11) 東地中海交易で競争関係にあったヴェネツィアとジェノヴァは、十三世紀後半から十四世紀にかけて、断続的に戦争をくり返した。またバルト海の派遣をめぐっては、ハンザ同盟とデンマークが対立し、十四から十五世紀に二度にわたって戦争した。さらに十五世紀になると、みずから毛織物の輸出を行うようになったイングランドがハンザ同盟と衝突し、戦争状態に陥った。本書三六三—三六四頁も見よ。

(12) 本書三七一—三七三頁を見よ。

(13) 本書二一四頁を見よ。ドイツ騎士団の征服を免れたリトアニアは、一三八五年公式にキリスト教に改宗した。いっぽうプロイセンに居座った騎士団とポーランドとのあいだの争いも深刻化していた。ポーランドとリトアニアは同盟を結び(ポーランド・リトアニア連合)、一四一〇年のグルンヴァルトの戦いで騎士団を破り、東欧の大国として君臨した。

(14) 一四五五年から一四八五年、ランカスター家とヨーク家との王位争奪を中心とする英国の封建貴族間の内乱。百年戦争の敗北により大陸領土を失って引揚げてきた封建貴族の生存闘争という側面もある。

ダ王国の終焉(15)、トルコ人のバルカン半島への進出……。

また図像学や考古学から明らかなのは、本格的な馬のヨーロッパの時代が訪れていたということだ。そしてそれは狩猟馬ではなく、戦闘馬なのである。この時代にはまた歩兵隊が変化し、十四世紀半ばから十五世紀にかけては、質的にも量的にもやや衰退した。しかし十五世紀の半ばになると、ゲルマン系の傭兵たち、すなわちドイツ人、スイス人のおかげで、歩兵隊の役割もその威光も復活した。さらに衝撃的だったのは、砲兵隊の登場である。大砲に使う火薬、それに大砲そのものも、一三二五年から一三四五年までのあいだの約二十年間に、中国からイスラム世界を通ってイタリアに伝来し、そこからヨーロッパ中に広がった。「俗に大砲などと呼ばれている、この好戦的で悪魔のような道具」、ジョン・マーフィールドは、一三九〇年頃になってもまだそう述べている。これが戦争の技術を変革する速度は、ゆっくりとしたものだった。大砲が戦場において重要な役割を果たし、そして城や都市の防壁に対して効力を発揮したというおもに二点から、その変革はなしとげられたのである。競って大型の大砲が造られたのは、威力を見せつけ怯えあがらせたいからでもあり、より効果的に攻撃したいからでもあった。十四世紀の終わりには、爆撃のヨーロッパが生まれていた。十五世紀後半になると、都市や国家の砲兵隊の予算がふくれあがっていった。十五世紀末には、とくにミラノや北イタリアにおいて軍事用金属産業が発達していたが、イタリア戦争(16)でお目見えすることになるフランスの砲兵隊は、規模においても質においても世界一であった。

ヨーロッパの軍事化は、兵役が浸透するにつれてより進行の度合いが高まる。イングランドでは十四世紀に封建的奉仕が消滅し、民兵、志願兵の召集がこれに代わった。フランス王国においても、十四世紀半ば以降、志願契約はひろく行われるようになった。十五世紀になると、王国の共同体、小教区はそれぞれ、王国の求めに応じて平民の射手、弩《おおゆみ》射手を供給することが義務づけられた。都市の指導階級が軍役に背を向けていたイタリアは、おもに傭兵たちの手を借りていた。これが傭兵契約《コンドッタ》のシステムである。それでも、騎兵隊のおもな部分を供出するという貴族の役割は、ヨーロッパのほぼ全域に残っていた。貴族のヨーロッパはひきつづき、戦士の伝統をよりどころにしていたのだ。ヨーロッパのすべての政治権力は、十五世紀にはなんらかの常設軍をつくりあげた。封建時代の戦争は断続的であり、その基礎となる兵力は、一時的に、多くの場合春に召集されたが、戦士たちの徴用期間には限りがあった。封建制ヨーロッパの戦争の一年には隙間が空いていたのである。しかし近代ヨーロッパの、継ぎ目のない、軍事的織物が織りあげられよ

ランカスター派が勝ちチューダー朝が成立した。

(15) 本書三九七頁を見よ。

(16) 本書四〇四―四〇五頁を見よ。

うとしていた。イタリア人でさえ、直属の常設軍の必要性を感じていた。ヴェネツィアの元老院は、一四二一年にはやくもこう宣言していた。「平時にも戦時にも有能な人間をもつこと、それがつねに変わらぬわれわれの方針である」。

　戦争の暴力に覆われたこのヨーロッパは、それでも平和への希求を忘れてはいなかった。それは中世において、社会、教会、諸権力が、究極の理想としてきたものなのである。『戦闘の樹』の著者であるベネディクト会士オノレ・ボーヴェは、その遺憾の念をこう書き表している。「聖なるキリスト教世界全体が、戦争と憎しみと略奪と不和に打ちひしがれていて、公爵領でも伯爵領でも、平和を享受している小国の名を挙げるのに困り果てるほどだ」。十五世紀には、ボヘミア王イジー・ス・ポジェブラトがラテン語で全キリスト教世界が結ぶべき平和条約を起草している。王の願いはこうであった。「こんな戦争や略奪や騒乱や火災や殺人が、キリスト教世界それ自体にほうぼうから襲いかかり、農村は荒廃し、都市は略奪され、地方は寸断され、王国や公国は多くの不幸にさいなまれていることを、痛切なる思いで報告せねばならぬ。こうしたものすべてがついに終わりを迎え、完全に消え去らんことを。そして、称えるべき連合を通じて、慈悲と友愛にふさわしい状態がまた訪れんことを」。この十五世紀の王は、おそらくもっとも美しいプランを、このうえなくみごとな正当化を、六世紀後の今ようやく模索されているヨーロッパ連合に対して与えたのである。それは平和のヨーロッパというプランなのだ。

ペスト

十四世紀半ばに、中世ヨーロッパの大惨事のひとつが起こった。ペスト〔黒死病〕である。「黒死病 peste noire」というこの名前は、肺ペストと腺ペストというふたつの症状のうち、後者のほうが圧倒的に多いということから来ている。横痃《よこね》と呼ばれる鼠径リンパ節の腫脹がその特徴であり、それを満たす血の色が病気とその蔓延に名前を与えたというわけである。腺ペストは、六世紀の〔東ローマ皇帝〕ユスティニアヌス一世の時代に、すでに東洋と西洋を襲っていた。以後、ペストは西洋から完全に消滅した。中央アジアの〔そしておそらくはアフリカのソマリ半島の〕風土病として残っていたペストは、勢いを取りもどし、一三四七年から一三四八年にかけてヨーロッパをふたたび脅かした。その出所も日付も特定することが可能だ。クリミア半島にあったジェノヴァの植民地カッファがアジア人に包囲されたとき、アジア人たちは籠城軍に対してペスト患者の死体を兵器として用い、これを城壁ごしに投げこんできたのである。ペスト菌はノミやネズミにはこばれ、もしくは最近の説が言うようにむしろ人間同士の接触によって、カッファ発の船に乗って西洋にたどり着いた。一三四八年のうちに、菌はほぼヨーロッパ全土に広がった。これよりのちペストは災厄となり、西洋においてはそれが一七二〇年までつづいた。大規模なペストはマルセイユのこれが最後となったが、起源はやはり東方であった。

疫病の被害を悲惨にしたのは、まず病気の伝染のスピードであった。ペスト菌の感染者は、短い潜伏期間ののち発作にのたうちまわり、苦しみが二十四時間から三十六時間続いた末に、多くの場合は死を迎えた。ペストがパニックをもたらしたもうひとつの理由は、西洋人が感染というものの力を思い知らされたことであった。おそらくは癩病《レプラ》も感染すると考えられたことだろう(これは事実ではないが)。しかしペストとともに、感染は否定しようのない事実となったのである。最後に、ペストにともなう生理的現象、社会的現象はすさまじいものであった。ペスト患者の神経の昂りは衝撃的だった。家族も村も公的権力も、この病気を前にしてはなすすべもなく、それがこの病気を悪魔のように見せていた。とくに共同生活を送る集団のなかで感染が起こると、疫病がもたらす結果は目を覆わんばかりであり、ヨーロッパ社会の基盤であったこのような集団構造は、病気でぼろぼろになり、しばしば破壊しつくされてしまった。家族も親類も修道院も小教区教会も、死者ひとりひとりのために満足な葬式を出してやることもできなくなっていた。死者たちの多くは終油の秘跡を受けることも、共同の穴に埋葬される際に祈りや祝福を受けることさえも許されなかった。

この疫病の死亡率をそれなりに正確に把握できるような史料は残されていない。地方によってそれはさまざまだった。しかし、おそらく死亡率三分の一を下回った地方はなかったと思われる。概算すると、キリスト教世界の人口の半分から三分の二が死亡したとみてよいようである。イングランドでは人口減少率が七割ほどで、七百万ほどの住人が、一四〇〇年には二百万ほどになってしまった。大小のペストの流行がある程度周期的に再来することで、その被害はさらに悲惨なものとなった。一三六〇年から一三六二年の流行のときには、とりわけ子供が被害をこうむった。その後の流行は、一三六六年から一三六九年、一三七四年から一三七五年、一四〇〇年、一四〇七年、一四一四年から一四一七年、一四二四年、一四二七年、一四三二年から一四三五年、一四三八年から一四三九年、一四四五年、一四六四年と続いていく。また、ジフテリア、はしか、おたふく風邪、猩紅熱、腸チフス、天然痘、インフルエンザ、百日咳のようなほかの病気がペストに併発した場合、当時の人々がペストと戦争と飢饉（すでに見たように黙示録に由来するトリオである）を結びつけた場合と同様、恐怖心は高まった。

十四世紀の医者たちは、疫病をもたらす自然法則を見つけることができなかった。もっとも、自然法則が存在し、立ち向かうべきはとりわけ感染という現象であるという確信も、神の怒りによる説明と釣り合いをとるようにして存在していたのだが、結局後者の解釈のほうがより一般的で説得力をもっていた。ふさわしい医学知識はなくとも、正確で有用な所見が述べられなかったわけではない。たとえば、病人や死者の枕元に集うこと、葬儀の集まり、ペスト患者の衣服の使用が禁止され、より一般的に言うなら、感染と闘うことが指示されたのである。もっとも効果的なのは災厄から逃避することであった。人口の密集する都市から離れた、人家のまばらな田舎にある隠れ家へと避難するのである。この移動を描く有名な作品がある。ボッカッチョの『デカメロン』の冒頭は、フィレンツェの金持ちたちが田舎の別宅へと逃亡する様子を描いているのだ。ペストにこのように立ち向かうことは、いうまでもなくエリートのみに許されることであった。ペストは社会的対立、貧者の不幸をより深刻なものにした。そしてのちに触れるような社会的暴力の立役者の一人になった。公的権力、とくにイタリア都市をはじめとする都市も一連の措置を講じ、清潔さ、衛生の意識にはこうして顕著な進歩が見られた。都市はまた、富裕者が贅沢をひけらかすのを、神の怒りと懲罰を引き起こすものとして問題にした。ペストは新しい形の信仰ももたらしたが、とりわけそれを専門とする聖人が人気を博し、全ヨーロッパで偉大な聖人とみなされるようになった。浴びせられた矢が十四世紀の大災害を表すと解釈された聖セバスティアヌス、それに南ヨーロッパ、西ヨーロッパで崇敬された聖ロクスである。

死、死体、死の舞踏

ペストはまた新たな感性や宗教心をはぐくんだ。死についてそれまで人々が恐れていたのは、おもに地獄に落ちる危険であった。いまやこの恐怖を第一の段階が飲みこんでしまった。ペストによって目に見えるものとなった死そのものの恐怖は、地獄の責め苦の比ではなかったのである。図像学が示すように、地獄の恐怖は十四世紀半ば以降も消えることはなかった。（ジャン・ドリュモー[17]が指摘したように、地獄の恐怖は天国の悦楽によって相殺される傾向にあったにしても。）しかし、死に関する新たな感性をいわば一手に引き受けることになったのは、死体であった。

死体との対面が十四世紀半ばに流行の図像主題として取りあげられるようになった。そこでは三人の生者と三人の死者が出会う。三人の美しく陽気で屈託がない若者たちが、三体の死体と向きあっている。普通死体は墓場で棺に収められている。キリスト教ヨーロッパ全体で非常によく見られたある主題が、このとき大きな重要性を獲得した。メメント・モリ（「死を想え」）の主題が、信心の基礎、ある種の生活と内省の基礎になるのである。そして死の技術 *ars moriendi* についての挿絵入りの書物が執筆されるようになった（アルベルト・テネンティのすばらしい研究がある[18]）。このような思索は、十六世紀のモンテーニュの格言「哲学すること、それは死にかたを学ぶことである」につながるものである。また怪奇という感情、思想も含むようなある図像主題が全ヨーロッパに広がった。そのもっとも派手な表れのひとつは、重要人物の墓のうえに見られる彼らの死体

（17）フランスの歴史家。代表作に、『恐怖心の歴史』（永見文雄・西沢文昭訳、新評論、一九九七年）がある。
（18）Alberto Tenenti, « *Ars moriendi* », *Annales. Économies, Sociétés, Civilisations*, n° 4, vol. 6, 1951, p. 433-446.（アルベルト・テネンティ「往生術——十五世紀末における死の問題に関する覚書」池田祥英訳、『叢書「アナール」1929-2010　歴史の対象と方法 2』所収、藤原書店、二〇一一年、二一七—二三五頁）

をかたどった像で、フランス語ではこれがトランジ像と呼ばれた。フランスにおけるもっとも有名なものは、一四〇〇年頃つくられたラグランジュ枢機卿の像である。十五世紀のものはヨーロッパで七十五体知られている。

十四世紀のイタリアにとくに見られるもうひとつの図像主題がある。死の勝利の主題で、ピサのカンポ・サントにこれが華々しく描かれたのは、一三五〇年、ペスト発生の二年後のことであった。別のふたつの主題が収めた成功はさらに大きかった。まず〈虚栄〉の主題、つまり死者の頭蓋骨の表現は、ルネッサンスを通じバロック芸術にいたるまで流布しつづけた。そしてもうひとつが、十五世紀の芸術と感性を特徴づける死の舞踏である。

死の舞踏で目をひくのは、引き連れられていく人物たち、その行進の形態である。というのも、死体はおもに死の個別的イメージであるが、死の舞踏は社会全体、すべての社会的・政治的階層の表象なのだ。教皇や皇帝に先導される死の舞踏では、王から貴族、市民、農民にいたる人類全体が踊っている。女性もそこに欠けてはいない。目が引きつけられるもうひとつの側面、それは舞踏である。ダンスは軽薄で異教的でさえあり作法に反するとみなされていて、教会はこれをはっきりと禁じていた。宮廷舞踊に関しては教会は譲歩せざるをえなかったが（もっとも宮廷舞踊が勝利を収めるのは十六世紀から十七世紀になってからだが）、農民の舞踊であるカロル（中世フランスの穏やかなテンポの輪舞）に対しては待ったをかけた。死の舞踏は、世俗の文化と聖職者のヴィジョンを併せもっている。これが表明しているのは、ダンスは有害な娯楽であるということ、振付師サタンの力を借りずとも、踊りとともに社会は破滅するということである。怪奇のヨーロッパ、それは狂気のヨーロッパである。こうしてヨーロッパの長い歴史のなかに、狂気の年月の赤い糸が織りこまれるのである。

十五世紀にはキリスト教ヨーロッパの壁を死の舞踏が埋めつくした。最初の大作は、一四二五年にパリの聖イノサン墓地の壁に描かれた。はやくも一四四〇年には、聖イノサン墓地のフレスコ画の複製がロンドンのセント・ポール大聖堂の墓地の壁に描かれ、大画家コンラート・ヴィッツがバーゼルのドミニコ会修道院墓地で同様のものを描いた。ウルムでも別のものが描かれ、リューベックの聖マリア教会にも死の舞踏を描く大作が置かれた。その次は、一四七〇年頃にラ・シェーズ・デューで製作される。驚くべきことに、小さな町、小さな村の小さな教会でさえも、死の舞踏を目にすることができる。たとえば、ブルターニュのケルネスクレデン教会の交差廊（十五世紀後半）、タリンの聖ニコラス教会（十五世紀末）、イストリアのベラム（一四七四）、デンマークのノール・アルツレウ（一四八〇年代）、フェラーラ近郊ピゾーニェのサンタ・マリア・イン・シルヴィス修道院（一四九〇）、スロヴェニアのフラストーリエ（一四九〇）、ブルターニュのケルマリア礼拝堂（一四九〇）、ユール・エ・ロワール県のメレ・ル・グルネ（十五世紀末―十六世紀初）においてである。

暴力のヨーロッパ

ペストや飢饉や戦争に起因する重大な暴力のほかに、いくつかの出来事、いくつかの進歩が、十四・十五世紀のヨーロッパで、衝突や暴力を生じさせた。こうした衝突や暴力もまた、中世末期を特徴づける危機や闘争のイメージの形成をうながしており、そのようなイメージがのちにヨーロッパ建設を脅かす種になったと思われる。

これらの現象を解釈するうえで、さまざまな仮説が出された。チェコの歴史家フランチゼーク・グラウスは、一三二〇年代にユダヤ人が井戸に毒を入れたとの罪を着せられた際に起こったユダヤ人大虐殺、あるいは一三四八年のペストの際とくに中央ヨーロッパで起こったさらに大規模なそれの研究を通じて、ふたつの包括的説明を試みている。ひとつ目――これはグラウス特有のものではないが――は、スケープゴートであるユダヤ人に向けられた憎悪である。しかしグラウスはこれらの大虐殺を、彼が「危機の時代としての十四世紀」と表現するものの包括的な分析のなかに置きかえている。そして彼が強調するのは、つねに危機に瀕したヨーロッパ経済の構造的危険、農民と領主の、職人と商人の構造的対立である。こうした危険・対立は、いまもヨーロッパが抱える内的危険にまでいたる長い射程をもった光をもたらしてくれるものである。

そのうえ、君主制は王朝の対立で疲弊し、民衆の反乱におびえ、十分な財源を確保することができず、政治権力が比較的脆弱だった。これによってまた、おそらく今日のヨーロッパからも消えていない政治装置というものがもつある脆弱さが明らかになる。すぐれた著書『中世末期フランスにおける犯罪、国家、社会』[19]のなかで、クロード・ゴヴァールは十四・十五世紀のフランスに関して暴力を別の形で説明している。暴力は犯罪という新しいタイプの違法的ふるまいを出現させることになる。これは封建制的暴力とは異なるもので、王国警察の発達と結びついており、より一般的には、近代国家の形成に対する反作用として説明できる。それと同時に、犯罪の抑圧は記録文書や文書庫の増加をもたらす。おかげでわれわれはこれらの暴力に気づくことができ、暴力がはびこったとの印象をもつのであるが、実際に発達したのは抑圧と資料なのである。ここにもまた、今日のヨーロッパの暴力を解釈できるような要素が見られないだろうか。中世社会に特有の現象でありつづけるのは、社会の成員が共有する主要な価値が恐怖心であるということで、クロード・ゴヴァールはこの点をみごとに分析している。

しかし以後ながく続くことになる、今日のヨーロッパにも見られる現象のなかでもおそらくもっとも重要なのは、政治権力――かつては王国であり、いまは国家である――が、処罰をその

(19) Claude Gauvard, « *De grace especial* ». *Crime, État et société en France à la fin du Moyen Âge*, 2 vol., Publications de la Sorbonne, 1991 (rééd. 2010).

機能とするいっぽう、赦しによってもまたその姿をあらわにするということである。この赦しは、十四世紀から十五世紀に、フランスにおいて受刑者の一部に対する「赦免状」の発行という形で実現される。このようにして、政治権力の最高形態である恩赦が実現する。この政治権力には、神の権力の特徴のいくつかが委譲されているのである。ここに横顔が浮かびあがっているのは、まさしく抑圧と赦しのヨーロッパだ。

こうした説明、とくにユダヤ人大虐殺をスケープゴートの処罰だとする説明に、最近アメリカの中世史家デヴィッド・ニーレンバーグが、十四世紀前半のスペイン、より正確にはアラゴン王国諸地域における暴力の研究のなかで、疑問を投げかけている。ニーレンバーグはここで、迫害、とくにマイノリティーがその犠牲となった暴力を扱っている。とりわけユダヤ人、イスラム教徒だが、女性もそこに含まれる。ニーレンバーグにとって、「暴力とは、マジョリティーとマイノリティーの共存のなかで、すべての中心となるような、組織全体に関わるような一側面である」。したがってイベリア半島、またその他のヨーロッパの大部分におけるマジョリティーとマイノリティーの共存が、中世末期にヨーロッパの団結を危険にさらしたように思われるこの暴力の源にあると言うことになる。

いずれにせよ、十五世紀末の団結については次のふたつの点に注意しておきたい。まず、当時のヨーロッパにおいて寛容または不寛容を考えることはまだなんの意味ももたないということだ。

われわれはまだ寛容のヨーロッパの前段階にいる。その寛容のヨーロッパは、以後成長したものの、今日もまだ誕生し終えてはいない。もうひとつ気づかされるのは、ユダヤ人は西ヨーロッパ、南ヨーロッパから追われたということだ。イングランドでは十三世紀末、フランスでは十四世紀末、そしてイベリア半島では一四九二年にそれが起こった。深刻なことに、この最後のケースでは、前面に出てくるのはもはや反ユダヤ教という宗教的議論ではなく、血の純粋さ limpieza del sangre という人種主義的議論なのだ。中央ヨーロッパと東ヨーロッパでは、これとは異なるふたつの解決法が採られた。ひとつは寛容(そんな言葉は用いられないが)であり、たとえば十六世紀のポーランドは、ユダヤ人と魔女に対して、「焚刑のない国」としてふるまうことになるだろう。もうひとつは保護をともなう監禁、すなわちゲットーで、イタリアと、ドイツの大部分で見られた。しかし中世末期のヨーロッパは、ユダヤ人を追放したヨーロッパなのだ。

魔女迫害　十四世紀以降、とりわけ十五世紀に、もうひとつの形の暴力が発達した。魔術の弾圧である。魔術に対する信仰、その実践はつねに教会の敵であり、これを行う人々、すなわち魔法使いもまた同様であった。しかしこの闘いは、異端の問題に比べれば二次的なものになっていた。異端審問所はすでに見たように十三世紀のはじめに設立されたが、その矛先はおもに異端に向けられていた。しかしのちに魔術はその特別な標的のひとつとなり、ワルド派やカタリ派の異端の動きが鎮静化すると弾圧の第一位へと格上げされた。十四世紀に審問官のために書かれた手引きを見ればこのことが確認できる。ラングドックのドミニコ会審問官ベルナール・ギーによる手引きのなかに、それはすでに見てとれる。カタルーニャのドミニコ会士ニコラ・エメリックが一三七六年頃執筆しひろく読まれた『審問官の手引き』において、それはさらに顕著になる。ノーマン・コーンが示したように、十五世紀になると、魔女が異端者に代わって異端審問所の狙う獲物となったのだ。ミシュレは直感によって、十四世紀には魔術が女のものになったという事実に気づいていた。もっとも彼がもちだした文書は典拠のあやしいものではあったが。したがって魔女がヨーロッパの舞台の前面に現れ、十七世紀までそこにとどまって、多くが火刑の犠牲となる。

この魔女狩りにおいて指導的役割を果たすことになったのが、ライン川流域やアルザスで活動したドミニコ会の二人の審問官ヤーコプ・シュプレンガーとハインリヒ・クラマーの手による書物『魔女に与える鉄槌』である。同書は一四八六年に活字で出版された。二人の著者は魔女との闘いを時代の錯乱したドラマのなかに位置づけなおしている。魔女とはあらゆる乱れ、とりわけ性の乱れの餌食になった女、荒れ狂う悪魔に支配された女なのだ。『魔女に与える鉄槌』はまさしく、ジャン・ドリュモーの言う「恐怖のキリスト教」の産物であると同時に手段である。〔土曜日の夜に集会が開かれるとされた〕サバトという魔女たちの目を疑うような活動が恐れとともに信じられ、容易に図像の題材となって、この新たな不寛容のなかに強烈な色彩が加えられた。魔女狩りのヨーロッパ、サバトのヨーロッパが生まれたのだ。

農民反乱　中世末期の暴力のなかから浮かびあがるのが、農民、都市の工員、職人といった、労働者たちの反乱である。ロベール・フォシエは「階級対立の新たな先鋭化」を口にし、たとえばイギリスの歴史家ロドニー・ヒルトンのもののようなマルクス主義的解釈が正当化されたように思われた。経済が発展すると、たしかにしだいに多くの農民たちが貧困化するようになったが、同時に富裕化する者たちも現れた。農民の反乱は、フランスの大衆語で農民が「ジャック」と呼ばれたことから伝統的に「ジャックリー」と呼ばれてきたのだが、にもかかわらずその多数を占めたのは貧農の蜂起ではなく、反対に、特権を授けられ、その特権をおびやかされた富農たちの反抗だったのである。

ジャックリーは、ボーヴェジ、ヴァロワ、ロンドン州、サセックス州の、泥をふくむ肥沃な土地で発生した。カタルーニャ、フランドルの大きな町々、それにライン川・エルベ川に沿った交通のさかんな地域の町々もその中心となった。フランス最大のジャックリーは、一三五八年五月にボーヴェジで勃発し、すぐにソワッソネ、ヴァロワ、ブリーに飛び火した[20]。この騒動はおもに

(20) 一般に「ジャックリーの乱」という場合にはこれを指す。百年戦争(一三三七—一四五三)による荒

略奪、城の焼き討ちという形をとったが、都市で反響を呼び起こすことはなく、大きな影響力をもつ指導者を生まず、いかなる明確な主張を打ち出すこともなかった。そして領主たちによって残忍な形で鎮圧された。一三七八年に、ラングドック全体で貧困化が起こり盗賊団が現れると、ここでも慢性的なジャックリー——森に隠れた盗賊を指す古い言葉を用いて、森の民《テュシャン》のジャックリーと呼ばれる——が起こったが、これも鎮圧されている。

注意しなければならないのは、農民反乱の動きがイタリアでは非常に弱かったということだ。都市の農村に対する支配が、抵抗できないほど重くのしかかっていたのである。一般的に言って、「農民問題」というものは十四・十五世紀のヨーロッパには存在しなかった。組織化された大きな農民運動は、十六世紀はじめにドイツで起こった。これがドイツ農民戦争[21]である。

都市の暴動　これとは反対に、都市の問題は実際に存在した。都市のめざましい発展は失速し、一二六〇年以降は危機の時代が始まった。失業、賃金の変動、貧困者やアウトサイダーの増加から、反乱や暴動があとを絶たなかった。都市下層民階級の暴力は、それが反ユダヤ人感情に転化されない場合は、しだいに王権を代表する者たちに矛先を向けるようになった。貪欲なまでの税の取り立て、過酷な犯罪の取り締まりが耐えがたいものになっていたからである。また職人仕事が集中化すると、同業組合の親方の支配にあおられた貧しい職人たちの反乱が起こるようになった。それを組織化する試みも見られた。フランスの法学者ボーマノワールは、一二八五年にこう書いている。「公共の利益に反するような同盟というものがある。ある種の人々が約束を交わし、以前のような低賃金では働かないことを取り決める場合がこれにあたる」。

一二五五年にはすでにフィジャックにおいて、職人たちがコッレガティオ *collegatio* を結成しているが、これは労働組合と訳されるべきものだ。これら都市の反徒たちは、要求事項と目的を明確化する。一日の労働時間の短縮が彼らの要求である。一三三七年、ヘントにおいて縮絨工たちが「仕事と自由」を叫んで立ちあがっている。田舎の場合とは反対に、都市の反徒たちにはリーダーがいた。ロベール・フォシエはその何人かの名をあげている。バルセロナのベレンゲール・オリェ、カーンのジャン・カボ、ブルッヘのピーテル・デコニック、フィレンツェのミケーレ・ディ・ランド、パリのシモン・カボッシュ、アミアンのオノレ・コトカン、ベジエのベルナール・ポルキエなどだ。これら首謀者たちのなかで、並外れた器の持ち主はひとりだけだったように思

廃や重税を契機として起こり、ピカルディーを中心にフランス北部に広がった。ジャクリーという言葉はこれ以後、農民蜂起を示す普通名詞となる。

(21) 一五二四年から二五年にかけてドイツで起きた大規模な農民の反乱。宗教改革運動を背景としたが、ルターは農民の急進化をみて領主側支持に転じ、戦争は農民の敗北に終わった。

われる。リエージュのアンリ・ド・ディナンは、一三五三年から一三五六年まで四年のあいだ町の長となり、階級のない社会を夢みていた。

リエージュのほかにも、十四世紀から十五世紀初頭にかけて、三つの都市が真に革命的な反乱の舞台となった。パリ、ロンドン、フィレンツェである。

パリでは、フランスの善良王ジャン二世のポワティエにおける敗北(22)の余波、エヴルー伯でナバラ王だった邪悪王カルロスの陰謀などが重なり、住民の大半が蜂起するにいたった。彼らのリーダーとなったのは、大ブルジョワジー出身のパリ市長エティエンヌ・マルセルである。彼は革命家ではなかったが、絶対化の様相を呈していた君主制の権限が制限されることを望んでいた。ジャックリーの乱の農民たちに支持を求めるなど紆余曲折ののち、エティエンヌ・マルセルは一三五八年七月一日暗殺され、パリの反乱は鎮圧された。また、シャルル五世が軽率にも死の床で廃止してしまった税を王国が再開すると、一三八二年に一時的ながらも激しい反対運動が起こった。暴徒たちはイングランド人の急襲に備えて市庁舎の倉庫に保管されていた軍槌を奪い、これを用いて戦った。マイヨタンの乱である。さらに、狂人となったシャルル六世の周辺で覇権を争うアルマニャック派とブルゴーニュ派の闘いを背景として、新たな紛争が勃発した。ブルゴーニュ派は肉屋のカボッシュに率いられた暴徒の一団を支持し、一四一三年五月の全国三部会では改革の勅令を可決させた。しかしアルマニャック派の権力回復によって、この試みは一掃されてしまった。このように、フランスにおいてもその他の国々においても、都市の反乱と挫折した改革のヨーロッパが姿を現していた。これはフランス革命まで続くことになる。

ロンドンでは大暴動の瞬間は、新たな人頭税の導入をきっかけとし、労働者がおかれた抑圧的状況の強化に反対して立ちあがった者たちの蜂起（ワット・タイラーの乱）とともにやって来た。この運動の特異な点は、都市の職人・労働者たちの反乱と農民蜂起とが結びついているというところにあった。反乱には、農奴身分廃止・農奴解放を訴えたワット・タイラー、それに、「アダムが耕しエバが紡いでいた時代に、領主は存在しただろうか」という衝撃的な標語を考え出した「貧しい聖職者」ジョン・ボールというリーダーがいた。暴徒は短いあいだロンドンを占領したが、最終的には敗れ、ここでも抑圧が居座った。

フィレンツェで起こったことは、他とは性格を異にしていた。この町では繊維産業の力が強く、毛織物業者や商人たちの富裕な組合の親方連中が絶大な支配を及ぼしていた。ここでは繊維産業の労働者たちが、これらの豊かな名門に対して反乱を起こすのである。これらチョンピ（毛織物

（22）百年戦争中の一三五六年、フランスのポワティエでジャン二世（在位一三五〇―一三六四）の軍と黒太子エドワード率いるイングランド軍とが戦った（ポワティエの戦い）。フランス側は大敗し、ジャンはイギリス軍の捕虜となった。

業の下層労働者〕は、一三七八年から一三八二年まで三年以上にわたって町を手中に収めた〔チョンピの乱〕。運動はたとえばシエナのようなフィレンツェ以外の町にまで広がった。しかし豊かな名家が政権に返り咲き、以後長いあいだ力を保持することになる。十五世紀はメディチ家の世紀だったのだ。

こうした運動は一般に、「物騒な」界隈が形成されていた町のなかで失業者やアウトサイダーによって引き起こされたもので、ほかにもいたる所でこれが起こっていた。前ぶれはすでに一二八〇年から一三一〇年の時代に、ドゥエー、イーペル、ブルッヘ、トゥルネー、サン・トメール、アミアン、リエージュにおいて見られていた。さらには、ラングドックのベジエやトゥールーズ、シャンパーニュのランス、ノルマンディーのカーンにおいても、パリや北イタリアにおいても、それはあった。ボローニャでも、一二八九年のロンバルディアでも、ヴィテルボでも、そしてトスカーナのフィレンツェでも同様の現象があった。第二の時代は一三六〇年から一四一〇年までである。この時期には、機械の破壊という労働者の反乱の「近代的」形態が現れる。もっとも大きな被害をこうむったのは北西ヨーロッパの都市、それにライン川流域〔ストラスブール、ケルン、フランクフルト〕、ドイツ中部〔バーゼル、ニュルンベルク、レーゲンスブルク〕の神聖ローマ帝国の諸都市である。最後に、一四四〇年から一四六〇年までのより短くより穏健な時期がこれに続いている。ドイツで〔ウィーン、ケルン、ニュルンベルク〕、フランドルで〔ヘント〕、そして一四五五年にはあいかわらずパリで、反乱が起きている。ピエール・モネの優れた研究が、ドイツの百以上の都市で一三〇〇年から一三五〇年のあいだにおよそ二五〇回もくりかえされた紛争の特異な性格を示している。これらの紛争は、イタリアでのように専制政治に向かうことも、あるいは職業の民主化に帰着することもなかった。そして平和回復の担い手となったのは、あいかわらず権力を保護しおおせたエリートであった。

北ヨーロッパの紛争　スカンディナヴィアのヨーロッパでは、ハンザ商人と半島の職人、農民との争い、それに北欧王国どうしの敵対関係が絡みあい、社会的対立がさらに複雑化していた。デンマーク、ノルウェー、スウェーデンの三王国は、一三九七年、カルマルで同君連合を結んだ〔カルマル同盟〕。しかしはやくも一四三四年には、スウェーデンの貴族と農民が蜂起した。(23) この地域の都市の暴力の例としては、一四五五年のベルゲン(24)の住民の暴動を挙げることができる。彼ら

(23) エンイェルブレクトの乱と呼ばれる。デンマークに事実上支配されていたスウェーデンは、これ以後も独自の支配者を戴いて分離傾向を強めていった。一五二三年にグスタフ一世を国王に選んだスウェーデンが分離独立し、カルマル同盟は名目的にも崩壊したが、ノルウェー・デンマーク連合は一八一四年まで続いた。

(24) ノルウェー南西部、大西洋に臨む同国最大の貿易港。十四世紀から十六世紀にはハンザ同盟の要地と

はハンザにそそのかされ、代官、司教に反抗し、六〇人ほどの人間を殺した。分裂し、ハンザのドイツ人・オランダ人商人たちに対する深い憎しみを抱えたスカンディナヴィア世界は、ヨーロッパのなかでもとりわけ不安定な一部分となっていた。さらに、ノヴゴロド公国(25)はモスクワ大公(26)によって一四七八年に占領されており、一四九四年にはハンザとの商取引が消滅する。来るべき大国ロシアが姿を現し、この国をそれまでヨーロッパに結びつける要因となっていたものを排斥しはじめたのである。

教会大分裂——統一の終わり

もうひとつの出来事が、十四世紀ヨーロッパのキリスト教徒たちの混乱に拍車をかけた。こんどは教皇庁の問題である。そのきっかけは、一三〇〇年の聖年以後ローマの住民を揺り動かしたたえまない対立にあった。この混乱を避けるため、ボルドー大司教で一三〇五年に教皇に選出されリヨンで戴冠したフランス人のクレメンス五世は、ローマ行きをとりやめた。教皇はローヌ川沿いのヴィエンヌで一三一二年に開かれる公会議を召集し、みずからはローマ行きを可能にする平和を待ちながら、一三〇九年にアヴィニョンに居を定めた。クレメンス五世につづく教皇たちはアヴィニョンを離れなかった。恐るべき重税が豊かな財政をもたらしてくれる制度の恩恵を受けた教皇たちは、そこに壮麗な教皇庁を建設し、キリスト教世界の効率的な行政機関を発達させた。教皇空位期間管理局、財務局、尚書院、大小の法廷、内赦院を備えたアヴィニョン教皇庁は、十四世紀のヨーロッパでももっとも完成された君主制政府となったのである。

キリスト教世界のほぼ中央というアヴィニョンの位置も、教皇庁のこうした成功に大きく影響していた。しかしながら、当時のヨーロッパ人の感性のなかで重要だったのは、ローマという象徴的都市に対する愛着であった。ヨーロッパは以後もつねに、今日にいたるまで、場所や記憶や象徴的意味がもつ威光と関わりあうことになるであろう。教会内部だけでなく在俗信徒のあいだからも聞こえるようになっていた世論の大半は、十四世紀のあいだくりかえして教皇庁のローマへの帰還を求めていた。ウルバヌス五世はこうした訴えを聞き、一三六七年にアヴィニョンからローマへ帰ったが、ローマの状況から一三七〇年にはアヴィニョンに戻らなくてはならなかった。そのあとを継いだグレゴリウス十一世は、一三七八年、ついに教皇庁の最終的なローマ帰還をなしとげた。

して繁栄した。十九世紀にオスロが発展するまで、ベルゲンはながらくノルウェー第一の都市だった。

(25) 本書二六四頁を見よ。

(26) 十三世紀に生まれたモスクワ公国は、十四世紀に入ると大公国としてロシア第一の勢力となった。本書四二三頁を見よ。

教皇庁の機能がアヴィニョンに移転しているあいだに、ローマ内部にあった対立がさらに深まった。大貴族間の抗争、先導者さえ現れればつねに動員が可能な下層民の存在が、これらの紛争をはぐくむもとになっていたのである。コーラ・ディ・リエンツォの登場によって、ローマの状況に例外的な一エピソードがもたらされた。貧しい身分ながら、古典文学によって育まれたたいへんな教養の持ち主だったコーラは、狂信的演説家のたぐいであり、一三四七年、古典からの引用とはやりの預言的夢想を織りまぜた彼の弁舌の才に熱狂した群衆の支持を受けて、ローマ市庁舎《カンピドリオ》を占拠した。ローマの名門と教皇がともに敵意をいだくこととなり、教皇にアルボルノス枢機卿に率いられた軍隊を送られ、コーラは亡命を余儀なくされる。ローマに戻ったもののふたたび権力を手にすることはできず、コーラは一三五四年に殺害された。しかし、このエピソードはローマだけでなくキリスト教世界全体をはげしく揺さぶり、古代ローマ思想の復興に向けた精神の準備にも一役買うことになった。

グレゴリウス十一世のローマ帰還も、教会の平和を回復するどころか、もっとずっと深刻な新たな危機の要因をつくることにしかならなかった。この教皇が若くして死んだことで開催された教皇選挙会議は暴動に発展した。このようななかで選出された新教皇ウルバヌス六世〔在位一三七八―一三八九〕は、ただちに強い反対にあい、選挙会議の多数派は選挙を無効として代わりにクレメンス七世を教皇に選んだ。[27] しかしウルバヌス六世は退位せず、したがって、ローマのイタリア人教皇ウルバヌス六世とアヴィニョンで即位したジュネーヴ出身のクレメンス七世という二人の教皇が並び立ったのである。二人はともにキリスト教世界の一部を味方につけたため、キリスト教世界は服従すべきふたつの権威によって分裂した。アヴィニョンに従ったのは、フランス、カスティーリャ、アラゴン、スコットランドである。ローマ派は、イタリア、イングランド、神聖ローマ皇帝、それに、東部・北部の周辺諸王国であった。それぞれの教皇が枢機卿団をもっており、教皇の死後には彼らがそれぞれ選挙会議を形成した。ウルバヌス六世のあとを継いだのは、ボニファティウス九世（在位一三八九―一四〇四）、インノケンティウス七世（在位一四〇四―一四〇六）、グレゴリウス十二世（在位一四〇六―一四〇九）であった。クレメンス七世のあとには、一三九四年にベネディクトゥス十三世が続いた。ここで注目すべきは――やがて十六世紀の宗教改革の際にもこれが起こるのだが――、各国教会が君主や政治的指導者たちの決定に従ったということである。

教会内外の多くのキリスト教徒たちは、この信じられない状況にあきれ果てていた。フランスは一三九五年以降、譲位の手続きによる解決を提案した。すなわち二人の教皇が同時に退くので

(27) ウルバヌス六世はイタリア人教皇を求めるローマの群衆圧力のもとで選出されており、フランス人枢機卿たちはこの結果に満足していなかった。

ある。ベネディクトゥス十三世はこれを拒んだ。しかしながら、両陣営の枢機卿たちで構成された一四〇九年の公会議〔ピサ公会議〕は、両教皇を廃し、代わりにアレクサンデル五世を選出した。そして、一四一〇年にははやくもヨハネス二十三世がそのあとを継いだ（伝統的にヨハネス二十三世は真の教皇と認められておらず、教皇の公式リストにも載っていない）。しかし、ベネディクトゥス十三世とグレゴリウス十二世は退位しなかった。こうして二人ではなく三人の教皇が並び立ち、争うこととなった。ヨハネス二十三世は（一四一三年、占拠していた）ローマから追われ、一四一五年、コンスタンツ公会議によって廃位とされた。グレゴリウス十二世は退位を受け入れたが、ベネディクトゥス十三世は隔離され、のち改めて廃位となった（一四一七）。そして公会議は和解のための統一教皇として、一四一七年十一月十一日、ついにマルティヌス五世を選出した。これよりも短期間で軽度ではあったが、一四三九年から一四四九年まで、教会分裂はふたたびくりかえされた。フィレンツェ公会議と教皇エウゲニウス四世が分裂に終止符を打ち、西方ローマ教会とギリシア正教会のあいだに死に際の和解を実現しようとした。しかしそれも、一四五三年にコンスタンティノープルがトルコ人に占領されて終わりとなる運命にあった。

教会大分裂は、キリスト教ヨーロッパにとっての厳しい試練となった。そのヨーロッパの統一が、何年ものあいだ失われることになったのである。ローマ教会に対する愛着は明らかになったものの、この教会をひとつにする力は大きく揺らいでいた。各国教会はローマとの距離を保っていたが、王国は教皇庁との単独協定の準備を進めていた。政教条約《コンコルダート》のヨーロッパがその兆しを見せていた。

新たな異端と新しい信仰《デヴォティオ・モデルナ》

十四・十五世紀には、以前のおもだった異端は姿を消していた。カタリ派はしだいに消滅した。ワルド派は生き残ったが、とくにアルプスの谷間や北イタリアのいくつかの辺鄙な地方に引きこもってしまった。しかし「近代的」異端とされる、十六世紀のプロテスタントの宗教改革を直接予告するような、ほかの異端が起こった。それを代表する二派が、十四世紀イングランドにおけるウィクリフとロラード派、それに十五世紀初頭のボヘミアにおけるヤン・フスとフス派である。

ウィクリフとロラード派　ジョン・ウィクリフ（一三三五頃―一三八四）はオックスフォード大学の神学教授だった。ウィクリフは、秘跡の有効性はそれを授ける者の地位によってもたらされるのではなく、彼らが恩寵を与えるにふさわしい人物かによるとする古くからの考えを採っていた。したがって、その資格のない司祭から授けられた恩寵は無効である。また、彼が有効と考えるキリスト教の構成要素は、聖書のなかで言及されているもののみであった。こうして、聖書のなかに起源と保証をもたないような伝統のなかで教会が下したすべての決定の有効性が否定された。

イメージの礼拝、巡礼、死者に対する贖宥状の交付が戒められた。晩年になると、ウィクリフは聖体の実体変化を標的とする急進的な思想を説き、彼に言わせれば「私的」なものにすぎない修道会を攻撃しはじめた。聖体に関するウィクリフの思想は、一三八〇年にオックスフォードで、一三八二年にロンドンで非難された。ウィクリフが、一三八一年の労働者の反乱を公然と支持はしなかったものの、その原因をつくりだしたとの噂が広まった。彼が後世に残した第一のものは、おそらく聖書の英訳である。彼の死後もその思想は、とりわけオックスフォードにおいて、ひきつづき広められた。それは十五世紀初頭に論争の的となり、ある程度プロテスタントによる宗教改革まで生きつづけた。この宗教改革のなかにも、その一部が受け継がれていたのである。

はやくも十四世紀の終わりには、ウィクリフの思想はその弟子にあたるロラード派に影響を及ぼした。彼らはベガルド派として扱われたが、この語は物乞いの意味をもち、アウトサイダーの修道士たちを軽蔑的に指す言葉である。この呼び名は、ウィクリフの弟子たちであるオックスフォード出身の説教師たちに与えられ、そこにさまざまな「貧しい司祭たち」が加わった。政治的・社会的上層に庇護者をもち、影響力を行使したロラード派は、ウィクリフによる英訳聖書を広め、それがさまざまな急進的企図を引き起こすこととなった。たとえば、聖職者の財産の国有化が計画され、一四一〇年には議会は司教や修道院の財産の没収を予告していた。とくに十五世紀の前半に行われた火刑(28)などによってロラード派ははげしく弾圧されたが、十六世紀になってもいぜんとして影響力をもちつづけ、プロテスタントの宗教改革にも彼らの思想の名残がいくつも見受けられた。

フス派　もうひとつの大運動は、当初は異端に類するものであり、のちには明確な異端となった。ボヘミアのヤン・フス（一三七〇―一四一五）が始めた宗教運動である。できたばかりのプラハ大学の学生時代、ヤン・フスは、しだいに激しくなるチェコ人とドイツ人のあいだの職業的・民族的紛争に巻きこまれた。一四〇九年から一四一〇年、フスは学長となった。教育によって広められた彼の思想には、ウィクリフの影響が見られた。ドイツ人のあいだで唯名論神学が優勢だったのに対し、彼は、観念は超越的現実であり、神の知性のなかに普遍概念が存在するとする、徹底した実在論を表明した。彼の影響はさらに大学界を超えてひろく及んだ。一四〇二年以降、彼はプラハのベツレヘム礼拝堂でチェコ語の説教を行ったからである。彼は教会の道徳改革を求め、神の言葉に厳密に従うことを求めた。これにより、彼は教会の序列とぶつかることになった。フ

(28) ヘンリー四世によって一四〇一年に成立した「異端火刑法」は、ロラード派に限らず、聖書を所有したり翻訳したりすることを禁じ、これを違えた異端者に対して火刑に処すことを定めた。メアリー一世は、一五五四年にこの異端者火刑法を復活し、新教徒をつぎつぎ告発する。

スとその同僚たちはボヘミア王から、ドイツ人教師や学生がプラハ大学を離れることを命じるクトナー・ホラの勅令〔一四〇九〕を得た。彼らドイツ人たちはライプツィヒ大学を創立することになる。ウィクリフの本は公衆の面前で焚書になり、ヤン・フスは一四一〇年に破門とされた。彼はプラハから亡命し、説教と論争的書物の執筆に身をささげた。たとえば『教会論』のなかで、彼は教会を救霊予定者の集まりと定義し、教皇の優位に異議を述べている。一四一四年のコンスタンツ公会議に疑いを晴らしに来るようにとの誘いに屈したフスは、ここで投獄され、会議で罪を否認したにもかかわらず有罪となった。彼は一四一五年七月六日火刑になり、その遺骸はライン川にまかれた。

チェコ人の大多数はフスの断罪を受け入れず、彼の思想を継承した。キリスト教世界の最初の宗教的分裂がこうして生まれたのである。プラハはフス派の手に落ち、ボヘミア王の神聖ローマ皇帝〔ジギスムント〕に対して反乱を起こした。フス派でももっとも急進的だったタボル派の思想を採ったことで、反乱は過激化した。宗教的見地からいうと、チェコ人はローマ教会から分離し、パンとぶどう酒による聖体拝領を一般信徒にまで広げた。国民的見地からいうと、この運動により、外国文化――とくにドイツ文化――に対してチェコの言語と価値観を擁護する感情が確立した。社会的見地からいうと、運動によって農民たちが表舞台に登場し、封建的構造は消滅した。教会とドイツの選帝侯たちは、フス派に対して、一四二一年から一四三一年まで四回の十字軍を送りこんだ。フス派の闘士となった農民たちは、信仰に突き動かされ、荷車のあとに徒歩で従って戦い、敵対する騎士団を屈服させ、一四二八年から一四二九年にかけて、ラウジッツ、ザクセン、フランケンに破壊と恐怖をもたらした。フス派の運動は、ヨーロッパにおける最初の革命的大運動であり、ヨーロッパを唖然とさせる大事件であった。神聖ローマ皇帝ジギスムントは、フス派の穏健な連中との妥協を受け入れざるをえなかった。この穏健派の指導者となったのはイジー・ス・ポジェブラトであり、彼は長いあいだ勝利を重ねた。ボヘミア王（在位一四五八―一四七一）となったイジーは、ルクセンブルク家を廃し(29)、ボヘミアにおけるドイツの拠点を滅ぼした。

新しい信仰《デウォティオ・モデルナ》　宗教によって引き起こされ、十四世紀から十五世紀前半にかけてヨーロッパを揺り動かした諸問題、やがて多少なりとも暴力的なさまざまな紛争につながっていくことになる諸問題にこうして触れたあとで、キリスト教信仰のある平和的進化についても考察しておく必要がある。それがヨーロッパの感性に深いところで及ぼした影響は、おそらくさらに大きい。これが「新しい信仰《デウォティオ・モデルナ》」である。この精神的潮流は、ネーデルラントのデフェンテルの毛織物商人の息子である、ヘーラル・フローテの経験から生まれた。司祭であった彼は、一三七四年に財産を放棄

(29) ボヘミアは一三一〇年から一四三七年まで、ルクセンブルク家の王に支配されていた。

してモニケンハイゼンのシャルトル会修道院に隠遁したのち、布教に身をささげる。フローテは、司祭、聖職者、助修士を束ねる宗教共同体である共同生活兄弟会を組織し、さらにそれに合わせた女子部門を設立する。フローテとその弟子たちは、風紀の改革を説き、聖職売買、禄の二重取りと闘い、司祭の同棲や、清貧の誓いを守らないことを戒めた。

十三世紀、とりわけ十四世紀前半にヨーロッパに広がった深い神秘的霊感は、「新しい信仰」のうちには見られなかった。しかしこの思想が扱う問題は具体的、日常的であり、勧める信仰はわかりやすく、実際的である。モデルは人間キリストなのである。このような状況から、ひとつの傑作が生まれる。トマス・ア・ケンピス（一四七一没）の作とされ、何世紀ものあいだヨーロッパの敬虔な男女の座右の書、愛読書となった『キリストに倣いて』である。プロテスタント宗教改革の運動はより先鋭的で、「新しい信仰」がそこに与えた精神的影響は限られたものだったが、イグナチオ・デ・ロヨラが創始したイエズス会の信仰内容の一部は、「新しい信仰」からもたらされたものであった。

Ⅱ　新時代の鼓動

国民感情の誕生

十四・十五世紀のヨーロッパで顕著になった対立を育んだのは、国民感情という心理学的現象であると考える歴史家がいる。また、当時そのような感情が存在したことに疑いの目を向ける者たちもいる。ベルナール・グネは、問題の立てかたに間違いがあるのだと考えている。問題にしなければならないのは、「中世末期のヨーロッパ人にとって、ある国家における『国民《ナシオン》』とは何を意味していたのか、住人たちはみずからを国民として思い描いていたのだろうか、彼らを鼓舞した『国民感情』が何からなっており、どれほど激しいものだったのか、この国民感情が国家にどれくらいの力と団結を与えていたのか」だというわけである。ナシオン nation という言葉が近代的な意味で用いられるようになるのは、十八世紀のことにすぎない。中世末期には、人種、国、王国がナシオンと同義であった。これまで中世末期のナシオンは、近代の国民意識によって、当時のある種の歴史的現実に結びつけられてきたが、じつは両者のあいだには深い結びつきはなかった。たとえばドイツにおいて、それは神聖ローマ帝国の概念と結びつけられたが、当時帝国の概念はドイツという概念とも、ゲルマンという概念とさえも、重なりあってはいなかったのである。またフランスでは、国民感情の誕生が百年戦争と密接に結びついているとされた。しかしベルナール・グネによれば、この現象の遠い起源は十三世紀にまで遡るという。

われわれが「国民感情」と呼ぶものにもっとも近い現象が、もっともはやく、とりわけ史書の分野において明確化したのは、おそらくイングランドであった。オリヴィエ・ド・ラボルドリの最近の優れた研究が明らかにしたところによれば、十三世紀末および十五世紀初頭の挿絵入り王家系図は、十二世紀に始まるイングランドの国民感情を念頭に置かないかぎり理解できないという。決定的だったのは、ジェフリー・オブ・モンマスによる『ブリタニア列王史』（一一三六頃）の成功であろう。ジェフリーによって、ブリトン王たちの伝説上の先祖であるブルータス王と、なかば歴史上の人物であるアーサー王が、一般に普及した。[30] 百年戦争は真の国民感情の起源とはならなかったが、このときイングランド人にもたらされたある重要な変化が、のちの国民感情の発展をうながすことになる。敵方の言語であるフランス語が公用語として用いられなくなり、民衆の言語であった英語がこれに代わったのだ。こうして言語の統一（それは必ずしも国民感情に結びつくものとは限らないが）が、イングランドにおいては国民感情の発達に力を添えることになった。十七世紀初頭のシェークスピアはこの国民感情形成の到達点と見なされることが多いが、リチャード三世の有名な独白は、はやくもイギリスのナショナリズムをみごとに表現している。この観点から見るなら、サン・ドニ修道院で制作され、一二七四年以降『フランス大年代記』と呼ばれるようになる作品が、「フランス」に言及しているという事実も強調されなければならない。

いずれの場合でも、「国民感情」と君主制のあいだには結びつきがあることに気づかされる。国と君主制のこのような関連は、ジャンヌ・ダルクのケースにもまた見られるものだ。これは「民衆的」態度の例だが、それでも国民感情形成に向かう進化は当時は少数エリートにまつわる問題であり、のちに見られるような豊かな内容を伴うようなものではなかったようにも思われる。むしろ「愛国」精神という言いかたをしたほうがいいのかもしれない。エルンスト・カントロヴィッチが示しているように、中世末期には「故国のために死ぬ *Pro patria mori*」という格言が広まったのである。いずれにしても、十四・十五世紀のヨーロッパの国民感情を理解するには注意が必要である。その初期段階は、感情や心理よりさらに広い領域のなかに探し求めなければならない。

それとは反対に、ナシオンの近代的意味ができあがる過程で重要な役割を果たした語の用法がある。ナシオンという言葉は、十五世紀には大学や公会議のような特定の集団のなかで用いられていた。制度の円滑な機能のために、大学に属しているさまざまな出自の数多くの学生が、いくつかのナシオンに分けられていた。ナシオンは一一八〇年にボローニャに現れ、学生がアルプスのどちら側の出身かによって大学をふたつのグループに分けた。山のこちら側は、さらに三つの

(30) 本書三〇一―三〇二頁参照。

下位ナシオン（ロンバルディア人、トスカーナ人、シチリア人）に分かれ、山の向こう側も、キリスト教世界のさまざまな王国や政治的単位におおむね対応している十三のそれに分かれた。パリではナシオンの制度は一二二二年に現れたが、学芸学部のみに適用され、これが四つのナシオンに分割された。ノルマンディー、ピカルディー、フランス、イングランド＝ドイツである。この例から見て取れるのは、中世の大学のナシオンをメンバー共通の国籍によって定義するのはまったく不可能であるということだ。パリ大学において、フランスのナシオンには地中海の国々（南仏、イタリア、スペイン）の教師・学生も含まれていた。十五世紀にはかなりの規模をもっていたイングランド＝ドイツのナシオンは、正真正銘の混成集団という印象を与えるが、中世の基準からすると非常にうまくまとまっていた。それに対しプラハ大学では、チェコのナシオンとドイツのナシオンが人種的に非常に明確な構成をもっており、その結果激しい対立が生まれてドイツのナシオンが追放されるにいたったことはすでに見たとおりである。

十五世紀はじめの重要な公会議、とくにコンスタンツ公会議は、ナシオンの区分を採用し広めることになった。公会議におけるナシオンがそれぞれ、多少なりとも地理的・歴史的・言語的な結びつきのあるいくつかの国を束ねていた。つまり古い意味でのナシオンとは、ヨーロッパの社会や空間を組織する独特の形式であった。またヨーロッパがヨーロッパの外に領土を広げていくにあたって、外国のヨーロッパ商人たちは、海外支店、あるいは市《いち》において、同じ都市、同じ地方の商人ごとにまとまり、ナシオンを形成した。そして同郷の商人たちの代表として、アシスタントとしてふるまった。

政治的預言という国民感情によく似た現象が、十四・十五世紀に目立って表れた。旧約聖書を読み瞑想するうちに、中世の聖職者のなかには、預言者たち、そして彼らの預言がもつ政治的側面を重視する習慣が生まれていた。そうしたものへの関心が広まっていく過程において、「十四世紀は決定的であった」とコレット・ボーヌは考える。ヨーロッパ諸国民とイタリアの大都市の大部分は、それぞれの預言者をもった。フランスでは、父同様シャルルという名をもつ王が十三歳で権力を手にし、暴徒とイングランド人に勝利し、ふたつの皇帝の冠をローマとエルサレムにおいて授かり、最後には聖地を再征服してエルサレムで死ぬであろうとの預言がなされた。スペインでは、アラゴン王フェルナンドが預言の主役になり、ムーア人に最終的に勝利して新しい世界が築かれると告げられた。コレット・ボーヌによれば、「十五世紀末にはいたるところに預言があった」という。「預言がイタリア戦争にお墨つきを与え、クリストファー・コロンブスの海路への旅立ちをあと押しするのである。進歩の概念をいだくことが難しい中世世界においては、預言はすでに書かれた未来について考えるための数少ない手段のひとつである」。預言のヨーロッパから浮かび上がるのは、勝利と支配のヨーロッパ、近代ヨーロッパの姿である。ミハイル・バフチン同様、ルネッサンスは中世に対立し、謝肉祭は四旬節と対立し、笑いは涙に対立すると見なす歴史家がいるが、私はこれには同意できない。中世とは、天の価値が地に下りる時代であり、人々にこの世においても喜びを差し出していたのだ。複数の著者による最近の優れた書物『光の中世』*が、それをみごとに示している。

* Sous la direction de Jacques Dalarun, *Le Moyen Age en lumière*, Paris, Fayard, 2002.

印刷術とグローバル化

しかし、十五世紀ヨーロッパが栄光の未来を夢みていたその時、ヨーロッパはまたより有用な、そしてまずこの世で享受できる文明に開かれてもいた。読書がかなりの広がりをみせ、文字や書物が勝利を収めたことは、結果として印刷術の発見につながっていく。おそらく西洋世界最初の印刷は、文書を紙に写しとるために彫られたザイログラフィーと呼ばれる木版印刷で、一四〇〇年から用いられている。ザイログラフィーはあまり普及せず、十五世紀始めに専門の工房――そこでは数十人の写字生が親方の指示のもとで働いていた――で行われた筆写に及ばなかった。紙の使用によって最初の可能性が開かれたが、決定的な発明は、一四五〇年頃金属活字の体系的な使用が始まったことであった。

発明者なのか、あるいはたんに改良し普及させただけなのかという問題はさておき、マインツにおいて印刷術を世に出したのはドイツ人グーテンベルクである。このマインツで一四五四年には、ある工房が、銅に穿たれた母型をもつ鋳型から製造される金属活字のみを使って本を印刷している。はやくも一四五七年、マインツのこの工房は、黒以外に赤と青を含んだカラーの詩篇集を出版した。十五世紀末には、印刷術はヨーロッパのほぼ全土に広がった。一四六六年以降、パリ大学に印刷術の講座が設けられ、一四七〇年にはパリ最初の印刷機がもたらされている。たちまちふたつの都市が印刷術の前線基地となった。ヨーロッパ経済の最初の中心ともなっていたアントワープ、それに印刷術の大家アルドゥス・マヌティウス（フランスではアルド・マニュス、一四五〇頃―一五一五）の名声が高まったヴェネツィアである。よく知られているように、一五〇〇年以前に印刷され今日にまで残る書物はインキュナブラと呼ばれる。

印刷革命が目に見えるものになるには長い時間がかかった。贅沢本に限らずとも、印刷された書物は高価で、十五世紀末には読書がいくらか衰退した時期もあったほどである。いっぽう、印刷術が書物の内容に革新をもたらしていくのはだいぶあと、十六世紀のことでしかない。何年ものあいだ、印刷されるのはおもに聖書や中世の宗教書だった。長いあいだ、印刷された書物は中世風の細密画で飾られた。しかし、印刷された本が知識だけではなく読書活動そのものにも革命をもたらす時がやがてやってくる。新種の読者のヨーロッパがつくられようとしていたのである。

十五世紀はまた、ヨーロッパ経済がおおきく開かれた時代でもあった。名高い歴史家フェルナン・ブローデルが、この時代のヨーロッパ経済を描き説明するために、「世界＝経済」という表現を定めた。世界＝経済とは、都市あるいは経済圏が主導し定期的な交易が行われた空間構成のことをいう。十四世紀に、北ヨーロッパ、フランドル、アジア世界と、イタリアの主要な港（ジェノヴァ、ヴェネツィア）とのあいだに定期的な取引が確立したことにより、ヨーロッパの世界＝経済が形成されたといえるだろうか。そしてその中心は、十五世紀にはアントワープということになるだろう。このような組織化は、ローマ帝国による古代のグローバル化（地中海世界に限定される）につづく、近代最初の大規模なグローバル化ということになる。

あらゆるグローバル化がそうであるように、全体として見れば、これによってそこに関わる都市、地域、社会集団、一族が豊かになったことだろう。しかしこのように豊かになる者たちがいるいっぽうで、必然的にこうした交易の犠牲となって貧困化する人々がいたにちがいない。多くの都市では、住民のかなりの部分が貧困化し、ますます社会の周辺に追いやられる様子が見られたはずである。フェルナン・ブローデルは、このようなグローバル化が経済的領域に限られず、政治的・文化的領域にも及ぶものであることを強調している。政治的な面では、世界＝経済はのちにヨーロッパの力の均衡と呼ばれることになるものをもたらしただろう。交易によるグローバリゼーションのヨーロッパ、また同時に社会的・政治的不平等の深刻化するヨーロッパが誕生していたのだ。

ヨーロッパが花開く

拡大と開放を特徴とするヨーロッパのこの進化は、伝統的にルネッサンスと呼ばれ、十四・十五世紀にはなばなしくその姿を現すもののなかで花開く。私は最近、拙著『図像にみる中世[31]』のなかで、この開化が図像でどのように表現されているのかを示した。その主張をここでも簡潔にくりかえしてみたい。

まず子供が姿を現す。日常生活でというわけはないが（子供は両親の変わらぬ愛の対象であった）、フィリップ・アリエスが見て取ったように、十三世紀まで子供は価値として犠牲になっていたのである。子供に光が当てられるのは、言うまでもなく子供イエスのおかげである。イエスの幼少期を扱う外典福音書が愛情を込めて子供の姿を追い求め、その価値は子供イエスに対する新たな信仰に支えられた。茶目っ気たっぷりに喜んで玩具を見せる子供は、いまや美しいもの、うっとりさせるものとなった。ふっくらした頰のプッティの姿で、子供たちは天使の世界をうめつくしている。子供とともに、女も現れる。マリア信仰、ピエタや慈悲の聖母といったマリアのイメージがいたるところに見られるだけでなく、危険な女として背景に追いやられていたエバが最前列に返

(31) Jacques Le Goff, *Un Moyen Age en images*, Éditions Hazan, 2000.

り咲き、地上の女の肉体の魅惑をはっきりと主張する。エバの顔は、聖母の顔の美の好敵手となる。

はなばなしい成功を約束されている新たな現象が、十四世紀初頭に姿を現す。肖像画である。肖像画は、個人とともに、写実と呼ばれる新しい表象コードが確立した結果としてもたらされた。生者の肖像もあれば、死者の肖像も見られる。死者横臥像はお決まりの表現を脱し、「写実的」になるのである。最初期の肖像画は、教皇、王、領主、富裕市民といった権力者たちの顔を権威づけるが、そののち肖像画の民主化が起こる。十五世紀における油彩画の発明やイーゼル絵画の発達は肖像画の興隆をうながしたが、肖像画はまたフレスコ画においてももてはやされつづけた。肖像画のヨーロッパが誕生し、十九世紀にその一部が写真に取って代わられるまで続くことになる。

こうして花開くヨーロッパ、それはまた、美食が新たな贅沢をもたらし、おびただしい饗宴が開かれたヨーロッパでもある。ブルゴーニュの善良公フィリップが一四五四年にリールで開いた「雉の誓いの祝宴」(32)は、その伝説的な一例として残されている。ゲームは貴族世界を超え、社会生活全体のなかに入りこむ。サイコロ遊びに加えて、十五世紀はじめから、タロットゲームが行われるようになる。カードゲームのヨーロッパが生まれ、とりわけイングランドで賭け事が爆発的に広まる素地ができあがるのである。騎士道の夢――オランダ人ヨハン・ホイジンガが有名な本（『中世の秋』一九一九）のなかで「生の荒々しい味わい」「より美しい生への希求」「勇壮と愛の夢」「純朴な生活の夢」と呼んでいるもの――への大々的回帰によってペストを追い払おうと願っているかに見えるヨーロッパは、死の舞踏のみならず、祝祭のダンスをも踊るヨーロッパである。流行のそんなダンスの伴奏として奏でられたのは、十四世紀にアルス・ノーヴァ[33]によって生まれ変わった、繊細なリズムをもち、声や楽器のさまざまな音色を使い分ける音楽である。歌い、踊り、音を奏でるヨーロッパが、このときはっきりと現れたのである。

フィレンツェ――ヨーロッパの花？

この開花がもっともはなばなしく表れたのは、十五世紀のフィレンツェにおいてである。やが

（32）オスマン帝国による東ローマ帝国滅亡（一四五三）の翌年に、ブルゴーニュの善良公フィリップが催した饗宴。オスマン帝国に対する十字軍遠征を計画し、出席者はまだ料理されていない雉を前にして、遠征の誓いを立てた（実際にはこの遠征は行われなかった）。年代記作家たちによって詳細に記録されたこの宴は、とくにホイジンガの『中世の秋』によってひろく知られている。

（33）アルス・ノーヴァ（Ars nova）は、「新技法」を意味する十四世紀フランス音楽の総称。代表的作曲家にギヨーム・ド・マショーがいる。これに対して、より以前の音楽様式はアルス・アンティクア（Ars antiqua）と称される。

てルネッサンスと呼ばれることになるものが、そこではすでに最盛期を迎えているのだ。十五世紀フィレンツェは、イタリア都市国家が啓蒙専制政治へと進化する例を示すもっとも高名な町となる。これをつくりあげたのは商人＝銀行家の名門であり、彼らの先頭に立ったのはメディチ家[34]であった。この進化はヨーロッパ政治の未来の方向を示してはいない。未来が約束されているのは、イングランド、フランス、カスティーリャのような国家のほうである。都市の専制的な政治体制は、新しい芸術の発展を支える役割を果たす。こうした都市や都市国家を統治する名門は、とりわけイタリアにおいて、芸術の庇護者となるのである。

庇護者であると同時に詩作の才能もあったロレンツォ・デ・メディチ〔一四四九―一四九二〕にいたるまえに、その祖父にあたり、一四三四年から一四六四年までフィレンツェを支配したコジモが、欠くことのできない役割を果たした。コジモは古代彫刻、宝石、コイン、メダルを収集し、いくつかの図書館を創るが、そのうち彼自身の図書館には、彼が購入あるいは筆写させたヨーロッパ各地や東洋からの四〇〇〇冊の蔵書が置かれていた。コジモは、メディチ家の侍医の息子であったマルシリオ・フィチーノを見いだし、学費を負担して支える。〔フィレンツェ郊外〕カレッジの別荘に迎えられると、フィチーノはここを拠点とするプラトン・アカデミーを創設する。コジモが保護した学者のなかにはまた、修辞学教師クリストフォロ・ランディーノがいる。人文学者がラテン語から俗語の使用に転じたのは彼のおかげだとされている。彼は、改革されたドミニコ会のサン・マルコ修道院、サン・ロレンツォ教会をブルネレスキに修復させ、お気にいりの建築家ミケロッツォにリッカルディ宮を建設させた。そのほかコジモの命による建造物としては、郊外の別荘、フィエーゾレ修道院、ミラノの宮殿、パリのイタリア学寮、エルサレムの病院がある。コジモはまた、天才的彫刻家ドナテッロ（コジモの傍らに埋葬された）、サン・マルコ修道院のフレスコ画を任せたフィエーゾレの修道士ジョヴァンニ、通称フラ・アンジェリコのほか、当時の名だたる画家、芸術家たちのために出資した。

フィレンツェは新たな芸術がはなばなしく登場する舞台となった。サン・ジョヴァンニ洗礼堂の扉では、十五世紀はじめの大彫刻家たちがその名をとどろかせている。そして、サンタ・マリア・デル・カルミネ教会の革新的フレスコ画では、マザッチオが新たな遠近法概念を用いた天才的試みを行っている。もっともめざましい成果は、ブルネレスキによるサンタ・マリーア・デル・フィオーレ大聖堂のクーポラである。ここはクワトロチェント〔一四〇〇年代〕のフィレンツェ芸術史を記述するべきどころではない。私はそこから第一級の何人かの創り手、いくつかの創造を

(34) 十四世紀から台頭したフィレンツェの富豪・政治家一族であるメディチ家は、十五世紀中頃にフィレンツェの実権を掌握して最盛期を迎えた。一五六九年トスカーナ大公家となるが、一七三七年断絶。その間、二人の教皇と、カトリーヌ・ド・メディシスらフランス王妃二人を輩出している。

拾いあげたわけである。ここに、すでに触れたようにメディチ家の援助を受けた、とりわけマルシリオ・フィチーノを中心とする新プラトン主義の運動を加えよう。コンスタンティノープル陥落以降トルコ人の手を逃れてヨーロッパにやってきたギリシアの学者たちによってあと押しされたこの運動は、中世とルネッサンスにはさまれたこの時代における新しい潮流のひとつであった。しかし実際には、中世を特徴づけるある知的態度が継承されている。新しい思想は、古い着物をまとって現れるのだ。ヨーロッパに古くからある再生の伝統は、カロリング朝時代に生まれ、十八世紀末まで続く。そんな伝統にのっとって、フランスの詩人アンドレ・シェニエ(35)は言うのだ。「新しい思想のうえに、古い詩句をつくろう」。

開放的精神

はげしく揺れ動く、しかし情熱的なこの十五世紀の特徴である思想と作品の混沌状態のなかで、歴史がこれまでしかるべき重要性を与えてこなかった二人の人物に光を当ててみよう。

ニコラウス・クザーヌス　最初は哲学者ニコラウス・クザーヌス(一四〇一―一四六四)である。モーゼル河畔の小村クースに生まれたニコラウスは、ハイデルベルク大学で自由学科を、パドヴァ大学で教会法を、ケルン大学で神学を学んだ。彼は一四三二年よりバーゼル公会議に参加し、さまざまな教皇の側近として重要な役割を果たした。まずエウゲニウス四世、そしてとくに友人であったピウス二世（本名アエネアス・シルウィウス・ピッコローミニ、在位一四五八―一四六四）である。

しかしこの枢機卿の政治・行政上の活動は、彼の思想や作品に比べれば二次的な仕事にすぎない。ニコラウス・クザーヌスとは、なにより古代・中世の神学・神秘主義の書籍に通じた偉大なる碩学であり、それが彼の思想の糧となっている。ジャン＝ミシェル・クネが言うように、「真の神学は、アリストテレス哲学とその無矛盾性の論理を乗り越えてはじめて始まる」と彼は考える。無矛盾性の論理は「有限のものには適合するが、神の学問にはまったくふさわしくない」のである。ニコラウスは「知ある無知」（彼の著作のタイトル）を称える。そこには、人間が神を完全に知ることは不可能だが、しかし同時に学知は必要であるとの意味が込められているのだ。彼にとって知ある無知は知性による神への接近を可能にするが、それはまた新たな世界観にも通じている。アリストテレスやプトレマイオスのように、地球が世界の中心にあって不動であると考えることを、彼は拒む。しかしコペルニクス（一四七三―一五四三）の先駆者ではなく、ニコラウスは「中心がいたるところにあり、どこにも円周をもたない無限の宇宙（のちのパスカルの定義である

（35）十八世紀フランスの詩人。ギリシア詩と近代哲学の統一を試みた。革命を支持したが、ロベスピエールの恐怖政治を批判したため、一七九四年に処刑された。

（ル＝ゴフ注）」、主観性の宇宙論的基礎づけとなるような無限宇宙」を提唱する。それと同時に彼は数学を追求するが、それはとくに円積法の研究がこの問題の解決に役立つからであった。合理的な数学を上位の、知性的数学によって補うことで彼が発展させようとしていた数学は、ライプニッツやニュートンの微積分学を予告している。

友人のピウス二世同様、オスマン帝国の征服事業にニコラウスは激しい不安を感じた。彼は「信仰のなかの和平」の実現のために尽力しようとする。それぞれの信仰に固有の限界を超えて、根底には共通の前提があると考えることが求められているのだ。ニコラウスに言わせれば、イスラム教、ユダヤ教、ゾロアスター教、さらには異教や哲学でさえ、そのあいだにある教義の違いは儀式の次元の相違にほかならないのだ。これらすべての宗教と深いところで結びついている共通の信仰、それはキリスト教である。キリスト教の優位は捨てられるどころかさらにつよく主張されているのだが、それでも宗教の多様性について考える彼の努力は、それまでの歴史でももっとも熱烈で新鮮なもののひとつだった。ニコラウス・クザーヌスは世界教会運動《エキュメニズム》(36)の先駆者であり、中世には存在しなかった寛容の思想に基礎を与えるのである。

パヴェウ・ヴウォトコヴィツ　もうひとりの人物は、十五世紀の偉大な人々には属さないが、歴史が記憶に留めなかったにもかかわらず、ヨーロッパ政治思想の進歩のうえで注目すべきものであるように思われる作品を残している。クラクフ大学学長パヴェウ・ヴウォトコヴィツがコンスタンツ公会議に提出した著作のことである。この著作は、ポーランド人とドイツ騎士団が争って後者の敗北に終わったグルンヴァルトの戦い（ドイツ語ではタンネンベルクの戦い、一四一〇）[37]から派生したものである。ヴウォトコヴィツはドイツ騎士団の異教徒プルーセン人、リトアニア人に対する態度を検討し、異教徒一般に対する対しかたを提案している。〔教会法を学んだ〕パドヴァ大学での研究の成果として、彼は異教徒のあいだにも自然法が存在することを指摘し、彼らに向けられた戦争の不正を訴え、彼らにも市民権、政治的権利を認める。彼がドイツ騎士団ではなくポーランド王たちの態度を称えることができたのはおそらくそのせいであるが、ヴウォトコヴィツの功績はとりわけ、国際法に「近代的」様相をもった基盤を与えたことである。ヨーロッパが胚胎するにあたって、異教徒、離教者を全体のなかに組み入れることが求められている。ヴウォトコヴィツが提示するヨーロッパは、正確に言えば、キリスト教世界と同一ではないのだ。

---

(36) 二十世紀に起こった、プロテスタントを中心とするキリスト教世界の統一運動。超教派による対話と結束をめざす。
(37) 前注（13）を見よ。

Ⅲ　ヨーロッパの地図

領土再編

帝国の消滅？　十四・十五世紀の領土的・政治的な現実世界から、そして当時のヨーロッパ人の想像世界から、帝国が消滅しようとしているのだと想い描くことは慎まなければならないだろう。それでも帝国の衰退、さらにはその消滅が口にされることがある。いずれにせよそこで問題になっているのは、イングランドやフランスのような王国が現れ、ドイツやイタリアの都市が発達しても、いぜんとしてヨーロッパの統一を単なる象徴である以上に表現しているかのようであったあの帝国が、いまや細分化しているという事態である。神聖ローマ皇帝カール四世（在位一三四七―一三七八）は、すでに一三五六年十二月二十五日の金印勅書で、選帝侯会議の構成と機能を定めていた。そのメンバーは七名と定められた。すなわち、マインツ大司教、トリーア大司教、ケルン大司教、ボヘミア王、ブランデンブルク辺境伯、ザクセン＝ヴィッテンベルク公、ライン宮中伯である。皇帝は帝国議会の補佐を受けており、十四世紀はじめ以来、国家《エタ》（世俗諸侯、聖界諸侯、帝国自由都市）のみがこの議会を構成するようになっていた。カール四世はまた、帝国全土に平和を行き渡らせようと努めた（帝国ラント平和令）が、実際に機能するものがあってもそれは領邦の平和にとどまった（ラント平和令）。また、諸侯が領土内の教会を監督し、十五世紀半ばから帝国教会は存在しなくなった。ドイツの様相をもっとも大きく変えたもの、それはおそらく帝国の細分化である。十五世紀には、ドイツは三五〇の領土に分かれており、それぞれの長が、実際には、聖職者、法令、司法、軍隊、税制を司る君主なのである。しかし言うまでもなく、これらの君主の権力がドイツ史のなかで同じ重みをもったわけではない。

選帝侯たちのほか、ドイツの東の三つの新しい勢力が、十五世紀のあいだに目立って大きくなった。ブランデンブルク、ザクセン、オーストリアである[38]。ホーエンツォレルン家から発したブランデンブルク辺境伯は、ベルリン（一四四二）をはじめとする都市を従え、新たな辺境領をドイツ騎士団から奪回し、司法・財政制度を再編した。また、ラウジッツへと領土を広げ、隣国間の同盟を破り、一四七三年には長子権にもとづく王朝の継承が打ち立てられた。小さなザクセン＝ヴィッテンベルク（ザクセン選帝侯領）は、十五世紀はじめに神聖ローマ皇帝ジギスムントによって強大なヴェッティン家に与えられたが、世紀末になってもなおその勢力は限られたものだった[39]。

(38) ブランデンブルク辺境伯とザクセン＝ヴィッテンベルク公の選帝侯としての地位は、前述のように、実際にはすでに一三五六年の金印勅書によって法的に確定していた。

(39) ニーダーザクセンで誕生したザクセン公国（本書第二章注（5）を見よ）は、十世紀に皇帝オットーもっともはなばなしい成功を収めたのはオーストリアであった。[40] 皇帝フリードリヒ三世〔在位一四四〇―一四九三〕の息子マクシミリアンは、オーストリアの問題にかかりきりで二十年近くドイツを離れていたが、紆余曲折の末に、強国オーストリアをつくりあげた。ブルゴーニュの突進公シャルルの相続人〔マリー・ド・ブルゴーニュ〕と結婚したことで、彼はネーデルラントを所有していた。はやくも一四八六年には「ローマ人の王」〔皇帝に選出されたがまだローマ皇帝として戴冠していない者の称号〕に選出される。一四九〇年にハンガリー王マーチャーシュ一世が死ぬとウィーンに戻り、チロルの統治を受け継いだ。マクシミリアンは、一四九一年のプレスブルク和議によってボヘミアとハンガリーの王位継承権を認めさせ、一四九三年に父親が死ぬと、トリエステからアムステルダムにいたる広大な領地のただひとりの主人となった。皇帝の家系である「オーストリア家」〔ハプスブルク家の別名〕は、近代前夜のこの時代にヨーロッパ列強の仲間入りをした。そして近代になると、これら列強のあいだの領土的・政治的均衡が模索されるようになる。

フランス　十五世紀には、このような帝国の細分化の外側でも、ヨーロッパの政治地図は塗りかえられるのだが、ドイツで起こっていることとは反対にここでは地図は単純化の方向に向かう。まず、十五世紀の人々には意識されなかったとしても、以下のことを強調しておかなければならない。イングランドとフランスというヨーロッパの二大王国は、十二世紀以来長いあいだ、フランス領土のかなりの部分をめぐって対立していたのが、そんな対立も百年戦争がフランス有利のうちに終結すると終わりを告げるのだ。シャルル七世の王国再征服が一四三五年に始まっていた。（一四三六年にはパリ、一四四九年にはノルマンディー、一四五一にはバイヨンヌを奪回した。）フォルミニーの戦い（一四五〇年四月十五日）と大砲が重要な働きをしたカスティヨンの戦い（一四五三年七月十二日）に勝ったことで、フランスの勝利は決定的になった。イングランド王ヘンリー七世がブーローニュ上陸に失敗したあとに結ばれた一四九二年のエタプルの講和では、イングランドがカレーをのぞくすべての大陸領土を放棄することが確認され、百年戦争に決定的に終止符が打たれた。(41) フラン

一世を生んだ（本書一〇六頁）が、のちにその公位はさまざまな家系に受け継がれていった。その所領の一部とザクセン公位を継承したアスカーニエン家は、一三五六年選帝侯位を得たが、一四二三年に断絶し、マイセン辺境伯のウェッティン家がその所領と選帝侯位を引き継いだ。以後、このウェッティン家の支配地域であるエルベ川上流の地（オーバーザクセン）がザクセンとよばれることになる。

（40）九七六年に神聖ローマ皇帝オットー二世がバイエルンから切り離した辺境伯領が、国家としてのオーストリアの始まりである。スイス北東部を発祥地とするハプスブルク家は、一二七八年オーストリア公国の支配者となり、しだいにその本拠をオーストリアに置くようになった。同家からは、一四三八年にアルブレヒト二世、次いで一四四〇年にはフリードリヒ三世がドイツ王となり、フリードリヒ三世は一四五二年戴冠して神聖ローマ皇帝となる。以降帝位は事実上ハプスブルク家の世襲するところとなり、オーストリアは帝国の中心として発展した。

（41）一般的には百年戦争は一四五三年のボルドー陥落で終わるとされる。

ス王国はまた、東側にブルゴーニュ王国が誕生する脅威も免れた。突進公シャルルの死（一四七七）ののち、フランスは、突進公の娘でブルゴーニュ家の相続人であったマリーとの婚姻には失敗したが（彼女は結局ハプスブルク家のマクシミリアンと結婚した）、アラス条約（一四八二）によって、ネーデルラントをマクシミリアンに譲るかわりに、ピカルディー、ブロネ、ブルゴーニュ公領、アルトワ、フランシュ＝コンテを獲得した。そしてヴァロワ＝アンジュー家[42]が途絶えたことも、フランス王国に利益をもたらした。ルネ・ダンジュー（一四〇九―一四八〇）には直系の跡取りがなかったため、アンジュー公領は一四七五年にフランス王に返還され、メーヌ伯領、プロヴァンス伯領は甥の手に渡ったが、一四八一年にこのシャルル四世が死ぬとこれらも王領に編入された。ナバラ、アラゴンとの取り決めで南の国境が画定され、フランス王国の外側に残されたのはブルターニュ公国のみとなった。公国の唯一の相続人であるアンヌが一四九一年フランス王シャルル八世と結婚し、さらに一四九九年にはその後継者ルイ十二世と再婚したことで、ブルターニュがフランス王国に統合されるのは確実になった[43]。

イベリア半島　もうひとつの単純化が、イベリア半島で起こった。紆余曲折の末、ポルトガルは独立を維持したが、一四七九年のアルカソバス条約でカスティーリャへの野心を放棄している[44]。カタルーニャはアラゴンの一部となり、アラゴン王フェルナンドは、一四六九年、バリャドリッドでカスティーリャ女王イサベルと結婚した。この「カトリック両王」の結婚はスペイン統一を約束するものとなる。(45)とくに重要なのは、新たな十字軍の雰囲気が漂うなか、カトリック両王がイスラム教徒の最後の王国グラナダに攻撃をしかけたということである。(46)両王は、マラガを一四八七年に、バサとアルメリアを一四八九年に占領した。そしてついにグラナダが、非常に長い攻囲戦の末、一四九二年一月二日に陥落したのである。今日からふり返ったとき、この同じ一四九二年に、ユダヤ人がカスティーリャから追放されたこと、そしてスペインの両王のためにクリストファー・コロンブス(47)がやがてアメリカと呼ばれる新大陸を発見しようとしていたことに言及し

(42) ヴァロワ家の支流の一つ。善良王ジャン二世の次男アンジュー公ルイ一世（一三三九―一三八四）に始まる。
(43) アンヌは男子に恵まれず、彼女のもつブルターニュ公位は娘のクロードが受け継いだが、クロードがフランス王フランソワ一世と結婚し、その息子でブルターニュ公位を継いだアンリ二世が即位して王となった（一五四七）ため、ブルターニュはフランスに編入されることになった。
(44) 本章注（64）を見よ。
(45) 実際には、アラゴン王フェルナンド二世が即位するのは結婚後の一四七九年のことである。カスティーリャとアラゴンが連合王国となったこのとき、スペイン王国が誕生したとみなすことができる。
(46) グラナダ王国は十三世紀より約二五〇年間存続し、イベリア半島におけるイスラム勢力の最後の砦となっていた（本書第三章注（18）を見よ）。
(47) コロンブスは一四五一年にジェノヴァもしくはその近郊で生まれたという説がながらく主流であった

ないわけにはいかない。

八世紀以来ずっと続いていたイスラム教徒のヨーロッパ移住は、こうして終わりを告げるはずであった。しかし南西でイスラム支配が終わろうとしていたそのとき、もうひとつのイスラムの脅威が南東に現れていた。すなわちトルコの脅威である。

トルコの脅威と統一ヨーロッパ

十四世紀半ばから、オスマントルコがヨーロッパのバルカン半島にもたらす危険はますます目につくようになっていた。トルコ人は、一三五三年から一三五六年にかけてカリポリス〔現トルコのゲリボル〕、トラキア南部を占領したのに続いて、一三八七年にはテッサロニキを攻め落とし、一三八九年にはコソボ平原においてセルビア人に無惨な敗北を味わわせた〔コソボの戦い〕。セルビア人は、集団的記憶のなかでこの時の残酷な思い出を今日にいたるまで保ちつづけている。のちに神聖ローマ皇帝となるジギスムントに率いられ、「ヨーロッパ騎士道の花」が注目を浴びた十字軍も、一三九六年に小アジアのニコポリスで粉砕されてしまった。十字軍はこれが最後となった。ピウス二世が一四五九年にマントヴァで召集したヨーロッパ・キリスト教君主会議は完全な失敗に終わった。トルコ人は一四五三年にはコンスタンティノープルを占領し、西洋に大きな衝撃をもたらしたが、ヨーロッパのキリスト教徒からはたいした抵抗が見られなかった。トルコ人

(48)(49)(50)

は、一四六三年から一四六六年にかけてボスニア(51)を占領し、一四七八年から一四七九年には（現

が、現在では異説もある。一四七〇年代後半にポルトガルに移住したコロンブスは、西回りの航路でインドに達する計画を立て、ポルトガル王ジョアン二世に請願したとされるが、受け入れられなかった。結局この計画は、一四九二年のグラナダ陥落直後、スペイン女王イサベル一世の後援を得て実行に移されることになった。

なお日本語では「クリストファー・コロンブス」の名が定着しているが、これは英語の Christopher Columbus がなまってカタカナ表記された結果であり、この時代の人物の名としてふさわしい表記とは言えない。この英語名は当時の公文書に用いられているラテン語の Christophorus Columbus に由来するものであり、イタリア語では Cristoforo Colombo、スペイン語では Cristóbal Colón となる。しかし彼の出身地が特定できないこともあり、本来どの呼び名を採用すべきなのかを判断するのは難しい。

(48) バルカン半島東部、現在はブルガリア、ギリシア、トルコの三カ国にまたがる地域の歴史的名称。

(49) 南スラヴ系のセルビア人は七世紀初頭にバルカン半島西部に南下、定住し、九世紀後半には東ローマ帝国の影響下で正教会を受入れた。一二一七年正式にセルビア王国としてローマ教皇から認められ、十四世紀前半には最盛期を迎えた。一四五九年には王国が滅び、以後セルビアは四〇〇年以上にわたってオスマン帝国の支配下に置かれることになったが、セルビア人はコソボの戦いの敗北の記憶を後世に伝えていくことで民族意識を維持した。

(50) この会議で、ピウス二世は一四五三年にコンスタンティノープルを占領したオスマン帝国に対する十字軍遠征を提唱したが、神聖ローマ皇帝フリードリヒ三世をはじめとする君主たちはこれに応じようとしなかった。

(51) ローマ・カトリックと東方正教双方の影響を受けるボスニア地方のクロアティア人、セルビア人が十

イタリアの〕フリウーリと〔現オーストリアの〕シュタイアーマルクを略奪し、一四八〇年には〔現イタリア、プーリア州の〕オトラントを占領した。一四七五年にはクリミア半島のカッファが陥落し、ジェノヴァはその植民地帝国を失った。

すでに述べたように、[52] ピウス二世は中世で唯一「ヨーロッパ」を表題に含む書物を書いた教皇である。この語は本の表題そのものだったのだ。一四五三年七月二十一日のコンスタンティノープル陥落直後すでに、ピウス二世はニコラウス・クザーヌスに宛てて手紙を書いている。教皇はそのなかで、トルコ人のおかげでアドリア海のイタリア沿岸（つまりはヨーロッパ側である）に重くのしかかっている特別な脅威について触れ、ヴェネツィアの衰退とそれがヨーロッパにもたらす悲惨な結果を予想していた。その結論はこうである。「トルコの剣がいまや私たちの頭上に吊り下げられています。そしてそのあいだ、私たちは内乱に明け暮れ、自分の兄弟を追い回しているのです。野放しにされた十字架の敵が私たちに襲いかかっているというのに」。在ヴェネツィアのシエナ教皇は大使レオナルド・ベンヴォリェンティに宛てた、やはり一四五三年の九月二十五日の手紙では、トルコの脅威を前にして分裂するキリスト教世界の惨状をさらに詳細に描いている。そして「ヨーロッパ」という言葉を、例外的でありながら典型的でもあるような文脈で使っていたのだ。「これがヨーロッパの顔である、これがキリスト教の現状である」、彼はそう書いていたのである。

ほぼ同時期に、フス穏健派のボヘミア王イジー・ス・ポジェブラトが、トルコ人を撃退はできなくても抑制できないかと考え、ある会議の創設を提案する。そこにヨーロッパの名は使われていないが、とりわけ共通のカトリック信仰が強調されている。じつはこれが、統一ヨーロッパ会議の最初のプロジェクトであった。一四六四年のラテン語版で『ウニベルシタス』〔共同体〕と題されたこの文書は、翻訳者コンスタンタン・ジェリネックによってヨーロッパのための『協約《トラクタトゥス》』と名づけられた（ジャン＝ピエール・ファイユがその著書『統一ヨーロッパ』（一九九二）のなかでこれを公刊している）[53]。ボヘミア王はそのなかで、この統一の目的かつ手段として、ヨーロッパ国家間の戦争放棄をはっきり宣言している。これは今から五世紀前に行われた平和のヨーロッパへの呼びかけであり、平和という統一ヨーロッパの中心的善の提示である。会議の構成員のあいだに紛争があった場合には、ヨーロッパ共同の調停軍が介入するとされている。会議には独自の本拠が必要である。最初の会議のメンバーには多くのキリスト教徒が参加することが望ましい。会議

二世紀後半に建てた中世ボスニア国は、のちに王国に発展した。十四世紀後半、ボスニアは没落したセルビアに代わるバルカン半島最大の国家となった。
（52）本書一六頁を見よ。
（53）Jean-Pierre Faye, *L'Europe une : les philosophes et l'Europe*, préface de Jacques Delors, Gallimard, 1992, p. 51-70.

の運営費用をまかなうための特別な税と資金が設けられるべきである。会議はバーゼルを皮切りに、次はフランスの都市、その次はイタリアの都市という具合に、五年ごとにヨーロッパのさまざまな都市で開催される。共通の紋章、印章を定め、宝物庫、古文書館を建て、市民代表、財務長官、役人をおくべきである。ナシオン（フランス、ドイツ、イタリア、そして場合によってはスペインなど）にはそれぞれ一票が与えられ、さまざまな決定は多数決によってなされる。そして同数の場合には「称号・功績のより高い領主を代表する者の票が重みをもつ」ことになる。協約に調印したその他のナシオンは、双方のどちらかを選んで投票するのである。以上が、残念ながらその触りすら実現することのなかった驚嘆すべき文書の内容である。十五世紀半ばには、統一ヨーロッパはまったく時期尚早であった。しかし、ひとりの——型破りなと言ってよい——君主が、驚くほど近代的なアイデアを抱いていたという事実は注目に値する。

イタリア——啓蒙の灯台、あるいは強国の獲物

ヨーロッパ全体のなかで、イタリアはとくに現代人の、そして歴史家たちの関心を集めてきた。国民国家を形成する力はなくとも、イタリアはマキャヴェッリをはじめとする多くの人文主義知識人たちにとって愛国心の源泉でありつづける。とはいえ現実には、イタリアは細分化する。十五世紀におけるイタリアの状況は、逆説、いやむしろ葛藤に満ちている。

いっぽうでは、人文主義によってだけでなく、また偉大なるルネッサンスによっても、イタリアはすでにヨーロッパの輝かしい一部となっている。その花開く様子は、フィレンツェの典型的な例のなかですでに見たとおりだ。イタリアは多くのヨーロッパ人を引きつける。旅行の動機は一般に宗教的なものだが、そこには今日なら観光と呼ぶであろう動機も重ねあわされていた。宗教のおかげで彼らはふたつの動機を結びつける機会を与えられるのである。だから、たくさんのヨーロッパ人が聖地への巡礼のためにヴェネツィアから船に乗ったが、彼らはふつう船出の一カ月前に到着し、壮麗な教会の数々を訪れ、そこに収められた数えきれないほどの聖遺物を拝んだのである。

イタリアの細分化は十五世紀にはいくぶん緩和される。フィレンツェはある程度トスカーナ統一を果たし、とりわけピサやリヴォルノを征服することで海洋強国の仲間入りをしている。ヴェネツィアも同様に半島北東部（テッラ・フェルマ）に対する支配を強め、一四二八年にはベルガモ、ブレシアを支配下におく。フィリッポ・マリーア・ヴィスコンティはミラノ公国の統一を回復させ、(54)一四二一年にはジェノヴァを占領した。ルネ・ダンジューは一四三八年にナポリを占領したが、一四四三年にはこれをアラゴン王アルフォンソ五世〔在位一四一六―一四五八〕に完全に明け渡

(54) ミラノ公国（本書第五章注（21）を見よ）は、ヴィスコンティ家のジャン・ガレアッツォ（一三五一―一四〇二）が公爵位を授けられて成立したが、半狂人の息子ジョヴァンニ・マーリア（一三八八―一

さなければならなかった。(55)アルフォンソはこうしてアラゴンの支配のもとに、「両シチリア」(ナポリ、シチリア、サルデーニャ)にふたたび、そして以後ながく保たれる統一をもたらす。こうしたいくつもの国家、そしてその領主たち——たとえばヴィスコンティ家からミラノ公位を継いだフランチェスコ・スフォルツァ、あるいはフィレンツェのコジモ・デ・メディチのような者たち——は、たえまない戦争に明け暮れ、フランス王に助力を仰ぐ。結局、ヴェネツィアは一四五四年四月九日、教皇の指導のもとに結ばれ二十五年間続く「いとも聖なる同盟」に加盟する。このローディの和は、イタリアの強国間に力の均衡をもたらし、それはナポレオン時代に一時的に乱れたものの、その程度はともかく一八六〇年まで維持される。

この輝かしいと同時にみずからを分割してやまないイタリアは、ヨーロッパの大部分に対して大きな吸引力を及ぼしている。この吸引力は、あこがれでもあり、領土への渇望でもある。ジローラモ・アルナルディが優れた著書『イタリアと侵入者たち』(56)でみごとに示しているように、啓蒙の灯台イタリアはまた、いつにもまして強国の獲物イタリアともなるのである。イタリアを侵略する者たち、それはアラゴンであり、やがて神聖ローマ帝国であるが、またとりわけフランスである。シャルル八世は、一四八九年に教皇インノケンティウス八世からナポリ王国に介入するよう要請を受けるだけでなく、新たにミラノ公となったルドヴィコ・スフォルツァも公国のために同様の要請を行うのだ。一四九四年八月二十九日、実際には参加することのなかった十字軍の幻影を胸に、フランス王シャルル八世はリヨンを発つ。いわくアンジュー家から受け継ぐナポリの領有権を主張するためである。こうしてイタリア戦争が始まったのだ(57)。

外の世界と出会う

そうこうするうちにも、単一のキリスト教イデオロギーを共有しながら、現実にははっきり異なる国民である者たちの結合として形成されつつあったこのヨーロッパが、そこに住む知識人、歴史家、政治家たちの目に、ますますひとつの実体として重きをもつようになっていた。この時

四一二)の失政で領土の大半が失われていた。第三代ミラノ公のフィリッポ・マリーア(一三九二―一四四七)はジョヴァンニの弟にあたる。しかし彼には男系子孫がなく、広大な領土支配をますます傭兵隊長に依存せざるをえなくなり、娘を嫁がせたスフォルツァ家にミラノの支配権が受け継がれることになる。

(55) 本書第四章注(47)を見よ。

(56) Girolamo Arnaldi, *L'Italia e i suoi invasori*, Economica Laterza, 2011.

(57) イタリア戦争は、シャルル八世のイタリア遠征がきっかけとなり、おもに十六世紀前半、ヴァロワ朝フランスとハプスブルク朝ドイツ＝スペインの対立を軸に、イタリアの支配権をめぐって繰り広げられた。その背景には、イタリアの経済的・文化的繁栄と、それに不釣り合いな政治的分裂があった。ローマ教皇、イタリア諸国、それにドイツのルター派諸侯やオスマン帝国までもが加わり事態は紛糾するが、結局フランスは敗退し、スペインのハプスブルク家がイタリアの大半を手中に収めた。

代の偉大な歴史家であるフィリップ・ド・コミーヌ〔一四四七頃―一五一一〕は、当時のキリスト教世界を概観したうえでこう結論している。「私はヨーロッパについてしか話さなかった。ほかのふたつの部分――アジアとアフリカ――についての知識がないからである」。彼はただ、伝聞に基づき、ヨーロッパで目につく不幸な特徴のひとつである「戦争と分裂」がこれらふたつの大陸にも見られると言うだけにとどめている。コミーヌはさらに、アフリカにはアフリカ人がキリスト教徒に味方を売り飛ばすという不幸もある、ポルトガル人たちは黒人奴隷売買を日常的に行うようになったとつけ加えている。ヨーロッパの新時代が告げられている。アフリカをむさぼる、やがてアメリカを発見することになるヨーロッパである。アフリカ大陸で得られた奴隷の新世界への供給役という恥ずべき名で知られることになるヨーロッパである。

東方貿易　歴史の大きな流れのなかで見たとき、十五世紀末における際立った変化は、ヨーロッパが外へと領土を広げ、その速度が増していくという点に見られる。ミシェル・モラ・デュ・ジュールダンが中世の探検家たちについての優れた本を書いているものの、(58) 当時は探検家という言葉も、そのような役割も、存在してはいなかった。ローマ・カトリック教徒がヨーロッパの外へ出て行くことはまれであった。それは、十三世紀のフランシスコ会士ヨハンネス・デ・プラノ・カルピニのそれのような宗教使節であるか、あるいはヴェネツィアのポーロ兄弟とその甥マルコ(59)に代表されるような商人たちであった。プラノ・カルピニは、スカンディナヴィアやボヘミア、ポーランド、ハンガリーといった、改宗してまだ日の浅い国々における布教活動を行ったほか、それがめざす諸宗教とローマ教会のあいだの合意は成らなかったものの、インノケンティウス四世の親書をロシアの君主やモンゴル皇帝バトゥやグユクのもとに届けた。* またマルコ・ポーロ一行は、商売のためにセイロンへ行き、のちには元朝に仕えて、中国にも足を伸ばしたようである。

＊一二四七年にリヨンに帰ると、プラノ・カルピニは彼の旅行とそこからの知見を聖王ルイに物語った。聖王は十字軍への旅立ちの前日、イスラム教徒を背後から攻めるためにモンゴル人との協定を結ぶ可能性について考えている。

パレスティナの短命なラテン諸国(60)を別にすれば、中世においてヨーロッパの領土拡張が見られ

（58） Michel Mollat du Jourdin, *Les explorateurs du XIIIe au XVIe siècle: premiers regards sur des mondes nouveaux*, CTHS (Comité des travaux historiques et scientifiques), 2005.

（59） 一二七一年、当時十七歳のマルコ・ポーロは、ヴェネツィア共和国の商人であった父と叔父とともに東方旅行に出発し、元朝宮廷でクビライに仕えた。このあいだ、各地を旅して見聞を広める。帰国後、ジェノヴァとの戦争に志願し捕虜となって投獄されるが、そこで囚人仲間に旅の話をし、これがのちに『東方見聞録』となった。

（60） 本書二一七頁を見よ。

るのは、とくにヴェネツィアやジェノヴァといったイタリア港湾都市がビザンティンのヨーロッパや中近東でまぎれもない商業帝国（ときにはそこに領土がともなうこともあった）を建設した例に限られていた。東地中海にヨーロッパ人を引きつけたのは、さまざまな産物のなかでもなにより、香辛料である。フィレンツェのペゴロッティの著作『商業実務』（一三四〇頃）によれば、存在が知られるスパイスは二八六種類だが、そこには重複があり、実際には一九三種類であるという。これらのスパイスは、まず薬のなかに、あるいは染料や香水のなかに使われた。そして最後に料理に用いられるようになった。スパイスの効いた料理に対する中世の人々の味覚は発達していたようである。中世には、柑橘類や蔗《しょ》糖もスパイスのうちに勘定されていた。こうした産物の四分の一以上は、インド、中国、極東からもたらされていた。たいへんに高価で、インド人からアラブ人が買いつけ、交流地域となっていた近東にやってくるヨーロッパのキリスト教徒が、これをさらにアラブ人から買っていたのである。香辛料が買われ、荷積みされた港のうちおもなものは、アクレ、ベイルート、そしてとりわけアレクサンドリアで、ここはまた古くからのシルクロードの終点でもあったのである。中世末期の香辛料商人はおもにヴェネツィア商人で、この取引に年間四〇万ドゥカートの投資を行い、年に三〜五隻のガレー船を送りこんでいた。香辛料は非常に高額でありながらかさばらないことを考えれば、この数字はかなりのものである。ヴェネツィア商人のほかに目立つのは、年に一隻ないし二隻を送っていたジェノヴァ商人、カタルーニャ商人、アンコーナ商人であった。十五世紀の終わりのヨーロッパの実業家や裕福な消費者たちは、香辛料や砂糖の新たな供給源を探していた。また、ますます貨幣の需要が高まるなか、金をはじめとする貴金属が求められていたこともつけ加えなければならない。

アフリカ探検　ヨーロッパ人はこうして、すこしばかり地中海世界に背を向けるようになった。ここがトルコ人に征服され、荒らされているだけになおさらである。そして十五世紀末のヨーロッパは、次第に大西洋のほうを向くようになる。大西洋へのこの関心は、まず西アフリカのほうへと向けられた。ヨーロッパのキリスト教徒にとってのアフリカのイメージは、古代以来良いものではなかった。中世になってもなお、イメージの否定的性格は強まるばかりである。「エチオピア人」と名づけられることの多いアフリカ人は、その肌の色のせいで醜悪さの例として扱われ、アフリカには蛇や化け物じみた獣が住むとされる。それに対し、東洋には怪物だけでなく、多くの驚異がひそんでいるのである。一二四五年にゴーティエ・ド・メッツは『世界の実相』のなかで、「エチオピア」すなわちアフリカを、「木タールより黒い」人々が住み、暑さのあまり「大地が燃えるようである」国と定義している。北の縁の部分の向こう側には、「虫や野生動物のはびこる」砂漠しかない。そこからもたらされる有益なものといえば、少数の専門商人に限った話だが、スーダンとりわけシジルマサの金が物々交換によって手に入るくらいだ。

十四世紀になると、ヨーロッパ人にとってのアフリカのイメージは目に見えて変化した。アフリカは渇望の対象になったのである。それまでの試みは失敗に終わっていた。一二九一年、ジェノヴァの商人ウゴリーノとヴァンディーノのヴィヴァルディ兄弟はジブラルタル海峡を南側に渡り、そのまま消息を絶った。一三四六年のハイメ・フェレールの探検も失敗だった。十五世紀はじめ、ノルマンディーのジャン・ド・ベタンクールがカナリア諸島を探検し（一四〇二―一四〇六）、カスティーリャ人がすこしずつここを植民地化する。

ポルトガル人がこれに興味を示したとき、この流れは加速した。一四一五年八月二十日、ジブラルタル海峡を見おろすセウタ[61]がポルトガル人に占領されたが、これがポルトガルの領土拡張のはじまりである。しかしながらそこには対立があった。やがてヨーロッパによる大がかりな植民地化の時代になると、ポルトガルでは、おもにモロッコに定住しここを開拓することを考える人々と、反対にアフリカの西岸と沖合の島嶼をできるだけ南に探検したいと願う人々のあいだに対立が起こるのだが、これはその前触れである。[62]ポルトガルの企てには指導者がおり、〔ポルトガル本土の最南端の〕アルガルヴェ地方サグレスをはじめとするポルトガル人居住地にいながらにして、探検と領土拡張を計画、指揮していた。ジョアン一世の子エンリケ航海王子（一三九四―一四六〇）である。一四一八年から一四三三年にかけて、ポルトガル人はマデイラ諸島およびアソーレス諸島に定住した。一四三五年には、ジル・エアネスがボハドル岬を越えている。一四四四年にはディニス・ディアスがヴェルデ岬に到達し、ヌーノ・トリスタンの発見したセネガル川の河口に入りこんだ。一四六一年には、ディオゴ・アフォンソがカーボベルデ諸島を探検する。一四七一年にはジョアン・デ・サンタレンとペドロ・エスコバルが赤道に到達する。バルトロメウ・ディアスは一四八八年に「嵐の岬」を越えたが、一四九七年から一四九八年の航海のときここをふたたび通過するヴァスコ・ダ・ガマ以降、これは喜望峰として知られることになる。(63)

この時期、一四七〇年から一四八三年のあいだに、カスティーリャはカナリア諸島の征服を終

(61) アフリカ大陸のモロッコ北部にあるセウタは現在スペインの飛地領になっている。七一〇年にウマイヤ朝が侵攻して以来イスラム教徒の支配下に繁栄、イベリア半島攻撃の拠点となった。一四一五年ポルトガル領になり、一五八〇年からスペイン領。

(62) 当時のポルトガル宮廷には北アフリカ侵略を推進しようとする封建貴族勢力と、都市商人層の支持を得て西アフリカ沿岸進出を図ろうとする一派との対立がみられたが、一四三八年にコインブラ公ペドロがアフォンソ五世の摂政に就くことで後者が勝利し、一四四六年まで西アフリカ進出が積極的に進められた。しかし、一四四八以降国王の親政期に入ると封建貴族勢力が力を盛りかえし、一四五八年には国王みずからの指揮のもとモロッコ侵略戦争が開始された。

(63) 周辺が荒れる海域であったため、ディアスはこの岬を「嵐の岬」(Cabo Tormentoso) と命名したが、のちにインド航路発見の希望を抱いたポルトガル王ジョアン二世が「希望の岬」(Cabo da Boa Esperança) と改めさせた。わが国ではこれが「喜望峰」と訳されている。

えていた。しかしポルトガル王アフォンソ五世〔在位一四三八―一四八一〕は第一の政策に同意し、モロッコ（一四七一年にタンジェ占領）とカスティーリャ王位継承問題（結局失敗に終わった）[64]にしか興味を示さなかった。

そして大西洋へ　こうしてスペインととりわけポルトガルがアフリカ海岸への支配を広げていったわけだが、この領土拡張は、十五世紀にヨーロッパ人の視線を地中海から大西洋に転じることになったより大きな流れのなかでとらえなおさなければならない。経済活動のほか、利益の追求と伝道の目標と冒険精神が入り交じったさまざまな企図から、結果としてヨーロッパの表舞台にポルトガルとアンダルシア西部が浮かびあがってきた。リスボンとセビリアが、大西洋だけでなくヨーロッパともつながりをもつ強力な取引の中心となったのである。

　ヨーロッパ大西洋岸とその向こうに広がるものに対する関心の高まりを可能にしたのは、航海術の進歩、そして第一に船舶の進化であった。決定的な変化が起こったのは、十三世紀に側舵の代わりに船尾舵が用いられるようになり、船舶の操作性と安定性が向上したときのことである。補助帆《スタンセイル》や括帆索《ガスケット》という索具の助けを借りて面積を増減できる、帆桁に取りつけられた横帆が用いられたことも重要であった。こうした技術が活用されはじめたのは十四世紀のことで、本格的には十五世紀に入ってからのことにすぎない。ヨーロッパは、海運からより多くの利益を引き出そうと考えはじめたのである。ジャン゠クロード・オッケが言うように、当時は三十年から四十年ごとに使われる船舶の型が進化し、その機能や利用法を向上させるような船団構成が生みだされていた。船のマストのうえに横帆と三角帆を並べるようになったのは重要な変化で、これによりどんな風向きでも航海が可能になり冬季停泊の必要がなくなった。こうした技術進歩の生み出した船の代表で、ヨーロッパ人のなかに伝説的な記憶として残されたのが、カラベル船である。カラベル船は一本ではなく三本のマストをもっており、その両舷は並べた帯材で覆われていて、四十トンから六十トンの積量をもつものもあった。カラベル船のおもな長所は速度である。クリストファー・コロンブスがやがてアメリカとなるものの発見に旅立ったとき、彼に随伴した三隻のうちの二隻――ニナ号、ピンタ号――はカラベル船であった。

スペイン、ポルトガルのような地中海から大西洋へ目を向ける国々が現れるなか、この世界的傾向についに教皇庁が関わることになった。教皇アレクサンデル六世は、一四九三年の回勅『イ

（64）一四七四年、カスティーリャの王位継承をめぐる抗争が起きると、アフォンソ五世はこれに介入してカスティーリャとポルトガルの両国王になることを画策し、すでにアラゴンのフェルナンド王太子妃となっていたイサベルと戦った。アフォンソ五世は結局、一四七九年、アルカソバス条約でイサベルの権利を認めた。なお同条約はまた、ポルトガルによるアフリカ西海岸地域の、スペインによるカナリア諸島の領有をも定めている。

ンテル・チェテラ』により、いまだヨーロッパのキリスト教君主によって所有されていない土地は、アゾレス諸島西を通過する一本の線〔教皇子午線〕を境とし、東はポルトガルに、西はスペインに帰属すると定めた。翌一四九四年、スペインとポルトガルのあいだでトルデシリャス条約が結ばれ、アレクサンデル六世が引いたこの境界線はもっと西の大西洋上に移動された。ヨーロッパ人による世界分割が、こうして始まっていたのである。これは中世の終わりと近代のはじまりを示す現象だ。

しかし忘れてならないのは、このような世界所有のもとになっているヨーロッパの心性や態度には、中世的な偏見と無知が染みついているということである。大西洋の果て、アフリカの果てに人々が思い描いたもの、それは新大陸などではなく、むしろ古くからある土地、つまりは中世的想像力の産物だったのである。喜望峰のむこうにあるのは司祭ヨハネ[65]の国であった。驚異に満ちた国を治めるかの輝かしい人物である。そして大西洋のむこうには、古くからの東洋を、中国を、人々は探しに行った。なにより当時は、いくらか進歩は見られたものの、ヨーロッパの製図法は正確にほど遠く、そもそもまだ神話や寓話の世界から抜け出せずにいたため、探検や発見のこのような目標が大した意味をもつとは見なされていなかった。クリストファー・コロンブスは、ピエール・ダイイが十五世紀初頭に書いた正確さを欠く書物『イマゴ・ムンディ』〔『世界の姿』〕に注をつけ、こう言っている。「スペインの端とインドのはじまりはそれほど離れておらず、むしろ近い。明らかにこの海は、風さえ良ければ何日かのうちに船で渡ることができるはずだ」。

クリストファー・コロンブスは、中世的想像力がつくりあげたこのような精神構造の、そしておそらくは発見の大きな原動力となったであろうこれらの誤謬の、もっともみごとな一例である。カナリア諸島から中国までの距離は五〇〇〇海里を超えることはないであろうとコロンブスは考えていたが、実際には一万一七六六海里もあるのだ。大西洋を冒険し大発見を成しとげるヨーロッパ、それは骨の髄まで中世的なヨーロッパなのである。

(65) 本書序章三二頁および注(6)を見よ。

おわりに

二十一世紀初頭から見ると、十五世紀末のヨーロッパ――われわれがここで用いている「世紀」という概念は十六世紀になってはじめて考案されるということを忘れないようにしよう――は、新たな緊張によって引き裂かれているように思われる。いっぽうには、ヨーロッパがやがて迎える内部対立（イタリア戦争、ドイツ農民戦争、ルターとカルヴァンの宗教改革）があり、またいっぽうには、アフリカやインド洋や実際には新世界である土地（何年かのちにアメリカと名づけられることになる）において明るい未来を約束している遠い国々の幻影がちらついているのである。機は熟したであろうか。新しいことにあふれ、過去との決別があらわになったいま、ヨーロッパの人々はひとつの長い時代をぬけ別の時代に移ろうとしていると考えてよいだろうか。中世は終わったとみなすべきなのだろうか。

過去の歴史として距離をおいてながめたとき、十五世紀は近代と呼ばれているもうひとつの長い時代のまさにはじまりとみなすことができる。しかし、この本の表題となっている問題についての考察を終えるまえに、本当に中世はここで終わるのか、つまりそのような中世とヨーロッパ形成の関係を見積もることが可能なのか、考えてみなければならないのだ。私は最近、「長い中世」という概念こそ歴史的現実に見あうものであると提案した。(1) もちろん、ポーランドの偉大な歴史家ヴィトルト・クラがうまく言い表しているように、それぞれの時代には「非同時代性の存在」が見られるものである。だから私はできるだけ「危機」という言葉を使わないようにしている。それは社会の変化を分析する努力を怠ったことを覆い隠す言葉なのだ。むしろ「変動」や「転機」があるのだと私は思う。

十五世紀末には、変動や転機があっただろうか。まさしくここで、十九世紀後半にスイスの歴史家ブルクハルトが提案しひろく用いられるようになった、私に言わせれば的を射たとは言いがたい言葉「ルネッサンス」が関わってくるのである。まず、中世のそのほかの時期——とりわけカロリング朝期と十二世紀がそれに当たる——もルネッサンスと呼びうるし、またじっさいそう呼ばれてきたという事実を思い起こしておこう。つぎに、何がこのルネッサンスを特徴づけているのか考えてみよう。芸術や思想の分野にその答えがあると見なされることが多いが、これは正しい。しかし少なくともイタリアにおいて、芸術は十三世紀以来再生《ルネッサンス》してはいないだろうか。

またルネッサンスを特徴づける人文主義が始まったのは、十四世紀のことではないだろうか。社会史やヨーロッパ文明史という基本的分野では、この十五世紀末をまたいだ本質的現象が見られないであろうか。一三四七年から一三四八年のあいだに現れたペストは、一七二〇年まで猛威を振るいつづけた。マルク・ブロックは、中世の王権に特有の儀式、「奇跡を行う王たち」が手を触れることによって行う儀式を研究している。(2) 十一世紀に登場し、フランスとイングランドで十三世紀以来継続的に行われたこの儀式は、多くの人々から時代錯誤と見なされながらも、イングランドでは十八世紀のはじめまで、フランスでは一八二五年まで存続したのである。

しかし、より多くの人々に関わる例をいくつか取りあげてみよう。中世における都市の発展の重要性とそれがヨーロッパにもたらした意味はすでに見たとおりである。ベルナール・シュヴァリエは、「王国都市《ボンヌ・ヴィル》」と呼ばれていた王権との結びつきをもつフランス都市のおもなものについ

---

(1) 本書刊行以前に発表されたものとしては、以下の論文がある。Le Goff, Jacques, « Pour un long Moyen Age », in *L'imaginaire médiéval*, Paris, Gallimard, 1985, p. 7-13. さらに、本書のフランスでの刊行後も、ル＝ゴフは同テーマで以下の著作を発表している。Jacques Le Goff, *Un long Moyen Âge*, Tallandier, 2004, rééd., Hachette, « Pluriel », 2010; *Faut-il vraiment découper l'histoire en tranches ?*, Seuil, coll. La Librairie du XXIe siècle, 2014.

(2) 以下の本を参照のこと。マルク・ブロック『王の奇跡——王権の超自然的性格に関する研究、特にフランスとイギリスの場合』井上泰男・渡辺昌美訳、刀水書房、一九九八年。

て研究している。シュヴァリエによれば、王国都市という言葉とそのネットワークは十三世紀に登場し、ほとんど廃れてしまうのは十七世紀はじめ以降のことである。ヨーロッパ史の時代区分のこれまででもっとも有名な試みは、マルクスが提示したものである。中世は封建制と同一視されており、この観点から言うと、奴隷制的生産様式を特徴とするローマ帝国の終焉と産業革命のあいだに位置している。この中世は、ジョルジュ・デュメジルがインド＝ヨーロッパ語族に共通のものとして定義した三機能図式が現れる時代でもある。この図式は九世紀のイングランドに見られ、九世紀には「祈る人《オラトレス》、戦う人《ヘラトレス》、働く人《ラボラトレス》」（聖職者、戦士、農民）の表現で知られるようになり、フランス革命の三身分まで続いている。いっぽう産業革命以後は、経済学者や社会学者の言う第一次産業、第二次産業、第三次産業というまったく異なる三機能が観察されるのである。教育の分野では、十二世紀に誕生する大学が、ほぼ変わらないままフランス革命まで生き残る。また初等教育、中等教育の段階では、識字教育のゆっくりとした普及が中世にはじまり、十九世紀の義務教育化まで継続するであろう。

この長い中世はまた、中世に民間伝承を通じて現れる民衆文化が十九世紀の民話再生までのあいだ綿々と続いていく時間でもある。天使と隠者にまつわるある物語は、十二世紀の笑話《ファブリオ》からヴォルテールのザディーグや十九世紀のブルターニュの物語作家へと受け継がれるのだ。われわれが見てきたように、中世はキリスト教と教会が支配する時代であった。たしかに十六世紀にキリスト教がカトリシズムとプロテスタンティズムに分裂したとき最初の大きな転機が訪れる。宗教の地位と役割が、ヨーロッパ諸国において今日までまったく変わらず保たれるわけではないのだ。しかし、ヨーロッパと宗教との関係は、中世にあらわになった根幹から発する同一の進化の歩みを続けていくのだと言える。つまり国家と宗教が分離し――キリスト教徒はカエサルに属するものをカエサルに返上する、すなわちイスラム教やビザンティンのキリスト教とは反対に、神権政治を拒むのである――、子供や女や在俗信徒の地位が認められ、信仰と理性のバランスが保たれる方向へ進化していくのである。ただ、こうした特徴は、フランス革命まではローマ教会の権力や影響のせいで多少なりとも見えなくなっている。より一般的には、カトリックだけでなくプロテスタントの宗教も、そのような権力や影響を及ぼしていた。これらすべてを見れば明らかなように、ルネッサンスによる断絶は存在しない。したがって読者の方々には、十五世紀末を、ヨーロッパ中世史の大規模な一時停止と見なすようお願いしたい。そしてそのことでこの本の表題の正当性が失われることはないはずである。

これまで見てきたのは、中世ヨーロッパが形づくられ花開く様子であった。この十五世紀末で立ち止まって思考をまとめ、本書の表題となっている問いに答えが出せるかどうか考えてみるのがよいだろう。

ヨーロッパと歴史の関係にはふたつの基本的側面があると私には思われる。ひとつめは、領土の側面である。歴史はつねに空間のなかから生まれるし、文明はつねに領土のうえで練りあげられ伝播する。十五世紀には、中世初期の「民族大移動」とともに始まったヨーロッパ空間という中世的創造物がおおむね完成する。十五世紀には異教徒はもはや存在しないし、トルコの征服がなかったらイスラム教徒もいなくなっていたであろう。この征服事業はふたつの矛盾した結果をもたらした。それはヨーロッパに対する脅威の重みを意識させたが、またいっぽうで、ヨーロッパ側の抵抗はピウス二世が望んだほど大きくはなかったものの、他者への抵抗と内的結束の双方にもとづく集団アイデンティティーの形成によって、トルコの脅威はヨーロッパ団結の絆のひとつになるのである。大学はいまや、地中海からバルト海にいたるまで、同じタイプの知を普及させる。人文主義も、ラテン語を捨て地域語を採用することで、スウェーデンからシチリア島にいたるまでのヨーロッパ文化に浸透する。アントワープは世界=経済の中心であるが、この世界=経済はフェルナン・ブローデルが示したように、まだ当分のあいだヨーロッパ的なものであり、全世界を手中に収めるのは先の話だ。

　不確かな点が残されている。もっとも十五世紀末には問題の所在はより明確になってはいるが。ヨーロッパ大陸の東の境界はどこにあるのか。まず理解すべきなのは、一四五三年のコンスタンティノープル陥落はヨーロッパのとりわけエリートたちにショックを与えたが、それはビザンティン世界というひとつの世界の破局的結末であったばかりか、ヨーロッパ統一に対するハンデが除去されたことをも意味したということである。正教は東ヨーロッパで今日まで存続しているが、もはやビザンティン帝国という政治権力と宗教の二重の中心に結びつけられてはいない。将来のヨーロッパにとって障害になるかもしれなかったものが、逆説的なことに、一四五三年に取り除かれたのである。そのいっぽう、スラヴ諸国は領土政策を明確化し、それがヨーロッパの東の境界にまつわる問題を変化させる。改宗によって完全にヨーロッパの国になり、ポーランド・リトアニア連合のヤギェウォ朝によってリトアニアとひとつになったポーランドは、北（プルーセン）に、東から南東（ヴォルィーニとポジーリャ）に、領土拡張政策をくりひろげる。十五世紀には、ポーランドはバルト海から黒海にまで広がるのである。また、モンゴルのくびきから解放されたロシアは、モスクワ大公国を中心とする中央集権国家に発展する。(3) モスクワ大公イヴァン三世（在位一四六二―一五〇五）は、ノヴゴロド公国やトヴェリ大公国を従えて国土の集中化を進め、一四九七年法典(4)を発布するなど、強固な行政・法制度の支配する中央集権化された強国をつくりあげる。

（3）ロシアは一二三六年に始まるバトゥのロシア遠征（本書三二二頁を見よ）の結果、キプチャク・ハン国の支配下に入った（タタールのくびき）。一四八〇年この支配を脱すると、以後モスクワ大公国はロシアの統一と独立の中心となり、のちのロシア帝国の礎を築いた。

（4）一四九七年法典は、もともと異なる法体系をもつ諸地域を含むモスクワ大公国全域に適用され、中央集権体制への足がかりとなった。とくに、農民の自由移動を「聖ユーリの日」（ロシア暦十一月二十六日）

となれば、十五世紀末に、それに先立つ中世がヨーロッパにもたらしたもの、私の言う長い中世がヨーロッパのために約束していたものを脅かすような危機が訪れるのだと、歴史家の目には映るだろうか。歴史の不確実性、偶然の重要性を考慮に入れなければならないのはむろんである。しかし十五世紀末において、ヨーロッパにとってのチャンスを思い描くことが可能だと私は思うのだ。国民の出現も、分裂の危険をはらんだ宗教対立も、脅威とはならないだろう。統一や「国民」という概念が生まれ、それが現実のものになったのと同時期にヨーロッパがつくられはじめたということを、本書は示すことができたのではないだろうか。もっとも君主権の概念が十三世紀以降発達し実際に用いられるようになると、それはヨーロッパの未来にとっての問題となるのではあるが。また、カトリック教会の独占状態が終わりを告げることは、キリスト教文化の統一の終わりを意味するものではない。ある文明、価値観が生きながらえる。十五世紀末にはまだ未来の話である激しい対立の時代になるとキリスト教的価値観に敵対せざるをえない世俗性が同時にその価値観の相続人、継承者ともなるであろう。脅威となるのはむしろ、国民どうしの武力衝突や、ヒポクラテスがすでに古代において見ぬき定義していたヨーロッパ人の好戦的性格である。脅威はまた、十五世紀に萌芽がみられる領土拡張と植民地化やヨーロッパと世界の植民地の関係の進展にも左右されることは言うまでもない。

進歩に対する中世の態度には、中世がはらむ緊張のうちでももっとも根ぶかいものが現れており、われわれは矛盾したイメージをいだくことになる。支配的イデオロギー、いやむしろ当時のメンタリティーは、新しいもの、進歩的なもの、前代未聞のものを、誤り、罪として避難した。しかしまた、物質的世界においても、知的・精神的世界においても、中世は創造性、革新、めざましい前進の時代であった。ヨーロッパ全体のためになるものとして、ヨーロッパが自覚され実現するために必要なものとして、重視しなければならないと私が思うのは、中世のあいだに明確化し、十五世紀により強いものとなった、進歩する能力である。この言葉は意外かもしれない。周知のとおり、進歩を自覚すること、進歩を理想として評価することは、十七世紀末、とりわけ十八世紀にようやく始まるのである。進歩とは、啓蒙の時代に咲く花だ。しかしながら、そのつぼみは中世に生まれると私は思うのである。中世ヨーロッパが育み、外に表しはじめていたものはやがて、イスラム世界や、とくに中国で起こることとのあいだに、著しい対照をなすようになる。十五世紀の中国は、世界でもっとも力をもち、もっとも豊かで、あらゆる分野においてもっとも進んだ国である。しかし以後は自身のうちに閉じこもり、衰弱し、東洋を含む世界の支配をヨーロッパ人に明け渡すようになる。強大なオスマン帝国が建設され、イスラム教がアフリカやアジアに普及したにもかかわらず、トルコをのぞくイスラム世界は中世期の活力を失っている。

の前後二週間に限定し、農奴化の端緒を開いたことで知られる。

それに対し、キリスト教ヨーロッパは、十五世紀以降の比類なき領土拡張を約束するような思想や経験を獲得する。そしてこの拡張が、内には対立があり、外には不正や犯罪さえあるにしても、ヨーロッパが意識され確立していくときの強力な支えになるのである。

ピーター・ビラーの最近の研究*によれば、十四世紀のヨーロッパは住民の存在を重視し、人間的問題のなりゆきが決まる際に住民が果たす役割を認識していた。十四世紀は飢饉やペストのため深刻な人口減少期に当たっているが、それでも中世末期のヨーロッパは、人口規模、住民の共同生活と繁殖のありかたを、勢力のための重要な要素と見なすようになる。最近の共同研究で、西洋中世における「進歩、反動、退廃」の概念とその諸相を扱ったものがある。**「(中世の)精神的枠組みは進歩という考えとは相容れない」という伝統的な考えを受け継ぎながらも、この本は、キリスト教が〈歴史〉に方向を与えるという点（フィオーレのヨアキムのユートピアには「進歩主義的」側面があると私は述べた(5)）、キリスト教が永遠の回帰という古代神話や円環的〈歴史〉の概念を葬り去った点を指摘している。いまや古典となった本『十二世紀の神学』で、シュニュ神父は、中世思想のおかげで歴史は十二世紀に活気を取り戻したと指摘していた。救済を求める際にめざす対象とは進歩である。おそらく道徳的進歩ではあろうが、ひろく益をもたらす進歩でもある。理論家や論争相手がなんと言おうと、厭世は必ずしも物質的進歩の放棄にいたるものではない。中世の活力は、対立するものどうしの相互作用、いくつもの緊張関係からもたらされるのであり、それらが、そうとは言わないまま、進歩を生み出しているのである。前述の共同研究は、進歩／反動、進歩／退廃、過去／現在、古代／近代、といった概念の組を列挙している。こうした対立が中世に活力を与えているというのである。すでに見たとおり、十三世紀の托鉢修道会は挑発的であることを恐れず、自分たちが新しい者たち、つまりはより善い者たちであることを強調する。いっぽう修道院の心性によってつくりあげられた敵対者たちは、この新しさのなかに罪や悪を見たのであった。中世の文明と心性が技術を軽蔑することはなく、経済分野が問題となるや、生産性や成長に心を配ったのである。すでに中世初期には、自由農民に対する「収穫改良契約《アド・メリオランドゥム》」が用意されていた。これは耕作者に土地からの収穫を向上させることを義務づけるものであった。

＊Peter Biller, *The Measure of Multitude. Population in Medieval Thought*, Oxford: Oxford University Press, 2000.
＊＊*Progrès, Réaction, Décadence dans l'Occident médiéval*, études recueillies par Emmanuelle Baumgartner et Laurence Harf-Lancher, Paris-Genève: Droz-Champion, 2003.

すでに見たように、十四世紀には農業の進歩に対する関心から農学書が再登場した。(6) 暗黒伝説とは裏腹に、水車やその応用から一定の運動を往復運動に変換するカム機構にいたるまで、中世

（5）本書三二七頁を見よ。
（6）本書三二八頁を見よ。

は概して発明の時代である。マルク・ブロックの書いたものには、中世の発明についてのすばらしいページがある。中世においては、すべてが宗教のなかに浸っている。宗教はあまりにあまねくゆき渡っており、これを指す言葉が存在しないほどなのだ。物質文明をはじめ、あらゆる文明は、偉大な経済学者カール・ポランニーの言葉を借りるなら、宗教のなかに「埋め込まれて」いたのだ。しかし、私が提案したように価値は天から地へと降下する。そしてそれに連れ、進歩に覆いかぶさっていた宗教というハンディキャップは、しだいに進歩への踏み台に変わるのである。摂理と運命をめぐるゲームも、循環的時間を表す運命の輪を用いて行われることはなくなり、ヨーロッパの人々の個人的・集団的な美徳をめざす努力が重要になる。

時間の分野ほど、ヨーロッパ人の創造性が中世に進化をとげた分野はほかにない。過去の合理的研究がなされるようになるのは十八世紀になってからのことであり、過去は真の歴史科学の対象とはなっておらず、文化の規模をもつひとつの記憶を発達させるために用いられている。中世は過去を支えにし、より遠くへより善く進んでいこうとしている。同様に、時間の尺度を利用することでも、中世は進歩の手段を獲得する。暦はまだカエサルの定めたユリウス暦のままだが、旧約聖書とユダヤ教に由来する新機軸が、われわれの今日にまで重きをなすあるリズムを導入した。労働の時間と休息の時間の一定の関係をもたらす、週のリズムである。これにより日曜日に宗教的時間が設けられるだけでなく、おそらく人々の労力がもっともうまく活用できるようにもなるのだ。中世のキリスト教暦はまた、ヨーロッパに降誕祭《クリスマス》と復活祭というふたつの重要な祝祭日を導入する。降誕祭は、異教起源の死の祝祭であるハロウィンとは反対に、誕生と命の祝祭であり、復活祭は復活を祝う。そのほか、封建的慣習による祝祭（騎士叙任式）を兼ねていたペンテコステは、聖霊降臨の日である。

十五世紀に、偉大な建築家で人文主義者のイタリア人レオン・バッティスタ・アルベルティは、主人公のひとりにこんな台詞をはかせている。(7)

ジャンノッツォ「人間がたしかに所有していると言えるものが、三つあります。財産と、体と……」

リオナルド「で、三つ目はなんでしょう？」

ジャンノッツォ「これぞ、このうえなく貴重なもの！　この手よりも、この目よりも、もっともっと私のもの。」

リオナルド「なんてことでしょう！　それはいったい？」

ジャンノッツォ「時間ですよ、リオナルド君。時間なのです、諸君。」

この文章が称える時間の価値とは、おそらく経済的価値である（時は金なりなのだ）。しかしそれ

（7）レオン・バッティスタ・アルベルティ『家族論』第三書。

は文化的・実存的価値でもある。十五世紀末のヨーロッパは、時を尊ぶヨーロッパ、個人や集団が我がものとする時間のヨーロッパである。そして、ありうるかもしれないヨーロッパを構成するのは、そんな個人や集団なのだ。

謝辞

まず、この本の執筆のために申し分のない能力と知識でつねに献身的に協力してくれたスイユ出版の編集者の方々に感謝したい。ともに気持のよい仕事ができたニコル・グレゴワール、それにグレゴワール・モンテイユ、カトリーヌ・ランボーの各氏である。

この本の原稿に注意ぶかく目を通してくれた友人たちにも特別な感謝を伝えたい。リシャール・フィギエ、それに同僚で親しい友でもあるジャン＝クロード・シュミットは、識見に満ちた貴重な批評や忠告を加えてくれた。またジャック・ベルリオーズも、いつも変わらぬ友情で支えてくれた。さらに、空間と地図作製法の分野ではパトリック・ゴーティエ＝ダルシェ、ドイツ語文化圏に関してはピエール・ムネにもお世話になった。

訳者あとがき

本書は、アナール派を代表するフランスの中世史家ジャック・ル＝ゴフが二〇〇三年に出版した *L'Europe est-elle née au Moyen-Âge ?*（Éditions du Seuil）の全訳である。

かつてのヨーロッパ文明論ではイタリア・ルネッサンスにおける文芸復興の意義が必要以上に強調されていた。その場合に中世は、人類がくぐり抜けることに成功した暗黒時代として否定的性格を与えられるのが常であった。もっともロマン主義以降、中世の魅力が再発見され、それが十九世紀には文化財保護の大きな潮流を生んだことも事実である。それでもしばしば中世の歴史は、近代に始まる進歩の物語とは独立した愛すべき一章として語られるにすぎなかった。人々が中世に対して感じるのは、ルネッサンスという大きな断絶の向こう側に広がる遠い世界へのノスタルジーだった。そこに今日へと続く長く連続した道の出発点を見ようとする試みはまれだったのである。

ル＝ゴフが本書のタイトルとして「ヨーロッパは中世に誕生したのか」という問いを投げかけているのは、もちろんそれに「ウィ」と答えるためである。したがって本書は中世の歴史を概観してはいるものの、それをある充実した、自立的なまとまりとして描きることを目指したものではない。「おわりに」を読めばわかるように、ル＝ゴフの問題意識の中心には、ルネッサンスの意義を過大評価しその以前と以後のあいだに決定的な断絶を見てしまう歴史観に対する批判がある。本書のねらいはだから、中世のなかに今日のヨーロッパの遠い起源を見出し、両者のあいだに対話の可能性を探ることだと言っていいだろう。読者はそのいたるところに、現在の社会や心性の萌芽を発見することになる。ここでその誕生がかいま見られるヨーロッパのおおよそのリストは、以下のようなものである。

・民族混交のヨーロッパ、兵士のヨーロッパと農民のヨーロッパ、平和・「非武装の」ヨーロッパ
・君主制・宮廷のヨーロッパ、都市・農村・首都のヨーロッパ
・異議申し立てのヨーロッパ、告白・異端審問・検閲のヨーロッパ、迫害・反ユダヤ主義のヨーロッパ
・財政・税金・脱税のヨーロッパ、商業・海のヨーロッパ、銀行・グローバリゼーションのヨーロッパ
・教育と大学のヨーロッパ、知的労働のヨーロッパ、教師たち・知識人のヨーロッパ、書物・図書館・読者のヨーロッパ、歴史・史料編纂のヨーロッパ
・労働のヨーロッパ、礼儀作法のヨーロッパ、ステンドグラス・絵画・肖像画のヨーロッパ、美食のヨーロッパ
・慈愛・病院のヨーロッパ、抑圧と赦しのヨーロッパ、寛容のヨーロッパ
・エロスとタナトスのヨーロッパ、売春・貧困・不平等のヨーロッパ、死体・悪魔のヨーロッ

パ、戦争・爆撃のヨーロッパ
・個人的・集団的時間のヨーロッパ

最新の研究に依拠しながらも、本書は専門家ではない一般読者をターゲットにかかれたものであり、日本語訳もまず読みやすいものであることを心がけたつもりである。そのため、見出しに関してはかなりの整理・追加を行い、場合によっては改行位置の変更なども行っていることをお断りしておかなければならない。巻頭、各章扉を飾る図版は日本語版のオリジナルである。図版の選定は池田健二先生にお願いし、先生ご自身の撮影による貴重な写真も使わせていただくことができた。

＊　＊　＊

翻訳を進める際に、訳語の選定で生じた問題についていくつかここでお断りしておきたい。ここで問題にしたいのは、一見初歩的な、「フランス」「ドイツ」「ヨーロッパ」の定義にまつわることがらである。

「フランス」が成立したのはいつのことか。八四三年のヴェルダン条約により成立した西フランク王国が、やがて今日のフランスに相当する版図をもつことになる（本書一〇二頁）。フランスという国の基礎がこのとき築かれたのはまちがいない。しかしまだこれは「フランス」とは呼ばれない。日本の歴史記述では一般に九八七年のカペー朝の成立をもってフランス王国の誕生とすることが多く、初代ユーグ・カペー以降の王は「フランス王」と呼ばれる。しかしここで起こる歴史の転換は、この呼び名の変更が思わせるほど大きなものではないことに注意する必要がある。われわれがフランス王を指して「ルイ〇世」「シャルル〇世」などと言うときの初代は、それぞれ敬虔王ルイ、シャルルマーニュであり、つまりはヴェルダン条約以前のカロリング朝フランク王国の王たちである。フランス人の意識のなかで、フランス王国とフランク王国はしばしば地続きなのだ。

そもそも実際には、フランク人の王を意味する *Rex Francorum* は十二世紀末まで正式名称として用いられていた。最初にフランス王 *Rex Franciae* を名のったのは、カペー朝第七代の尊厳王フィリップ二世（在位一一八〇―一二二三）である。それでも *Rex Francorum* が廃されるわけではなく、フランス革命まで使われつづける。またここで「フランス」と訳したラテン語の *Francia*（*Franciae* はその属格）にしても、本来はフランク人 *Franci*（*Francorum* はその属格）の住む国という意味なのだ。だから「フランク」と「フランス」のあいだには、ラテン語からフランス語にいたる過程で生じた訛り以上の違いはないということになる。

本書でル＝ゴフは、カペー朝初期（十一世紀以前）までの王たち――たとえばロベール二世（在位九九六―一〇三一）、アンリ一世（在位一〇三一―一〇六〇）――には「フランク人の王 roi des Francs」を用い、尊厳王フィリップ以後は「フランス王 roi de France」を用いている。わが国での慣用には反するが、翻訳ではこの区別をあえて尊重することにした。そうすることでフランク王国とフランス王国の連続性をよりよく表せるからであり、またそれが、名づけることによって無意識にもたらされてしまう歴史の断絶に対する注意を喚起することにもつながるのではないかと考えたからである。

「ドイツ」については、事情はさらに複雑である。日本の歴史記述は一般に、ザクセン朝（九一九—一〇二四）以降の東フランク王国を「ドイツ王国」と呼ぶが、その場合「ドイツ民族」の起源をめぐる微妙な問題が絡んでくるのを避けることはできない。もともと東フランク王国には、フランク人のほか、スエビ人（アレマン人）、バイエルン人、ザクセン人、テューリンゲン人、フリース人が共存していた。九一一年カロリング朝が断絶すると、東フランク王国の王権はフランク人のものではなくなり、王位はその明確な定義を失った。王国はたんに「王国」とのみ呼ばれるようになり、さらに九六二年にザクセン朝のオットー一世がローマ皇帝となると、「王国」と「帝国」との関係も不明瞭になる。

「ドイツ人 *Teutonici*」とはもともと、イタリア人から見たアルプス以北のゲルマン語系住民を総体として捉える言葉だった。教皇として「ドイツ人の王 *rex Teutonicorum*」という呼び名を使いはじめたのはグレゴリウス七世（在位一〇七三—一〇八五）である。そこには叙任権闘争で争っていたハインリヒ四世に対する牽制の意味が込められていた。これ以降「ドイツ王国 *regnum Teutonicorum*」の名はアルプス以北でも普及、定着するのだが、この「ドイツ王国」は、ブルグント王国、イタリア王国とともに神聖ローマ帝国を構成する三王国のひとつと位置づけられていたのである。

ところで、フランス語はしばしば中世の「ドイツ王国」を、古代ローマ由来の地理概念ゲルマニア **Germanie** を用いて **royaume de Germanie** と呼ぶ。グレゴリウス七世以前のヨーロッパでは一般にアルプス以北の王国を「ガリア」、「ゲルマニア」と表記していたこと（本書一〇八―一〇九頁にもそのことを示す一例が挙げられている）を考えれば、この呼びかたはある意味で、当時の――少なくとも十世紀から十一世紀の――ヨーロッパの現実により忠実な表現であると言えるのかもしれない。ル＝ゴフも本書でしばしばこの意味での Germanie を用いている。日本語に訳す際はこれをある程度生かし、Germanie が純粋に地理概念をあらわしている場合には「ゲルマニア」とすることにした。しかし、そこに民族の意味合いが含まれている場合はやはり「ドイツ」を用いないわけにはいかない。そこで、roi de Germanie は「ドイツ王」、empire de Germanie は「ドイツ帝国」、ナシオンとしての Germanie は「ドイツ」と訳している。また東フランク初代の王ルートヴィヒ二世の通称 Louis le Germanique も、慣例どおり「ドイツ人王」とした。その結果、中世のさなかに近代「ドイツ」が突如として出現するような印象を与えてしまうとしても、そのような移行段階を指し示す語彙が日本語に存在しない以上いたしかたないのである。

「ヨーロッパ」に関してはどうだろうか。これは Occident、Orient（およびその形容詞形）をどう訳すかという問題にも関連する。中世における「ヨーロッパ」は文化的な意味でのそれであり、ヨーロッパ大陸のことではない。本書で言う「ヨーロッパ」はしばしば「キリスト教世界 Chrétienté」と同義であり、その「キリスト教世界」もたいていの場合ローマ・カトリックのそれである。したがってビザンティン世界はそこに含まれない。たしかにル＝ゴフは、東西ローマ帝国から生じた二つの世界を指して「東のヨーロッパ」と「西のヨーロッパ」という言いかたもしているが、しかし結局「現在のヨーロッパの源流」にあるのは「西のヨーロッパ」のほうであると述べるのだ（本書二二―二三、二二一頁）。

すなわち中世ヨーロッパはふたつのOrient、つまりビザンティン世界とアジアをもつOccidentであったということになる（本書三〇―三三頁）。このふたつのOrientは、とりあえず「東方」、「東洋」というふうに訳し分けることができるだろう。じっさいOccident / Orientは、そのとき想定されている「東」がビザンティンなのかアジアなのかを基準に、「西方／東方」、「西洋／東洋」のどれかを当てるという方針で翻訳を進めた。しかし困ったことに、しばしばそのふたつのOrientは文脈からは区別がつかない。ル＝ゴフがそれらの意味をあえて混同して用いているように思える箇所もある。あるいはもしかすると中世の人々にとって、まさにそれらの「東」は混同されていたのかもしれない。そしてOccidentとは、そうした漠然たる「東方」に対する対立概念なのであり、このような可塑的な「西」の意識こそがヨーロッパのアイデンティティーを基礎づけているのかもしれない。訳しているうちにそんな感想を抱くようになった。

そうなると、そんな漠然とした「西」、ビザンティンの東方とも、アジア＝東洋とも対立している「西」の意味で使われているOccidentもまたありうるということなのだ。そんなOccidentの訳語として適切な日本語は、いったい何なのか。歴史学でよく使われている「西欧」は原則として使わないことにした。「西」とはヨーロッパのことなのだから、「東欧」が存在しえない以上（ビザンティンが東のヨーロッパだとしても、それを「東欧」と呼ぶには抵抗があるだろう）「西欧」もありえないと思えるからである。結局、最良の結論からはほど遠いが、そのような場合にもやはり「西洋」を用いることにした。「西洋」のほうが「西欧」より定義があいまいのように思われるというたってシンプルな理由からである。

翻訳にまつわる技術的な問題をながながと書くことになってしまったが、こんなことを書いたのは、ル＝ゴフが「はじめに」で述べている、「なによりも確かなものに思える名」も「じつは歴史によって揺さぶられてきたもの」であるという主張の、これがよい例証になるように思ったからだ。名前という「化身」は、「その名で呼ばれる人々や現実のある種のもろさを表してもいる」という事実の重要性を今一度強調しておきたい。そして翻訳という作業がいわば二重の名づけに相当するとすれば、それはなおさらである。

＊　＊　＊

翻訳作業の遅れから、本書の刊行が当初の予定より大幅に伸びてしまったことが心残りでならない。ようやく終わりが見えてきた今年の四月には、著者ル＝ゴフの訃報に接することとなった。謹んでご冥福をお祈りいたします。

最後に、本書の翻訳を勧めてくださり、作業の進展を見守ってくださった藤原書店店主の藤原良雄氏に、また編集作業をサポートしてくださった編集担当の刈屋琢氏に、この場を借りてお礼申し上げたい。

二〇一四年十月

菅沼　潤

ヨーロッパ中世史年表（二七六―一四九五）

年代	ヨーロッパ	ヨーロッパ以外
二七六	ゲルマン民族のローマ帝国領土内への移住の最初の波が訪れる。	三世紀―九世紀　カーンチープラムを首都とするパッラヴァ朝が南インドの東海岸地方を支配。
三一三	**ミラノ勅令**によりキリスト教徒が信仰の自由を認められる。	三二〇―四八〇　北インドでグプタ朝が栄える。
三二五	**ニカイア公会議**において、コンスタンティヌス一世がキリスト教正統派を擁護。アリウス派は異端とされる。	
三三〇	コンスタンティヌス一世が帝国の新たな首都として**コンスタンティノープル**建設。	
三七九―三九五	テオドシウス一世の治世。**キリスト教国教化**。帝の死後、**ローマ帝国は東西に分裂**。	
四〇七―四二九	ゲルマン民族移動の新たな波。	
四一〇	アラリックに率いられた西ゴート人がローマを占領・略奪。	
四一五	西ゴート人がスペインに定住（**西ゴート王国の成立**）。	
四三二―四六一	聖パトリックがアイルランドにキリスト教を布教。	
四四〇頃	ゲルマン民族のアングル人、ジュール人、サクソン人がブリテン島に移住。ブリトン人は大陸に逃れる。	

四五一	ローマのアエティウス将軍がアッティラ率いるフン人を撃退（**カタラウヌムの戦い**）。
四七六	エリュル人のオドアケルが西ローマ皇帝ロムルス・アウグストゥルスを廃位し、帝位を東ローマ帝国に返上（**西ローマ帝国滅亡**）。
四八八－五二六	ラヴェンナにおける東ゴートの**テオドリック王**の治世。
四九六から五一一の間	フランク人の王**クロヴィスの洗礼**。
五二七－五六五	東ローマ皇帝**ユスティニアヌス一世**の治世。西の領土を部分的に再征服する（南イタリア、アンダルシア）が、一時的なものに終わる。オリエント発の「ユスティニアヌスのペスト」と呼ばれるペストが、アルプス山脈とロワール川以南のヨーロッパを襲う。
五二九頃	ヌルシアのベネディクトゥスがモンテ・カッシーノ修道院を設立。彼の戒律に従った修道士たちがベネディクト会となる。
五五五頃	アンダルシアを奪回した西ゴート人がトレドに首都を定める。
五七〇頃－六三六	中世キリスト教百科事典の父セビリアのイシドルスの生涯。
五九〇－六〇四	**大教皇グレゴリウス**の在位期間。

五八一—六一八　隋の時代。初代皇帝楊堅が大興（のちの長安）を都として定め、中国の統一を回復。大運河の建設と長城の整備。

年代

五六八—五七二

五九〇頃—六一五

ヨーロッパ

ランゴバルド人が北イタリアとイタリア中部の一部を征服し、パヴィアを首都とする王国を建設。

アイルランド修道士の聖コルンバヌスが大陸にわたり、ガリアのリュクスイユ、南ゲルマニアのコンスタンツ、北イタリアのボッビオに修道院を設立。

ヨーロッパ以外

六一八—九〇七　唐の時代。中央行政機構の強化。高句麗出兵。チベットの吐蕃とのあいだに和平条約。仏教の普及。

六二二　ムハンマド（マホメット）がメッカからメディナに移住。

六三〇　ビザンティン皇帝ヘラクレイオスがサーサーン朝ペルシアに勝利し、「聖十字架」をエルサレムに持ちかえる。

六三二　**ムハンマドの死**。

六三四　イスラム教徒がアラビアを出る（七〇九年マグリブ征服完了、七一二年タシュケント征服）。

六三八　アラブ人がエルサレムを占領。

六四一　エジプトを支配したアラブ人がフスタート（のちにカイロに吸収される）を建設。

六六一　ムハンマドの娘婿アリーの暗殺。

七一一—七一九	イスラム化したベルベル人がエブロ川までのスペインを征服（**西ゴート王国滅亡**）。	六六一—七五〇　ダマスカスを首都とする**ウマイヤ朝**。 六八〇　アリーの息子フセインがカルバラーで殺害される。シーア派の始まり。 七〇〇—八〇〇　中央アメリカのマヤ文明の最盛期。
七二六	東ローマ帝国で**聖像破壊運動**が始まる。	七〇九　アラブ人のマグリブ征服が完了。
七三二	宮宰カール・マルテルがポワティエ付近でイスラム教徒を撃退する（**トゥール・ポワティエ間の戦い**）。	七一〇　日本の都が奈良に移る。
七五七	宮宰ピピンが教皇ステファヌス三世によって聖別され、フランク人の王となる（短軀王ピピン）。ピピンはイタリアにおいて教皇ステファヌス三世を支援し、「サン・ピエトロの財産」とも呼ばれる教皇領が設けられた（**ピピンの寄進**）。	八世紀半ば—九世紀　シャイレーンドラ朝の王たちがジャワ島中部にボロブドゥールの仏塔を建設。
七五九	イスラム教徒がガリアにおける最後の拠点ナルボンヌを失う。	七六二　バグダードがアッバース朝（七五〇～）の首都となる。
七七一	**シャルルマーニュ**即位。	
七七四	シャルルマーニュがランゴバルド人の王となる。	
七七八	シャルルマーニュの甥ロランの指揮するフランクの後衛部隊が、ロンスヴォー峠でバスク人の急襲を受ける。	
七八七	第二ニカイア公会議。シャルルマーニュがキリスト教美術の聖像を認める。	七八六—八〇九　アッバース朝第五代カリフ、ハールーン・アッ＝ラシード。
七八八	シャルルマーニュ、バイエルン大公領を併合。	

年代	ヨーロッパ	ヨーロッパ以外
七九三—八一〇	ノルマン人のブリテン島とガリアへの最初の襲来。	七九四　平安京（京都）が日本の新しい都となる。
七九六	シャルルマーニュ、アヴァール人に勝利する。	八〇〇—九二五　マヤ文明の衰退。
七九六—八〇三	シャルルマーニュ、エクス・ラ・シャペルに王宮と礼拝堂を建設。	八〇〇頃　チャド湖地方にカネム王国が建国。
八〇〇	シャルルマーニュ、**ローマで戴冠**し、皇帝となる。	八五八　日本における藤原氏の支配の始まり。
八二七	サラセン人によるシチリア島征服が始まる。	九〇七　インドでチョーラ朝がパッラヴァ朝に代わる。セイロンやマレーシアにまで支配を広げ、十三世紀まで栄える。
八三〇頃	聖ヤコブの遺骸が発見されたとされる。	九〇七—九六〇　中国の五代十国時代。
八四二	ストラスブールの誓約書がドイツとフランスの地域語で書かれる。	
八四三	**ヴェルダン条約**によりドイツとフランスが誕生。	
八八一	「封土 feudum」という言葉の初出（九世紀後半には、「兵士・騎士」という意味の miles が「封臣」を意味するようになる）。	
八八五—八八六	パリがノルマン人に包囲される。	
八九五	マジャール人がダニューブ平野に定住。	
九一〇	クリュニー修道院の創設。	

九一一	西フランクの単純王シャルルが、サン＝クレール＝シュル＝エプト条約により、セーヌ河口の地をロロ率いるノルマン人に与える（**ノルマンディー公国成立**）。
九二九	コルドバがカリフの居住地となる。
九四八	ハンブルクに大司教座が置かれ、スカンディナヴィア諸国改宗のための宗教的首都となる。
九五〇頃	大規模な開墾のはじまり。ロワール川以北で犂の使用。
九五五	オットー一世、レヒフェルトの戦いでマジャール人に勝利。
九六〇	コルドバのメスキータ（モスク）の拡張工事が始まる。
九六二	オットー一世が皇帝として戴冠（**神聖ローマ帝国**のはじまり）。
九六七	ポーランド公ミェシュコ一世の洗礼。
九七二	プラハ司教区創設。
九八五	マジャール人大首長の息子ヴァイク（のちの聖王イシュトヴァーン）の洗礼。
九八七	ユーグ・カペーがフランスの**カペー朝**を開く。
九八九	キエフ大公ウラジーミル一世が正教会から洗礼を受ける。
九九九	シルウェステル二世（オーリヤックのジェルベール）が教皇就任（在位―一〇〇三）。皇帝オットー三世（在位九八三―一〇〇二）とともにラテン・キリスト教世界を支配する。

九六〇―一二七九　宋の時代。科挙制度の完成。運河網の整備。

九六九　カイロがシーア派のファーティマ朝の首都となる（一一七一まで）。

年代	ヨーロッパ	ヨーロッパ以外
一〇〇〇	グニェズノ大司教座の創設。グニェズノ大司教はポーランド首座司教となる。	一〇〇〇—一二〇〇　メキシコのトルテカ文化の最盛期。
一〇〇一	聖王イシュトヴァーンの戴冠。	一〇〇九　ファーティマ朝のカリフ、ハーキムがエルサレムの聖墳墓教会を破壊。
一〇〇五—一〇〇六	西ヨーロッパで大飢饉。	一〇二四　中国で最初の紙幣が中国で印刷される。
一〇一五—一〇二八	聖王オーラブ二世の治世。キリスト教化によるノルウェーの全国支配をめざす。	
一〇一八—一〇三五	**クヌーズ大王**のデンマーク王としての治世。大王は、イングランド王、ノルウェー王も兼ねた。	
一〇二〇	サン・ジェニ・デ・フォンテーヌ修道院（カタルーニャ）の西正面扉口「栄光のキリストと使徒」。年代が分かっているものではフランス最古のロマネスク彫刻。	
一〇二〇頃	グイード・ダレッツォが新しい楽譜記譜法を発明。	
一〇二三	教会の求めに応じ、敬虔王ロベールがオルレアンのマニ教徒の異端者たちに対して焚刑を命じる。	
一〇二八	デンマーク王クヌーズがノルウェーを征服。	
一〇二九	南イタリアにおける最初のノルマン人の領邦（アヴェルサ伯領）が成立。	
一〇三〇頃	イタリアにおけるコムーネ運動の始まり（クレモナ）。	
一〇三一	コルドバの**後ウマイヤ朝滅亡**。	

一〇三二－一〇三三	西洋で飢饉。
一〇三五頃	アルビで石橋が架けられる。フランスで現在も使われているもっとも古い橋のひとつ。
一〇三七	皇帝コンラート二世が北イタリアにおいて封土の世襲を確立する。
十一世紀後半	『サン・スヴェールの黙示録』の写本装飾。
一〇五四	ローマ教会と正教会が最終的に分裂。
一〇六〇－一〇九一	ノルマン人がシチリアを征服。
一〇六六	**征服王ウィリアム**に率いられたノルマン人がイングランドを征服。
一〇六九	ル・マンで「コミューン」の運動。
一〇七一	聖ニコラウスの遺骸が東方からバーリに運ばれる。
一〇七二	ヴェネツィアでコレガンツァと呼ばれる共同出資形態が現れる。
一〇七三－一〇八五	教皇グレゴリウス七世の在任期間。**グレゴリウス改革**。
一〇七七	皇帝ハインリヒ四世が教皇グレゴリウス七世から**カノッサの屈辱**を受ける。
一〇八〇頃	サントメールのギルド。
一〇八一	ピサで市民の「市政官（コンシュル）」が登場。
一〇八五	カスティーリャのアルフォンソ六世がトレドを占領。

一〇五五　セルジューク朝がバクダードに入城し、スンナ派の支配を回復。

一〇五七　アラブ人のバヌーヒラル族がアグラブ朝の首都ケルアンを破壊。

一〇六二　ベルベル人のムラービト朝がマラケシュの町を建設。ムラービト朝はイスラム支配下のスペインを征服する。おなじくベルベル人のムワッヒド朝（一一四七）、マリーン朝（一二六九）がこれに代わるが、アルジェリアを統一するようなイスラム国家は現れない。

一〇七一　マンツィケルトの戦いでセルジューク朝が東ローマ帝国に勝利。

年代	ヨーロッパ	ヨーロッパ以外
一〇八六	縮絨機についての最初の言及が見られる（ノルマンディーのサン＝ワンドリール）。	一〇八六　中国で印刷活字についてのもっとも古い記述が見られる。
一〇八八以降	イルネリウスがボローニャでローマ法を教える。	
一〇九三	ダラム大聖堂の建設が始まる。最初の肋骨穹窿（リブ・ヴォールト）。	
一〇九五	ウルバヌス二世がクレルモンにて**十字軍遠征**を呼びかける。	
一〇九八	民衆の十字軍兵士がパレスティナへの従軍中にユダヤ人を虐殺。	
一〇九八	モレームのロベールがシトー会を創設。	
一〇九九	ジェノヴァの商人が自治組織コンパーニャを形成。	一〇九九　十字軍が**エルサレムを征服**。
一一〇〇頃	ネーデルラントの低湿地の干拓（ポルダーの始まり）。	十二世紀　伝説によれば、ペルーのインカ帝国の王朝の起源が生じたとされる。
十一世紀終わり	北フランスで農耕牛に代わって農耕馬が用いられる。	
一一〇八	パリにサン・ヴィクトル修道院創立。初期スコラ学の中心となる。	
一一一二	ランでコミューンの反乱。司教伯が殺害される。	
一一二〇－一一五〇	西洋で最初の同職組合規約が書かれる。	
一一二六－一一九八	コルドバ生まれのアラブ人哲学者アヴェロエスの生涯。アリストテレスの注釈者。マラケシュにて没。	
一一二七	フランドル都市がフランシーズ証書を獲得する。	
一一三〇	**両シチリア王国**の成立。	

一一三二―一一四四	シュジェールによるサン・ドニ大聖堂の改築。
一一三五―一二〇四	コルドバ生まれのユダヤ人神学者・哲学者マイモニデス（執筆はアラビア語）の生涯。カイロにて没。
一一四〇	ポルトガル王国の形成。
一一四〇頃	グラティアヌスの『教令集』。基礎となる教会法集成の基礎となる。
一一四一	クリュニー修道院長の尊者ペトルスが、コーランのラテン語訳を命じる。
一一四三	リューベックの町が建設される。
一一五四	赤髭王フリードリヒがボローニャ大学の教師と学生に特権を認める。
一一五四	アンジュー伯アンリがイングランド王となり、英仏にまたがるプランタジネット帝国が築かれる。
一一六五	シャルルマーニュの列聖。
一一七〇	セビリアのヒラルダの塔の建設。
一一七五以後	ジェノヴァで発注契約が現れる。
一一八〇	シャルトル司教でシャルトル学派指導者のソールズベリーのヨハネス死去。
一一八三	コンスタンツの和約。赤髭王フリードリヒがロンバルディア都市に自治権を承認。

一一四八　第二回十字軍が失敗に終わる。

一一七一　クルド人サラーフッディーンがエジプトのスンナ派を再興し、アイユーブ朝を開く（一二五〇年まで）。

一一八一―一二一八　アンコールワットを建設したクメール王朝が、ジャヤーヴァルマン七世のもとで最盛期を迎える。

年代	ヨーロッパ
一二〇〇	リガの町が建設される。
一二〇二	千年王国説の理論家フィオーレのヨアキム死去。
一二〇四	**第四回十字軍**の兵士たちがコンスタンティノープルを占領・略奪する。この地にラテン帝国建国(一二六一滅亡)。
一二〇七	聖ドミニコのカタリ派への宣教。
一二〇九	**フランシスコ会**の最初の共同体がつくられる。
一二〇九—一二二九	アルビジョワ十字軍。
一二一二	ナバス・デ・トロサの戦い。スペインのキリスト教徒がイスラム教徒に勝利。

ヨーロッパ以外

一一八五—一一九二　鎌倉幕府の成立。

一一八七　ヒッティーンの戦いでサラーフッディーン率いるアイユーブ朝の勢力がキリスト教徒に勝利し、**エルサレムを奪回**。

一一九一　**第三回十字軍**は失敗に終わるが、キリスト教徒はキプロス島を支配。

一一九二　タラーインの戦い。ゴール朝のシハーブッディーン・ムハンマドがラージプート連合軍のプリトゥヴィーラージ三世を破り、イスラム教徒が北インドを支配する。

十三世紀初　エチオピアのキリスト教王国の王ラリベラが、イスラムの圧力を逃れ、アクスムからロハに首都を移す。

一二〇六—一二七九　モンゴル帝国の形成。

一二〇六—一五二六　デリーに都をおくイスラム五王朝（デリー・スルターン朝）の時代。

一二一四	オックスフォード大学に最初の特権が与えられる。
一二一五	パリ大学の規約がロベール・ド・クルソンによって裁可される。
一二一五	**第四ラテラノ公会議**。結婚、告解、規則が定められ、ユダヤ人と異端を弾圧する措置が決定される。
一二一五	イングランドで**マグナカルタ**制定。
一二一五－一二八六	ムールベーケのギヨームの生涯。アリストテレスのラテン語への翻訳家。
一二一六	説教者兄弟会（ドミニコ会）創立。
一二二三	教皇がフランシスコ会の修正された修道規則を認可。
一二二九－一二三一	パリ大学でストライキ。
一二三一	グレゴリウス九世が**異端審問所**を設立。
一二三二	ムハンマド一世がナスル朝グラナダ王国を建国。この頃グラナダでアルハンブラ宮殿の建設が開始される。
一二三八	アラゴン連合王国がバレンシア王国を征服。
一二四一	**モンゴル人**がシレジア、ポーランド、ハンガリーを急襲。
一二四二	船尾舵のはじめての絵がエルブロンクの公印に描かれる。
一二四八	カスティーリャ王国がセビリア攻略。イベリア半島のイスラム国はナスル朝グラナダ王国のみとなる。
一二五二	金貨がジェノヴァとフィレンツェ（フロリン金貨）で鋳造される。

一二五〇	マムルーク〔奴隷身分出身の軍人〕がエジプトで権力を奪取する。

年代	ヨーロッパ
一二五二－一二五九	**トマス・アクィナス**がパリ大学で講義。
一二五三	パリ大学（のちのソルボンヌ大学）神学部の貧しい学生のために、パリ司教座聖堂参事会員ロベール・ド・ソルボンがソルボンヌ寮を設立。
一二五四	ウルバヌス四世が聖体祭を創設。
一二六一	コンスタンティノープルのラテン帝国滅亡。
一二六六	ベネヴェントの戦い。シャルル・ダンジューがシチリア王となる。
一二六八	ファブリアーノに最初の製紙機械が現れる。
一二七〇	最初の地中海図についての言及。
一二七六	ラモン・リュイがキリスト教宣教師にアラビア語を教える学校をつくる。
一二八〇	ストライキと暴動の波（ブルッヘ、ドゥエー、トゥルネー、プロヴァン、ルーアン、カーン、オルレアン、ベジエ）。
一二八一	ケルンとハンブルグとリューベックのハンザが合併。
一二八二	「シチリアの晩禱」。フランスはアラゴンにシチリアを明け渡す。
一二八三	ドイツ騎士団がプロイセン地方の征服を完了する。
一二八四	ヴェネツィアでドゥカート金貨が鋳造される。
一二八四	ボーヴェ大聖堂の高さ四十八メートルの丸天井が崩落。
一二九〇	イングランドのエドワード一世がユダヤ人追放令を発布。

ヨーロッパ以外

一二五〇―一二五四　エジプトに遠征した**聖王ルイ**の十字軍が失敗に終わり、聖王は捕虜となる。

一二七〇　チュニスを目指した聖王の二度目の十字軍も失敗に終わる。

一二七一―一二九五　ヴェネツィアの商人ニコーロとマフェオ・ポーロと彼らの息子（甥）の**マルコが東方**（中国、東南アジアなど）**を旅行**。

一二七九―一三六八　元の時代。一二六七年に造営が始まった大都（現在の北京）を都とする。

一二九一　マムルーク朝により、パレス

一二九八	ジェノヴァ、イングランド、フランドルのあいだを商船が定期的に行き来するようになる。
一三〇〇	眼鏡についての最初の明確な言及が見られる。
十四世紀初	イタリアで為替手形が普及。
一三〇六	フランスからユダヤ人が国外追放。
一三〇六頃	ピエトロ・デ・クレシェンツィによる中世農学の集大成『田園の恩恵の書』。
一三〇九	**教皇庁がアヴィニョンに移転**。
一三一〇	キリストの受難の最初の図像がルーアン大聖堂前広場に描かれる。
一三一三	ハインリヒ七世ピサで死去。帝国の夢がついえる。
一三一三頃	**ダンテ『神曲』**が完成。
一三一五	モルガルテンの戦い。スイス人歩兵隊がハプスブルク家に勝利。
一三一五－一三一七	ヨーロッパで大飢饉。十四世紀の「危機」が姿を現す。
一三二一	井戸に毒を入れた罪を着せられ、癩病患者とユダヤ人が虐殺される。
一三三七	イングランドとフランスのあいだの「**百年戦争**」が開始。
一三四一	ペトラルカ桂冠詩人となる。人文主義の輝かしい幕開け。
一三四七	古代ローマ政府の復興をめざすコーラ・ディ・リエンツォの試みは失敗に終わる。

ティナにおけるキリスト教徒の最後の拠点アッコが落城。

十四世紀　チャド湖西岸にボルヌ王国が建国。カネム王国を吸収。

一三一二－一三三七　マンサ・ムーサのもとマリ王国が全盛期をむかえる。ガーナ王国はマリ王国に吸収される。

一三一四－一三三〇　フランシスコ会士ポルデノーネのオドリコの東方滞在（インド、中国など）。

一三三六－一三三八　室町幕府成立。禅の文化が広まり、能楽が生まれる。

年代	ヨーロッパ
一三四七—一三四八	**ペスト**の最初の流行（以後一七二〇年まで続く）。
一三四八	ペストをきっかけとするユダヤ人大虐殺。
一三五三	カリポリスにヨーロッパにおけるトルコ人の最初の足場が築かれる。
一三五五	ニコル・オレームの『貨幣論』。
一三五八	王太子シャルルに対するパリ市民の反乱。エティエンヌ・マルセル殺害。
一三五八	フランス北西部で**ジャックリーの乱**。
一三七八	**教会大分裂**の始まり。教皇ウルバヌス六世がローマに戻る。
一三七八	フィレンツェでチョンピの乱。
一三七九	ヘントでフィリップ・ヴァン・アルテベルデに率いられた市民反乱。
一三八一	イングランドで**ワット・タイラーの乱**。
一三八二	ウィクリフの思想が異端とされる。
一三八六	リトアニア大公ヨガイラが、ポーランドのカジミェシュ大王の娘で王位を継いだヤドヴィガと結婚。
一三八九	トルコ人がコソボの戦いでセルビア人を破る。
一三九四	ユダヤ人がフランスから最終的に追放される。
一三九七	デンマーク、ノルウェー、スウェーデンの三国がカルマル同盟を結ぶ。

ヨーロッパ以外

一三五四—一四〇三　オスマン帝国の第四代皇帝バヤズィト一世の治世。ルーム・セルジューク朝の部将たちが建てた君侯国を征服統一。

一三六八—一六四四　明の時代。

一三七〇　アステカ人がメキシコにテオティワカンを築く。

一三七一　洪武帝による「海禁令」で、外国との貿易と渡航が禁じられる。

一四〇九	**ヤン・フス**の影響下にあるチェコ人のために下されたクトナー・ホラの勅令により、ドイツ人教師や学生がプラハ大学を離れる。
一四一〇	タンネンベルクの戦い（グルンヴァルトの戦い）で、ドイツ騎士団がポーランド人に敗れる。
一四一四－一四一八	**コンスタンツ公会議**。ヤン・フスが異端とされ処刑される。
一四二〇－一四三六	ブルネレスキがフィレンツェの大聖堂のクーポラを建設。
一四三一	ジャンヌ・ダルクがルーアンで火刑にかけられる。
一四三一－一四三七	バーゼル公会議。
一四三四	**コジモ・デ・メディチ**がフィレンツェの支配者となる。
一四三九－一四四三	フィレンツェとローマの公会議が教会分裂に終止符を打つ。
一四五〇	グーテンベルクがマインツで**印刷機**を完成。
一四五三	トルコ人がコンスタンティノープルを占領（**ビザンティン帝国滅亡**）。
一四五六	マルシリオ・フィチーノ『プラトンの手引き』。
一四五八－一四六四	ヨーロッパ思想の持ち主だった教皇ピウス二世（アエネアス・シルウィウス・ピッコローミニ）の在任期間。
一四五八－一四七一	フス派のボヘミア王イジー・ス・ポジェブラトの治世。ヨーロッパ連合のプロジェクト。

十五世紀　メキシコにアステカの連邦があいついで登場する。
一四〇二　ノルマンディーの貴族ジャン・ド・ベタンクールがカナリア諸島を征服。
一四一五　ポルトガル人がセウタを攻略。
一四一八　ポルトガル人がマデイラ諸島に定住。
一四五六　ポルトガル人がギニア湾に到達。

年代	ヨーロッパ	ヨーロッパ以外
一四五八―一四九〇	ハンガリー王マーチャーシュ一世の治世。	一四七〇―一四八〇　万里の長城の大規模な修理。 一四七七　カナリア諸島がスペイン領となる。 一四八八　バルトロメウ・ディアスが**喜望峰**を発見。 一四九二　クリストファー・コロンブスによる「**アメリカ発見**」。
一四六二―一五〇五	モスクワ大公イヴァン三世の治世。	
一四六四	宗教的寛容を説いた「近代的」神学者ニコラウス・クザーヌス死去。	
一四六八	トルコ人に抵抗したアルバニアの君主スカンデルベグ死去。	
一四六九	スペインのカトリック両王が結婚。	
一四七五	ピギニー条約が結ばれ、百年戦争が終結。	
一四七六	ハプスブルク家のマクシミリアンとマリー・ド・ブルゴーニュの結婚。	
一四七七	ボッティチェリ『春』。	
一四八三	ドミニコ会士トマス・デ・トルケマダがスペインの異端審問所長官に任命される。	
一四九二	カトリック両王によって**グラナダ陥落**。イベリア半島からイスラム教徒が撤退。	
一四九四	**トルデシリャス条約**により、教皇アレクサンデル六世の指揮のもと、スペインとポルトガルが世界を分割。	
一四九五	フランス王シャルル八世が短いあいだナポリ王国を占領。イタリア戦争の始まり。	

definizione cristiana dell'usura alla fine del Medioevo, Spolète, Centro italiano di studi sull' alto medioevo, 1989.
Tractenberg, Joshua, *The Devil and the Jews: The Medieval Conception of the Jew and its Relations to Modern Antisemitism*, New Haven, 1943.

夢

Dinzelbacher, Peter, *Mittelalterliche Visionsliteratur*, Darmstadt, Wiss, 1985.
Gregory, Tullio, éd., *I sogni nel Medioevo*, Rome, Ed. dell'Ateneo, 1985.
Le Goff, Jacques, article « Rêves », in Le Goff-Schmitt, p. 950-958.
Paravicini Bagliani, Agostino et Stabile, Giorgio, *Träume im Mittelalter. Ikonologische Studien*, Stuttgart et Zurich, Belser Verlag, 1989.

歴史

Borst, Arno, *Geschichte in mittelalterlichen Universitäten*, Constance, 1969.
Guenée, Bernard, article « Histoire », in Le Goff-Schmitt, p. 483-496.
Guenée, Bernard, *Histoire et Culture historique dans l'Occident médiéval*, Paris, Aubier, 1991.
——, *Le Métier d'historien au Moyen Age*, Paris, Publications de la Sorbonne, 1977.

労働

Allard, Guy H. et Lusignan, Serge, éd., *Les Arts mécaniques au Moyen Age*, Paris Montréal, Vrin-Bellarmin, 1982.
Fossier, Robert, *Le Travail au Moyen Age*, Paris, Hachette, 2000.
Hamesse, Jacqueline et Muraille, Colette, éd., *Le Travail au Moyen Age, une approche interdisciplinaire*, Louvain-la-Neuve, Publications de l'Institut d'études médiévales, 1990.
Heers, Jacques, *Le Travail au Moyen Age*, Paris, PUF, « Que sais-je ? », 1965.
Lavorare nel medioevo（colloque de Todi, 1980）, Pérouse, 1983.
Le Goff, Jacques, article « Travail », in Le Goff-Schmitt, p. 1137-1149.
Wolff, Philippe et Mauro, Federico, dir., *Histoire générale du Travail.* II: *L'Age de l'artisanat*（*Ve-XVIIIe siècle*）, Paris, 1960.

若者

Duby, Georges, « Les "jeunes" dans la société aristocratique dans la France du Nord-Ouest au XIIe siècle », *Annales ESC*, XIX, 1964, p. 835-846, repris dans *Hommes et Structures du Moyen Age*, Paris- La Haye, Mouton, p. 213-225.
Gauvard, Claude, « Les jeunes à la fin du Moyen Age. Une classe d'âge », *Annales de l'Est*, 1-2, 1982, p. 224-244.
Levi, Giovanni et Schmitt, Jean-Claude, dir., *Histoire des jeunes en Occident*, t. 1: *De l'Antiquité à l'époque moderne*, ［1994］, Paris, Seuil, 1996（trad. de l'italien）.

Lecouteux, Claude, *Fées, Sorcières et Loups-garous au Moyen Age*. Histoire du double, Paris, Imago, 1992.

Manselli, Raoul, *La Religion populaire au Moyen Age*, Paris-Montreal, Vrin, 1975.〔R・マンセッリ『西欧中世の民衆信仰――神秘の感受と異端』大橋喜之訳，八坂書房，2002 年〕

村

Archéologie du village déserté, Paris, ÉHÉSS, 1970, 2 vol.

Bourin, Monique et Durand, Robert, *Vivre au village au Moyen Age. Les solidarités paysannes du XIe au XIIIe siècle*, Presses universitaires de Rennes, 2000.

Chapelot, Jean et Fossier, Robert, *Le Village et la Maison au Moyen Age*, Paris, Hachette, 1980.

Homans, G.C., *English Villages of the XIIIth Century*, Cambridge, Mass., Harvard University Press, 1941.

Village au temps de Charlemagne (*Un*), catalogue de l'exposition du musée des Arts et Traditions populaires, Paris, Réunion des Musées nationaux, 1988.

紋章

Pastoureau, Michel, *Traité d'héraldique*, Paris, Picard, 1993.

ユダヤ人

Barros, Carlos, éd., *Xudeus y Conversos na Historia* (congrès de Ribadavia, 1991), Santiago de Compostela, Editorial de la Historia, 1994, 2 vol.

Blumenkranz, Bernhard, *Juden und Judentum in der mittelalterlichen Kunst*, Stuttgart, Kohlhammer, 1965.

——, *Juifs et Chrétiens dans le monde occidental, 430-1096*, Paris-La Haye, Mouton, 1960.

Dahan, Gilbert, *Les Intellectuels chrétiens et les Juifs au Moyen Age*, Paris, Cerf, 1990.

Famille juive au Moyen Age, Provence-Languedoc (*La*), numéro spécial de *Provence historique*, XXXVII, 150, 1987.

Gli Elrrei e le Scienze (*The Jews and the Sciences*), numéro spécial de *Micrologus*, IX, 2001.

Grayzel, Solomon, *The Church and the Jews in the XIIIth Century*, New York-Detroit, Hermon Press, 1989, 2 vol.

Jordan, William Chester, *The French Monarchy and the Jews from Philip Augustus to the Last Capetians*, Philadelphie, University of Pennsylvania Press, 1989.

Katz, Jacob, *Exclusiveness and Tolerance. Studies in Jewish-Gentile Relations in Medieval and Modern Times*, Oxford, 1961.

Kriegel, Maurice, *Les Juifs à la fin du Moyen Age dans l'Europe méditerranéenne*, Paris, Hachette, 1979.

Schmitt, Jean-Claude, *La Conversion d'Hermann le Juif. Autobiographie*, Histoire et Fiction, Paris, Seuil, 2003.

Toaff, Ariel, *Le Marchand de Pérouse. Une communauté juive du Moyen Age*, [1988], Paris, Balland, 1993 (trad. de l'italien).

Todeschini, Giacomo, *La richez.za degli Ebrei. Merci e denaro nella riflessione ebraica e nella*

Louvain-Paris, 1964, 4 vol.
Le Goff, Jacques, article « Antico-Moderno », in *Enciclopedia*, t. I, Turin, Einaudi, 1977, repris en français dans *Histoire et Mémoire*, Paris, Gallimard, « Folio », 1988; article « Progresso-Reazione », in *Enciclopedia*, t. XI, Turin, Einaudi, 1980.
Smalley, Beryl, « Ecclesiastical Attitudes to Novelty, c. 1100-c. 1150 », in Baker, Derek, éd., *Church, Society and Politics. Studies on Church History*, 12, Cambridge, 1975, p. 113-131.

魔術

Bechtel, Guy, *La Sorcière et l'Occident*, Paris, Pion, 1997, « Pocket », 2000.
Cardini, Franco, *Magia, stregoneria, superstizioni nell'Occidente medievale*, Florence, La Nuova Italia Editrice, 1979.
Caro Baroja, Julio, *Les Sorcières et leur monde*, Paris, Gallimard, 1985 (trad. de l'espagnol).
Cohn, Norman, *Europe's Inner Demons*, [1975]; trad. française, *Démonolâtrie et Sorcellerie au Moyen Age*, Paris, Payot, 1982.〔ノーマン・コーン『魔女狩りの社会史——ヨーロッパの内なる悪霊』山本通訳，岩波モダンクラシックス，岩波書店，1999年〕
Ginsburg, Carlo, *Le Sabbat des sorcières*, Paris, Gallimard, 1992 (trad. de l'italien).〔カルロ・ギンズブルグ『闇の歴史——サバトの解読』竹山博英訳，せりか書房，1992年〕
Marteau des sorcières (*Le*) (traduit et présenté par Arnaud Danet, 1973); n^{lle} éd., Grenoble, Jérôme Million, 1990.
Michelet, Jules, *La Sorcière* (présentation de Robert Mandrou), Paris, Julliard, 1964.〔ミシュレ『魔女』篠田浩一郎訳，全2巻，岩波文庫，岩波書店，1983年〕
Muchembled, Robert, dir., *Magie et Sorcellerie en Europe. Du Moyen Age à nos jours*, Paris, Armand Colin, 1994.
Nabert, Nathalie, éd., *Le Mal et le Diable. Leurs figures à la fin du Moyen Age*, Paris, Beauchesne, 1996.
Schmitt, Jean-Claude, article « Sorcellerie » in Le Goff-Schmitt, p. 1084-1096.

民衆文化

Boglioni, Pierre, dir., *La Culture populaire au Moyen Age* (Colloque de Montréal, 1977), Montréal, L'Aurore, 1979.
Cardini, Franco, *Magia, stregoneria, superstizioni nell'Occidente medievale*, Florence, La Nuova Italia, 1979.
Cohn, Norman, *Démonolâtrie et Sorcellerie au Moyen Age*, Paris, Payot, 1982 (trad. de l'anglais).
Gurjewitsch, Aaron J., *Mittelalterliche Volkskultur. Problem der Forschung*, Dresde, UEB Verlag der Kunst, 1986.
Kaplan, Steven L., éd., *Understanding Popular Culture*, Berlin-New York, Mouton de Gruyter Press, 1984.
Kieckhefer, Richard, *Magic in the Middle Ages*, Cambridge, Cambridge University Press, 1989.

1988.
——, *La Pénétration du droit romain dans le droit canonique classique de Gratien à Innocent IV* (*1140-1254*), Paris, 1964.
Post, Gaines, *Studies in Medieval Legal Thought. Public Law and the State, 1100-1322*, Princeton, 1964.
Radding, Charles M., *The Origin of Medieval Jurisprudence. Pavia and Bologna, 850-1150*, New Haven, Yale University Press, 1988.
Reynold, Susan, « Medieval Law », in Linehan-Nelson, p. 485-502.

封建制

Barthélemy, Dominique, article « Seigneurie », in Le Goff-Schmitt, p. 1056-1066.
Barthélemy, Dominique, *L'Ordre seigneurial, XIe-XIIe siècle*, Paris, Seuil, 1990.
Bloch, Marc, *La Société féodale*, Paris, Albin Michel, 1939-1940, 1968.〔マルク・ブロック『封建社会』石川武ほか訳，岩波書店，1995 年〕
Duby, Georges, *Les Trois Ordres ou l'Imaginaire du féodalisme*, Paris, Gallimard, 1978.
Guerreau, Alain, article « Féodalité », in Le Goff-Schmitt, p. 387-406.
Guerreau, Alain, *Le Féodalisme, un horizon théorique*, Paris, Le Sycomore, 1980.
Le Goff, Jacques, « Les trois fonctions indo-européennes, l'historien et l'Europe féodale », *Annales ESC*, nov.-décembre 1979, p. 1187-1215.
Poly, Jean-Pierre et Bournazel, Eric, *La Mutation féodale, X^e^-XIIe siècle*, Paris, PUF, 1980.
Reynolds, Susan, *Fiefs and Vassals*, New York-Oxford, Oxford University Press, 1994.
Toubert, Pierre, éd., *Structures féodales et Féodalisme dans l'Occident méditerranéen* (*Xe-XIIIe*), École française de Rome, 1980 (colloque de 1978).
——, *Les Structures du Latium médiéval. Le Latium méridional et la Sabine du IXe à la fin du XIIIe siècle*, École française de Rome, 1973.

暴力

Contamine, Philippe et Guyotjeannin, Olivier, dir., *La Guerre, la Violence et les Gens au Moyen, Age*, Paris, Comité des Travaux historiques et scientifiques, 1996, 2 t.
Gauvard, Claude, *« De grace especial », Crime, État et société en France à la fin du Moyen Age*, Paris, Publications de la Sorbonne, 1991, 2 vol.
Gonthier, Nicole, *Cris de haine et Rites d'unité. La violence dans les villes, XIIe-XIVe siècle*, Turnhout, Brepols, 1992.〔ニコル・ゴンティエ『中世都市と暴力』藤田朋久・藤田なち子訳，白水社，1999 年〕
Nirenberg, David, *Violence et Minorités au Moyen Age*, Paris, PUF, 2001 (trad. de l'anglais).
Raynaud, Chistiane, *La Violence au Moyen Age, XIIIe-XVe siècle*, Paris, Le Léopard d'Or, 1990.

保守と進歩（「技術と革新」も見よ）

Baumgartner, Emmanuelle et Harf-Lancner, Laurence, dir., *Progrès, Réaction, Décadence dans l'Occident médiéval*, Paris-Genève, Droz-Champion, 2003.
Bultot, Robert, *Christianisme et Valeurs humaines. La doctrine du mépris du monde*,

Civiltà comunale: Libro, scrittura, documenta (Actes du congrès de Gênes, 1988), Gênes, Atti della Società ligure di Storia Patria, n.s., vol. XXIX (CIII), fasc. II, 1989.
Clanchy, Michael T., *From Memory to Written Record, England, 1066-1307*, Cambridge, Mass., Harvard University Press, 1979, Oxford, Blackwell, 1993.
Ganz, P.F., *The Role of the Book in Medieval Culture*, Turnhout, Brepols, 1986, 2 vol.
Glénisson, Jean, éd., *Le Livre au Moyen Age*, Paris, CNRS, 1988.
Hamman, Adalbert-Gauthier, *L'Épopée du livre. Du scribe à l'imprimerie*, Paris, Perrin, 1985.
Martin, Henri-Jean et Vezjn, Jean, éd., *Mise en page et mise en texte du livre manuscrit*, Paris, Ed. du Cercle de la librairie, Promodis, 1990.
Ornato, Ezio, La Face cachée du livre médiéval, Rome, Viella, 1993.
Parkes, M.B., *Pause and Effect. An Introduction to the History of Punctuation in the West*, Aldershot, Scholar Press, 1992.
——, *Scribes, Scripts and Readers: Studies in the Communication, Presentation and Discrimination of Medieval Texts*, Londres-Rio Grande (Ohio), The Hambladon Press, 1991.
Petrucci, Armando, « Lire au Moyen Age », in *Mélanges de l'École française de Rome*, 96, 1984, p. 604-616.
——, *La scrittura. Ideologia e rappresentazione*, Turin, Einaudi, 1986.
Recht und Schrift im Mittelalter (*Vorträge und Forschungen* 23), Sigmaringen, 1977.
Roberts, C.H. et Skeat, T.C., *The Birth of the Codex*, Londres, Oxford University Press, 1983.
Saenger, Paul, « Silent Reading: Its Impact on Late Medieval Script and Society », *Viator* 13, 1982, p. 367-414.
——, « The Separation of Words and the Order of Words. The Genesis of Medieval Reading », *Scrittura e civiltà*, 144, 1940, p. 49-74.
Sirat, Colette, *Du scribe au livre. Les manuscrits hébreux au Moyen Age*, Paris, Éd. du CNRS, 1994.
Stock, Brian, *The Implications of Literacy. Written Language and Models of Interpretation in the XIth and XIIth Centuries*, Princeton, Princeton University Press, 1983.
Vocabulaire du livre et de l'écriture au Moyen Age, Turnhout, Brepols, 1989 (CIVICIMA, Études sur le vocabulaire intellectuel du Moyen Age, Il).
Zerdoun Bat-Yehouda, Monique, éd., *Le Papier au Moyen Age: histoire et techniques*, Turnhout, Brepols, 1986.

法

Bellomo, Manlio, *L'Europa del diritto comune*, Rome, Il Cigno Galileo Galilei, 1988, 1996.
Calasso, Francesco, *Medioevo del diritto*. 1. *Le fonti*, Milan, 1954.
Chiffoleau, Jacques, article « Droit », in Le Goff-Schmitt, p. 290-308.
Gaudemet, Jean, *La Formation du droit canonique médiéval*, Londres, Variorum Reprints, 1980.
Grossi, Paolo, *L'ordine giuridico medievale*, Rome-Bari, La terza, 1995.
Legendre, Pierre, *Écrits juridiques du Moyen Age occidental*, Londres, Vanorum Reprints,

貧困

Brown, Peter, Capitani, Ovidio, Cardini, Franco, Rosa, Mario, *Povertà e carità della Roma tardo-antica al' 700 italiano*, Abano Terme, Francisci Ed., 1983.

Capitani, Ovidio, éd., *La concezione della povertà nel medioevo*, Bologne, Padron, 1983.

Geremek, Bronislaw, *La Potence ou la Pitié. L'Europe et les pauvres du Moyen Age à nos jours*, Paris, Gallimard, 1987.

La povertà del secolo XIIe, Francesco d'Assisi, collectif, Assise, Società internazionale di studi francescani, 1975.

Little, Lester K., *Religious Poverty and the Profit Economy in Medieval Europe*, Londres, Paul Elek, 1978.

Mollat, Michel, *Les Pauvres au Moyen Age, étude sociale*, Paris, Hachette, 1978.

——, dir., *Études sur l'histoire de la pauvreté* (*Moyen Age XIIe siècle*), Paris, Publications de la Sorbonne, 1974, 2 vol.

舞踏

Horowitz, Jeannine, « Les danses cléricales dans les églises au Moyen Age », *Le Moyen Age* XCV, 1989, p. 279-292.

Sahlin, Margit, *Étude sur la carole médiévale*, Uppsala, 1940.

文書，書物

Alexandre-Bidon, Danièle, « La lettre volée: apprendre à lire à l'enfant au Moyen Age » *Annales ESC*, 44, 1989, p. 953-992.

Avrin, Leila, *Scribes, Script and Books. The Book Arts from Antiquity to the Renaissance*, Chicago-Londres, American Library Association and the British Library, 1991.

Bataillon, Louis J., *La Production du livre universitaire au Moyen Age. Exemplar et pecia*, Paris, Éd. du CNRS, 1988.

Batany, Jean, article « Écrit/Oral », in Le Goff-Schmitt, p. 309-321.

Baumgartner, Emmanuelle et Marchello-Nizia, Christiane, *Théories et Pratiques de l'écriture au Moyen Age*, Paris, Paris X-Nanterre, Centre de recherches du département de français, coll. « Littérales », 1988.

Bourlet, Caroline et Dufour, Annie, éd., *L'Écrit dans la société médiévale. Divers aspects de sa pratique du XIe au XVe siècle*. Textes en hommage à Lucie Fossier, Paris, Ed. du CNRS, 1991.

Cavallo, Guglielmo et Chartier, Roger, dir., *Histoire de la lecture dans le monde occidental*, [1995], Paris, Seuil, 1997 (trad. de l'italien).〔ロジェ・シャルティエ，グリエルモ・カヴァッロ編『読むことの歴史——ヨーロッパ読書史』田村毅ほか共訳，大修館書店，2000 年〕

Cavallo, Guglielmo, *Libri e lettori nel Medioevo. Guida storica e critica*, Rome-Bari, Laterza, 1989.

Chartier, Roger et Martin, Henri-Jean, dir., *Histoire de l'édition française*. 1. *Le Livre conquérant. Du Moyen Age au milieu du XVIIe siècle*, Pans, Fayard/Le Cercle de la librairie, 1989.

迫害，差別，追放

Albaret, Laurent, *L'Inquisition, rempart de la foi ?*, Paris, Gallimard, « Découvertes », 1998.

Bennassar, Bartolomé, dir., *L'Inquisition espagnole*, Paris, Hachette, 1979.

Étranger au Moyen Age (*L'*) (colloque de la SHMES, Göttingen, 1999), Paris, Publications de la Sorbonne, 2000.

Gauvard, Claude, article « Torture », in Gauvard-de Libera-Zink, p. 1397.

Geremek, Bronislaw, *Les Marginaux parisiens aux XIVe et XVe siècles*, Paris, Flammarion, 1976.

Iogna-Prat, *Dominique, Ordonner et exclure. Cluny et la société chrétienne face à l'hérésie, au judaïsme et à l'Islam*, Paris, Aubier, 1998.

Mitre Fernández, Emilio, *Fronterizos de Clio* (*Marginados, Disidentes y Desplazados en la Edad Media*), Universidad de Granada, 2003.

Moore, Robert I., [1987], *La Persécution: sa formation en Europe*, Paris, Les Belles Lettres, 1991 (trad. de l'anglais).

Schmieder, Felicitas, *Europa und die Fremden. Die Mongolen im Urteil des Abendlandes vom 13. bis in das 15. Jahrhundert*, Sigmaringen, 1994.

Vincent, Bernard, éd., « Les marginaux et les exclus dans l'histoire », *Cahiers Jussieu*, n° 5, Paris, 1979.

Vodola, Elisabeth, *Excommunication in the Middle Ages*, Berkeley, California University Press, 1986.

Weidenfeld, Katia, article « Police », in Gauvard-de Libera-Zink, p. 1128-1129.

Zaremska, Hanna, article « Marginaux », in Le Goff-Schmitt, p. 639-654.

Zaremska, Hanna, *Les Bannis du Moyen Age*, Paris, Aubier, 1996.

百科事典

Barthélemy l'Anglais, *Le Livre des propriétés des choses, une encyclopédie du XIVe siècle*, mise en français moderne et notes par Bernard Ribémont, Paris, Stock, 1999.

Beonio-Brocchieri Fumagalli, Maria Teresa, *Le Enciclopedie dell'Occidente medievale*, Turin, Loescher, 1981.

Boüard, Michel de, « Réflexions sur l'encyclopédisme médiéval », in Annie Becq, dir., *L'Encyclopédisme* (Actes du colloque de Caen, 1987), Paris, Klincksieck, 1991.

——, « Encyclopédies médiévales », *Revue des questions historiques*, 3e s., n° 16, 1930, p. 258-304.

Meier, Christel, « Grundzüge der mittelalterlichen Enzyklopädie. Zu Inhalten, Formen und Funktionen einer problematischen Gattung », in *Literatur und Laienbildung im Spätmittelalter* (Symposium de Wolfenbüttel, 1981), Stuttgart, Metzler, 1984, p. 467-500.

Picone, Michelangelo, éd., *L'enciclopedismo medievale* (Actes du colloque de San Gimignano, 1992), Ravenne, Longo, 1994.

Ribémont, Bernard, « L'encyclopédisme médiéval et la question de l'organisation du savoir », in *L'Écriture du savoir* (Actes du colloque de Bagnoles-de-l'Orne, 1990), Le Menil-Brout, Association Diderot, 1991, p. 95-107.

de la France urbaine. II: *La Ville médiévale*, Paris, Seuil, 1980; 2000.
Le Goff, Jacques, article « Ville », in Le Goff-Schmitt, p. 1183-1200.
Le Goff, Jacques et De Seta, Cesare, éd., *La Città e le mura*, Rome-Bari, Laterza, 1959.
Lopez, Roberto S., *Intervista sulla città medievale* (*a cura di Mario Berengo*), Bari, Laterza, 1984.
Maire-Vigueur, Jean-Claude, éd., *D'une ville à l'autre. Structures matérielles et organisation de l'espace dans les villes européennes, XIIIe-XVIe siècle*, École française de Rome, 1989.
Monnet, Pierre et Oexle, Otto Gerhard, éd., *Stadt und Recht im Mittelalter* (*La Ville et le Droit au Moyen Age*), Göttingen, Vandenhoeck & Ruprecht, Veröffentlichungen des Max-Plank-Instituts für Geschichte, vol. 174, 2003.
Pirenne, Henri, *Les Villes et les Institutions urbaines*, Paris, 1969, 2 vol.
Poirion, Daniel, éd., *Milieux universitaires et Mentalité urbaine au Moyen Age*, Paris, Presses de l'université Paris-Sorbonne, 1987.
Romagnoli, Daniela, dir., *La Ville et la Cour. Des bonnes et des mauvaises manières*, [1991], Paris, Fayard, 1995 (trad. de l'italien).
Romero, José Luis, *La revolución burguesa en el mundo feudal*, Buenos Aires, 1969.
Rôrig, Fritz, *Die europäische Stadt und die Kultur des Bürgertums im Mittelalter*, Göttingen, 1955.〔フリッツ・レーリヒ『中世ヨーロッパ都市と市民文化』魚住昌良・小倉欣一共訳，歴史学叢書，創文社，1978 年〕
Rossi, Pietro, *Modelli di città. Strutture e funzioni politiche*, Turin, Einaudi, 1987.
Roux, Simone, *Le Monde des villes au Moyen Age, XIe-XVe siècle*, Paris, Hachette, 1994.

都市と田舎

Du tour, Thierry, *La Ville médiévale*, Paris, Odile Jacob, 2003.
Duvosquel, Jean-Marie et Thoen, Erik, éd., *Peasants and Townsmen in Medieval Europe. Studia in honorem Adrian Verhulst*, Gand, Snoeck-Ducaju, 1995.
Villes et Campagnes au Moyen Age, Mélanges Georges Despy, Liège, Ed. du Perron, 1991.

トルバドゥール

Bec, Philippe, *Anthologie des troubadours*, Paris, Hachette, « 10/18 », 1979.
Bec, Pierre, *Burlesque et Obscénité chez les troubadours. Le contre-texte au Moyen Age*, Paris, Stock, « Moyen Age », 1984.
Brunel-Lobrichon, Geneviève, Duhamel-Amado, Claudie, *Au temps des troubadours, XIIe-XIIIe siècle*, Paris, Hachette, 1947.
Gouiran, Gérard, *L'Amour et la Guerre. L'œuvre de Bertran de Born*, Aix-en-Provence, Publications de l'université de Provence, 1985.
Huchet, Jean-Charles, *L'Amour discourtois. La « fin'amor » chez les premiers troubadours*, Toulouse, Privat, 1987.
Nelli, René, *L'Érotique des troubadours*, Toulouse, Privat. 1963, 1984.
Payen, Jean-Charles, *Le Prince d'Aquitaine. Essai sur Guillaume IX, son œuvre et son érotique*, Paris, Honoré Champion, 1980.
Roubaud, Jacques, *La Fleur inverse. L'art des troubadours*, Paris, Les Belles Lettres, 1994.
Zuchetto, Gérard, *Terre des troubadours, XIIe-XIIIe siècles*, Paris, Éditions de Paris, 1996.

Parisse, Michel, *Allemagne et Empire au Moyen Age*, Paris, Hachette, 2002.
Rapp, Francis, *Le Saint Empire romain germanique, d'Otton le Grand à Charles Quint*, Paris, Tallandier, 2000.

動物

Berlioz, Jacques et Polo de Beaulieu, Marie-Anne, L'Animal exemplaire au Moyen Age, Bestiaires du Moyen Age, trad. G. Bianciotto, Paris, Stock, « Plus », 1980.
Delort, Robert, article « Animaux », in Le Goff-Schmitt, p. 55-66.
Delort, Robert, Les animaux ont une histoire, Paris, Seuil, 1984.
Guerreau, Alain, article« Chasse », in Le Goff-Schmitt, p. 166-178.
Il Mondo animale, Micrologus VIII, 2000, 2 vol.
Ortalli, Gherardo, Lupi gente culture. Uomo e ambiente nef medioevo, Turin, Einaudi, 1997.
Voisenet, Jacques, *Bestiaire chrétien. L'imagerie animale des auteurs du haut Moyen Age*（*V^e-XIe siècle*）, Toulouse, Presses universitaires du Mirail, 1994.

都市

Barel, Yves, *La Ville médiévale, système social, système urbain*, Presses universitaires de Grenoble, 1975.
Benevolo, Leonardo, *La Ville dans l'histoire européenne*, Paris, Seuil, 1993.
Bulst, Neithard et Genet, Jean-Philippe, éd., *Ville, État, Bourgeoisie dans la genèse de l'État moderne*, Paris, CNRS, 1988.
Chevalier, Bernard, *Les Bonnes Villes de France du XIVe au XVIe siècle*, Paris, Aubier, 1982.
Dutour, Thierry, *La Ville médiévale*, Paris, Odile Jacob, 2003.
Élites urbaines au Moyen Age（*Les*）（XXVIIe congrès de la SHMES, Rome, mai 1996）, Rome-Paris, Publications de la Sorbonne, École française de Rome, 1997.
Ennen, Edith, *Die europäische Stadt des Mittelalters*, Göttingen, Vandenhoeck & Ruprecht, 1972.〔エーディト・エネン『ヨーロッパの中世都市』佐々木克巳訳，岩波書店，1987年〕
Francastel, Pierre, éd., *Les Origines des villes polonaises*, Paris-La Haye, Mouton, 1960.
Gonthier, Nicole, *Cris de haine et Rites d'unité. La violence dans les villes, XIIe-XIVe siècles*, Turnhout, Brepols, 1992.〔ニコル・ゴンティエ『中世都市と暴力』藤田朋久・藤田なち子訳，白水社，1999年〕
Guidoni, Enrico, *La Ville européenne: formation et signification du IVe au XIe siècle*, Bruxelles, Mardaga, 1981.
Heers, Jacques, *La Ville au Moyen Age en Occident. Paysages, pouvoirs et conflits*, Paris, Fayard, 1990.
Hilton, Rodney H., *English and French Towns in Feudal Society, a Comparative Study*, Cambridge, Cambridge University Press, 1992.〔R・H・ヒルトン『中世封建都市——英仏比較論』瀬原義生訳，人間科学叢書28，刀水書房，2000年〕
Lavedan, Pierre et Hugueney, Jeanne, *L'Urbanisme au Moyen Age*, Paris, Arts et Métiers graphiques, 1974.
Le Goff, Jacques, Chédeville, André et Rossiaud, Jacques, in Duby, Georges, éd., *Histoire*

朝造訳，岩波新書，岩波書店，1977 年〕
Lusignan, Serge, *« Vérité garde le Roy », La construction d'une identité universitaire en France* (*XIIIe-XVe siècle*), Paris, Publications de la Sorbonne, 1999.
Rashdall, Hastings, *The Universities of Europe in the Middle Ages*, n^lle éd., Powicke-Emden, Oxford University Press, 1936, 3 vol.〔ヘースティングズ・ラシュドール『大学の起源――ヨーロッパ中世大学史』横尾壮英訳，全 3 巻，東洋館出版社，1966-1968 年〕
Riché, Pierre, *Écoles et Enseignement dans le haut Moyen Age*, Paris, Aubier, 1979.〔ピエール・リシェ『ヨーロッパ成立期の学校教育と教養』岩村清太訳，知泉書館，2002 年〕
Ruegg, Walter, dir., *A History of the University in Europe*, t. l., Hilde de Ridder-Symoens, dir., *Universities in the Middle Ages*, Cambridge, Cambridge University Press, 1992.
Verger, Jacques, article « Université », in Le Goff-Schmitt, p. 1166-1182.
Verger, Jacques, *Les Universités au Moyen Age*, Paris, PUF, 1973, 1999.〔ジャック・ヴェルジェ『中世の大学』大高順雄訳，みすず書房，1979 年〕
Weijers, Olga, *Terminologie des universités au XIIIe siècle*, Rome, Ed. dell'Ateneo, 1987.

大聖堂

Erlande-Brandenburg, Alain, *La Cathédrale*, Paris, Fayard, 1989. *20 siècles en cathédrales* (Catalogue de l'exposition de Reims), Paris, Monum, 2001.

罪

Bloomfield, M.W., *The Seven Deadly Sins. An Introduction to the History of a Religious Concept, with Special References to Medieval English Literature*, East Lansing, Michigan State College Press, 1952.
Casagrande, Carla et Vecchio, Silvana, *Histoire des péchés capitaux au Moyen Age*, [2000], Paris, Aubier, 2003 (trad. de l'italien).
——, *Les Péchés de la langue*, [1987], Paris, Cerf, 1991 (trad. de l'italien).
Delumeau, Jean, *Le Péché et la Peur. La culpabilisation en Occident* (*XIIIe-XVIIIe siècle*), Paris, Fayard, 1983.〔ジャン・ドリュモー『罪と恐れ――西欧における罪責意識の歴史：十三世紀から十八世紀』佐野泰雄ほか訳，新評論，2004 年〕
Levelleux, Corinne, *La Parole interdite. Le blasphème dans la France médiévale* (*XIIe-XVIIe s.*): du péché au crime, Paris, De Boccard, 2001.
Schimmel, Solomon, *The Seven Deadly Sins. Jewish, Christian and Classical Rejections on Human Nature*, New York, Toronto, Oxford, Singapour, Sidney, Maxwell Macmillan International, 1992.
Tentler, Th. N., *Sin and Confession on the Eve of Reformation*, Princeton, Princeton University Press, 1977.
Vogel, Cyrille, *Le Pécheur et la Pénitence au Moyen Age*, Paris, Cerf, 1969.

帝国

Ehlers, Joachim, *Die Entstehung des deutschen Reiches*, Munich, Oldenbourg, 1994.
Folz, Robert, *L'idée d'Empire en Occident du Ve au XIVe siècle*, Paris, Aubier, 1972.

Russell, F.H., *The Just War in the Middle Ages*, Cambridge, Cambridge University Press, 1975.

千年王国説，黙示録

Boureau, Alain et Piron, Sylvain, éd., *Pierre de Jean Olivi（1248-1298）. Pensée scolastique, dissidence spirituelle et société*, Paris, Vrin, 1999.
Bynum, Caroline W. et Freedman, Paul, *Last Things. Death and the Apocalypse in the Middle Ages*, Philadelphie, University of Pennsylvania Press, 2000.
Capitani, Ovidio et Miethke, Jürgen, dir., *L'attesa della fine dei tempi nel Medioevo*, Bologne, Il Mulino, 1990.
Carozzi, Claude, *Apocalypse et Salut dans le christianisme ancien et médiéval*, Paris, Aubier, 1996.
Cohn, Norman, *Les Fanatiques de l'Apocalypse*, Paris, Payot, 1983（trad. de l'anglais）.
Head, Thomas, Landes, Richard, *The Peace of God. Social Violence and Religious Response in France around the Year 1000*, Londres, Cornell University Press, 1992.
Manselli, Raoul, *La « Lectura super Apocalipsim » di Pietro di Giovanni Olivi*, Rome, 1955.
Mendel, Arthur P., *Vision and Violence（on the Millenium）*, Ann Arbor, The University of Michigan Press, 1992; 1999.
Reeves, Marjorie, *Joachim of Fiore and the Prophetic Future*, Londres, Sutton, 1976.
Textes prophétiques et la Prophétie en Occident, XIIe-XVIe siècle（Les）,（table ronde à Chantilly, 1988）, École française de Rome, 1990.
Tôpfer, Bernhard, *Das kommende Reich des Friedens*, Berlin, 1964.
Verbeke, Werner, Verhelst, Daniel et Welkenhuysen, Andries, *The Use and Abuse of Eschatology in the Middle Ages*, Louvain, Leuven University Press, 1988.

大学，学校

Arnaldi, Girolamo, éd., *Le origine dell'Università*, Bologne, Il Mulino, 1974.
Brizzi, Gian Paolo et Verger, Jacques, dir., *Le università d'Europa*, Milan, Amilcare Pizzi, 1990-1994, 5 vol.
Classen, Peter, *Studium und Gesellschaft im Mittelalter*, Stuttgart, A. Hiersemann, 1983.
——, « Zur Bedeutung der mittelalterlichen Universitäten », in *Mittelalterforschung*, Berlin, Colloquium Verlag, 1981.
——, « Die hohen Schulen und die Gesellschaft im 12. Jahrhundert », *Archiv für Kulturgeschichte*, 1966.
Cobban, Alan B., *The Medieval Universities: Their Development and Organization*, Londres, Methuen, 1975.
Fried, Johannes, dir., *Schulen und Studium im sozialen Wandel des hohen und späten Mittelalters*, Sigmaringen, Thorbecke, 1986.
Hamesse, Jacqueline, dir., *Manuels, programmes de cours et techniques d'enseignement dans les universités médiévales*, Louvain-la-Neuve, Publications de l'Institut d'études médiévales, 1994.
Le Goff, Jacques, *Les Intellectuels au Moyen Age*, Paris, Seuil, 1957, 1985.〔ジャック・ル＝ゴフ『中世の知識人——アベラールからエラスムスへ』柏木英彦・三上

Paris, Cerf, 1984 (trad. de l'anglais).

Fonctions des saints dans le monde occidental (*IIIe-XIIIe s.*) (*Les*), École française de Rome, 1991.

Geary, Patrick J., *Le Vol des reliques au Moyen Age*, Paris, Aubier, 1992 (trad. de l'anglais).

Kleinberg, A.M., *Prophets in their Own Country. Living Saints and the Making of Sainthood in the Later Middle Ages*, Chicago-Londres, University of Chicago Press, 1992.

Mitterauer, Michael, *Ahnen und Heilige. Namensgebung in der europäischen Geschichte*, Munich, Beck, 1993.

Schmitt, Jean-Claude, *Le Saint Lévrier. Guinefort guérisseur d'enfants depuis le XIIIe siècle*, Paris, Flammarion, 1979.

Vauchez, André, *Saints, Prophètes et Visionnaires. Le pouvoir surnaturel au Moyen Age*, Paris, Albin Michel, 1999.

——, « Le Saint », in Jacques Le Goff, éd., *L'Homme médiéval* (éd. italienne, Bari, Laterza, 1987), version française, Paris, Seuil, 1989, p. 345-380. 〔アンドレ・ヴォシェ「聖者」ジャック・ル゠ゴフ編『中世の人間――ヨーロッパ人の精神構造と創造力』鎌田博夫訳，所収，叢書ウニベルシタス 623，法政大学出版局，1999 年，363-400 頁〕

Vauchez, André, dir., *Histoire des saints et de la sainteté chrétienne*, Paris, Hachette, 1986-1988, vol. 1-XI.

世界の発見

Chaunu, Pierre, *L'Expansion européenne du XIIIe au XVe siècle*, Paris, PUF, « Nouvelle Clio », 1969.

Duteil, Jean-Pierre, *L'Europe à la découverte du monde du XIIIe au XVIIe siècle*, Paris, Armand Colin, 2003.

Heers, Jacques, *Marco Polo*, Paris, Fayard, 1983.

Magalhaes-Godihno, Vitórino, *Les Découvertes: XVe-XVIe siècle*. Une révolution des mentalités, Paris, Autrement, 1990.

Mollat du Jourdin, Michel, *Les Explorateurs du XIIIe au XVIe siècle*. Premiers regards sur des mondes nouveaux, Paris, J.-C. Lattès, 1984.

Philips, J.R.S., *The Medieval Expansion of Europe*, Oxford University Press, 1988.

Roux, Jean-Paul, *Les Explorateurs au Moyen Age*, Paris, Seuil, 1961.

戦争

Cardini, Franco, *La Culture de la guerre, Xe-XVIIIe siècle*, Paris, Gallimard, 1982 (trad. de l'italien).

Contamine, Philippe, *La Guerre au Moyen Age*, Paris, PUF, 1980; 1992.

Duby, Georges, *Le Dimanche de Bouvines*, Paris, Gallimard, 1973. 〔ジョルジュ・デュビー『ブーヴィーヌの戦い――中世フランスの事件と伝説』松村剛訳，平凡社，1992 年〕

Flori, Jean, *La Guerre sainte. La formation de l'idée de croisade dans l'Occident chrétien*, Paris, Aubier, 2001.

Sismel, 1999. *I discorsi dei corpi*, in *Micrologus* l, 1993.
Flandrin, Jean-Louis, *Un temps pour embrasser: Aux origines de la morale sexuelle occidentale. VIe-XIe siècle*, Paris, Seuil, 1983.
Jacquart, Danielle et Thomasset, Claude, *Sexualité et Savoir médical au Moyen Age*, Paris, PUF, 1985.
Le Goff, Jacques et Truong, Nicolas, *Une histoire du corps au Moyen Age*, Paris, Liana Levi, 2003.〔J・ル＝ゴフ『中世の身体』池田健二・菅沼潤訳，藤原書店，2006 年〕
Poly, Jean-Pierre, *Le Chemin des amours barbares. Genèse médiévale de la sexualité européenne*, Paris, Perrin, 2003.
Rossiaud, Jacques, *La Prostitution médiévale*, Paris, Flammarion, 1988.〔ジャック・ロシオ『中世娼婦の社会史』阿部謹也・土浪博訳，筑摩書房，1992 年〕

信徒

Lobrichon, Guy, *La Religion des laïcs en Occident, XIe-XIVe siècle*, Paris, Hachette, 1994.
Meersseman, G.G., *Ordo fraternitatis. Confraternite e pietà dei laici nel Medioevo*, Rome, Herder, 1977.
Vauchez, André, *Les Laïcs au Moyen Age. Pratiques et expériences religieuses*, Paris, Cerf, 1987.

スコラ学（「大学」も見よ）

Alessio, Franco, article « Scolastique », in Le Goff-Schmitt, p. 1039-1055.
Baldwin, John W., *The Scholastic Culture of the Middle Ages, 1000-1300*, Lexington, D.C., Heath, 1971.
Le Goff, Jacques, *Les Intellectuels au Moyen Age*, Paris, Seuil, 1957, n 11e éd., 1985.〔ジャック・ル＝ゴフ『中世の知識人――アベラールからエラスムスへ』柏木英彦・三上朝造訳，岩波新書，岩波書店，1977 年〕
Libera, Alain de, *Penser au Moyen Age*, Paris, Seuil, 1991.〔アラン・ド・リベラ『中世知識人の肖像』阿部一智・永野潤訳，新評論，1994 年〕
Solère, Jean-Luc, article « Scolastique », in Gauvard-de Libera-Zink, p. 1299-1310.
Southern, R.W., *Scholastic Humanism and the Unification of Europe*. 1. *Foundations*, Oxford, Blackwell, 1995.
Vignaux, Paul, *Philosophie au Moyen Age*, nlle éd., Paris, Vrin, 2002.

聖書

Dahan, Gilbert, *L'Exégèse chrétienne de la Bible en Occident médiéval, XIIe-XIVe siècle*, Paris, Cerf, 1999.
Lobrichon, Guy, *La Bible au Moyen Age*, Paris, Picard, 2003.
Riché, Pierre et Lobrichon, Guy, éd., *Le Moyen Age et la Bible*, Paris, Beauchesne, 1984.
Smalley, Beryl, *The Study of the Bible in the Middle Ages*, Oxford, Clarendon Press, 1983.

聖人

Boesch-Gajano, Sofia, *La santità*, Rome-Bari, Laterza, 1999.
Brown, Peter, *Le Culte des saints: son essor et sa fonction dans l'Antiquité tardive*, [1981],

mérovingiens, Paris, Albin Michel, 2001.
Parisse, Michel, éd., *Veuves et Veuvages dans le haut Moyen Age*, Paris, Picard, 1993.
Parisse, Michel, *Les Nonnes au Moyen Age*, Le Puy, C. Bonneton, 1983.
Power, Eileen, *Medieval Women*, Cambridge, Cambridge University Press, 1975.〔アイリーン・パウア『中世の女たち』中森義宗・阿部素子共訳，思索社，1977 年〕
Rouche, Michel et Heuclin, Jean, éd., *La Femme au Moyen Age*, Maubeuge, Publication de la ville de Maubeuge, 1990.
Schmitt, Jean-Claude, dir., *Ève et Pandora. La création de la première femme*, Paris, Gallimard, « Le temps des images », 2002.
Zapperi, Roberto, *L'Homme enceint. L'homme, la femme et le pouvoir*, Paris, PUF, 1983（trad. de l'italien）.

神学と哲学

Aertsen, J.A. et Speer, Andreas, éd., *Was ist Philosophie im Mittelalter ?*, Berlin-New York, W. de Gruyter, 1998.
Boulbach, Libère, article « Philosophie », in Gauvard-de Libera- Zink, p. 1081-1094.
Chenu, Marie-Dominique, *La Théologie au XIIe siècle*, Paris, 1957.
——, *La Théologie comme science au XIIIe siècle*, Paris, 1957.
Libera, Alain de, *La Philosophie médiévale*, Paris, PUF, 1993.〔アラン・ド・リベラ『中世哲学史』阿部一智・永野潤・永野拓也訳，新評論，1999 年〕
De Rijk, L.M., *La Philosophie au Moyen Age*, Leyde, Brill, 1985.
Ghisalberti, Alessandro, *Medioevo teologico*, Rome-Bari, Laterza, 1990.
Gilson, Étienne, *L'Esprit de la philosophie médiévale*, Paris, Vrin, 1978.〔E・ジルソン『中世哲学の精神』服部英次郎訳，全 2 巻，筑摩叢書 204-205，筑摩書房，1974-1975 年〕
Jeauneau, Édouard, *La Philosophie au Moyen Age*, Paris, PUF, « Que sais-je ? », 1976.
Solère, Jean-Luc et Kaluza, Zénon, éd., *La Servante et la Consolatrice. La philosophie au Moyen Age et ses rapports avec la théologie*, Paris, Vrin, 2002.
Vignaux, Paul, *Philosophie au Moyen Age*, nlle éd., Paris, Vrin, 2002.

身体，医学，性

Agrimi, Jole et Crisciani, Chiara, *Malato, medico e medicina nel Medioevo*, Turin, Loescher, 1980.
——, *Medicina del corpo e medicina dell'anima*, Milan, Episteme Editrice, 1978.
Brown, Peter, [1988], *Le Renoncement à la chair: Virginité, célibat et continence dans le christianisme primitif*, Paris, Gallimard, 1995（trad. de l'anglais）.
Brundage, J.A., *Law, Sex and Christian Society in Medieval Europe*, Chicago-Londres, The University of Chicago Press, 1987.
Bullough, Vern L. et Brundage, James, éd., *Handbook of Medieval Sexuality*, Garland Publishing, 2000.
Bynum, Caroline W., *The Resurrection of the Body in Western Christianity. 200-1336*, New York, Columbia University Press, 1995.
Casagrande, Carla et Vecchio, Silvana, *Anima e corpo nella cultura medievale*, Florence,

Poisson, Jean-Michel, dir., *Le Château médiéval, forteresse habitée (XIe-XVIe siècle)*, Paris, Éd. de la Maison des sciences de l'homme, 1992.

商人

Argent au Moyen Age (L') (congrès de la SHMES, Clermont-Ferrand, 1997), Paris, Publications de la Sorbonne, 1998.

Dollinger, Philippe, *La Hanse, XIIe-XVIIe siècle*, Paris, Aubier, 1964.

Jorda, Henri, *Le Moyen Age des marchands. L'utile et le nécessaire*, Paris, L'Harmattan, 2002.

Lebecq, Stéphane, *Marchands et Navigateurs frisons du haut Moyen Age*, Presses universitaires de Lille, 1983, 2 vol.

Le Goff, Jacques, *Marchands et Banquiers du Moyen Age*, Paris, PUF, « Que sais-je ? », n^lle éd. 2000.

Marchand du Moyen Age (Le), (congrès de la SHMES, Reims, 1988), Paris, SHMES, 1992.

Monnet, Pierre, article « Marchands », in Le Goff-Schmitt, p. 624-638.

Renouard, Yves, *Les Hommes d'affaires italiens au Moyen Age*, Paris, 1968.

Sapori, Armando, *Le Marchand italien au Moyen Age*, Paris, 1952.

Tangheroni, Marco, *Commercio e navigazione nel Medioevo*, Rome-Bari, Laterza, 1996.

女性

Borresen, K.E., *Subordination et Équivalence. Nature et rôle de la femme d'après Augustin et Thomas d'Aquin*, Oslo-Paris, 1968.

Dinzelbacher, Peter et Bauer, Dieter, éd., *Religiöse Frauenbewegung und mystische Frömmigkeit, Cologne*, Bôhlau Verlag, 1988.

——, *Frauenmystik im Mittelalter*, Ostfildern, Schwabenverlag, 1985.

Dronke, Peter, *Women Writers of the Middle Ages*, Cambridge, Cambridge University Press, 1984.

Duby, Georges et Perrot, Michelle, *Histoire des femmes*. 2: *Le Moyen Age*, Christiane Klapisch-Zuber, dir., Paris, Pion, 1991.〔G・デュビィ，M・ペロー監修『女の歴史 II　中世』杉村和子・志賀亮一監訳，全 2 巻，藤原書店，1994 年〕

Duby, Georges, *Dames du XIIe siècle*, Paris, Gallimard, 1995-1996, 3 vol.〔ジョルジュ・デュビー『十二世紀の女性たち』新倉俊一・松村剛訳，白水社，2003 年〕

Duggan, Anne, dir., *Queens and Queenship in Medieval Europe*, Woodbridge, The Boydell Press, 1997.

Femme dans la civilisation des Xe-XIIIe siècles (La) (colloque de Poitiers, septembre 1976), *Cahiers de civilisation médiévale* 20 (1977).

Iogna-Prat, Dominique, Palazzo, Eric, Russo, Daniel, *Marie. Le culte de la Vierge dans la société occidentale*, Paris, Beauchesne, 1996.

Klapisch-Zuber, Christiane, article « Masculin, féminin », in Le Goff-Schmitt, p. 655-668.

Le Jan, Régine, *Femmes, Pouvoir et Société dans le haut Moyen Age*, Paris, Picard, 2001.

Linehan, Peter, *Les Dames de Zamora*, [1995], Paris, Les Belles Lettres, 1998 (trad. de l'anglais).

Pancer, Nina, *Sans peur et sans vergogne. De l'honneur et des femmes aux premiers temps*

Tyerman, Christopher, « What the Croisads Meant to Europe », in Linehan-Nelson, p. 131-145.

住民

Bairoch, Paul, Batou, Jean et Chèvre, Pierre, *La Population des villes européennes. Banque de données et analyse sommaire des résultats, 800-1850*, Genève, Droz, 1988.
Bardet, Jean-Pierre et Dupâquier, Jacques, dir., *Histoire des populations de l'Europe*. 1: *Des origines aux prémices de la révolution démographique*, Paris, Fayard, 1997.
Biller, Peter, *The Measure of Multitude. Population in Medieval Thought*, Oxford, Oxford University Press, 2000.

巡礼

Barreiro Rivas, José Luis, *The Construction of Political Space: Symbolic and Cosmological Elements (Jerusalem and Santiago in Western History)*, Jérusalem-Santiago, Al-Quds University, The Araguaney Foundation, 1999.
——, *La función política de los caminos de peregrinación en la Europa medieval. Estudio del camino de Santiago*, Madrid, Editorial Tecnos, 1997.
Bennassar, Bartolomé, *Saint-Jacques-de-Compostelle*, Paris, Julliard, 1970.
Dupront, Alphonse, *Saint-Jacques-de-Compostelle. Puissance du pèlerinage*, Turnhout, Brepols, 1985.
Gicquel, Bernard, *La Légende de Compostelle. Le livre de saint Jacques*, Paris, Tallandier, 2003.
Oursel, Raymond, *Les Pèlerins du Moyen Age: les hommes, les chemins, les sanctuaires*, Paris, 1957.〔レーモン・ウルセル『中世の巡礼者たち――人と道と聖堂と』田辺保訳，みすず書房，1987 年〕
Vásquez de Parga, Luis, Lacarra, José María, Uría Riu, Juan, *Las Peregrinaciones a Santiago de Compostela*, Madrid, 1948-1950, 3 vol.
Vielliard, Jeanne, *Le Guide du pèlerin de Saint-Jacques-de-Compostelle*, Mâcon-Paris, 1938; Protat, 1981.

城館

Albrecht, U., *Der Adelssitz im Mittelalter*, Munich-Berlin, Deutscher Kunstverlag, 1995.
Brown, A.R., *English Castles*, Londres, Batsford, 1976.
Châteaux et Peuplements en Europe occidentale du Xe au XVIIIe siècle, Auch, Centre culturel de l'abbaye de Floran, 1980.
Comba, Rinaldo et Settia, Aldo, *Castelli, storia e archeologia*, Turin, Turingraf, 1984.
Debord, André, *Aristocratie et Pouvoir. Le rôle du château dans la France médiévale*, Paris, Picard, 2000.
Fournier, Gabriel, *Le Château dans la France médiévale*, Paris, Aubier- Montaigne, 1978.
Gardelles, Jacques, *Le Château féodal dans l'histoire médiévale*, Strasbourg, Publitotal, 1988.
Mesqui, Jean, *Châteaux et Enceintes de la France médiévale. De la défense à la résidence*, Paris, Picard, 1991-1993, 2 vol.
Pesez, Jean-Marie, article « Château », in Le Goff-Schmitt, p. 179-198.

Erlande-Brandenburg, Alain, *Le roi est mort. Étude sur les funérailles, les sépultures et les tombeaux des rois de France jusqu'à la fin du XIIIᵉ siècle*, Genève, Droz, 1975.
Goody, Jack, *Death, Property and the Ancestors*, Stanford, Stanford University Press, 1962.
Lauwers, Michel, article « Mort », in Le Goff-Schmitt, p. 771-789.
Lauwers, Michel, *La Mémoire, les Ancêtres, le Souci des morts. Morts, rites et société au Moyen Age (diocèse de Liège, XIᵉ-XIIIᵉ siècle)*, Paris, Beauchesne, 1997.
Le Goff, Jacques, article « Au-delà », in Le Goff-Schmitt, p. 89-102.
Le Goff, Jacques, *La Naissance du Purgatoire*, Paris, Gallimard, 1981.〔ジャック・ル・ゴッフ『煉獄の誕生』渡辺香根夫・内田洋訳，新装版，叢書ウニベルシタス 236，法政大学出版局，2014 年〕
Mitre Fernández, Emilio, *La Muerte vencida. Imágenes e historia en el Occidente Medieval (1200-1348)*, Madrid, Encuentro, 1988.
Morgan, Alison, *Dante and the Medieval Other World*, Cambridge, Cambridge University Press, 1990.
Ohler, Norbert, *Sterben und Tod im Mittelalter*, Munich, Artemis Verlag, 1990.〔ノルベルト・オーラー『中世の死——生と死の境界から死後の世界まで』一條麻美子訳，叢書ウニベルシタス 821，法政大学出版局，2005 年〕
Schmitt, Jean-Claude, *Les Revenants, les Vivants et les Morts dans la société médiévale*, Paris, Gallimard, 1994.〔ジャン=クロード・シュミット『中世の幽霊——西欧社会における生者と死者』小林宜子訳，みすず書房，2010 年〕
Treffort, Cécile, *L'Église carolingienne et la Mort. Christianisme, rites funéraires et pratiques commémoratives*, Presses universitaires de Lyon, 1996.

十字軍

Alphandéry, Pierre et Dupront, Alphonse, *La Chrétienté et l'idée de croisade*, Paris, Albin Michel, 1954, 2 vol.; rééd. 1995, 1 vol.
Balard, Michel, *Les Croisades*, Paris, 1968.
Chroniques arabes des Croisades, textes recueillis et présentés par Francisco Gabrieli, [1963], Paris, Sindbad, 1977 (trad. de l'italien).
Dupront, Alphonse, *Du sacré, croisades et pèlerinages, images et langages*, Paris, Gallimard, 1987.
Flori, Jean, *Guerre sainte, jihad, Croisade. Violence et religion dans le christianisme et l'islam*, Paris, Seuil, 2002.
——, *Les Croisades. Origines, réalisation, institutions, déviations*, Paris, Jean-Paul Gisserot, 2001.
Hillenbrand, Carole, *The Crusades. Islamic Perspective*, Edimbourg, Edinburgh University Press, 1999.
Kedar, Benjamin Z., *Croisade and Mission. European Approaches toward the Muslims*, Princeton, Princeton University Press, 1984.
Lobrichon, Guy, *1099, Jérusalem conquise*, Paris, Cerf, 1998.
Riley-Smith, Jonathan, *Les Croisades*, Paris, Pygmalion, 1990 (trad. de l'anglais).
Siberry, Elizabeth, *Criticism of Crusading, 1095-1274*, Oxford, Clarendon Press, 1985.
Sivan, Emmanuel, *L'Islam et la Croisade*, Paris, 1968.

Mane, Perrine, *Calendriers et Techniques agricoles. France-Italie, XIIe-XIIIe siècle*, Paris, Le Sycomore, 1983.

Pietri, Charles, Dagron, Gilbert et Le Goff, Jacques, éd., *Le Temps chrétien, de la fin de l'Antiquité au Moyen Age, IIIe-XIIIe siècle*, Paris, CNRS, 1984.

Pomian, Krzysztof, *L'Ordre du temps*, Paris, Gallimard, 1984.

Ribemont, Bernard, éd., *Le Temps. Sa mesure et sa perception au Moyen Age* (colloque d'Orléans, 1991), Caen, Paradigme, 1992.

Tiempo y memoria en la edad media, numéro spécial de *Temas medievales*, 2, Buenos Aires, 1992.

自然

Alexandre, Pierre, *Le Climat en Europe au Moyen Age. Contribution à l'histoire des variations climatiques de 1000 à 1425 d'après les sources narratives de l'Europe occidentale*, Paris, EHESS, 1987.

Comprendre et Maîtriser la nature au Moyen Age. Mélanges d'histoire des sciences offerts à Guy Beaujouan, Genève, Droz, 1994.

Fumagalli, Vito, *Paesaggi della paura. Vita e natura nel Medioevo*, Bologne, Il Mulino, 1994.

——, *L'uomo e l'ambiente nel Medioevo*, Bari, Laterza, 1992.

Gregory, Tullio, article « Nature », in Le Goff-Schmitt, p. 806-820.

Milieux naturels, Espaces sociaux. Études offertes à Robert Delort, Paris, Publications de la Sorbonne, 1997.

Solère, Jean-Luc, article « Nature », in Gauvard-de Libera-Zink, p. 967-976.

Il teatro della Natura, numéro spécial de *Micrologus*, IV, 1996.

死とあの世

Alexandre-Bidon, Danièle et Treffort, C., dir., *La Mort au quotidien dans l'Occident médiéval*, Presses universitaires de Lyon, 1993.

Ariès, Philippe, *L'Homme devant la mort*, Paris, Seuil, 1977.〔フィリップ・アリエス『死を前にした人間』成瀬駒男訳，みすず書房，1990 年〕

Baschet, Jérôme, *Les justices de l'au-delà. Les représentations de l'enfer en France et en Italie* (*XIIe-XVe siècle*), École française de Rome, 1993.

Bernstein, Alan, *The Formation of Hell*, Ithaca-Londres, Cornell University Press, 1993.

Borst, Arno, éd., *Tod im Mittelalter*, Constance, Konstanz Universität-Verlag, 1993.

Carozzi, Claude, *Le Voyage de l'âme dans l'au-delà d'après la littérature latine* (*Ve-XIIIe s.*), École française de Rome, 1994.

Chiffoleau, Jacques, *La Comptabilité de l'au-delà, les Hommes, la, Mort et la Religion dans la région d'Avignon à la fin du Moyen Age*, École française de Rome, 1980.

Death in the Middle Ages, Louvain, Presses universitaires de Louvain, 1983.

Delumeau, Jean, *Une histoire du Paradis*, Paris, Fayard, 1992, 2 vol.〔ジャン・ドリュモー『楽園の歴史』西澤文昭・小野潮訳，全 2 巻，新評論，2000 年，2006 年〕

Dies illa. Death in the Middle Ages (colloque de Manchester, 1983), Liverpool, Cairns, 1984.

Ariès, Philippe, *L'Enfant et la Vie familiale sous l'Ancien Régime*, Paris, Seuil, 1960.〔フィリップ・アリエス『「子供」の誕生——アンシァン・レジーム期の子供と家族生活』杉山光信・杉山恵美子訳，みすず書房，1980 年〕
Boswell, John, *Au bon cœur des inconnus: les enfants abandonnés de l'Antiquité à la Renaissance*, [1988], Paris, Gallimard, 1993 (tracl. de l'anglais).
Enfant et Société, numéro spécial des *Annales de démographie historique*, 1973.
Lett, Didier, *L'Enfant des miracles. Enfance et société au Moyen Age (XIIe-XIIIe siècle)*, Paris, Aubier, 1997.
Riché, Pierre, Alexandre-Bidon, Danièle, *L'Enfance au Moyen Age*, Paris, Seuil-BNF, 1994.
Shahar, Shulamith, *Childhood in the Middle Ages*, Londres, Routledge, 1990.

裁判

Bartlett, Robert, *Trial by Fire and Water. The Medieval judicial Ordeal*, Oxford, Oxford University Press, 1986.
Chiffoleau, Jacques, *Les justices du pape. Délinquance et criminalité dans la région d'Avignon aux XIVe et XVe siècles*, Paris, Publications de la Sorbonne, 1984.
Gauvard, Claude et Jacob, Robert, dir., *Les Rites de la justice. Gestes et rituels judiciaires au Moyen Age*, Paris, Cahiers du Léopard d'Or, 2000.
Gauvard, Claude, article « Justice et paix », in Le Goff-Schmitt, p. 587-594.
Gauvard, Claude, *« De grace especial ». Crime, État et société en France à la fin du Moyen Age*, Paris, Publications de la Sorbonne, 1991, 2 vol.
Gonthier, Nicole, *Le Châtiment du crime au Moyen Age, XIIe-XVIe siècle*, Presses universitaires de Rennes, 1998.
Guenée, Bernard, *Tribunaux et Gens de justice dans le bailliage de Senlis à la fin du Moyen Age (vers 1380-vers 1550)*, Paris, 1963.
Jacob, Robert, « Le jugement de Dieu et la formation de la fonction de juger dans l'histoire européenne », *Archives de philosophie et de droit*, 1994.
——, *Images de la justice. Essai sur l'iconographie judiciaire du Moyen Age à l'âge classique*, Paris, Le Léopard d'Or, 1994.
Justice au Moyen Age (sanction ou impunité ?) (La), *Senefiance*, n° 16, 1986.
Preuve. Recueils de la Société Jean-Bodin (La), t. XVII, Bruxelles, 1965.

時間

Cipolla, Carlo M., *Clock and Culture, 1300-1700*, New York, 1967.〔C・M・チポラ『時計と文化』常石敬一訳，みすず科学ライブラリー 52，みすず書房，1977 年〕
Landes, David, *L'heure qu'il est. Les horloges. La mesure du temps et la formation du monde moderne*, [1983], Paris, Gallimard, 1987 (trad. de l'anglais).
Le Goff, Jacques, article « Temps », in Le Goff-Schmitt, p. 1113-1122.
Le Goff, Jacques, « Au Moyen Age: temps de l'Église et temps du marchand », *Annales ESC*, 1960, repris in *Pour un autre Mayen Age. Temps, travail et culture en Occident*, Paris, Gallimard, 1977, p. 46-65.〔ジャック・ル＝ゴフ「中世における教会の時間と商人の時間」『もうひとつの中世のために——西洋における時間，労働，そして文化』加納修訳，白水社，2006 年，50–72 頁〕

神話——ヨーロッパ諸国家の中世的起源』鈴木道也・小川知幸・長谷川宜之訳，白水社，2008 年〕
Gieysztor, Alexander, « Gens Poloniae: aux origines d'une conscience nationale », *Mélanges E.R. Labande, Poitiers*, Centre d'études supérieures de civilisation médiévale, 1974, p. 351-362.
Moeglin, Jean-Marie, « De la "nation allemande" au Moyen Age », *Revue française d'histoire des idées politiques*, numéro spécial, Identités et Spécificités allemandes, n° 14, 2001, p. 227-260.
Zientara, Benedykt, *Swit narodow europajskich* (L'aube des nations européennes. L'ascension d'une conscience nationale sur le territoire de l'Europe postcarolingienne), Varsovie, PIW, 1985 (trad. en allemand, 1997).

個人

Benton, J.E., *Self and Society in Medieval France: The Memoir of Abbot Guibert de Nogent*, New York, Harper and Row, 1970.
Boureau, Alain, « Un royal individu », *Critique* 52, 1996, p. 845-857.
Bynum, Caroline W., « Did the Twelfth Century Discover the Individual? », in *Jesus as Mother. Studies in the Spirituality of the High Middle Ages*, Berkeley, University of California Press, 1982, p. 82-109.
Coleman, Janet, dir., *L'Individu dans la théorie politique et dans la pratique*, Paris, PUF, 1996, p. 1-90.
Duby, Georges et Ariès, Philippe, *Histoire de la vie privée*, t. 2, Paris, Seuil, 1985, « L'émergence de l'individu », p. 503-619.
Gourevitch, Aron J., *La Naissance de l'individu dans l'Europe médiévale*, Paris, Seuil, 1997 (trad. du russe).
Le Goff, Jacques, *Saint Louis*, Paris, Gallimard, 1996.〔ジャック・ル＝ゴフ『聖王ルイ』岡崎敦・森本英夫・堀田郷弘訳，新評論，2001 年〕
Melville, Gert et Schürer, Markus, éd., *Das Eigene und das Ganze. Zum Individuellen im mittelalterlichen Religiösestem*, Münster, LIT, 2002.
Morris, Colin, *The Discovery of the Individual, 1050-1200*, Londres, S.P.C.K, 1972.〔C・モリス『個人の発見——1050-1200 年』古田暁訳，日本基督教団出版局，1983 年〕
Schmitt, Jean-Claude, « La découverte de l'individu, une fiction historiographique ? », in Pierre Mengal et Françoise Parot, éd., *La Fabrique, la Figure et la Feinte. Fictions et statut de la fiction en psychologie*, Paris, Vrin, 1989, p. 213-236.
Ullmann, Walter, *The Individual and Society in the Middle Ages*, Baltimore, Johns Hopkins Press, 1966.〔W・アルマン『中世における個人と社会』鈴木利章訳，ミネルヴァ書房，1970 年〕
Zink, Michel, *La Subjectivité littéraire. Autour du siècle de Saint Louis*, Paris, PUF, 1985.

子供

Alexandre-Bidon, Danièle, Lett, Didier, *Les Enfants au Moyen Age. V^e-XVe siècle*, Paris, Hachette, 1997.

——, *Études d'esthétique médiévale*, Bruges, 1946, 3 vol.
Duby, Georges, *L'Art et la Société. Moyen Age-XXᵉ siècle*, Paris, Gallimard, « Quarto », 2002.
Eco, Umberto, *Art et Beauté dans l'esthétique médiévale*, [1987], Paris, Grasset, 1997 (trad. de l'italien).〔ウンベルト・エコ『中世美学史——「バラの名前」の歴史的・思想的背景』谷口伊兵衛訳，而立書房，2001 年〕
——, *Le Problème esthétique chez Thomas d'Aquin*, [1970], Paris, PUF, nˡˡᵉ trad., 1993.
Ladner, G.B., *Ad imaginem Dei. The Image of Man in Medieval Art*, Latrobe, 1965.
Panofsky, Erwin, *Architecture gothique et pensée scolastique*, Paris, Minuit, 1967 (avec un texte de Pierre Bourdieu).
Recht, Roland, *Le Croire et le Voir. L'art des cathédrales, XIIᵉ-XVᵉ siècle*, Paris, Gallimard, 1999.
Scobeltzine, André, *L'Art féodal et son enjeu social*, Paris, Gallimard, 1973.
Von Den Steinen, Wolfram, *Homo caelestis. Das Wort der Kunst im Mittelalter*, Berne-Munich, 1965, 2 vol.

言語，文学

Banniard, Michel, *Du latin aux langues romanes*, Paris, Nathan, 1997.
——, *Viva Voce*, Paris, Institut des études augustiniennes, 1992.
Borst, Arno, *Der Turmbau von Babel. Geschichte der Meinungen über Ursprung und Vielfalt der Sprachen und Volker*, Stuttgart, 1957-1963, 2 vol.
Cavallo, Guglielmo, Leonardi, Claudio, Menestò, Enrico, *Lo spazio letterario del Medioevo*. 1. *Il Medioevo latino*, Rome, Salerno Ed., 1992-1998, 5 vol.
Chaurand, Jacques (et, pour le XIIIᵉ-XVᵉ siècle, Serge Lusignan), *Nouvelle Histoire de la langue française*, Paris, Seuil, 1999.
Curtius, E.R., *La Littérature européenne et le Moyen Age latin*, Paris, 1956 (trad. de l'allemand).〔E・R・クルツィウス『ヨーロッパ文学とラテン中世』南大路振一・岸本通夫・中村善也訳，みすず書房，1971 年〕
Gally, Michèle, Marchello-Nizia, Christiane, *Littératures de l'Europe médiévale*, Paris, Magnard, 1985.
Jonin, Pierre, *L'Europe en vers au Moyen Age*, Paris, Honoré Champion, 1996.
Redon, Odile et al., *Les Langues de l'Italie médiévale*, Turnhout, Brepols, L'Atelier du médiéviste 8, 2002.
Walter, Henriette, *L'Aventure des langues en Occident: leur origine, leur histoire, leur géographie*, Paris, Laffont, 1994; 1996.〔アンリエット・ヴァルテール『西欧言語の歴史』平野和彦訳，藤原書店，2006 年〕
Wolff, Philippe, *Les Origines linguistiques de l'Europe occidentale*, Toulouse, Publications de l'université de Toulouse-Le Mirail, 1982.
Zumthor, Paul, *La Lettre et la Voix. De la « littérature » médiévale*, Paris, Seuil, 1987.

国民

Beaune, Colette, *La Naissance de la nation France*, Paris, Gallimard, 1985.
Geary, Patrick J., *The Myths of Nations. The Medieval Origins of Europe*, Princeton, Princeton University Press, 2002.〔パトリック・J・ギアリ『ネイションという

Cipolla, Carlo M., *Before the industrial Revolution. European Society and Economy, 1000-1700*, New York, W.W. Norton and Co, 1976.
——, *Storia economica dell'Europa pre-industriale*, Bologne, Il Mulino, 1974.
Contamine, Philippe et al., *L'Économie médiévale*, Paris, Armand Colin, 1993.
Day, John, *The Medieval Market Economy*, Oxford, Blackwell, 1987.
Duby, Georges, *L'Économie rurale et la Vie des campagnes dans l'Occident médiéval* (*France, Angleterre, Empire, IXe-XVe siècle*), Paris, 1962, 2 vol.
Fournial, Etienne, *Histoire monétaire de l'Occident médiéval*, Pans, Nathan, 1970.
Latouche, Robert, Les Origines de l'économie occidentale, Paris, Albin Michel, 1970.〔ラトゥーシュ『西ヨーロッパ経済の誕生——4 世紀 -11 世紀の経済生活』宇尾野久・森岡敬一郎共訳，一条書店，1970 年〕
Lopez, Roberto S., *La Révolution commerciale dans l'Europe médiévale*, Paris, Aubier-Montaigne, 1974.
Pounds, N J.G., *An Economic History of Medieval Europe*, New York, Longman, 1974.

経済と宗教

Ibanès, Jean, *La Doctrine de l'Église et les Réalités économiques au XIIIe siècle*, Paris, 1967.
Langholm, Odd, *Economics in the Medieval Schools. Wealth, Exchange, Money and Usury According to the Paris Theological Tradition, 1200-1350*, Leyde, Brill, 1992.
Le Goff, Jacques, *La Bourse et la Vie. Économie et religion au Moyen Age*, Paris, Hachette, 1986; « Pluriel », 1997.〔ジャック・ル・ゴッフ『中世の高利貸——金も命も』渡辺香根夫訳，叢書ウニベルシタス 279，法政大学出版局，1989 年〕
Little, Lester K, *Religious Poverty and the Profit Economy in Medieval Europe*, Londres, Cornell University Press, 1978.
Todeschini, Giacomo, *I mercanti e il Tempio. La società cristiana e zl circolo virtuoso della richezzafra Medioevo*, éd. Età moderna, Bologne, Il Mulino, 2002.
——, *Il prezzo della salvezza. Lessici medievali del pensiero economico*, Rome: La Nuova Italia Scientifica, 1994.

芸術，美学

Barral i Altet, Xavier, *L'Art médiéval*, Paris, PUF, « Que sais-je ? », 1991.〔グザヴィエ・バラル・イ・アルテ『中世の芸術』西田雅嗣訳，文庫クセジュ 836，白水社，2001 年〕
Caillet, Jean-Pierre, dir., *L'Art du Moyen Age*, Paris, Réunion des Musées nationaux, Gallimard, 1995.
Castelnuovo, Enrico et Sergi, Giuseppe, éd., *Arti e storia nel Medioevo*. Vol. 1: *Tempi, spazi, istituzioni*, Turin, Einaudi, 2002.
Castelnuovo, Enrico, « L'artiste », in Jacques Le Goff, dir., *L'Homme médiéval* (éd. italienne, Bari, Laterza, 1987), version française, Paris, Seuil, 1989, p. 233-266.〔エンリコ・カステルヌオーヴォ「芸術家」ジャック・ル＝ゴフ編『中世の人間——ヨーロッパ人の精神構造と創造力』鎌田博夫訳，所収，叢書ウニベルシタス 623，法政大学出版局，1999 年，245-281 頁〕
De Bruyne, Edgar, *L'Esthétique du Moyen Age*, Louvain, 1947.

Missionary Activity in the Early Middle Ages, Londres, Variorum, 1994.

Tazbir, Janusz, *Poland as the Rampart of Christian Europe. Myths and Historical Reality*, Varsovie, Interpress Publishers, 1983.

Toubert, Pierre, « Frontière et frontières. Un objet historique », in *Castrum*, 4, *Frontière et peuplement dans le monde méditerranéen au Moyen Age* (colloque d'Évian, septembre 1988), Rome-Madrid, École française de Rome/Casa de Velázquez, 1992, p. 9-7.

教皇制

Arnaldi, Girolamo, article « Église et Papauté », in Le Goff-Schmitt, p. 322-345.

Barraclough, Geoffrey, *The Medieval Papacy*, Londres, 1968.〔G・バラクロウ『中世教皇史』藤崎衛訳，八坂書房，2012 年〕

De Rosa, Gabriele et Cracco, Giorgio, *Il Papato e l'Europa*, Suveria Mannelli, Rubbetino Editore, 2001.

Guillemain, Bernard, *Les Papes d'Avignon, 1309-1376*, Paris, Cerf, 1998.

Miccoli, Giovanni, *Chiesa gregoriana*, Rome, Herder, 1999.

Pacaut, Marcel, *Histoire de la Papauté*, Paris, Fayard, 1976.

Paravicini Bagliani, Agostino, *Il trono di Pietro. L'universalità del papato da Alessandro III a Bonifazio VIII*, Rome, La Nuova Italia Scientifica, 1996.

——, *La Cour des papes au XIIIe siècle*, Paris, Hachette, 1995.

クルトワジー，作法

Bumke, Joachim, Hofische Kultur, *Literatur und Gesellschaft im hohen Mittelalter*, Munich, Deutscher Taschenbuchverlag, 1986.〔ヨアヒム・ブムケ『中世の騎士文化』平尾浩三ほか訳，白水社，1995 年〕

Elias, Norbert, *La Civilisation des mœurs*, Paris, Calmann-Lévy, 1973.〔ノルベルト・エリアス『文明化の過程・上　ヨーロッパ上流階層の風俗の変遷』(叢書ウニベルシタス 75) 赤井慧爾・中村元保・吉田正勝訳，法政大学出版局，2010 年〕

Paravicini, Werner, *Die ritterlich-höfische Kultur des Mittelalters*, Munich, Oldenbourg, 1994.

Romagnoli, Daniela, éd., *La Ville et la Cour. Des bonnes et des mauvaises manières*, [1991], Paris, Fayard, 1995 (trad. de l'italien).

Schmitt, Jean-Claude, *La Raison des gestes dans l'Occident médiéval*, Paris, Gallimard, 1990.〔ジャン=クロード・シュミット『中世の身ぶり』松村剛訳，みすず書房，1996 年〕

経済

Abel, Wilhelm, *Crises agraires en Europe* (*XIIIe-XXe*), [1966], Paris, Flammarion, 1973 (trad. de l'allemand).〔W・アーベル『農業恐慌と景気循環――中世中期以来の中欧農業及び人口扶養経済の歴史』寺尾誠訳，未來社，1986 年〕

Bloch, Marc, *Esquisse d'une histoire monétaire de l'Europe*, Paris, 1954.

The Cambridge Economic History of Europe. 1. *The Agrarian Life of the Middle Ages*, 1966. II. *Trade and Industry in the Middle Ages*, 1952; *Economic Organization and Policies in the Middle Ages*, 1963, Cambridge University Press.

Congar, Yves, *L'Ecclésiologie du Haut Moyen Age*, Paris, 1968.

Guerreau, Alain, *Le Féodalisme, un horizon théorique*, Paris, Le Sycolllore, 1980, p. 201-210.

Le Bras, Gabriel, *Institutions ecclésiastiques de la chrétienté médiévale*（tome 12 de l'Histoire générale de l'Église de Fliche et Martm）, Paris, 1962-1964, 2 vol.

Lubac, Henri de, *Corpus mysticum. L'Eucharistie et l'Église au Moyen Age, étude historique*, Paris, 1944.

Schmidt, Hans-Joachim, *Kirche, Staat, Nation: Raumgliederung der Kirche im mittelalterlichen Europe*, Weimar, H. Bôhlaus Nachf, 1999.

Southern, Richard W., *Western Society and the Church in the Middle Ages*, Harmondsworth, Penguin, 1970.〔R・W・サザーン『西欧中世の社会と教会——教会史から中世を読む』上條敏子訳，八坂書房，2007 年〕

境界

Abulafia, David et Berend, Nora, éd., *Medieval Frontiers: Concepts and Practices*, Aldershot, Ashgate, 2002.

Barnavi, Elie, Goossens, Paul, éd., *Les Frontières de l'Europe*, Bruxelles, De Boeck, 2001.

Berend, Nora, *At the Gate of Christendom: Jews, Muslims and « Pagans » in Medieval Hungary, c. 1000-c. 1300*, Cambridge, Cambridge University Press, 2001.

Buresi, Pascal, « Nommer, penser les frontières en Espagne aux XIe-XIIIe siècles », in Carlos de Ayala Martinez, Pascal Buresi et Philippe Josserand, éd., *Identidad y representación de la frontera en la España medieval*（*siglos XI-XIV*）, Madrid, Casa de Velázquez, 2001.

Frontières et l'Espace national en Europe du Centre-Est（*Les*）, Lublin, Institut de l'Europe du Centre-Est, 2000.

Guenée, Bernard, « Des limites féodales aux frontières politiques », in Pierre Nora, éd., *Les Lieux de mémoire*. Vol 2: *La Nation*, Paris, Gallimard, 1986, p. 10-33.

Linehan, Peter, « At the Spanish Frontier », in Linehan-Nelson, p. 37-59.

Marchal, Guy P., éd., *Grenzen und Raumvorstellungen / Frontières et Conceptions de l'espace*（*XIe-XX^e^siècle*）, Lucerne, Chronos, Historisches Seminar, Hochschule, s.d.

Mitre Fernandez, Emilio, « La cristianidad medevial y las formulaciones fronterizas », in E. Mitre Fernandez et al., *Fronteras y Fronterizos en la Historia*, Valladolid, Universidad de Valladolid, 1997.

Power, Daniel et Standen, Naomi, *Frontiers in Question: Eurasian Borderlands, 700-1700*, Londres, Macmillan, 1999.

Ruiz, Teofilo F., « Fronteras de la comunidad a la nación en la Castilla bajomedieval », Anuario de estudios medievales, 27, n° 1, 1997, p. 23-41.

Sénac, Philippe, *La Frontière et, les Hommes*（*VIIIe-XII^e^siècle*）. Le peuplement musulman au nord de l'Èbre et les débuts de la reconquête aragonaise, Paris, Maisonneuve et Larose, 2000.

Sociedades de frontera en la España medieval（*Las*）, Saragosse, Universidad de Zaragoza, 1993.

Sullivan, R.E., « The Medieval Monk as Frontiersman », in R.E. Sullivan, *Christians*

Dubost, Francis, article « Merveilleux », in Gauvard-de Libera-Zink, p. 905-910.
Friedman, J.B., *The Monstrous Races in Medieval Art and Thought*, Cambridge, Mass., Harvard University Press, 1981.
Kappler, Claude, *Monstres, Démons et Merveilles à la fin du Moyen Age*, Paris, Payot, 1980.〔クロード・カプレール『中世の妖怪，悪魔，奇跡』幸田礼雅訳，新評論，1997年〕
Lecouteux, Claude, *Les Monstres dans la pensée médiévale européenne*, Presses de l'université Paris-Sorbonne, 1993.
Miracles, Prodiges et Merveilles au Moyen Age（XXVe congrès de la SHMESP, Orléans, 1994）, Paris, Publications de la Sorbonne, 1995.
Poirion, Daniel, *Le Merveilleux dans la littérature française du Moyen Age*, Paris, PUF, « Que sais-je ? », 1982.
Sigal, Pierre-André, *L'Homme et le Miracle dans la France médiévale*（*XIe-XIIe siècle*）, Paris, Cerf, 1985.
Vauchez, André, article « Miracle », in Le Goff-Schmitt, p. 725-740.

貴族

Adel und Kirche, Festschrift für Gert Tallenbach, Fribourg-Bâle-Vienne, Herder, 1968.
Aureil, Martin, *La Noblesse en Occident*（*Ve-XVe siècle*）, Paris, Armand Colin, 1996.
Contamine, Philippe, dir., *La Noblesse au Moyen Age*, Paris, PUF, 1976.
Génicot, Léopold, article « Noblesse », in Le Goff-Schmitt, p. 821-833.
Génicot, Léopold, *La Noblesse dans l'Occident médiéval*, Variorum Reprints, Londres, 1982.
Werner, Ernest F., *Naissance de la noblesse. L'essor des élites politiques en Europe*, Paris, Fayard, 1998（trad. de l'allemand）.

宮廷風恋愛

Bezzola, Reto R., *Les Origines et la Formation de la littérature courtoise en Occident*, Paris, 1944-1963, 5 vol.
Cazenave, Michel, Poirion, Daniel, Strubel, Armand, Zink, Michel, *L'Art d'aimer au Moyen Age*, Paris, Philippe Lebaud, 1997.
Duby, Georges, *Mâle Moyen Age. De l'amour et autres essais*, Paris, Flammarion, 1988.
Huchet, Jean-Charles, *L'amour discourtois. La « fin'amor » chez les premiers troubadours*, Toulouse, Privat, 1987.
Kahler, Erich, *L'Aventure chevaleresque. Idéal et réalité dans le roman courtois*, [1956], Paris, Gallimard, 1974（trad. de l'allemand）.
Régnier-Bohler, Danielle, article « Amour courtois », in Le Goff- Schmitt, p. 32-41.
Rey-Flaud, Henri, *La Névrose courtoise*, Paris, Navarin éditeur, 1983.
Rougemont, Denis de, *L'Amour et l'Occident*, Paris, Pion, n11e éd. 1994.〔ドニ・ド・ルージュモン『愛について――エロスとアガペ』鈴木健郎・川村克己訳，平凡社ライブラリー 14-15，平凡社，1993年〕

教会

Arnaldi, Girolamo, article « Église, papauté », in Le Goff-Schmitt, p. 322-345.

騎士道

Bumke, Joachim, *Studien zum Ritterbegriff im 12. und 13.jahrhundert*, Heidelberg, 1964.

Cardini, Franco, « Le guerrier et le chevalier », in *L'Homme médiéval*, Le Goff, Jacques, dir. (éd. italienne, Bari, Laterza, 1987), version française, Paris, Seuil, 1989, p. 87-128. 〔フランコ・カルディーニ「戦士と騎士」ジャック・ル＝ゴフ編『中世の人間――ヨーロッパ人の精神構造と創造力』鎌田博夫訳，所収，叢書ウニベルシタス 623，法政大学出版局，1999 年，87-132 頁〕

Duby, Georges, *Guillaume le Maréchal ou le Meilleur Chevalier du monde*, Paris, Fayard, 1984.

Fleckenstein, Joseph, Das ritterliche Turnier im Mittelalter, Gôttingen, Vandenhoeck & Ruprecht, 1985.

Flori, Jean, *Chevalier et Chevalerie au Moyen Age*, Paris, Hachette, 1998.

——, *L'Idéologie du glaive. Préhistoire de la chevalerie*, Genève, Droz, 1981.

Gies, Frances, *The Knight in History*, New York, Harper and Row, 1984.

Keen, Maurice, *Chivalry*, New Haven, Yale University Press, 1984.

Kôhler, Eric, *L 'Aventure chevaleresque. Idéal et réalité dans le roman courtois*, Paris, Gallimard, 1974 (trad. de l'allemand).

Reuter, Hans Georg, *Die Lehre vom Ritterstand: zum Ritterbegriff in Historiographie und Dichtung vom 11. bis zum 13. Jahrhundert*, CologneVienne, Bôhlau, 1971.

技術と革新

Amouretti, Marie-Claire et Cornet, Georges, *Hommes et Techniques de l'Antiquité à la Renaissance*, Paris, Armand Colin, 1993.

Antiqui und Moderni. Traditionsbewusstsein und Fortschrittsbewusstsein im späten Mittelalter. Miscellanea Mediavalia, 9, Berlin, 1974.

Beck, Patrice, dir., *L'innovation technique au Moyen Age*, Paris, Errance, 1998.

Bloch, Marc, « Avènement et conquêtes du moulin à eau », *Annales HES*, 1935, p. 538-563.

——, « Les "inventions" médiévales », *Annales HES*, 1935, p. 634-643.

Europäische Technik im Mittelalter, 800 bis 1400. Tradition und Innovation. Ein Handbuch, U. Lindgren, éd., Berlin, Gebr. Mann Verlag, 1997.

Gille, Bertrand, *Histoire des techniques*, Paris, Gallimard, Encyclopédie de la Pléiade, 1978.

Lardin, Philippe et Bührer-Thierry, Geneviève, éd., *Techniques. Les paris de l'innovation, Médiévales*, 39, automne 2000.

Long, Pamela D., éd., *Science and Technology in Medieval Society. Annals of the New York Academy of Sciences*, vol. 441, 1985.

White, Lynn Jr, *Technologie médiévale et Transformations sociales*, Paris, 1969 (trad. de l'anglais).

奇跡，怪物，驚異

Démons et Merveilles au Moyen Age (colloque de Nice, 1987), Faculté des lettres et sciences humaines, Nice, 1990.

Lett, Didier, *Famille et Parenté dans l'Occident médiéval, Ve-XVe siècle*, Paris, Hachette, 2000.

神

Boespflug, François, *Dieu dans l'art*, Paris, Cerf, 1984.
Boyer, Régis, *Le Christ des barbares. Le monde nordique* (*IXe-XIIIe siècle*), Paris, Cerf, 1987.
Le Goff, Jacques et Pouthier, Jean-Luc, *Dieu au Moyen Age*, Paris, Bayard, 2003.
Pellegrin, Marie-Frédérique, *Dieu* (textes choisis et présentés par), Pans, Flammarion, 2003.
Rubin, Miri, *Corpus Christi. The Eucharist in Late Medieval Culture*, Cambridge, Cambridge University Press, 1991.
Schmitt, Jean-Claude, article « Dieu », in Le Goff-Schmitt, p. 273-289.

記憶

Carozzi, Claude et Taviani-Carozzi, Huguette, dir., *Faire mémoire. Souvenir et commémoration au Moyen Age*, Aix-en-Provence, Publications de l'université de Provence, 1994.
Carruthers, Mary, *The Book of Memory*, Cambridge University Press, 1940; *Le Livre de la mémoire*, Paris, Macula, 2002 (trad. de l'anglais).〔メアリー・カラザース『記憶術と書物——中世ヨーロッパの情報文化』柴田裕之ほか訳, 工作舎, 1997 年〕
——, *The Craft of Thought. Meditatio. Thinking and the Making of Images, 400-1200*, Cambridge University Press, 1998; trad. française, *Machina memorialis. Méditation, rhétorique et fabrication des images au Moyen Age*, Paris, Gallimard, 2002.
Clanchy, Michel, *From Memory to Written Record. England, 1066-1907*, Londres, Edward Arnold, 1996.
Geary, Patrick J., [1996], *La Mémoire et l'Oubli à la fin du premier millénaire*, Paris, Aubier, 1996 (trad. de l'anglais).
——, *Phantoms of Remembrance*, Princeton, Princeton University Press, 1994.
Lauwers, Michel, *La Mémoire des ancêtres, le Souci des morts. Morts, rites et société au Moyen Age*, Paris, Beauchesne, 1997.
Le Goff, Jacques, *Histoire et Mémoire* (version italienne 1981), version française, Paris, Gallimard, « Folio », 1988.〔ジャック・ル゠ゴフ『歴史と記憶』立川孝一訳，新装版，叢書ウニベルシタス 644，法政大学出版局，2011 年〕
Oexle, Otto Gerhard, dir., *Memoria als Kultur*, Göttingen, Vandenhoeck & Ruprecht, 1995.
Restaino, Rosangela, *Ricordare e dimenticare nella cultura del Medioevo*, compte rendu du colloque de Trente (4-6 avril 2002), *Memoria. Ricordare e dimenticare nella cultura del Medioevo*, in *Quaderni medievali* 54, décembre 2002, p. 221-238.
Yates, Frances A., *The Art of Memory*, 1966; trad. française, L'Art de la mémoire, Paris, Gallimard, 1975.〔フランセス・A・イエイツ『記憶術』青木信義ほか訳，水声社，1993 年〕
Zinn Jr, Grover A., « Hugh of Saint-Victor and the Art of Memory », *Viator*, 5, 1974, p. 211-234.

The Hambledon Press, 1990, p. 41-71.
——, *Scientific Change: Historical Studies in the Intellectual, Social and Technical Conditions for Scientific Discovery and Technical Invention from Antiquity to the Present* (symposium sur l'histoire de la science, Oxford, 1961), Londres-New York, Heinemann Educational Books, Basic Books, 1963.
——, *Robert Grosseteste and the Origins of Experimental Science, 1100-1700*, Oxford, Clarendon Press, 1953, 1971.
——, *Augustine to Galileo: Medieval and Early Modern Science*, 1952, 1953, 1959 (éd. révisée et augmentée, 2 vol.), 1971, 1979; trad. française, *Histoire des sciences de saint Augustin à Galilée*, Paris, 1952.〔A・C・クロムビー『中世から近代への科学史』渡辺正雄・青木靖三共訳，コロナ社，1962-1968 年〕
Grant, Edward, *Physical Science in the Middle Ages*, New York et Londres, Wiley, 1971.〔E・グラント『中世の自然学』横山雅彦訳，みすず書房，1982 年〕
Lindberg, D.C., éd., *Science in the Middle Ages*, Chicago-Londres, Chicago University Press, 1978.
Minois, Georges, *L'Église et la Science. De saint Augustin à Galilée*, Paris, Fayard, 1990.
Murray, Alexander, article « Raison », in Le Goff-Schmitt, p. 934-949.
Murray, Alexander, *Reason and Society in the Middle Ages*, Oxford, Clarendon Press, 1978.
Stock, Brian, *Myth and Science in the XIIth Century*. A Study of Bernard Silvester, Princeton, Princeton University Press, 1972.

家族，血縁，結婚

Aurell, Martin, *Les Noces du comte. Mariage et pouvoir en Catalogne (785-1213)*, Paris, Publications de la Sorbonne, 1995.
Burguière, André, dir., *Histoire de la famille*, Paris, Armand Colin, 1986.
Duby, Georges et Le Goff, Jacques, dir., *Famille et Parenté dans l'Occident médiéval*, École française de Rome, 1977.
Duby, Georges, *Le Chevalier, la Femme et le Prêtre. Le mariage dans la France féodale*, Paris, Hachette, 1961.〔ジョルジュ・デュビー『中世の結婚——騎士・女性・司祭』（新装版）篠田勝英訳，新評論，1994 年〕
Flandrin, Jean-Louis, *Familles. Parenté, maison et sexualité dans l'Ancienne Société*, Paris, Hachette, 1976; Seuil, 1984.
Gaudemet, Jean, *Le Mariage en Occident*, Paris, Cerf, 1987.
Goody, Jack, *The European Family. An Historico-anthropological Essay*, Oxford, Blackwell, 2001; trad. française, *La Famille en Europe*, Paris, Seuil, 2001.
Guerreau-Jalabert, Anita, article « Parenté », in Le Goff-Schmitt, p. 861-876.
Guerreau-Jalabert, Anita, « Sur les structures de parenté dans l'Europe médiévale », *Annales ESC*, 1981, p. 1028-1049.
Herlihy, David, *Medieval Households*, Cambridge, Mass., Harvard University Press, 1985.
Il matrimonio nella società altomedievale, Settimane di studi sull' alto medioevo, Spolète, XXIV, 1977.
Le Jan, Régine, *Famille et Pouvoir dans le monde franc (VIIe-Xe siècle)*, Paris, Publications de la Sorbonne, 1995.

Schmitt, Jean-Claude, Bonne, Jean-Claude, Barbu, Daniel et Baschet, Jérôme, « Images médiévales », *Annales HSS*, 1996.

Wirth, Jean, *L'image à l'époque romane*, Paris, Cerf, 1999.

——, *L'Image médiévale. Naissance et développement* (*VIe-XVe siècle*), Paris, Klincksieck, 1989.

王，王権

Bak, Jânos, éd., *Coronations. Medieval and Early Modern Monarchic Rituals*, Berkeley, University of California Press, 1990.

Bloch, Marc, *Les Rois thaumaturges. Étude sur le caractère surnaturel attribué à la puissance royal, particulièrement en France et en Angleterre*, 1924, n^lle^ éd., Paris, Gallimard, 1983.〔マルク・ブロック『王の奇跡——王権の超自然的性格に関する研究，特にフランスとイギリスの場合』井上泰男・渡邊昌美共訳，刀水書房，1998 年〕

Boureau, Alain et Ingerflom, Çlaudio-Sergio, éd., *La Royauté sacrée dans le monde chrétien*, Paris, EHESS, 1992.

Boureau, Alain, *Le Simple Corps du roi. L'impossible sacralité des souverains français, XVe-XVIIIe siècles*, Paris, Ed. de Paris, 1988.

Folz, Robert, *Les Saints Rois du Moyen Age en Occident* (*VIe-XIIIe*), Bruxelles, Société des Bollandistes, 1989.

Kantorowicz, Ernest, *The King's Two Bodies. A Study in Medieval Political Theory*, [1957]; trad. française, *Les Deux Corps du roi*, Paris, Gallimard, 1989.〔エルンスト・H・カントーロヴィチ『王の二つの身体』小林公訳，全 2 巻，ちくま学芸文庫，筑摩書房，2003 年〕

Klaniczay, Gabor, *The Uses of Supernatural Power*, Cambridge, Polity Press, 1990.

Le Goff, Jacques, article « Roi », in Le Goff-Schmitt, p. 985-1004.

Le Goff, Jacques, « Le roi dans l'Occident médiéval: Caractères originaux », in Anne J. Duggan, *King and Kingship in Medieval Europe* (colloque de 1992), Londres, King's College, 1993.

音楽

Cullin, Olivier, *Brève Histoire de la musique au Moyen Age*, Paris, Fayard, 2002.

Gagnepain, Bernard, *Histoire de la musique au Moyen Age. II. XIIIe-XIVe siècle*, Paris, Seuil, « Solfèges », 1996.

Hoppin, Richard, *Medieval Music in the Middle Ages*, New York, Norton, 1978; trad. française, *La Musique au Moyen Age*, Liège, Mardaga, 1991.

科学，科学的精神

Beaujouan, Guy, *Par raison de nombres. L'art du calcul et les savoirs scientifiques médiévaux*, Aldershot-Brookfield, Variorum Reprints, 1991.

——, « La science dans l'Occident médiéval chrétien », in Taton, René, dir., *La Science antique et médiévale des origines à 1450*, Paris, 1966 1, PUF, 1994.

Crombie, Alister C., « The Relevance of the Middle Ages to the Scientific Movement », in *Science, Optics and Music in Medieval and Early Modern Thought*, Londres-Roncevere,

異端

Biget, Jean-Louis, « Réflexions sur "l'Hérésie" dans le Midi de la France au Moyen Age », *Hérésis*, n° 36-37, 2002, p. 29-74.

Borst, Arno, *Les Cathares*, [1953], Paris, Payot, 1974 (trad. de l'allemand).〔アルノ・ボルスト『中世の異端カタリ派』藤代幸一訳，新泉社，1975 年〕

Effacement du catharisme, *Cahiers de Fanjeaux*, 20, 1985.

Le Goff, Jacques, éd., *Hérésies et Sociétés dans l'Europe pré-industrielle, XIe-XVIIIe siècle*, Paris-La Haye, Mouton, 1968.

Moore, Robert I., « A la naissance de la société persécutrice: les clercs, les cathares et la formation de l'Europe », in *La Persécution du catharisme* (Actes de la 6e session d'histoire médiévale organisée par le Centre d'études cathares), Carcassonne, Centre d'études cathares, 1996, p. 11-37.

——, *The Origins of European Dissent*, Londres, Allen Lane, 1977; Oxford, Blackwell, 1985.

Oberste, Jörg, *Der Kreuzzug gegen die Albigenser. Ketzerei und Machtpolitik im Mittelalter*, Darmstadt, Primus Verlag, 2003.

Schmitt, Jean-Claude, *Mort d'une hérésie. L'Église et les clercs face aux Béguines et aux Beghards du Rhin supérieur du XIVe au XVe siècle*, Paris-La Haye, Mouton, 1978.

Vauchez, André, « Orthodoxie et hérésie dans l'Occident médiéval (Xe-XIIIe siècle) », in Elm, Susanna, Rebillard, Éric, Romano, Antonella, dir., *Orthodoxie, Christianisme, Histoire*, École française de Rome, 2000, p. 321-332.

Zerner, Monique, article « Hérésie », in Le Goff-Schmitt, p. 464-482.

Zerner, Monique, dir., *Inventer l'hérésie ?*, Nice (colloque du CEM, vol. 2), Centre d'études médiévales, 1998.

イメージ

Baschet, Jérôme et Schmitt, Jean-Claude, dir., « L'image. Fonctions et usages des images dans l'Occident médiéval », *Cahiers du Léopard d'Or*, n° 5, Paris, 1996.

Belting, Hans, *Image et Culte. Une histoire de l'image avant l'époque de l'art*, [1990], Paris, Cerf, 1998 (trad. de l'allemand).

——, *Das Bild und sein Publikum im Mittelalter*, [1981], trad. française, *L'Image et son public au Moyen Age*, Paris, G. Montfort, 1998.

Boespflug, François, éd., *Nicée II, 787-1987. Douze siècles d'images religieuses*, Paris, Cerf, 1987.

Camille, Michael, *Images dans les marges. Aux limites de l'art médiéval*, [1992], Paris, Gallimard, 1997 (trad. de l'anglais).

Garnier, François, *Le Langage de l'image au Moyen Age. Signification et symbolique*, t. I, 1982, t. II: *Grammaire du geste*, Paris, Le Léopard d'Or, 1989.

Ladner, Gerhart B., *Images and Ideas in the Middle Ages*, Rome, Edizioni di storia e letteratura, 1983.

Le Goff, Jacques, *Un Moyen Age en images*, Paris, Hazan, 2000.

Pour l'image, numéro spécial de *Médiévales*, n°s 22-23, 1992.

Schmitt, Jean-Claude, article « Image », in Le Goff-Schmitt, p. 497-511.

十五世紀末と中世の終わり？

Brown, Elizabeth A.R., « On 1500 », in Linehan-Nelson, p. 691-710.

Cardini, Franco, *Europa 1492. Ritratto di un continente cinquecento anni fa*, Milan, Rizzoli, 1989.

Vincent, Bernard, *1492, l'année admirable*, Paris, Aubier, 1991.

〈テーマ別分類〉

アーサー王伝説

Barber, Richard, *King Arthur: Hero and Legend*, Woodbridge, The Boydell Press, 1986.

Berthelot, Anne, *Arthur et la Table Ronde. La force d'une légende*, Paris, Gallimard, « Découverte », 1996.

Boutet, Dominique, *Charlemagne et Arthur ou le roi imaginaire*, Pans, Champion, 1992.

Loomis, R.S., *Arthurian Literature in the Middle Ages*, Oxford, 1959.

悪魔

Diable au Moyen Age (*Le*), *Senefiance*, n° 6, Aix-en-Provence, 1979.

Graf, Arturo, *Il diavolo*, n^{lle} éd., Rome, Salerno, 1980.

Muchembled, Robert, *Diable !*, Paris, Seuil-Arte, 2002.

——, *Une histoire du diable, XIIe-XXe siècle*, Paris, Seuil, 2000, 2002.〔ロベール・ミュッシャンブレ『悪魔の歴史 12 〜 20 世紀——西欧文明に見る闇の力学』平野隆文訳，大修館書店，2003 年〕

イスラム，アラブ，キリスト教世界

Agius, D.A. et Hitchcock, Richard, éd., *The Arab Influence in Medieval Europe*, Reading, lthaca Press, 1994.

Bresc, Henri et Bresc-Bautier, Geneviève, dir., *Palerme, 1070-1492*, Paris, Autrement, 1993.

Cardini, Franco, *Europe et Islam* (version française), Paris, Seuil, 1994.

Clément, François et Tolan, John, éd., *Réflexions sur l'apport de la culture arabe à la construction de la culture européenne*, Paris, 2003.

Sénac, Philippe, *L'Occident médiéval face à l'Islam. L'image de l'Autre*, Paris, Flammarion, 2000.

Southern, Richard, *Western Views of Islam in the Middle Ages*, Cambridge, Mass., Harvard University Press, 1962.〔R・W・サザーン『ヨーロッパとイスラム世界』鈴木利章訳，岩波現代選書 42，岩波書店，1980 年〕

Tolan, John, *Saracens: Islam in the Medieval European Imagination*, New York, Columbia University Press, 2002; trad. française, *Les Sarazins*, Paris, Aubier, 2003.

Tolan, John et Josserand, Philippe, *Les Relations entre le monde arabo-musulman et le monde latin* (*milieu du Xe-milieu du XIIe siècle*), Paris, Bréal, 2000.

Age, Paris, Publications de la Sorbonne, 1991, 2 vol.
Graus, Frantisek, *Pest, Geiszler, Judenmorde. Das 14. Jahrhundert als Krisenzeit*, Göttingen, Vandenhoeck & Ruprecht, 1988, 2e éd.
Hilton, Rodney H. et Aston, T.H., *The English Rising of 1381*, Cambridge, Past and Present Publications, 1984.〔ヒルトン，フェイガン『イギリス農民戦争——1381年の農民一揆』田中浩・武居良明訳，未來社，1961年〕
Hilton, Rodney H., *Bond Men Made Free: Medieval Peasant Movement and the English Rising of 1381*, Londres, Methuen, 1973.
Jordan, William Chester, *The Great Famine. Northern Europe in the Early Fourteenth Century*, Princeton, Princeton University Press, 1996.
Leff, Gordon, *The Dissolution of the Medieval Outlook. An Essay on Intellectual and Spiritual Change in the XIVth Century*, New York, Harper and Row, 1976.
Malowist, Marian, *Croissance et Répression en Europe, XIVe-XVIIe siècle*, Paris, Armand Colin, 1972.
Martines, Lauro, éd., *Violence and Civil Disorder in Italian Cities. 1200-1500*, Berkeley-Los Angeles, University ofCalifornia Press, 1972.
Mollat, Michel et Wolff, Philippe, *Ongles bleus, Jacques et Ciompi. Les révolutions populaires en Europe aux XIVe et XVe siècles*, Paris, Calmann-Lévy, 1970.〔M・モラ，Ph・ヴォルフ『ヨーロッパ中世末期の民衆運動——青い爪，ジャック，そしてチオンピ』瀬原義生訳，Minerva 西洋史ライブラリー 16，ミネルヴァ書房，1996年〕
Stella, Alessandro, *La Révolte des Ciompi. Les hommes, les lieux, le travail*, Paris, EHESS, 1993.
Valdeon Baruque, Julio, *Los conflictos sociales en el reino de Castilla en los siglos XIV y XV*, Madrid, Siglo veintiuno, 1975.
Villages désertés et Histoire économique, XIe-XVIIIe siècle, Paris, SEVPEN, 1965, préface de Fernand Braudel.
Wolff, Philippe, *Automne du Moyen Age ou Printemps des temps nouveaux ? L'économie européenne aux XIVe et XVe siècles*, Paris, Aubier, 1986.〔フィリップ・ヴォルフ『近代ヨーロッパ経済のあけぼの——中世の秋から近代の春へ』山瀬善一・尾崎正明監訳，永沼博道ほか訳，晃洋書房，1991-1993年〕

近代国家の形成

Coulet, Noël et Genet, Jean-Pierre, éd., *L'État moderne: territoire, droit, système politique*, Paris, Ed. du CNRS, 1990.
Culture et Idéologie dans la genèse de l'État moderne (table ronde de Rome, 1984), École française de Rome, 1985.
Genet, Jean-Pierre, éd., *L'État moderne. Genèse. Bilans et perspectives*, Paris, Ed. du CNRS, 1990.
Guenée, Bernard, *L'Occident aux XIVe et XVe siècles*. Les États, Paris, PUF, 1971, 1991.
Strayer, Joseph R., *On the Medieval Origins of the Modern State*, Princeton, 1970.〔ジョセフ・ストレイヤー『近代国家の起源』鷲見誠一訳，岩波新書，岩波書店，1975年〕
Wilks, M.J., *The Problem of Sovereignty in the Later Middle Ages*, Cambridge, 1963.

überholten Fragestellung, Munich, Verlag der bayerischen Akademie der Wissenschaften, 1995.

紀元千年

Bourin, Monique, Parisse, Michel, *L'Europe de l'an Mil*, Paris, Livre de Poche, 1999.
Duby, Georges et Frugoni, Chiara, *Mille et non più Mille. Viaggio tra le paure di fine millennio*, Milan, Rizzoli, 1999.
Duby, Georges, *L'An Mil*, Paris, Gallimard, « Folio », 1967.〔ジョルジュ・デュビィ『紀元千年』若杉泰子訳，公論選書 1，公論社，1975 年〕
Gerbert l'Européen (Actes du colloque d'Aurillac), Aurillac, Ed. Gerbert, 1997.
Gieysztor, Aleksander, *L'Europe nouvelle autour de l'an Mil. La papauté, l'Empire et les « nouveaux venus »*, Rome, Unione internazionale degli Istituti di archeologia storia, e storia dell'arte, 1997.
Guyotjeannin, Olivier et Poulle, Emmanuel, dir., *Autour de Gerbert d'Aurillac, le pape de l'an Mil*, Paris, École des Chartes, 1996.
Riché, Pierre, dir., *L'Europe de l'An Mil*, Saint-Léger-Vauban, Zodiaque, 2001.

十二世紀ルネッサンス

Benson, R.L. et Constable, Giles, éd., *Renaissance and Renewal in the XIIth Century*, Oxford, Clarendon Press, 1982.
Haskins, C.H., *The Renaissance of the XIIth Century*, Harvard University Press, 1927.〔C・H・ハスキンズ『十二世紀ルネサンス』別宮貞徳・朝倉文市訳，みすず書房，1997 年〕
Le Goff, Jacques, « What Does the XIIth Century Renaissance Mean ? », in Linehan-Nelson, p. 635-647.
Moore, Robert I., *The First European Revolution* (c. 970-1215), Oxford, Blackwell, 2000 (versions allemande, française, italienne, espagnole).
Moos, Peter von, « Das 12. Jahrhundert: eine "Renaissance" oder ein "Aufklarungszeitalter" ? », in *Mittelalterliches jahrbuch 23*, 1988, p. 1-10.
Ribémont, Bernard, *La Renaissance du XIIe siècle et l'Encyclopédisme*, Paris, Honoré Champion, 2002.

十三世紀

Génicot, Léopold, *Le XIIIe siècle européen*, Paris, PUF, 1968.
Le Goff, Jacques, « Du ciel sur la terre: la mutation des valeurs du XIIe au XIIIe dans l'Occident médiéval », in *Odysseus*, 1990 (en russe), à paraître dans « Quarto », *Le Roi, le Saint*, Paris, Gallimard, 2003.
——, *L'Apogée de la chrétienté v. 1180-v. 1330*, Paris, Bordas, 1982.
Mundy, J.-H., *Europa in the High Middle Ages*, Londres, Longman, 1973, 1991.

十四，十五世紀――変動，対立，暴力

Abel, Wilhelm, *Die Wüstungen des ausgehenden Mittelalters*, Stuttgart, 1955, 2° éd.
Gauvard, Claude, *« De grace especial ». Crime, État et société en France à la fin du Moyen*

Guy Lobrichon, éd., *Le Moyen Age aujourd'hui. Trois regards contemporains sur le Moyen Age: histoire, théologie, cinéma* (Actes du colloque de Cerisy-la-Salle, juillet 1991), Paris, *Cahiers du Léopard d'Or*, 1998, p. 283-326.
Moyen Age au cinéma (Le), numéro spécial des *Cahiers de la Cinémathèque*, n°s 42-43, 1985.

中世初期

Banniard, Michel, *Genèse culturelle de l'Europe, Ve-VIIIe siècle*, Paris, Seuil, 1989.
Brown, Peter, *L'Essor du christianisme occidental. Triomphe et diversité*, [1996], Paris, Seuil, 1997 (trad. de !'anglais).
Herrin, Judith, *The Formation of Christendom*, Princeton, Princeton University Press, 1987.
Hillgarth, J.N., éd., *The Conversion of Western Europe, 350-750*, Englewood Cliffs, Prentice Hall, 1969.
Leguay, Jean-Pierre, *L'Europe des États barbares (Ve-VIIIe siècle)*, Paris, Belin, 2003.
Pohl, Walter et Diesenberger, Maximilien, éd., *Integration und Herrschaft. Ethnische Identitäten und soziale Organisation im Frühmittelalter*, Vienne, Verlag der Österreichischen Akademie der Wissenschaften, 2002.
Pohl, Walter, *Die Volkerwanderung. Eroberung und Integration*, Stuttgart, Berlin, Cologne, Kohlhammer, 2002.

シャルルマーニュとカロリング文明

Barbero, Alessandro, *Carlo Magno. Un padre dell'Europa*, Rome-Bari, Laterza, 2000.
Braunfels, Wolfgang, dir., *Karl der Grosse. Lebenswerk und Nachleben*, Düsseldorf, 1965-1968, 5 vol.
Ehlers, Joachim, *Charlemagne l'Européen entre la France et l'Allemagne*, Stuttgart, Thorbecke, 2001.
Favier, Jean, *Charlemagne*, Paris, Fayard, 1999.
Fichtenau, Heinrich, *L'Empire carolingien*, Paris. 1958.
Intellectuels et Artistes dans l'Europe carolingienne, IXe-XIe siècle, Auxerre, Abbaye Saint-Germain, 1990.
McKitterick, Rosamond, éd., *Carolingian Culture: Emulation and Innovation*, Cambridge, Cambridge University Press, 1994.
McKitterick, Rosamond, *The Carolingians and the Written Word*, Cambridge, Cambridge University Press, 1989.
Morissey, Robert, *L'Empereur à la barbe fleurie. Charlemagne dans la mythologie et l'histoire*, Paris, Gallimard, 1997.
Nelson, Janet L., « Charlemagne: Father of Europe ? », *Quaestiones Medii aevi novae*, vol. 7, 2002, p. 3-20.
Pirenne, Henri, *Mahomet et Charlemagne*, Paris-Bruxelles, 1937.〔アンリ・ピレンヌ『ヨーロッパ世界の誕生――マホメットとシャルルマーニュ』中村宏・佐々木克己訳，名著翻訳叢書，創文社，1960 年〕
Riché, Pierre, *Les Carolingiens. Une famille qui fit l'Europe*, Paris, Hachette, 1983.
Werner, Karl-Ferdinand, *Karl der Grosse oder Charlemagne ? Von der Aktualität einer*

Méhu, Didier, *Gratia Dei, les chemins du Moyen Age*, Québec, Fides, 2003.
Pirenne, Henri, *Histoire de l'Europe des invasions au XVIe siècle*, Paris- Bruxelles, 1936.〔アンリ・ピレンヌ『ヨーロッパの歴史――西ローマ帝国の解体から近代初頭まで』佐々木克巳訳，創文社，1991 年〕
Sergi, Giuseppe, *L'idée de Moyen Age. Entre sens commun et pratique historique*,［1998］, Paris, Flammarion, 2000（trad. de l'italien）.
Southern, Richard W., *The Making of the Middle Ages*, Londres, 1953.〔R・W・サザーン『中世の形成』森岡敬一郎・池上忠弘訳，みすず書房，1978 年〕
Tabacco, Giovanni, Merlo, Grado Giovanni, *La civiltà europea nella storia mondiale. Medioevo, V/XV secolo*, Bologne, Il Mulino, 1981.

中世以後の中世

Amalvi, Christian, article « Moyen Age », in Le Goff-Schmitt.
Amalvi, Christian, *Le Goût du Moyen Age*, Paris, Pion, 1996.
Apprendre le Moyen Age aujourd'hui, numéro spécial de Médiévales, n° 13, automne 1987.
Boureau, Alain, article « Moyen Age », in Gauvard-de Libera-Zink.
Branca, Vittore, éd., *Concetto. Storia. Miti e immagini del medioevo*, Florence, Sansoni, 1973.
Capitani, Ovidio, *Medioevo passato prossimo. Appunti storiografici, tra due guerre e molte crisi*, Bologne, Il Mulino, 1979.
Eco, Umberto, « Dieci modi di sognare il medioevo », in *Sugli specchi e altri saggi*, Milan, Bompiani, 1985, p. 78-89.
——, « Le nouveau Moyen Age », in *La Guerre du faux*, Paris, Grasset, 1985, p. 87-116.
Europe, numéro spécial *Le Moyen Age maintenant*, octobre 1983.
Fuhrmann, Horst, *Überall ist Mittelalter. Von der Gegenwart einer vergangenen Zeit*, Munich, Beck, 1996.
Goetz, Hans-Werner, dir., *Die Aktualität des Mittelalters*, Bochum, D. Winckler, 2000.
Guerreau, Alain, *L'Avenir d'un passé incertain. Quelle histoire du Moyen Age au XXIe siècle ?*, Paris, Seuil, 2001.
Heinzle, Joachim, *Modernes Mittelalter. Neue Bilder einer populären Epoche*, Francfort-Leipzig, Insel, 1994.
Le Goff, Jacques et Lobrichon, Guy, dir., *Le Moyen Age aujourd'hui. Trois regards contemporains sur le Moyen Age: histoire, théologie, cinéma*（Actes du colloque de Cerisy-la-Salle, juillet 1991）, Paris, *Cahiers du Léopard d'Or*, 1998.
Lire le Moyen Age, numéro spécial de la revue *Équinoxe*, n° 16, automne 1996（sous la direction d'Alain Corbellari et Christopher Lucken）.
Moyen Age, mode d'emploi, numéro spécial de *Médiévales*, n° 7, automne 1984.

中世と映画

Airlie, Stuart, « Strange Eventful Histories: The Middle Ages in the Cinema », in Linehan, Peter et Nelson, Janet L., *The Medieval World*, Londres-New York, Routledge, 2001, p. 163-183.
La Bretèque, François de, « Le regard du cinéma sur le Moyen Age » in Jacques Le Goff et

Geremek, Bronislav, *The Common Roots of Europe*, Cambridge, Polity Press, 1991.
Hay, Denys, *The Emergence of an Idea: Europa*, Edinburgh University Press, 1957, 1968.
Hersant, Yves et Durand-Bogaert, Fabienne, *Europes. De l'Antiquité au XXe siècle*. Anthologie critique et commentée, Paris, Robert Laffont, « Bouquins », 2000.
Le Goff, Jacques, *L'Europe racontée aux jeunes*, Paris, Seuil, 1996.
Mackay, Angus et Ditchburn, David, *Atlas of Medieval Europe*, Routledge, 1996.
Menesto, Enrico, éd., *Le radici medievali della civiltà europea* (congrès d'Ascoli Piceno, 2000), Spolete, Centro italiano di studi sull'alto medioevo, 2002.
Mitterauer, Michael, *Warum Europa ? Mittelalterliche Grundlagen eines Sonderwegs*, Munich, Beck, 2003.
Past and Present, numéro spécial, novembre 1992 (en particulier Karl Leyser, « Concept of Europe in the Early and High Middle Ages », p. 25-47).
Pastoureau, Michel et Schmitt, Jean-Claude, *Europe. Mémoire et Emblèmes*, Paris, Les Editions de l'Epargne, 1990.
Storia d'Europa. 3. *Il Medioevo, secoli V-XV*, Turin, Einaudi, 1994.

中世一般

Borst, Arno, *Lebensformen im Mittelalter*, Francfort-Berlin, Ullstein, 1973.〔アルノ・ボルスト『中世の巷にて——環境・共同体・生活形式』永野藤夫・井本晌二・青木誠之訳，全二巻，平凡社，1986-1987 年〕
Dalarun, Jacques, dir., *Le Moyen Age en lumière*, Paris, Fayard, 2002.
Delort, Robert, *Le Moyen Age. Histoire illustrée de la vie quotidienne*, Lausanne, Edita, 1972, n^lle éd., *La Vie au Moyen Age*, Paris, Seuil, 1981.
Gatto, Ludovico, *Viaggio intorno al concetto di Medioevo*, Rome, Bulzoni, 1992.
Gourevitch, Aaron J., *Les Catégories de la culture médiévale*, [1972], Paris, Gallimard, 1983 (traduit du russe).〔アーロン・グレーヴィチ『中世文化のカテゴリー』川端香男里・栗原成郎訳，岩波モダンクラシックス，岩波書店，1999 年〕
Heer, Friedrich, *L'Univers du Moyen Age*, [1961], Paris, Fayard, 1970 (trad. de l'allemand).
Kahl, Hubert D., « Was bedeutet "Mittelalter" ? », Seculum, 40, 1989, p. 15-38.
Le Goff, Jacques, dir., *L'Homme médiéval*, éd. italienne, Bari, Laterza, 1987, version française, Paris, Seuil, 1989, 1994.〔ジャック・ル゠ゴフ編『中世の人間——ヨーロッパ人の精神構造と創造力』鎌田博夫訳，叢書ウニベルシタス 623，法政大学出版局，1999 年〕
Le Goff, Jacques, « Pour un long Moyen Age », in *L'imaginaire médiéval*, Paris, Gallimard, 1985, p. 7-13.
——, *La Civilisation de l'Occident médiéval*, Paris, Arthaud, 1964.〔ジャック・ル゠ゴフ『中世西欧文明』桐村泰次訳，論創社，2007 年〕
Linehan, Peter et Nelson, Janet L., éd., *The Medieval World*, Londres- New York, Routledge, 2001.
Lopez, Robert, *Naissance de l'Europe*, Paris, Armand Colin, 1962.
Monde médiéval (Le) (sous la direction de Robert Bartlett), [2000], Paris, Éd. du Rocher, 2002 (trad. de l'anglais).

／封建制／暴力／保守と進歩（「技術と革新」も見よ）／魔術／民衆文化／村／紋章／ユダヤ人／夢／歴史／労働／若者

〈時代別分類〉

とくに中世におけるヨーロッパ（ヨーロッパの概念）

Bloch, Marc, *Projet d'un enseignement d'histoire comparée des sociétés européennes*, 16 p., in *Dernières Nouvelles de Strasbourg*, 1934, repris in Bloch, Etienne, Bloch, Marc, éd., *Histoire et Historiens*, Paris, Armand Colin, 1995.

——, « Problèmes d'Europe », Annales HES, VII, 1935, p. 471-479.

Braudel, Fernand, *L'Europe. L'espace, le temps, les hommes*, Paris, Arts et métiers graphiques, 1987.

Carpentier, Jean et Lebrun, François, dir., *Histoire de l'Europe*, Paris, Seuil, 1990.

Chabod, Federico, *Storia dell' idea d'Europa*, Bari, Laterza, 1961.〔フェデリコ・シャボー『ヨーロッパとは何か——西欧世界像の歴史的探求』清水純一訳，サイマル出版会，1977 年〕

Elias, Norbert, *La Dynamique de l'Occident*, Paris, Calmann-Lévy, 1975（traduction de la 2e partie de *Über den Prozess der Zivilisation*, 1939）.〔ノルベルト・エリアス『文明化の過程〈下〉』波田節夫ほか訳，新装版，法政大学出版局，2004 年〕

Febvre, Lucien, *L'Europe. Genèse d'une civilisation*, cours professé au Collège de France en 1944-1945, préface de Marc Ferro, Paris, Perrin, 1999.〔リュシアン・フェーヴル『ヨーロッパとは何か——第二次大戦直後の連続講義から』長谷川輝夫訳，刀水書房，2008 年〕

Le Goff, Jacques, *La Vieille Europe et la nôtre*, Paris, Seuil, 1994.

Pagden, Anthony, éd., *The Idea of Europe. From Antiquity to the European Union*, The Johns Hopkins University, Woodrow Wilson Center Press, 2002.

Villain-Gandgssi, Christiane, éd., *L'Europe à la recherche de son identité*, Paris, Éditions du Comité des travaux historiques et scientifiques, 2002（notamment Robert Fossier, « L'Europe au Moyen Age », p. 35-40）.

ヨーロッパと中世

Barraclough, Geoffrey, éd., *Eastern and Western Europe in the Middle Ages*, Londres, Thames and Hudson, 1970.〔G・バラクロウ編『新しいヨーロッパ像の試み——中世における東欧と西欧』宮島直機訳，刀水歴史全書 4，刀水書房，1979 年〕

Bartlett, Robert, *The Making of Europe. Conquest, Colonisation and Cultural Change, 950-1350*, Londres, Allen Lane, 1993.

Bosl, Karl, *Europa im Mittelalter*, Vienne-Heidelberg, Carl Uebersenter, 1970.

Compagnon, Antoine et Seebacher, Jacques, *L'Esprit de l'Europe*, Paris, Flammarion, 1993, 3 vol.

Duroselle, Jean-Baptiste, *L'idée d'Europe dans l'histoire*, Paris, Denoël, 1965.

Edson, Evelyn, *Mapping Time and Space. How Medieval Mapmakers Viewed their World*, The British Library Studies in Map History, 1998, vol. 1.

テーマ別参考文献

ここにあげる参考文献一覧は，中世史の文献目録ではない．この本の構想と執筆に役立った書籍ならびに論文をテーマごとにリストアップしたものである．それらは概論である場合もあり，興味ぶかい視点を提供してくれるものである場合もある．

アンドレ・セガルは虚無主義的な論文を書いて，いっさいの時代区分を認めずにここで扱われているような問題は一掃されるべきだと主張している（« Périodisation et didactique: le “moyen âge” comme obstacle à l’intelligence des origines de l’Occident », in *Périodes de la construction du temps historique*, Actes du Colloque d’Histoire au présent, Paris, 1989, Paris, Ed. de l’EHESS, 1991, p. 105-114）．

私の経験からいうと，そこに人工的で歴史的進歩主義にとらえられている面があることは認めなければならないにしても，時代区分なしに歴史学はありえない．私はむしろ，伝統的な中世観を批判するために，長い中世という仮説を用いたい（本書「おわりに」を見よ）．

略　語

Le Goff-Schmitt	*Dictionnaire raisonné de l’Occident médiéval*, Paris, Fayard, 1999.
Gauvard-de Libera-Zink	*Dictionnaire du Moyen Age*, Paris, PUF, 2002.
Vauchez	*Dictionnaire encyclopédique du Moyen Age*, Paris, Cerf, 1997 (éd. anglaise et italienne), 2 vol.
Linehan-Nelson	*The Medieval World*, Londres-New York, Routledge, 2001.

〈時代別分類〉

とくに中世におけるヨーロッパ（ヨーロッパの概念）／ヨーロッパと中世／中世一般／中世以後の中世／中世と映画／中世初期／シャルルマーニュとカロリング文明／紀元千年／十二世紀ルネッサンス／十三世紀／十四，十五世紀——変動，対立，暴力／近代国家の形成／十五世紀末と中世の終わり？

〈テーマ別分類〉

アーサー王伝説／悪魔／イスラム，アラブ，キリスト教世界／異端／イメージ／王，王権／音楽／科学，科学的精神／家族，血縁，結婚／神／記憶／騎士道／技術と革新／奇跡，怪物，驚異／貴族／宮廷風恋愛／教会／境界／教皇制／クルトワジー，作法／経済／経済と宗教／芸術，美学／言語，文学／国民／個人／子供／裁判／時間／自然／死とあの世／十字軍／住民／巡礼／城館／商人／女性／神学と哲学／身体，医学，性／信徒／スコラ学（「大学」も見よ）／聖書／聖人／世界の発見／戦争／千年王国説，黙示録／大学，学校／大聖堂／罪／帝国／動物／都市／都市と田舎／トルバドゥール／迫害，差別，追放／百科事典／貧困／舞踏／文書，書物／法

ラ・ワ行

マ 行

ヤ 行

タ 行

ナ 行

ハ 行

サ 行

カ 行

主要人名索引

ア 行

ヤ　行

ラ　行

マ　行

ハ　行

タ 行

ナ 行

サ　行

カ 行

地名索引

ア　行

著者紹介

ジャック・ル゠ゴフ（Jacques Le Goff, 1924-2014）

中世史家、『アナール』編集委員。

南仏のトゥーロン生まれ。青年時代を第二次大戦の戦火の中で過ごしたのち、高等師範学校に進学。在学中、プラハのカレル大学に留学。1950 年、高等教育教授資格試験に合格。このときブローデルやモーリス・ロンバールが審査委員を務め、これがアナール派の歴史家たちに出会う最初の機会となる。以後、ソルボンヌのシャルル゠エドモン・ペランの指導下で博士論文を準備するかたわら、アミアンのリセ、国立科学研究所、リール大学文学部にポストを得、またこの間、オックスフォード大学リンカーン・カレッジ、ローマ・フランス学院へ留学した。

1959 年、アナール派が中心となって組織される高等研究院第六部門に入り、以後、フェーヴル、ブロック、ブローデルらのあとを受け、アナール派第三世代のリーダーとして活躍。1969 年、ブローデルのあとを受けて、エマニュエル・ル゠ロワ゠ラデュリ、マルク・フェローとともに『アナール』誌の編集責任者となる。1972 年、ブローデルの後任として第六部門部長となり、1975 年には高等研究院第六部門の社会科学高等研究院としての独立に尽力。さらに 1978 年、同研究院に西洋中世歴史人類学研究グループを立ち上げ、1992 年の退官までその代表の職を務めた。

著書に『煉獄の誕生』（法政大学出版局）『中世の夢』（名古屋大学出版会）『ル・ゴフ自伝』（法政大学出版局）『聖王ルイ』（新評論）『中世とは何か』『中世の身体』（藤原書店）など。

訳者紹介

菅沼 潤（すがぬま・じゅん）

1965年東京都生まれ。フランス近代文学専攻。訳書にル=ゴフ『中世とは何か』『中世の身体』（共訳、藤原書店）、発表仏語論文に「1902年秋、ブリュージュにおけるプルースト」（慶應仏文学研究室紀要）など。

ヨーロッパは中世《ちゅうせい》に誕生《たんじょう》したのか？

2014年11月30日　初版第1刷発行©

訳　者　菅　沼　　潤

発行者　藤　原　良　雄

発行所　株式会社　藤　原　書　店

〒162-0041　東京都新宿区早稲田鶴巻町523

電　話　03（5272）0301

FAX　03（5272）0450

振　替　00160-4-17013

info@fujiwara-shoten.co.jp

印刷・製本　中央精版印刷

落丁本・乱丁本はお取替えいたします
定価はカバーに表示してあります

Printed in Japan
ISBN978-4-86578-001-7

中世は西洋にしか存在しない

中世とは何か

J・ル＝ゴフ
池田健二・菅沼潤訳

商業・大学・芸術の誕生、時間観念の数量化、ユダヤ人排斥など、近代西洋文明の基本要素は、中世に既に形成されていた。「中世からルネサンスへ」という時代区分の通念を覆し、「中世」「近代」「ヨーロッパ」を語り尽くす。　**口絵カラー一六頁**

四六上製　三二〇頁　**三三〇〇円**
（二〇〇五年三月刊）
◇978-4-89434-442-6

À LA RECHERCHE DU MOYEN ÂGE
Jacques LE GOFF

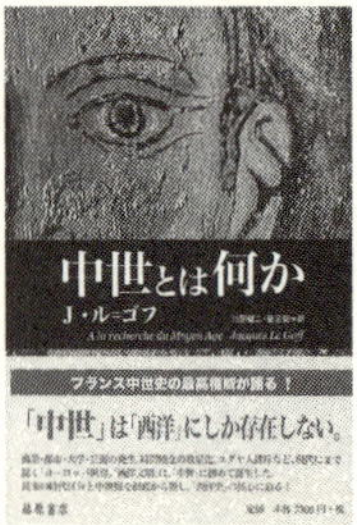

西洋文明の根幹は「身体」にある

中世の身体

J・ル＝ゴフ
池田健二・菅沼潤訳

ミシュレ、モース、アドルノ、フーコーなど、従来の身体史の成果と限界を踏まえ、「現在の原型である」中世の重要性を説き、「身体」に多大な関心を示し、これを称揚すると同時に抑圧した、西洋中世キリスト教文明のダイナミズムの核心に迫る！　**口絵八頁**

四六上製　三〇四頁　**三二〇〇円**
（二〇〇六年六月刊）
◇978-4-89434-521-8

UNE HISTOIRE DU CORPS AU MOYEN-AGE
Jacques LE GOFF

アナール派の「読む事典」

新装版

ヨーロッパ中世社会史事典

A・ジェラール
池田健二訳
序J・ル＝ゴフ

新しい歴史学・アナール派の重鎮マルク・ブロック、フィリップ・アリエス、ジョルジュ・デュビイ、ジャック・ル＝ゴフの成果を総合する〝中世の全体像〟。日本語版で多数の図版をオリジナルに編集・収録したロングセラー。

A5上製　三六八頁　**六〇〇〇円**
（一九九一年三月／二〇〇〇年六月）
◇978-4-89434-182-1

LA SOCIÉTÉ MÉDIÉVALE　Agnès GERHARD

カラー図版で読む中世社会

ヨーロッパの中世

（芸術と社会）

G・デュビィ
池田健二・杉崎泰一郎訳

アナール派を代表する最高の中世史家が芸術作品を〝社会史の史料〟として初めて読み解く。本文、図版（二〇〇点）、史料の三位一体という歴史書の理想を体現し、中世社会の言説と想像界の核心に迫る「芸術社会史」の傑作。

菊上製　三六八頁　**六一〇〇円**
（一九九五年四月刊）
◇978-4-89434-012-1

L'EUROPE AU MOYEN ÂGE　Georges DUBY

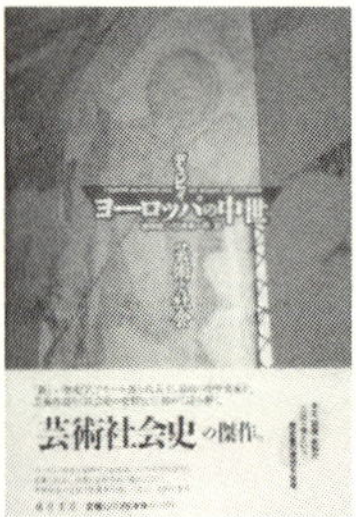